内蒙古自治区文史研究馆 内蒙古记忆丛书·名镇

DINGYUANYING

定远营

G·朝格图 聂义声 编著

内蒙古人民出版社

图书在版编目（CIP）数据

定远营 / G·朝格图，聂义声编著. --呼和浩特：内蒙古人民出版社，2021.7（2023.3 重印）

（内蒙古记忆丛书. 名镇）

ISBN 978-7-204-16292-5

Ⅰ. ①定… Ⅱ. ①G… ②聂… Ⅲ. ①乡镇-概况-阿拉善盟 Ⅳ. ①K922.65

中国版本图书馆 CIP 数据核字（2020）第 029820 号

内蒙古记忆丛书·名镇

定远营

编　　著　G·朝格图　聂义声
责任编辑　于汇洋
装帧设计　徐敬东
出版发行　内蒙古人民出版社
地　　址　呼和浩特市新城区中山东路 8 号波士名人国际 B 座 5 楼
印　　刷　内蒙古爱信达教育印务有限责任公司
开　　本　710mm×1000mm　1/16
印　　张　26.25
字　　数　400 千
版　　次　2021 年 7 月第 1 版
印　　次　2023 年 3 月第 2 次印刷
书　　号　ISBN 978-7-204-16292-5
定　　价　69.00 元

图书营销部联系电话：（0471）3946298　3946267
如发现印装质量问题，请与我社联系。联系电话：（0471）3946120

序 言

内蒙古自治区文史研究馆自1953年成立以来，坚持“存史资政”的建馆宗旨，根据时代发展的需求，充分发挥德才望兼备的饱学之士汇聚的优势，以高质量的文史著述、艺术作品，彰显文史馆应有的社会职能，全力推进文史研究工作，组织馆员、研究员编写、出版了《史料忆述》《土默特沿革》《内蒙古疆域考略》《李守信自述》《德穆楚克栋鲁普自述》《内蒙古文史资料选辑》《内蒙古自然灾害史料》《内蒙古辛亥革命史料》《中国地域文化通览·内蒙古卷》《内蒙古文史研究通览（12卷）》《内蒙古自治区文史研究馆志》《内蒙古自治区文史研究馆馆员自选文集》等诸多成果，为内蒙古自治区的文史研究、文化繁荣做出了应有的贡献。

2017年，基于增强文化自信和文化强区建设的思考，内蒙古自治区文史研究馆提出了“抓创新、重特色、出精品”的文史研究、艺术创作思路，意在发挥优势，倡导原创，由此启动了“内蒙古记忆”系列研究计划，包括地域历史记忆系列、文化记忆专题系列和影像记忆系列三部分。从全区选择了扎兰屯（呼伦贝尔市）、巴彦呼舒（兴安盟）、库伦（通辽市）、王府镇（赤峰市）、多伦诺尔（锡林郭勒盟）、丰镇（乌兰察布市）、托克托（呼和浩特市）、萨拉齐（包头市）、隆兴长（巴彦淖尔市）、东胜（鄂尔多斯市）和定远营（阿拉善盟）等11个“名镇”，选择的标准是自清代以来，尤其是20世纪前半叶，对所在区域政治、经济、军事、文化产生过重要影响的城镇。现在与广大读者见面的正是地域历史记忆系列——《内蒙古记忆丛书·名镇》。

本丛书编写和出版的宗旨是，充分搜集、挖掘、利用文献资料和口述史资料，对在内蒙古近现代史上产生过重要影响的重点城镇及其兴衰历史，进行历史学和社会学的综合研究，力争全面、系统地展现20世纪前半叶内蒙古社会、经济、文化变迁概貌，抢救面临遗失的历史文化，为地方文化产业、旅游业发展提供文化支撑，为自治区乡土历史文化保护和传承做出贡献。

内蒙古历史悠久，是中华文明的主要发祥地之一。6500多年前形成于西拉木伦河、老哈河流域的红山文化是中华文明具有代表性的早期形态，被著名考古学家苏秉琦先生誉为“中华文明曙光升起的地方”。新石器时代通辽的哈民文化、乌兰察布的庙子沟文化、包头的阿善文化、鄂尔多斯的朱开沟文化，在我国史前文明中都具有鲜明的地域特色。距今3500年前后，由于全球气候的变化，北方地区气候逐渐向干冷变化，蒙古高原及其周边区域失去农耕条件，地域经济被畜牧业所取代。为了适应无霜期短促、干旱少雨的自然环境，实现草场资源的可持续利用，草原居民选择了四季轮牧这种与生态相和谐的生存方式，蓝天白云、骏马牧歌、毡包羊群形成了独具特色的风景线，南北朝时期民歌《敕勒歌》生动地再现了游牧世界的生产生活场景。以游牧为典型特征的草原文化成为中华文明的重要类型之一。

城镇是人类文明发展到一定历史阶段的产物，最初形成于原始社会向阶级社会过渡时期。为了抵御掠夺，保护部落财产和人身安全，人们开始修筑墙垣、城堡。防御应该是“城镇”的最初功能，新石器时代氏族聚落遗址——包头市阿善遗址已经出现类似的城垣。真正意义上的城镇出现在国家形态产生之后，概念应包括两层含义：一是有固定的城垣建筑规模、集中居住人群和相对独立、完整的管理系统，二是具有商贸功能。

在大部分读者的观念中，城镇似乎与游牧民族无缘。2000多年前，司马迁在《史记》中曾表述说，游牧人“逐水草迁徙，毋城郭常处耕田之业”，认为草原上不存在城镇。这一观点后来被大多数史学家所沿用，就给世人留下了游牧民族没有城镇的固定印象。事实上，对于草原游牧民族而言，“城镇”并不是一个完全陌生的概念，通过考古和查阅文献可知，从公元前的匈奴到13世纪的蒙古，不同时代的游牧人都有过建筑城郭的历史。有人曾考察过，在内蒙古地区，古代城镇遗址就有400多处（包括历代中原王朝建设的军镇），其中大多为游牧人建设的城镇，诸如匈奴人的统万城，鲜卑人的盛乐城，契丹人的辽上京临潢府、辽中京大定府，元代的上都、鲁王城、集宁路，明代的库库和屯（今呼和浩特），等等。这些城镇虽然也有商业和手工业存在，但主要功能是为统治者提供安全享乐的空间，其政治和军事意义超出经济价值，因此，随着某个草原王朝的覆灭，绝大部分城镇随之成为废墟。清代之前，草原上始终没有形成长期稳定的城镇商贸体系。

早期草原城镇的兴衰，与游牧经济及其对外经贸方式有着必然的联系。“居无定所，逐水草而进”是汉文古籍中对草原民族生产生活典型状况的基本认识，而游牧经济内部生产分工简约，生活产品供给单一，畜产品、猎物和野生植物采集难以满足人们生存多样性的需求。为了提高生活质量，保证物资的丰富，他们必须与周边定居的农耕民族保持稳定的商品交换关系。历史上游牧民族与定居民族的商品交换大体有三种方式：一是“封贡”贸易，属于古代游牧民族与中原地区的特殊贸易形式，前提是双方确定臣属关系，由中原王朝特许，双方在指定区域交易；二是沿农牧交错带（如长城沿线）民间自由贸易；三是周边地区商人深入草原，与牧民进行交易。类似的商品交易方式早在春秋战国时代就已存在，历史十分悠久，我们在史书中看到的内地和中亚地区商人的活动痕迹，可视为清代“旅蒙商”的鼻祖。以物易物是古代游牧民族商品交换的主要方式。

对商品交换的强烈依赖，是与游牧民族数千年历史相伴随的核心经济社会问题，因此，如何与周边定居民族保持稳定的商业往来，始终困扰着历代中原王朝和游牧政权。西汉著名的《盐铁论》以大篇幅讨论了与匈奴开展贸易的利弊，明代“隆庆议和”的核心问题仍然是处理明蒙贸易问题。但是，在封建时代，受阶级矛盾、民族矛盾等复杂因素的影响，边疆商业贸易缺乏稳定性，这是贯穿中国整个封建时代的典型特征，由此引发的战争频繁发生。

在大航海时代之前，地处亚洲腹地的蒙古高原及其沿边地区扼守的著名的

"丝绸之路"，是连接欧亚大陆政治、经济、文化交往的要地。重要的地理区位曾经促成人类文明在此碰撞交融以及草原与中原从新石器时代起步的全方位的深度交流、交往和交融。古罗马金币、古希腊壁毯、古波斯琉璃器物、印有古印度摩羯纹饰的器皿等一系列文物的出土，西亚阿拉米文字母和中亚粟特文字母在草原民族中的使用，4—13 世纪佛教（柔然、鲜卑、羯、氐、羌、契丹、党项、蒙古）、摩尼教（回鹘）、基督教（蒙古克烈、乃蛮、汪古部）、伊斯兰教（畏兀儿）的传播，表明草原地区曾经是古代欧亚文明交流、融汇的热土。特殊的地理位置以及自身对商品物资需求的紧迫性，曾经使数千年间的草原统治者热衷于通过中西商品贸易获取利益，从史书的记载中我们可以得知，大月氏、突厥、回鹘、契丹和蒙古政权均以官方组织的形式推进中西贸易，在中西交通中一直充当着桥梁和纽带作用。然而，随着海路贸易占据主导地位，陆路"丝绸之路"渐渐衰落，16 世纪之后，蒙古高原及周边区域在世界经济地理上的重要位置被海上航路所取代，逐渐转变为边缘化的内陆地区，区域政治、军事、经济、文化发展轨迹随之产生变化，一直到 20 世纪初的数百年间，社会发展呈现出与世隔绝的停滞状态。

清王朝（1636—1912 年）是中国 2000 余年封建历史最终走向灭亡的朝代，其衰亡过程及结局与中国封建制度的衰落规律存在内在的联系，同时与全球资本主义的兴起也有着因果关系。而清朝近 300 年的统治，对蒙古地区的发展造成了深远的影响。

清朝建立后，在深度总结中原王朝治理北方游牧民族经验的基础上，针对蒙古地区推行了一整套针对性极强的政策，如"盟旗制度""联姻制度""封禁制度""扶持佛教制度"等，人为地阻断了蒙古族与外部世界的联系。在多种制度的综合作用下，蒙古民族在思想文化上长期沉迷于宗教的法号香烟，在商业经济上完全依赖于旅蒙商，200 余年间陷入历史上前所未有的封闭状态。

旅蒙商群体的出现，完全是清朝"封禁制度"的附属产物。为了解决牧民无法自由对外进行商品交换的问题，从康熙年间开始，清政府有计划地组织内地商人，经政府特许后进入“草地”从商，由指定的路线出关，在指定的范围交易，在规定的期限往返，不得超期滞留草原。在特定制度的扶持下，旅蒙商群体借助不对等贸易方式，同时利用蒙古封建阶级的骄奢淫逸而获取暴利，到近代，已成为蒙古地区经济命脉的实际掌控者。

旅蒙商经济的运行，促成了清代至20世纪前半期内蒙古经济的特殊格局，客观上影响着内蒙古地区社会结构的变化。其中，清代中后期内蒙古城镇布局的形成，显然与旅蒙商的活动有着内在联系。

与早期的草原城镇相比较，绝大部分清代中后期形成的内蒙古城镇，完全是根据商业需求而出现的。从康熙年间开始，山东、河北等地曾发生严重的自然灾害，一些省份也出现人多地少的问题，危及社会稳定。清政府为了缓解矛盾，逐步松动对蒙地的一些政策，如实施“借地养民”策略，允许内地农民进入内蒙古垦荒，从起初的春来秋归“雁行”，到允许携带家眷定居，草原上开始出现农耕定居村屯，并呈现逐步扩大趋势。在此大背景下，旅蒙商也随之改变“行商”的经营方式，开始在草原上寻找“网点”开设固定店铺，向“坐商”转变，这些“网点”就成为近现代内蒙古地区城镇的雏形。

人口密度和运输便利是商业实现利润最大化的重要前提。清代以来，内蒙古地区城镇的形成过程体现出两个突出特征，即“因庙（王府）兴镇”和“因路兴镇”。历史上，内蒙古地区地广人稀，牧民的生产生活都处在分散的环境中，对于商业经营存在着制约。但16世纪末之后，尤其是清朝建立之后，草原上兴起了大规模修建佛寺的风潮，佛教全盛时期，每一个旗少则有20—30座庙宇，多则60—70座。由于定期的佛事活动，这些寺庙成为草原人群的重要集聚地，也自然地成为旅蒙商首选的经商地。围绕着寺庙，商铺先行进驻，其他行业如手工业、演艺业等慢慢跟进，随之出现教育、卫生等行业，渐成规模后，最终形成了城镇。多伦诺尔镇、王爷府镇、库伦镇、巴彦呼舒镇、定远营镇大体属于这一类型，而一些城镇，如丰镇、萨拉齐、托克托、扎兰屯等，则因为地处交通要道（如丰镇、扎兰屯），或具备传统运输手段之便利

（如萨拉齐、托克托、隆兴长的黄河运输）而兴盛，但也由此导致变数和波动，如萨拉齐、托克托因京包铁路修通而渐渐萧条衰落。

通过本套丛书各分册的描述可以看出，与中原地区和江南地区世人所熟知的“名镇”相比较，内蒙古的“名镇”无论从历史积淀、人口规模、产业特色角度，还是在全国的影响力方面，显然存在较大的差距。但我们选择如上城镇，并称之为“名镇”，是因为这些城镇在清代，尤其是在近现代，对内蒙古地区的社会转型产生了较大的影响力，具有不可替代的典型性和代表性。

城镇的外在表象通常是人口的集聚、商贸的繁荣，而促使城镇产生的根本内因，是适应人类发展需求、形成社会分工的结果。所有城镇都是一个相对独立的社会系统，尽管“无商不成镇”——商业是所有城镇形成的最基础要素，但维系城镇正常运转的组织结构却是繁复的，构成的人群是复杂的，包括管理系统（政府官员、警察、税务）、服务系统（文教卫生）、产业系统（各类手工作坊从业人员）等。城镇又是特定地区社会网络的“网结”，其辐射力决定自身的繁荣程度，其发展水平引领一个地区经济文化的走向。因此，城镇既是人类文明成果积累、传播、沉淀的重要平台，也是一个时代、一个地区社会整体发展水平的缩影，而这正是我们选择“名镇”开展研究的初衷，力图通过分析研究典型案例的方式，再现内蒙古地区20世纪初期的社会面貌。

作为学术性系列丛书，我们对《内蒙古记忆丛书·名镇》的编写时间上下限提出了统一要求，重点研究、介绍20世纪前50年的社会历史面貌。

众所周知，20世纪前半叶是中国历史发生巨变的时期。50年间，已存在2200多年的封建制度崩溃，但中华民国的建立并未能从根本上改变中国社会的落后命运，依旧延续着1840年以来半殖民地半封建的社会状态，军阀混战，列强入侵，民不聊生，山河破碎。内蒙古作为北部边疆地区，动荡局面较之内地更为剧烈，数千年的游牧封建体系瓦解，内蒙古被割裂为内蒙古、绥远、热河、察哈尔四个部分，阿拉善地区划归宁夏、甘肃；“九一八”事变后，内蒙古东部地区沦陷，随后陷入伪满洲国统治；1937年全面抗战爆发后，内蒙古大部分地区沦为敌占区。在内忧外患中，各族人民饱受封建统治阶级、地方军阀和外国侵略者的欺压盘剥，挣扎在生死线上。经济持续下降，1947 年内蒙古自治区成立时，全区粮食总产量仅 18.5 亿公斤，大牲畜和羊只有 751 万头（只）；全区只有七个城市设有医院，内蒙古每千人的病床数和医生数为 0.1 张和 0.78 人，人均寿命不足 35 岁，蒙古族民众的平均寿命只有 19.6 岁；公路里程仅 1974 千米；没有一所正规的中等专业学校，更没有高等学校，全区 85%以上的社会大众是文盲。封闭、落后、贫困是当时内蒙古的突出标志。

1921 年，中国共产党成立。在党的民族理论和民族政策的感召下，一批蒙古族进步青年加入中国共产党，成为我国第一批少数民族党员。1925 年，全国第一个少数民族党支部在内蒙古成立。从此，内蒙古各族人民在党的领导下，将推翻三座大山，人民当家做主，建立各民族平等、共同繁荣发展的新中国作为奋斗目标，在大革命时期、抗日战争时期和解放战争时期，内蒙古人民与全国人民一起浴血奋战。1947 年 5 月，我国第一个少数民族自治区——内蒙古自治区成立，从此，内蒙古历史翻开了全新的一页。

50 年，在人类历史上仅仅是一瞬间，但对于中国、对于内蒙古而言，20 世纪前半叶，既是中华民族饱受磨难的 50 年，见证了封建时代的覆灭，见证了半殖民地半封建的旧中国积贫积弱、“长夜难明赤县天，百年魔怪舞翩跹”的黑暗；也是各族人民在中国共产党领导下，争取民族独立和解放的斗争彪炳史册的 50 年，见证了新中国的成立。因此，对 20 世纪前半叶内蒙古地区的历史——以城镇为典型案例开展研究，具有重要的理论意义和现实意义。

回顾历史，是为了展望未来。习近平总书记指出：“新时代坚持和发展中国特色社会主义，更加需要系统研究中国历史和文化，更加需要深刻把握人类发展历史规律，在对历史的深入思考中汲取智慧、走向未来。”研究 20 世纪前半叶内蒙古城镇的社会历史，一是为了探索内蒙古政治、经济、文化的历史发展规律，包括各民族经济文化交流、交往和交融的规律；二是希望通过历史变迁的对比，让更多的读者充分认识到中国特色社会主义制度的优越性、党的民族理论和民族政策的优越性，坚定“四个自信”，在以习近平总书记为核心的党中央的坚强领导下，建设亮丽内蒙古，建设新时代模范自治区。

是为序。

内蒙古自治区文史研究馆馆长　乌恩

2019 年 10 月

目 录

绪论　定远营历史沿革

一、区位地形及自然环境

定远营是今内蒙古自治区阿拉善盟行署驻地阿拉善左旗巴彦浩特镇旧称，是盟旗政治、经济、文化中心。地处阿拉善盟东部，位于贺兰山西麓、腾格里沙漠东缘。其地理坐标（以延福寺为中心）为北纬 38°50′20″，东经 105°40′30″。1949 年城区面积为 21 平方千米。定远营是全旗最大城镇，总人口 8853 人[1]，其中汉族 4000 余人、回族 1000 余人。

原阿拉善旗面积 19 万平方千米，草原、荒漠、戈壁各占三分之一，境内的三道坎、磴口有黄河流经，有河川地 12 万亩。全旗设有 8 个苏木（军事机构、编制 150 人）、36 个巴格（乡级政府机构）、43 个边境防卡。1949 年 9 月 23 日，阿拉善旗和平解放，当时全旗有蒙古、汉、回、满、藏、东乡、土等 10 个民族 25692 人，其中汉族 12402 人、回族 2368 人。[2]

新中国成立后，定远营的政区划分：1952 年 6 月 4 日，经宁夏省政府批准，设苏木级（区级）人民政府，为一级政权机构。为加强民族团结，禁止民族间的歧视与侮辱，根据《中国人民政治协商会议共同纲领》第五十条规定，1952 年 11 月，经中央人民政府内务部批准，将“定远营”名称改为“巴音浩特”。同年，成立巴音浩特区人民政府及区工委，1955 年改设为镇。1955 年，为巴音浩特蒙古自治州驻地。1956 年，为巴彦淖尔盟和巴音浩特市驻地。1958 年，将“巴音浩特”的“音”改为“彦”，成为“巴彦浩特”，成立巴彦浩特镇。1961 年后，为阿拉善左旗人民政府驻地。1980 年，阿拉善盟成立，盟机关驻巴彦浩特镇。巴彦浩特成为盟、旗、镇三级人民政府所在地。总面积

[1] 阿拉善左旗统计局、计划局：《阿拉善左旗经济·地理》，1983 年版。

[2] 数据来源于阿拉善左旗统计局历年统计资料库。

5433.8 平方千米，镇区有蒙古、汉、回、满等 14 个民族近 11 万人，辖 24 个嘎查（村），农牧区人口 2986 户 8356 人。全镇草场可利用面积 428.65 万亩，禁牧面积 401 万亩，舍饲养殖规模达到 4 万余头（只）。1990 年，巴彦浩特镇直属阿拉善盟管辖（计划单列，属副处级单位）；1993 年，设立了 2 个街道办，将原有的 24 个居委会划分为 34 个居委会；1995 年，巴彦浩特镇划归阿拉善左旗（恢复为正科级单位），辖 34 个居委会、5 个村；2000 年，原布古图苏木合并至巴彦浩特镇，辖 34 个居委会、7 个嘎查、5 个村；2003 年，将 34 个居委会划分为 16 个社区居委会；2006 年，原木仁高勒苏木和通古勒格淖尔苏木合并至巴彦浩特镇，辖 24 个嘎查村，内设 4 个街道办事处（新华、额鲁特、南环、王府街道办事处）；2009 年底，4 个街道办事处机构单列。2006 年，领导高配（副处级）列为准处级单位，辖 2 个工作站（木仁高勒工作站、通古勒格淖尔工作站）、1 个农牧业服务中心、1 个农业科技示范区，划分为 19 个嘎查（塔尔岭、伊克尔、巴音塔拉、苏木图、前进、跃进、依和呼都格、敖包图、巴彦笋布尔、红石头、扎海乌素、柳树沟、布古图、巴彦霍德、贡呼都格、通古勒格淖尔、英格图、特莫图、希尼套海嘎查），5 个村（东关、前西花园、后西花园、西关、南田村）。[1]

忆卧牛城（定远营）　柴义贤绘

[1] 根据阿拉善左旗民政 2010 年区划资料整理。

定远营及整个阿拉善地区，深居东亚大陆西部、中国正北部，远离海洋，受西伯利亚高压影响，空气干燥，降水稀少，年降水量为150毫米，蒸发量达3500毫米。冬寒夏热，昼暖夜凉，年平均气温7.4摄氏度，夏季最高气温达42摄氏度，冬季最低气温在零下20多摄氏度。日照强烈，风大沙多，年日照达2600—3500小时，年均风日70天左右。四季气候，特征明显，属典型的内陆性气候。由于地貌和气候的影响，土壤地域特征是：土质疏松瘠薄，植被稀疏，植物种类少，结构简单。贺兰山及其周边山脉地带水文地质，系松散潜水和孔隙潜水层，地下水资源较为丰富，这对早期定远营建城，后期定远营的城市发展具有重大影响。

贺兰山脉属阴山系，位居蒙古高原与黄土高原接壤处，全长250千米，宽20—30千米，可分三段：乌达至大武口为北段，大武口至三关为中段，三关至青铜峡为南段。贺兰山共有72隘口：东北部有23隘口，中部有18隘口，西南部有31隘口。最高峰为山脉正中的达郎浩绕峰，海拔3556米，是内蒙古地区最高山峰；第二高峰是阿拉善南寺东南10千米的巴音笋布尔峰，海拔3185.5米。贺兰山森林覆盖率为57.3%，有野生动物5万多头（只）。山顶上建有阿拉善最高最大的敖包，是祭祀阿拉善神的神圣之地。登临山巅，极目东眺，塞北江南，尽收眼底。移身回首，放眼西望，溯漠风光，一览无余。长城内外，山川壮美，势走龙蛇，蜿蜒迤逦。大河春秋，碎玉凌空，冰峰裂岸，磅礴汹涌。贺兰奇峰，重峦叠嶂，林海滔滔，山花烂漫。因定远营是阿拉善旗的政治、经济、文化中心，阿拉善旗的很多重大历史事件都发生在定远营，所以先要理清阿拉善旗。

二、历史遗迹与定远营沿革

阿拉善地区有悠久的历史，多处出土了白垩纪的恐龙化石。据考证，阿拉善地区还发现了三万年前的洞穴手印岩画，在旧、新石器时代，这里就有人类活动的足迹，留下了绚丽多彩的古代岩画、打磨石器、彩纹陶器。春秋战国以来，这里曾是戎、狄、月氏、匈奴、乌桓、鲜卑、柔然、突厥、回纥、吐蕃、党项、蒙古等众多北方民族的游牧地。阿拉善地区（包括定远营）春秋时期属流沙，汉朝时期为匈奴地，匈奴败后属汉朝，晋为北凉地，唐属河西节度使管辖，宋代为西夏国所据，元朝隶甘肃行中书省，明为北元、瓦剌游牧，明末至清为蒙古几部落占据，直至和硕特蒙古部落到来，历经各朝各代书写了阿拉善丰富多彩、波澜壮阔的历史篇章。

几千年来，阿拉善地区群雄逐鹿、金戈铁马、刀光剑影、兼并融合，谱写了一幅幅雄宏悲壮的历史画卷，留下了远古崖壁石刻、汉代烽燧城障、唐代驼商古道、西夏石窟和佛塔、元代铜权和纸币、明代万里长城、大清佛教古刹等极其珍贵的历史文物及遗迹。境内的贺兰山古名“Hi lin wula”，后来在汉籍中记录时读音有些走调，将“Hi”音偏记为“贺”，“lin”音偏记为“兰”，“wula”直译为“山”，“贺兰山”一名就这样出现在汉籍中了。汉籍中还有各种记载：不周山、卑移山、空青山、乞伏山、陆盘山、楼树山等，这些都说的是贺兰山。早在汉朝时期，由漠北内迁的匈奴贺赖部在此驻牧，有这座山以贺赖部落名命名之说。阿拉善旗原名“阿拉善和硕特旗”，“阿拉善”表示地域名称，匈奴语“阿”字读作“贺”，因此，“阿拉夏”音转为“贺兰”，贺兰山是匈奴人命名的山名。《圣武记》（卷三）记载：“贺兰山厄鲁特者，俗称阿拉山蒙古也，阿拉山即贺兰山，亦名阿兰善山，皆语音之转，地在河套以西。”和硕特为部属称谓，即和硕特蒙古部。该部原属天山北路四卫拉特之一，也称作额鲁特（厄鲁特）。

南北走向的贺兰山像一座青铜屏障屹立在祖国北疆、定远营东部，最高峰面向西的山脉两侧，有两条低山由东向西环抱着营盘山，被称为“二龙戏珠”。定远营古城就坐落在营盘山南阳面，除了营盘山，古城西北有馒头山，西南有鹿圈山，正南有轿车梁（南梁），四座山梁上共建有7个营盘，形成对古城的拱围守护之势。大山西麓的定远营依山傍水，乘风接气，空气清新，风景优美。由东向西由九九八十一个台地组成的冲积平原上有许多常年冒水的泉眼，该地被称为“兀尔哲依图木伦”（汉语称“葡萄泉”），泉水所流经处有大小十几个草沟，溪水曲折，清澈见底，草高林茂，郁郁葱葱，因此又被称为“呼鲁斯图高勒”（汉语称“蒲草沟”），后又称作“阿格沓乌苏”。聚此泉水形成的三道河沟、两条水渠由东向西直达市区，润泽了镇区的家园，镇区内外园林密布，草场茂盛，山环水绕，环境优雅。

噶尔丹掌管准噶尔部后，于康熙十六年（1677 年）进兵和硕特部首领拜巴噶斯之子鄂齐尔图（号车臣），鄂齐尔图车臣汗败。巴延阿布该阿玉什长子为和罗理（号巴图尔额尔克济农），继承父位为部落长。虽然鄂齐尔图车臣汗败后，其部众由和罗理统领，但是难与噶尔丹抗争。康熙十六年（1677 年），和罗理率其弟兄 12 人及部众 7000 余帐 1 万多人东迁归附清廷，迁入夏日塔拉（大草滩）驻牧，后因得到噶尔丹东移的消息，他留一半属民在夏日塔拉，自己带一半属民进入额济纳河流域驻牧。康熙二十五年（1686 年），朝廷准许和罗理驻牧阿拉善地区（包括定远营）。康熙三十六年（1697 年），清廷批准和罗理建旗编佐，赏札萨克印，直属理藩院。建旗后王府衙门建在泽勒毛道。几年之后王府衙门迁至夏尔布日都（紫泥湖）。康熙四十三年（1704 年），阿宝的府邸建于葡萄泉，雍正九年（1731 年），阿宝王爷进驻定远营。这块宝地经过阿拉善旗历代王爷苦心经营，直至 1949 年 9 月 23 日阿拉善旗和平解放为止，经历了 264 年的风风雨雨。

阿拉善和硕特旗管旗印

定远营建城以前，这个地方的蒙古语地名称作“呼拉斯图乌苏”或“卡格图乌苏”，汉语称“蒲草泉或芦草泉”。元代将此地称为“阿格沓乌苏”。清代初叶称为“兀尔哲依图木伦”，汉语称“葡萄泉”。早在康熙四十二年（1703年）甘肃巡抚齐世武奏报朝廷得允后，于康熙四十三年（1704年）派内郎中陶柱亲督，在兀尔哲依图木伦旁建造阿宝和福晋道格欣公主府邸。为了西北边疆安宁，雍正四年四月初六（1726年5月7日）川陕总督岳钟琪、大理寺正卿通智、甘肃巡抚石文焯联名上奏朝廷，设营守备。待朝廷得允后，在贺兰山后葡萄泉额驸阿宝房屋西南边围绕罗汉堂筑城建营，经过几年的大兴土木，这座镇守西北的军事建筑完工，命名为“定远营”。雍正八年（1730年），朝廷将城池赠予阿拉善旗第二代王爷阿宝。阿宝进驻定远营后，将已建好的城内“守备府”作为王府衙门，其周围大兴土木，建造府邸，在罗汉堂以西南仿照北京建筑修建了众多四合院式民宅建筑，让旗府官员及贵族上层人士居住。从此，定远营被外界誉为“塞外小北京”。定远营从雍正八年（1730年）至1952年10月31日为止，一直有其固定名称“定远营”。

定远营城楼主门上方的石刻“定远营”

雍正四年四月初六（1726年5月7日）川陕总督岳钟琪、大理寺正卿通智、甘肃巡抚石文焯联名上奏朝廷建营奏折（节选）：

边防之宜严密也，查贺兰山后葡萄泉地方，西通瀚海，北连两狼山，寔为安地，今额驸阿宝既已迁移，满汉马厂徙移山后，则防守甚属紧要，臣隆科多等原议，在额驸阿宝房屋西边修堡造房，驻到守备一员、把总一员、兵六十名。臣等审思此处既经安设管汛，归入内地，则一切边外夷人往来，俱不可不行稽查止。设兵六十名似觉太少，今议添兵四十名，共一百名，与石嘴子中断边口分汛防守，相为犄角。其官兵驻到即国额驸阿宝住房筑堡一座，周围三百丈，内造营房二百间，其守备把总即将额驸阿宝房屋修改居住。伊处现有可耕之地二十余顷分给官兵，耕种之处，应照臣隆科多等原议，至于兵丁并家属移驻，应查路之边，近交臣石文焯会同宁夏总兵官，临时酌量给与车辆，遣驻共守备一员、把总一员、兵一百名，即在宁夏镇备分发。[1]

岳钟琪、通智、石文焯上奏朝廷奏折节选

[1] 中国第一历史档案馆：《雍正朝汉文朱批奏折汇编》（第七册），江苏古籍出版社 1991 年版。

《定远营碑文》曰：

贺兰山北，乃朔方之保障，沙漠之咽喉也。圣心轸念山后一带，切近宁城。额鲁特郡王阿宝部落于西海，阿尔多斯[1]七佐领于河东，险要尽归外地，侍郎通智细行踏勘复命，会同督臣岳钟琪详议具奏，嗣命通智暨光禄寺卿史在甲，督理公务，修浚惠农、昌润二渠，建设新渠、宝丰二县，安插二万余户，耕凿遍野。而贺兰山后葡萄泉等处，水甘土肥，引导诸泉，亦可耕种，兼之山阻挺生松柏，滩中多产红盐。且形势扼瀚海往来之捷径，控兰塞七十二处之隘口，奉旨特设一营，诏曰定远。妥相地形高下，固山筑城，气势轩昂，设武弁，置屯兵。西接平羌，遥通哈密、巴里坤等处，东接威镇，远连三受降城，两狼山要地。内外联络，边疆宁谧，良田替漠广运，神武远施，亿万斯年，咸戴帝德之高深矣，特纪盛事而镌之石。

雍正八年，岁在庚戌，秋八月之吉日立。

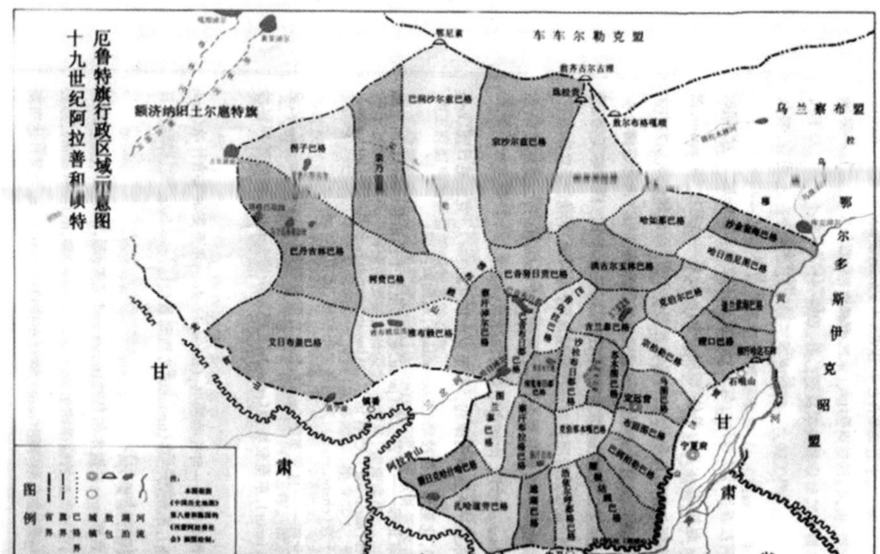

36个巴格行政区划示意图　选自《阿拉善和硕特部》

[1] 阿尔多斯，指今“鄂尔多斯”。

第一章 定远营的经济变迁

阿拉善和硕特旗的早期经济一直以畜牧业为主，定居定远营后，先期在政治上产生了巨大变化，政府、军队、宗教等管理都全面走向正规。随着定远营城市建设的发展和对周边资源的充分利用，这里逐渐形成了发达的商业、初期的金融业、手工业、农业、林业、盐业、煤炭业、碱硝业等，经过200多年的发展，经济发生了巨大的变化，呈现出多种经济类型互相补充、互相促进、共同发展的格局。自阿拉善建旗后，历代王爷都在其所在的时代，对阿拉善旗经济给予了不同程度的关注、指导和建设。

民国二十一年（1932年），第九代第十位王爷达理札雅继位。从此，达理札雅对全旗经济进行全面整顿：对“庚子赔款”后磴口教堂的历年教案进行清理，收回全部土地，令其向旗府交纳租粮，充实旗库；由西北盐务局开采四大盐湖，按年向旗府交税；加强对贺兰山煤矿的管理，大矿自采，小矿出租；对定远营的商号、旅店、手工业作坊统一管理，收取税金；在集镇设立税警专司收税。这一系列有效措施，使旗府财政收入有所增加。

第一节 经济类型

一、畜牧业经济

阿拉善地区早期是以畜牧业为主的游牧型畜牧经济。定远营是全旗政治、经济、文化中心，在其近郊虽有林木农田，却为数不多，莽莽荒原一望无垠，这样的地理、土壤和气候，颇适于畜牧，羊、牛、马、骡、驴、驼等牲畜遍布草原。阿拉善旗有羊30万只、骆驼15万头、马8000匹、牛3000头、驴3000头。[1] 畜产品

[1] 牲畜数量来源于《边疆通讯》1945年3卷2期。

有毛、皮、肉、奶等，年产羊毛532500斤、驼毛336440斤、绵羊皮15000张、山羊皮10000张、羔羊皮5000张、牛皮1500张、兽皮400张。[1] 定远营周围牲畜数量为小畜7万余只、大畜1万余头（只）。驼、马、骡、驴的运输能力，是全旗主要运力。旗府征收包得税和草头税，畜牧经济是阿拉善旗财政重要而稳定的来源，也是牧民生活最基本的支柱。

清朝中期，时局稳定，社会太平，风调雨顺，安居乐业。在这太平盛世的大好形势下，旗府采取轻徭薄赋的政策，大力发展畜牧经济。特别是在旺沁班巴尔和玛哈巴拉王爷亲政时，牲畜头数突破百万，到囊都布苏隆王爷时，全旗牲畜头数达到180万头，其中山羊70万只、绵羊50万只、骆驼40万峰、马12万匹、牛9万头。畜牧业经济飞速发展，达到了旧时代的顶峰。[2]

二、工业经济

阿拉善的支柱工业经济主要以湖盐和煤炭为主，阿拉善有盐池53个，其中大型盐池4个。吉兰泰盐池是阿拉善旗最大的盐池，面积为120平方千米，储量达1亿吨，所出大粒青盐味佳质优，闻名大西北，远播至中原，受益地区多达陕、甘、晋、宁、内蒙古、豫、鄂等省区，旗府征收出租税，盐产收入占全旗财政收入的大头。贺兰山一带有优质煤炭品种——无烟煤，储量大，质量优、产量多。清朝初年开始开采，开采历史达270年，有大煤矿8处、小煤洞8个，总产量700万斤，其中最大的煤矿为古拉本敖包无烟煤矿和乌达烟煤矿，所产煤炭除供定远营及本旗各巴格外，还供应宁夏、绥远等地区。阿拉善的盐业和煤业创造了巨大的经济效益和广泛的社会效益。

三、商品经济

阿拉善和硕特部在康熙十六年（1677年）从新疆迁徙至青海大草滩，之后又迁至阿拉善巴彦乌拉山西麓泽勒毛道，于康熙二十五年（1686年）迁到

[1] 畜产品数量来源于1944年《经济汇报》第9卷11期；参见罗时宁、梅白达：《宁夏资源志》，宁夏省政府1946年版。

[2] 参见蒙古文杂志《巴音森布尔》1993年版。

阿拉善定远营西北紫泥湖地区，有王府、额肯衙门时，商业就已介入。康熙四十三年（1704年）蒲草沟边建阿宝府邸，雍正四年（1726年）建定远营城，雍正九年（1731年）旗府迁入定远营，外地商人随之来到定远营，商业进入快速发展阶段，最多时有商号、旅店116家，促进了物资的交流，形成了城外南大街商业区，满足了全镇乃至全旗民众的生产生活需求。旗府对各商户收取管理税金。

四、农林经济

山西人和甘肃人迁来定远营之后，接着迁来的是山东人，带动了阿拉善早期的农林业发展，在定远营及近郊形成了几十个蔬菜庄园，种植瓜果蔬菜，充实和丰富了定远营民众的生活。贺兰山有天然次生林55万亩、灌木林48万亩，木材总储积量为290万立方米，是阿拉善林业经济的主要来源。阿拉善有贵重药材100多种，包括苁蓉、甘草、锁阳、麻黄、枸杞、黄芪等。这些药材分布广、产量大、收益高，是阿拉善经济的重要补充。据《经济汇报》1944年9卷11期载："阿拉善年产苁蓉50万斤，运销甘、宁、绥、包头、天津及东南各省，还转运国外。年产甘草40万斤，销往包头、天津、河南等地。"[1]

五、手工业经济

随着城镇建设、寺庙建设规模的日益扩大，阿拉善和硕特部原有的各式手工业匠人也逐渐立起门户，扩大营业。一批外地各民族手工业匠人及建筑工人随之而来，在定远营城外西关一带建起了各式手工作坊，总计有142家，工匠达400余人，涵盖了民众生产生活的方方面面，满足了各族民众生活的需求。

六、定远营的交通运输业——驼道驿站

随着各项事业的发展，为了将阿拉善的丰硕物产运往外地，把阿拉善人民生产生活所需物资驮运进来，同时为朝廷传递公文、运送军饷军械，方便官员朝觐、牧民走亲访友和放牧迁徙，清朝末期（同治二年），清廷兵部、理藩院

[1] 参见罗时宁、梅白逵：《宁夏资源志》，宁夏省政府1946年版。

下达札文，要求阿拉善和硕特旗开通道路，设立驿站。驼道驿站的设立使阿拉善的交通运输业也有了较快的发展，从定远营出发，四通八达的驼道，东到包头、绥远、京城，西至青海、西藏、新疆，北达库伦，南连宁夏、西安、兰州。在所有驼道上每隔40—80里设一驿站，驿站必设在水草丰足之地，便于传递、歇息、补充。主要的驼道有：

1. 阿拉善定远营通往额济纳、巴里坤、迪化、塔尔巴哈台的驼道。

2. 途经阿拉善的北京至巴里坤、迪化、塔尔巴哈台的驼道。

3. 途经阿拉善的绥新驼道：绥远至迪化，全程4260里。

4. 定远营起经磴口、包头、绥远、张家口到北京的官办驿站驼道。

5. 定宁驼道：定远营通往宁夏的两条线路，其一为苏峪口小路，向东南翻越樊家营子至苏峪口，到达宁夏府，全程150里；其二为定宁大道，从定远营向南，下三关口向东转北，到达宁夏府，全程240里。

6. 定兰驼道：从定远营经长流水，南下营盘水、一条山到兰州府，全程820里。

7. 定民驼道：定远营至民勤南路驼道长840里，北路驼道长650里。

8. 定库驼道：从定远营到大库伦，又叫喀尔喀驼道，全程2400里。外地旅蒙商从定远营至大库伦，喀尔喀西部的牧民从这条路来定远营购物。阿拉善北部的朝觐者经阿拉善衙门定远营西行，后来这条线路也成为大库伦至西藏拉萨的主要驼道。[1]

因此，定远营在其地理位置、经济地位以及军事战略等方面历来非常重要，成为中国西北草原将当地畜产品、土特产等运出和从外面运进生活物资的主要集散地。

[1] 朝格图：《阿拉善往事：阿拉善盟文史资料选辑甲编》（下册），宁夏人民出版社2007年版，第483页。

七、阿拉善旗的赋税

旗札萨克每三年清查一次牲畜，确定下来的牲畜数目叫赋畜，以此为征税基础。在这三年中新生的牲畜叫私产，是牧民可消费的部分，如果牧民侵犯了赋畜，官吏就要出面干涉。赋税分为定期和临时两种，定期征收的叫包得税，每年一次。此外旗衙门还向全旗民众进行临时摊派，年次无定。所有的王公、台吉、格根、喇嘛坦等社会上层一律不交包得税，还有为旗府建立过功勋的额尔克腾（行政方面）和达尔罕腾（军事方面）的平民，也被免征包得税。全旗各种赋税最终集中于旗所在地定远营阿拉善旗库。

（一）包得税

阿拉善旗在自己的地区设的畜牧税种，“包得”是“大牲畜”之意，是征收计算单位，以骆驼为标准，一峰为一个包得，马一匹折合为驼一峰，牛一头折合为驼羔一峰，二至三峰驼羔折合为大驼一峰，十至十五只羊折合为大驼一峰。每十个包得要征收一个包得税。该税由各巴格达来收，上缴旗财政。据阿拉善旗清朝档案记载，道光年间，一个包得征收五两银子，清末一个包得征收八两银子，后来增加到十六两银子，以此计算，每年从 36 个巴格征收包得数目为 1400 头，折合银子为 22400 两。民国时一个包得征收 10—20 块银圆，以上面包得数目为准，折合为 28000 块银圆。

（二）草头税

草头税是对牧区设的一种税，从民国七年（1918 年）八月开始，向过路牲畜和过境买卖商队的牲畜都要征收草头税，收税标准为：年驼 5 钱，马 5 钱，牛 4 钱，羊 4 分。[1] 该税由各防卡卡长收，上缴旗财政。后来，国民党政府在阿拉善旗征收过境货物税、盐税、牲畜屠宰税、驼捐等。宁夏军阀马鸿逵在阿拉善所设税种繁多，在此不赘述。

---

[1] 朝格图：《阿拉善往事：阿拉善盟文史资料选辑甲编》（上册），宁夏人民出版社 2007 年版，第 457 页。

（三）农业税收

据旗府对沙金套海、哈拉和尼图、道兰素海三个巴格收租统计，清朝末年，每年所收地租有：粮食1500斗，砖茶5000块，银子5000余两。[1]

（四）临时摊派

临时摊派是不固定的临时性征收的特殊赋税，如王爷进京、操办宴席、祭奠先王、购买军械、替王爷清欠等事宜，都要向下进行摊派，公、台吉、格根、喇嘛坦、额尔克腾、达尔哈腾同阿拉巴图（公、台吉管辖之民）、沙比那尔（寺庙管辖之民）都一样，必须一律交纳。据历史档案记载，清末阿拉善旗一年所收的摊派就达银7000—14000两，有时一年征收几次，也不鲜见。

（五）王公、台吉、格根向属民征税

哈里雅图（属民）、阿拉巴图、沙比那尔还有向贵族缴纳赋税和服差役的义务。对于王公、台吉、格根向属民征税，清朝理藩院有《则例》规定，有五头牛以上的征收绵羊一只，有二十只以上绵羊的征收绵羊一只，四十只以上的征收绵羊两只，有牛一头征收米三斗。若遇贵族进贡、会盟、搬迁、娶媳、嫁女等事宜，还要加征。当时的平民、属民其实就是旗府和封建领主们的生产工具。

第二节　特色经济产业

阿拉善旗早期是纯牧业旗，国民经济以畜牧业为主，畜种有马、牛、羊、骆驼、驴、骡，以羊为最多，马、驼、牛次之，优质品种有白绒山羊。虽然逐水草而牧，但有冬场、夏场之分，实行通场移牧。对牲畜十分依赖，“饥食其肉，渴饮其酪，寒衣其皮，驰驱资其用，无一事不取给于牲畜”。牧养牲畜除自己食用外，也用于同周围地区进行贸易，交易场所主要设在定远营。阿拉善

[1] 朝格图：《阿拉善往事：阿拉善盟文史资料选辑甲编》（上册），宁夏人民出版社2007年版，第457页。

的畜产品很丰富，年产羊皮 5 万张、牛皮 1500 张、羊毛 65 万斤、驼毛 34 万斤、兽皮 400 张、羊肠 2 万条。[1]

一、畜牧

（一）骆驼

阿拉善被称为“中国骆驼之乡”。历史上阿拉善双峰驼数量曾经达到 25 万峰，仅定远营周边畜养骆驼也有万余峰。骆驼是定远营居民生产生活中的主要役用运输工具，人们的所有生活物资都由骆驼驮运而来，自产的畜产品，如大量的皮张、绒毛，以及食盐、硝、碱、煤炭、地毯、木材、药材等土特产品，都要用骆驼运出去才能实现其价值。因此，骆驼在当地几百年来不可或缺，无可替代。

骆驼成为定远营居民生活中的主要运输工具

（二）羊

绒山羊是阿拉善地区经济价值最高的畜种，具有适应性强、体质健壮、遗传性稳定、绒毛产量高、质量好等特点。阿拉善白绒山羊达 200 万只，而定远营周边就有近 10 万只，而绵羊数量一直在山羊数量之上。绵羊以肉、毛、皮综合利用为特点，体质结实，适应性强，耐寒耐粗饲，尤以产肉多而出名。绵羯羊肉在宴席上是烤全羊和乌查（羊背子）的主要原料。绵羊毛也是制王府地毯和擀毡的最佳原料。

[1] 参见陈国均：“阿拉善经济状况”，载《经济汇报》1944 年 9 卷第 11 期。

（三）牛

牛是在粗放条件下形成的古老品种，体实个小，适应性强，乳、肉、役兼用，山地、滩地都可放牧、饲养。定远营周边养牛数量达数千头。

（四）马

定远营的马主要分布在贺兰山沿山一带滩地和山地丘陵，阿拉善马体质结实，体格较小，蹄质坚硬，鬃和尾毛丝粗长，耐力持久，抗病力强，适应力极强，能长途跋涉。多枣骝、黑栗、银灰色。定远营周边马最多时有3000匹，好马价值200银圆，还可与周边交换粮食和物资。随着运输工具的改进，马数量逐年下降。王爷本人就有良马近百匹。

（五）驴

虽然不是主要畜种，但繁殖快、数量多，无论在何地都可生存、役使，极耐粗饲，每户都有几头到十几头不等。骡子是马驴交配的畜种，数量相对较少，定远营富裕人家也有一两匹骡子畜养。

二、农业

定远营远近郊区的40多个农庄菜园，基本上属农业范畴，部分农牧兼有。据统计，总共有土地25200亩。开垦土地较多的近郊及郊区：水磨沟有田地3500多亩，东关、南田等有田地1000余亩。田地原都是王公贵族、官吏人家的食邑地，他们将田地租给农户，收取地租，牲畜雇人放牧。

王府花园观景楼旧照

定远营由于从东到西有三道河沟、两条水渠，常年有水浇灌，在镇区建有20多个园子，内种果树、瓜类、蔬菜，所以称其为园林经济，满足了城镇民众对瓜果菜的生活需求，是对畜牧业经济的有益补充。

三、矿产

阿拉善有盐、煤、碱、硝等矿产资源500多处。大小盐湖53个，天然碱湖10处，硝产地30处，煤炭矿区共有16处。这些资源是定远营居民生产生活中必不可少的资源。

吉兰泰盐湖是中国内陆大型盐湖之一，是定远营居民食用盐的主要来源和生活物资交易的重要资源。盐湖面积120平方千米，储量1亿吨，这里出产的大颗粒青盐质纯味佳，远近闻名，开采历史悠久，到1949年已有260多年。之前盐湖只是以自采自用的方式开采，清乾隆元年（1736年），阿拉善旗第二代王爷阿宝正式开采吉兰泰盐湖，盐湖由旗里经营。乾隆二十三年（1758年），湖盐开始远销陕、甘、晋一带，年入银8000两。光绪三十年（1904年），晋北榷运局承租吉兰泰盐池，年纳税金1万两，产盐10万担，销往内蒙古、山西等地。

光绪三十二年（1906年），甘肃省当局承租察汗布拉格盐池，年纳租金1万两，年定运额6万驮，行销西北各地。光绪三十四年（1908年），旗札萨克多罗特色楞以3年的期限将和屯淖尔、雅布赖、察汗布拉格等8个盐池租给甘肃总督府盐务局，得银3000两，通湖租金年500两。

民国三十五年（1946年），达理札雅王爷积极发展盐业生产，决定将吉兰泰盐池由阿拉善旗开采，和屯淖尔、察汗布拉格、雅布赖等盐池由西北盐务局开采，阿拉善旗收租，湖盐方面的收入成为旗财政收入的主要来源。此外，还有丰富的碱和硝，除自用外，大部分外销，也是阿拉善经济收入的组成部分。

贺兰山东北段的代开、古拉本敖包等原煤产区有8处大煤矿、8处小矿，盛产无烟煤和烟煤，年产煤700万斤。这里是生产无烟煤的主要煤矿，是定远营居民的主要燃料来源地。这些煤矿所产的无烟煤常年不断地运往定远营销售。这里的无烟煤以“三低六高”出名而受用户青睐。1949年以前，阿拉善旗各煤矿仅有土法开采之煤，煤矿工有“挖手”与“背手”两类，“挖手”属技术工，专门在掌子面上挖掘煤炭，“背手”即把煤炭用筐背出来。夏季天气太热，不宜开采。每年冬天几大矿采煤工人有100多人，主要是甘肃人和宁夏人，因下井是危险工种，还要辛勤劳作，收入颇丰。大矿工人月工资500—600元，小矿工人月工资100—200元，还供给伙食，因工死亡给抚恤金1000—2000元。旗府将小煤洞租给私人开采，年入租金1万元。大煤块装在索笼里，小煤块装毛口袋，用骆驼、毛驴运输，也有用马骡车运输。煤之销路：350万斤销往宁夏平罗及磴口，绥远一带，250万斤销往定远营及本旗各苏木巴格。1943年煤价为：驼驮300斤，价1.2元；驴驮150斤，价六七角；马骡车运1500斤，价8元；大车运2000斤，价10元。

定远营煤炭交易

四、林草植被

贺兰山森林是定远营的重要经济来源之一。贺兰山中有天然次生林55万亩，灌木林48万亩，林区主要树种为云杉、油松、山杨、杜松，还有山榆、桦树、山桃、山杏、山梨、杜梨、木瓜、丁香等灌木和野生果，木材总储积量为290多万立方米，森林覆盖率约为30%。乔灌木、草本植物496种，其中有100多种可做中草药材，主要有黄芪、山沉香、丁香、瞿麦、沙东青、益母草、天仙子、玉竹、小红菊等。

定远营周边广阔的草原上有菊科、蒺藜科、藜科、柽柳科、蔷薇科、禾本科等优质牧草。具体有梭梭、沙拐枣、花棒、红砂、芦苇、芨芨草、沙蒿、马莲、苜蓿、草木栖、聚合草、碱柴、驼绒蒿、珍珠、柠条、霸王、白茨、沙竹、锦鸡儿、沙糜等。药材有苁蓉、锁阳、甘草、麻黄、苦豆子等。野生可食用品种有沙葱、沙米、沙芥等。因此，旗衙门组织定远营男性劳力，按季节进行采集，根据所需自用或运往外界进行买卖，补充旗库。

五、狩猎

在游牧经济条件下，狩猎是畜牧业重要的补充，可为牧民提供食物、衣着，和其他民族交换商品，阿拉善地区野生动物有青羊、黄羊、盘羊、野马、野驴、野骆驼、鹿、麝、獐、猞猁、獾、貂、野兔、狐、狼、豹等，每年可输出400张兽皮。狩猎方式分为个人狩猎和集体狩猎两种：个人狩猎一般都在离居住地不远处，采用兽夹或火铳等工具；集体狩猎也就是围猎，秋冬两季，集体出动，强弓烈马，草黄兽肥，猎获物大都平均分配，只有皮张奖给先射中者。定远营周边野生动物中除盘羊、野马、野驴、野骆驼外，其他野生动物均有之。因此，居住在定远营的王公贵族、贫苦民众，按规定季节组织打猎，补充生活所需，增加经济收入。

六、金融业的雏形

阿拉善的金融机构是伴随着商品经济的发展而产生并发展的。定远营城随着商品经济的不断发展，城镇商业功能日益完备，金融机构在不同时期具有不同形式的发展。阿拉善旗虽说没有票号、钱铺、账局，但是在商号中有“兴贩库”（汇兑），寺庙中有“纸币”。这些就是阿拉善金融业的发端。

兴贩库印

在清代政府部门的交易中，官方兑换率都固定在库平银1两比1000个标准铜钱。由于1644—1804年中国北方市场兑换率为铜钱100万串兑换1两白银。这样一来铜钱贬值加剧，给民众带来负担。因此，阿拉善商号、广宗寺中先后有了银两兑换的“兴贩库”和“纸币”的出现。这就是阿拉善汇兑业务开始的雏形（金融机构雏形）。

南寺（广宗寺）纸币

第三节　阿拉善经济的转型与定远营的经济衰落原因

关于定远营乃至全旗的经济状况、财政收入，至今无详细全面统计资料。根据前几节介绍的经济情况及民国时期的一些调查报告分析，20世纪初，阿拉善旗的经济结构发生了很大的变化。叶祖灏在《阿旗盐池情况》一文节中说：“阿拉善旗各大盐池，如出租晋、甘省和西北盐务局，租金年收入为5.4万银圆。”[1] 自采自卖的湖盐收入无数据统计，估计最少不会低于3万银圆。只盐池一项收入就占全旗财政收入的绝大部分。阿拉善旗年产煤700万斤，如果按上述价格，每斤4分计算，全部卖完年收入就是2.8万元。阿拉善的工业经济只盐、煤两项年收入就8万余元，相当可观，而畜牧业的财政收入就是

[1] 叶祖灏：《宁夏纪要》，正论出版社1947年版。

“包得税”和“草头税”，估计最多有 2.5—3 万元，总计为 10 余万元。所以在 20 世纪上半叶，阿拉善旗以畜牧业为主的经济就已让位于以工业经济为主了。另外就是来自商业、手工业、农林业方面的税金收入。这就是阿拉善旗定远营在经济上的巨大变迁。随着游牧生活向半定居、定居转变，以畜牧业为主的经济则变为以半工业经济为主，以畜牧业、商业、手工业和其他副业为补充的经济。

定远营经济经过 200 多年的风风雨雨，虽然逐步走向正规，但受战乱、自然灾害等影响，也曾遭到巨大的重创。

同治八年（1869 年），陕西马化龙事件中的白彦虎率兵万余人准备犯境攻城。旗府派协理阿布尔拉的十弟（人称十老太爷）和马陆（回族官吏）前去讲和。白彦虎让旗府把城内武器和金银财宝全部交出。谈判破裂，白彦虎当即将阿拉善旗代表杀死，强行攻城。白彦虎部人数虽然较多，但使用武器仅是长矛、弓箭、大刀，没有攻城利器。阿拉善旗方面虽然兵力较少，但有长龙炮、台枪、九节炮等武器，能作短程射击，倚城布防，居高临下，威力较大，因而打退了白彦虎部多次的进攻。白彦虎部屡次攻城不下，留下一部分兵力围城，分兵四出攻掠。就在此时，定远营西花园遭到劫掠焚毁。到达南寺时，因该寺

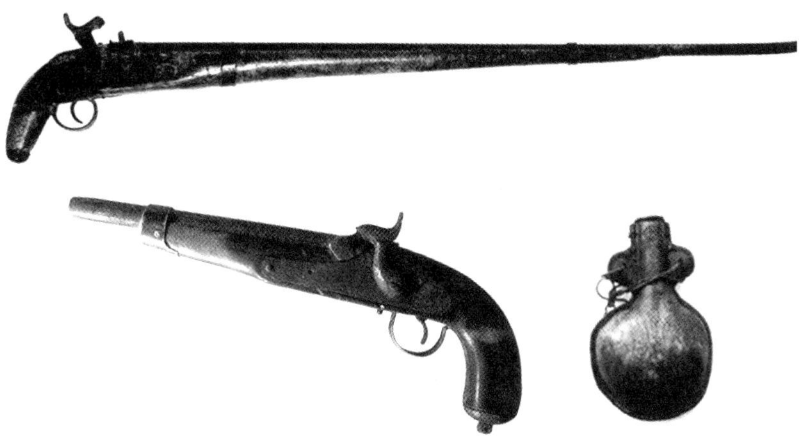

阿拉善旗亲军马队使用过的长短枪支及火药皮囊

已组织起喇嘛兵200多人，严加防守，未能攻破。北寺则疏于戒备，庙被攻破，活佛逃到贺兰山隐避，大殿被烧毁。双方时而进行激战，时而处于相持状态，因而围城之战，持续甚久。在这次事件中阿拉善骑兵官德勒格尔达赖阵亡，旗兵也多有伤亡，深恐长期相持，寡不敌众，乃派人突围前往北京，请求清廷迅速发兵救援。清廷初尚不以为意，嗣因白彦虎部挖掘公主灵柩，暴尸于外，始引起重视，派遣张曜统兵救援阿拉善旗，白彦虎部向西撤退。定远营之围始解。这次事件中阿拉善旗经济损失无法估量，全旗无辜牧民伤亡近3000人。这对一个不到2万人口的阿拉善旗来说，是个相当严重的重创，经济损失巨大。

光绪二十六年（1900年）春季，阿拉善旗多罗特色楞亲王以利用义和团赶走外国传教士为目的暗中支持义和团。为此，阿拉善旗沙金套海总管阿木尔吉日嘎拉率众响应义和团运动，并应宁夏道台府指示，将教堂关闭封存，将外国传教人员送出旗境。当年8月13日，义和团众兵进攻三圣公，14日攻下并焚烧了教堂，打伤了100多名天主教徒。因此，该事件被称为磴口教堂事件。义和团运动的深入发展震动了外国入侵者，为保护各国在华利益，列强发动了八国联军侵华战争，迫使清政府签订了《辛丑条约》。清政府要求阿拉善旗赔款白银8万两，后经阿拉善旗、宁夏、兰州、北京各方交涉，决定赔款白银5万两，其中1.3万两付现银（这是阿拉善旗当时的全部库银），其余以三圣公耕地抵押。

民国六年（1917年）发生的“独立队事件”、民国十七年（1928年）的“戊辰事变”和“马仲英事件”、民国二十七年（1938年）的“马鸿逵攻打定远营事件”等历年战乱，以及1893年和1928年的旱灾损失，加上贡桑珠尔默特、多罗特色楞父子两代王爷的奢侈腐败生活，导致定远营乃至阿拉善旗经济到了崩溃的边缘。

在19世纪末20世纪初，阿拉善旗的经济衰落主要由以上原因造成，特别是：贡王、多王两代王爷的外债使阿拉善旗还债数十年；“马化龙事件”使人口衰减，经济受到重创；《庚子赔款》使阿拉善旗经济彻底崩溃；“戊辰事变”使刚刚复苏的阿拉善旗经济又遭到重创。到了民国十九年（1930年）以后，马鸿逵对阿拉善这块宝地垂涎三尺，企图从政治、经济、军事各个方面控制阿拉善旗，达理札雅王爷采取的抗拒措施触怒了马鸿逵。因阿拉善旗已形成历史共识：阿拉善旗在清朝时直属理藩院，在民国时期直属中央政府行政院，受蒙藏委员会领导，宁夏省府无权干预旗政，而宁夏省曾呈请中央政府，想在阿拉善旗设县治，遭到阿拉善旗坚决抗争，国民政府也怕为此事引起民族纠纷，未予正式批准。马鸿逵遂以日本人进驻定远营活动为借口，以达理札雅王爷是伪满洲国皇帝溥仪堂妹夫之缘由，和蒋介石密谋，于1938年正月二十五日，派遣三个团兵力围攻定远营，将达理札雅全家胁迫送往兰州软禁达7年之久。随后马鸿逵即在定远营派驻兵力一个营，1939年在定远营设“宁夏省政府驻定远营办事处”，至1949年共派八任主任（第一任张朝栋、第二任邢焕章、第三任王孝坤、第四任高中第、第五任卢涤生、第六任吕彦文、第七任朱效孔、第八任马历山）。办事处是变相的县政府，在定远营城外编制保甲，范围为东至老陵滩，南至红石头，西至西大地，北至柳树沟以内，共编14保120甲（保甲以外是巴格管辖地）。选派正、副保长，颁发“国民身份证”，派款收税，抓兵征马，横征暴敛，阻挡宁夏粮食入旗。10年间6次抓兵200多名，但蒙古族居民和公职人员不能抓，王府禁地城内不能抓，保甲范围外不能抓。抓壮丁，也可“以马或驼代丁”，用一丁以5匹好马或15峰骆驼顶替的办法来进行盘剥。马驼代丁共掠驼1000余峰、马2800余匹、牛500余头，摊派羊皮1万张、裹腿布2万尺。在定远营形成省处管理汉族和回族，旗府管理蒙古族的局面，这叫“划区分人而治”。后又在定远营设“宁夏富宁公司”，垄断商业，欺行霸市，抢夺资源，乱伐森林，垄断定远营乃至全旗粮食供应和畜产品收购，高价售粮，低价收购皮毛，严禁他人经营。1939—1949年这10年间，马鸿逵在定远营实行的以上政策，使阿拉善旗畜牧业、农林业、手工业、商业遭到严重破坏，形成乡村无人烟，集镇无青年，商号作坊倒闭，市面极其萧条的悲惨景况。

第二章　社会变迁

康熙十六年（1677 年），噶尔丹为整顿准噶尔内部之乱，前后展开几期战事。和罗理为了部属安危，从原驻牧地新疆东迁，直至嘉峪关受阻。几经周折，于康熙二十五年（1686 年）获准在阿拉善的广阔草原驻牧。其王爷府衙门所在地几度更换，最终于雍正九年（1731 年）定都在定远营，直至 1949 年 9 月 23 日阿拉善旗和平解放。

第一节　近现代定远营的社会结构变迁

康熙二十五年（1686 年），和硕特部落驻牧到阿拉善地区时有 7000 余帐 1 万多人，在此之前和硕特部落一直在新疆和青海游牧，这一迁徙实现了部落由游牧向半定牧的转变。由于和罗理归顺清廷，康熙三十六年（1697 年）建旗编佐。到了雍正八年（1730 年），作为宁夏边外地的阿拉善地区领属关系发生变动，本来有着军事用途的定远营也就相应失去了“设武弁、置屯兵”的必要。清廷将定远营及阿拉善 19 万平方千米的地域赐予阿拉善旗第二代王爷阿宝，较为妥善地安置了阿宝及其部族。一方面使这一地区由动荡趋于平稳，另一方面充分利用阿宝所辖的军事力量镇守贺兰山以北地区，进一步加强对漠北地区的控制，同时促进了以阿拉善和硕特部为主的西套蒙古由定牧向半定居的巨大转变。在此之前，阿拉善和硕特旗虽然设立了 30 年，却没有像样的府衙，也没有成型完善的旗级机构，整个部族还未脱离逐水草而居的生存方式，定远营的建成和阿宝的入住加快了这一进程。自阿宝开始，阿拉善历代旗王以定远营为中心，着力于旗政建设和王权的巩固。主要体现在：一是建设王府，阿拉善王府按《大清会典》郡王府定规建设，占地 2 万多平方米，三路三进，规模宏大，有京城四合院风格，自阿宝始，各代旗王均居于此；二是设立札萨克衙门，建立等级森严的官衙制度和各级行政组织；三是建立军队，保境安民，防匪治安；四是建庙宇，修僧房，招收安置喇嘛，加强了对旗民的精神控制。最初的定远营城内是旗内王公贵族、各级官吏、格根活佛的居住地，其他人是没资格入住的。随着时间的推移，在定远营周围陆续出现了居民定居，其中较早的是山西和甘肃的商人，为阿拉善定远营带来了物资买卖交流，形成了城外南大街商业区。接着迁来的是山东人，给阿拉善带来了早期的农业，定远营及近郊形成了几十家菜园。城镇寺庙建设规模日益扩大，随之吸引来一批蒙汉手工业匠人，在定远营城西开起了各式手工作坊，但王府规定，在阿拉善定远营他们没有建筑权和所有权，除非先入旗籍。阿拉善和硕特蒙古部的移居和外来人口的陆续迁入，使阿拉善定远营有了四大变迁：一是王爷衙门由游牧向定居的变迁；二是由单一畜牧业经济向商业、工业、农林业、手工业等多种经济的变迁；三是生产、生活、习俗、文化由单一向多元化的变迁；四是由单一民族向多民族的变迁，实现了各民族融合、共同发展。

一、札萨克衙门

（一）阿拉善旗王公制度行政组织系统

旗设札萨克一人，为一旗之长，总理旗务，监督所属官吏，阿拉善旗札萨克为世袭职。旗设正协理台吉一人，副协理台吉一至二人，均系贵族（台吉）札萨克之亲属，辅佐札萨克处理旗务及军务。旗设管旗章京一人，副管旗章京一至二人，承札萨克、协理之命办理旗务，为旗之中坚官吏。旗设梅林两人，承协理、管旗章京之命，办理旗务及军务。旗设参领，亦称扎兰，承管旗章京、梅林之命，督饬佐领办理地方事务，人员数目不定，视佐之多少而定。佐领为旗基层行政首领，承参领之命，直接办理基层地方事务及军务，阿拉善旗共设八个佐。佐领下设骁骑校，人员不定。

（二）阿拉善旗王公爵位名称

阿拉善旗王公贵族有亲王、郡王、贝勒、贝子（阿拉善旗第一代王爷为

阿拉善旗王府全景旧照

贝勒；第二代王爷为郡王；第三代开始升至亲王，世袭罔替）；镇国公、辅国公；驸马，称为额驸；贵族，称为台吉，分一、二、三、四个等级以及闲散台吉等。

（三）阿拉善社会阶级状况

和硕特部游牧到阿拉善地区后，自清政府将其安置建旗以来，经历了清朝和民国时期，几百年来政治体制无根本性改变。清朝时亲王的承袭由理藩院颁布圣旨，民国时则由国民政府任命，阿拉善始终保持着较为完善的封建领主制，这种体制一直延续到1949年全国解放。阿拉善社会阶级状况如下：札萨克亲王，下有镇国公、辅国公2人，头等台吉2人，二等台吉2人，三等台吉1人，四等台吉40余人，一般台吉100余人，共计台吉155人。[1] 台吉的等级一般根据战绩和军功授予王爷的子孙。延福寺、广宗寺、福因寺三大寺庙上的格根、喇嘛坦、夏仲都是活佛，王公、台吉、活佛都是社会上层，是统治阶级。王爷有占有全旗土地的权力，公、台吉只有掌管自己阿拉巴图的权力。

全旗所有平民都叫哈拉楚，属于王爷的叫哈里雅图，属于公、台吉的叫阿

[1] 参见阿拉善左旗档案馆：光绪朝档案，案卷号101-8-12。

拉巴图，属于格根喇嘛的叫沙比那尔。哈拉楚的义务：第一缴纳包得税，第二为主人无偿劳动、服兵役。哈拉楚可以有自己的财产和牲畜。

王府里的仆人、婢女是社会最下层，他们没有任何政治权力，也无私有财产，其主要职责为：一、伺候王公、福晋；二、在王爷的农田、花园劳作；三、守护王陵。他们都是王爷、福晋从京城周边河北地区带来的随旗汉人。

阿拉善社会的变迁，反映在对外来蒙古族、汉族和其他民族的政策措施方面。清朝初、中期，严格禁止蒙古各旗王公、台吉、平民跨界迁徙游牧，以免惹是生非。对与汉地的贸易往来，也严加控制，设置定期官市。外地流民要来旗地做阿拉巴图或沙比那尔，要写呈子给旗衙门说明情况，找保证人，登记造册。清朝一直禁止汉族擅自留住蒙古各旗。到清末，来到阿拉善的商人、农民、手工匠人逐渐增多，无论是经商、租种田地，还是给贵族放羊，都要长住，后缴纳“草头税”“过路税”；履行正规手续，成为阿拉巴图或沙比那尔后，则要缴纳“包得税”。而要在定远营建房造屋，埋死人造坟，就要先入旗，否则绝不允许。在定远营建房屋要经地主同意并交钱，三年后所建房屋归地主所有，房主就要给地主交房钱。成为随旗汉族，可以娶妻生子，但无土地所有权。蒙古族男女找对象，原则上必须找蒙古族，特殊情况下，蒙古族男子可娶汉族女子，但蒙古族妇女绝不能嫁给汉族男子。

每一任王爷承袭临政，都要对旗府官吏进行调整、加强，“一朝天子一朝臣”，在此就举九代十王为例。民国二十六年（1937 年），达理札雅王爷任命一批有魄力、有文化的年轻人为政府机构成员：罗恩凯巴图、罗巴图孟柯为正副协理，陈爱尔德尼巴图、段巴图尔、白图布巴依尔为正副管旗章京，陈那笋巴图、胡艾立佐巴依尔、黄孟克艾立佐、李巧格登（汉名叫李福海）、左甲木英敖迪布、金对岱、罗宝迪萨纳勒（汉名叫罗月亭）、余那生达赖（汉名叫余世珍）、谢尚德等人为旗政府各处正副处长、主任，达理加布（汉名叫张仁）为理事官厅总管，张元忻为稽查局长，杨额尔克木（汉名叫杨富存）为磴口总管（司理磴口四巴格事务），司巧英为努尔盖总管（司理艾力布盖、巴丹吉林、雅布赖三巴格事务）。

二、阿拉善的武装部队

在罗卜藏多尔济时期，阿拉善遵照清廷旨意成立“阿拉善兵马队”。编制为8个苏木（佐），每苏木150人。每苏木设正副苏木达（佐领）各1人，文书1人；每10人为1个巴格（班），设班长1人；5人为1保希嘎，设保希嘎达1人，分层管理。苏木上设立总兵营，由协理掌管武装部队总指挥。

阿拉善旗亲军马队旧照

在旺沁班巴尔时期，将“阿拉善兵马队”改为“亲兵马队”。

乾隆十九年（1754年），又将“亲兵马队”改为“亲军马队”。

清朝同治年间，西北社会不稳定，回汉民族矛盾加剧，形势比较动荡。因此，旗协理阿布日勒于同治二年（1863年）向王爷提出“当今社会不太平，为了衙门的安全，定远营周围山头必须建造营盘，驻军防守”的建议，得到王爷的准许。于是协理阿布日勒为了提防回民起事军[1]，围绕定远营城而修建五座营盘，驻守定远营。[2]

自和罗理被清廷封为阿拉善和硕特札萨克起，其子阿宝，其孙罗卜藏多尔济两代，多次率旗兵为清廷南征北战，立下汗马功劳。清廷为有一支能随时调遣戡乱的劲旅，特许在原有的8个苏木兵力的基础上组建阿拉善旗“亲军马队”，总兵数达2000人，这就是阿拉善武装部队统一着装的最前身，其后虽然

[1] “回民起事军”，指马化龙、白彦虎带领的回民军。

[2] 朝格图：《阿拉善往事：阿拉善盟文史资料选辑甲编》（上册），宁夏人民出版社2007年版，第118页。

形势有所变化，但这支部队一直存在。

民国二十五年（1936 年），国民政府正式批准成立阿拉善旗区防司令部，达理札雅任少将司令，陈爱尔德尼巴图任少校参谋长，下设办公室、副官股、军需股、参谋股、军法股。[1]

民国二十六年（1937 年），成立阿拉善旗保安总队，上校总队长罗恩凯巴图，中校参谋长罗巴图孟柯。下设 8 个大队，少校大队长为罗曹格图盖尔勒、马二里、根东端迪布、毛础鲁岱、陶塞尔布吉、西尔布、王毕立功、杨富存。每个大队下设 3 个中队，共 24 个中队，中队下设 3 个分队，共 72 个分队，总编制 1200 人（实际为 3000 人）。[2]

民国三十五年（1946 年），成立阿拉善旗区防司令部，中将司令为达理札雅，少将参谋长为陈爱尔德尼巴图，司令办公室上校主任为朱门，少校秘书为金巴图道尔吉，下设 6 处：政工处（上校主任戚涛）、参谋处（上校主任李文钦）、副官处（上校副官张仁、张元忻）、军需处（中校主任郑礼范）、医务处（上校主任王增堂）、译电处。

同时成立阿拉善旗骑兵保安总队，少将保安总队长为罗巴图孟柯，上校副总队长为罗曹格图盖尔勒，中校总队副队长兼参谋长为罗永寿。下设 5 个中队和勤务分队、通讯分队。一至五中队少校中队长分别为杨富存、陶曹格德勒格尔、范乌尔图那笋、罗都古尔扎布、罗步云，通讯分队上尉分队长为张元懈，勤务分队上尉分队长为王枕华。

1949 年，阿拉善旗区防司令部军官名单：

中将：中将司令达理札雅。

少将：少将参谋长陈爱尔德尼巴图。

上校：朱门、张仁、郑礼范、戚涛、李文钦、张元忻、张德熙。

[1] 阿拉善左旗档案馆：民国档案，案卷号 101-10-57。

[2] 罗阿日斯楞、魏忠文：《阿拉善旗保安队沿变》，载《阿拉善往事：阿拉善盟文史资料选辑甲编》（上册），宁夏人民出版社 2007 年版，第 118 页。

中校：胡艾立佐巴依尔、王增堂、郑铨元。

少校：金巴图道尔吉、种建章、张琦庭、王相德、金凤臣、刘翔如、王荫卿、魏文锦、杨宝山。

上尉：赵治华、达遴、王主宝、史汉章、魏思聪、魏兆荣、王开国、罗翔麟、辛文秀、谢文彬、鲁锡智、张元惇、罗升平、田世宾。

中尉：胡义喜卜、罗甲木苏、申万国、张书元、王玉德。

少尉：毛怀民、陶乌力吉、陈才旺、王德瑞、张承鑫、毛鸿伦、毛达喜、张光海、翟成温、梁福庆、张昭。

1949 年，骑兵保安总队军官名单：

少将总队长：罗巴图孟柯。

上校副总队长：罗曹格图盖立勒；上校军马场长：罗恩凯巴图。

中校总队副队长：罗永寿。

少校：杨富存、陶光锐、范乌尔图那笄、罗都古尔扎布、罗步云、于培根、毛旦增、彭次格、张倚。

上尉：王励德、杨爱立佐陶格图呼、范立宪、任春林、胡萼业、薛海、列格登藏吾、金对岱、图布散那拉、明珠尔、马怀章、陶意乐、毛德功、罗福喜、左敬忠、蔡忠元、左刚祥、杨马希别立格、赵才旺甲布、马敖其尔，张元僴、王振华。

中尉：王鸿钧、王宪文、陈子升、列格曾、尚巴敖斯尔、范图布新布音、马允文、罗江布拉、杨殿魁、杨殿华、代沙拉扣、罗忠麟、蔡巴拉登道尔格、沙金德勒格尔、布音特固勒德尔、罗丑路、段塔拉腾岱、段甲拉岑、王根东段德布、岳图布扎雅、孟巴特尔、魏钟文、王永仁、毛滑清、罗正机、散巴依尔。

少尉：朱增德、武如根、魏兆福、范老迪、劳来、伊喜淖尔布、杨登旺希格、宋布尔、包德吉尔格勒、罗旦巴甲木苏、罗克迪布、罗尚巴、何福全、金藏吾、艾尔登别立格、杨宪忠、张宏达、王海山、雷振邦、段忠尼、马斯格尔、段迪布、布仁巴依尔、马维存、杨巴音达来、马那笄敖其尔、布音阿尔布吉呼、谢宋布尔、谈龙、柴国录、苏效勤、薛光璞、李瑞、陈来炳、齐乌图那笄、旺希格、严宝昌、肖云卿、乔英、袁纪才、杜古尔、胡乌图那笄。

准尉：范策林道拉玛、司旦巴艾林琴、图门吉尔格勒。

总队部的官兵多是常任制，每人月供30斤粮，2块大洋，其余一概自备。总队军官150余人，兵员1270人（亦兵亦牧）。

特木尔乌德（三关）防卡

民国二十六年（1937年），8个大队驻防地区为：一、二大队驻定远营；三大队驻南部，管辖南寺、头道湖、三关各防卡；四大队驻北寺，管辖宗别立各防卡；五大队驻察汗池，管辖二、三道湖南部各防卡；六大队驻雅布赖盐池西部各防卡；七大队驻吉兰泰盐池西部各防卡；八大队驻四坝、大水沟、图克木各防卡。

1949年，阿拉善旗共有驻防防卡55个（包括战时临时性设立的防卡，常设卡43个）。围绕定远营的防卡有：特木尔乌德（三关）、夏尔库特乐（樊家营子）、雪岭子、大岭子、黄石沟、毛石沟、古拉本敖包、豪依尔呼都格（双井）、毕鲁图、和屯敖包（和屯池）、吉兰泰等。与定远营直接相关的防卡就有特木尔乌德（三关）、夏尔库特乐（樊家营子）、毕鲁图、乌兰库特尔（红沟）、古拉本敖包等防卡。

阿拉善的兵役制度是轮流值班制，普通士兵来自全旗牧户16—55岁男性牧民，每年有4个月服兵役义务，若有紧急任务，适龄喇嘛也可武装出动。以上各防卡常年有兵丁10余人，自带行李铺盖驻卡防守，旗府配发枪支弹药和口粮。

三、国民党派驻定远营的部队

1935年春，日本关东军司令部派田中久信来定远营。他隐瞒其真实身份，冒充皮毛商，到定远营的各商号欲收购大量皮毛等土特产品。1936年农历四月下旬，以日本关东军司令部藏银宝为首的特务人员乘飞机在定远营老陵滩附近的自然草滩上降落。当时阿拉善旗札萨克达理札雅不在旗里，旗府的其他官员因不知道他们来旗的目的，无法拒绝，故将这部分人员安置在祥泰隆商号里。他们到阿拉善旗后，飞机来来往往，活动繁忙异常。日本特务机关随后又派来了横田六郎，他是日本关东军驻阿拉善旗特务机关的主要负责人。蒙政会还派了一名翻译官叫达希段迪布，他是个老奸巨猾的政客，从中游说，充当穿针引线拉关系的角色。横田六郎到定远营后，不顾阿拉善旗政府的劝阻，在定远营自行架起电台，经常与其总部联系，并利用飞机每天向阿拉善旗定远营运送汽油和其他物资。更不可容忍的是住在祥泰隆的日本特务机关未经阿拉善旗方的同意，擅自在定远营以西的双山子下修建可供轰炸机起降的飞机场。在修建机场的同时，日本特务机关在阿拉善旗的活动得寸进尺，逐步猖獗起来。他们从百灵庙调来日本人豢养的蒙奸朝格吉勒为其效劳。这个蒙奸以蒙古语进行街头宣传，大肆为日本帝国主义侵略进行吹嘘。特务机关的人员逐渐增多，最后达到20多人，汽油也有四五百桶之多。平静的定远营一时成了多事之地。

1936年10月中旬，中国工农红军分两路在天水以西的地方突破了封锁线，向北前进。国民党军分三路追击，国民党中央军关麟征第二十五师是中路先头部队。因追击迅速，克奏大效，得到蒋介石的嘉奖5万元。为了防止西进的红军经沙漠地带在宁夏或定远营落脚，国民党中央军关麟征第二十五师奉命开进宁夏中卫附近。蒋介石怕西北地区出问题，决定第二十五师迅速开进定远营，以武力驱逐日本特务。其后不久因发生西安事变，该师又被连夜调走。接着宁夏军阀马鸿逵又以协助阿拉善旗防止日本向西进行侵略活动为由，继关部第二十五师后，调来马鸿宾部所属的马赞良手下张海禄步兵团进驻定远营。

1938年2月24日（农历正月二十五），马鸿逵以换防名义，调来三个团，有步兵、骑兵、炮兵，任命马腾蛟为总指挥攻打定远营。攻打成功后，抓走亲王达理札雅一家，随即派驻一个工兵营常驻定远营，直至阿拉善旗和平解放。

四、国民党派驻定远营的特务组织

国民党在定远营设立的特务组织有：国民党军事委员会调查统计局（军统）派驻阿拉善旗定远营军事专员办事处，国民党中央党部统计调查局派驻定远营组（公开名称为中国国民党中央委员会阿拉善旗办事处），国防部二厅（原军令部二厅边务处）阿拉善旗情报组，西北军政长官公署派驻阿拉善旗情报组，国民党蒙藏委员会派驻阿拉善旗调查组等。这些特务机构主要目的是：一、监视阿拉善旗与德王（包括日本）的联系；二、监视阿拉善旗有无与共产党活动以及与蒙古国来往；三、监视宁夏马鸿逵和日本人来往；四、调节缓和省旗纠纷。

（一）国民党军事委员会调查统计局派驻阿拉善旗定远营军事专员办事处

国民党中央军事委员会向阿拉善旗派遣军事专员，是因日本特务机关在阿拉善旗进行特务活动而引起的。1937 年，国民党决定成立“军事委员会派驻阿拉善旗定远营军事专员办事处”（地址在定远营西关），该办事处设少将正副专员各 1 人、参谋 1 人、校级秘书 1 人、科长 2 人、尉级副官数人、办事员若干人，武装警卫 1 个班，配备无线电台与南京联系，受国防部第二厅指挥。军事专员办事处为了搜集蒙古人民共和国情报，并防范阿拉善旗同蒙古人民共和国之间民间来往，曾在沿国境线地区设立防卡，并配备了电台。共设防卡 5 处，地址在班定套勒盖、闹干敖尔布格、科可套勒盖、塔本阿拉得、雅干等地。同时也曾在沙特阿门、哈尔目可台、沙尔札庙等地设立过流动电台。

1937 年，第一任军事专员郑子献到任，进驻定远营西关的“军事委员会派驻阿拉善旗定远营军事专员办事处”。他来阿拉善旗时，省旗之间的矛盾非常尖锐，互不相让。郑子献到任后，不持公道，只听一面之词，以颠倒黑白、勾结马鸿逵对阿拉善旗散布谣言、火上浇油的方式，破坏宁夏和阿拉善旗的团结，制造民族隔阂。对此，阿拉善旗当局抓住郑子献的把柄，以乱搞男女关系、破坏地方秩序为名，上告到国民党中央，借此将郑子献赶走。

1939 年秋，又派来李子才为第二任军事专员，副专员是李友三。李子才原是马鸿逵的旧部，在他任职期间，难以打开局面。一年以后，予以免职。李友三是陕西人，中央警官学校毕业的军统，就职不久，即调宁夏缉私处任副处长。

1940年春，国民党又派来路帮道为第三任军事专员，副专员为刘建华。路帮道是行伍出身的军人，曾留学法国，在北洋军阀时代徐树铮驻在外蒙古时，路邦道是随从官员之一。刘建华是军统，日本占领绥远（今呼和浩特市）之后，曾任绥远警察局局长，蒋介石派高荣来同德穆楚克栋鲁普（德王）联系时，刘建华在中间穿针引线。国民党派路帮道为专员的目的，主要是为了加强反苏、反蒙的特务活动。

1944年，第四任专员为崔翼，副专员是王枕华。崔翼上任后在其前任的基础上，又进一步加强了控制阿拉善旗和反苏、反共的活动。1946年10月崔翼被调走。

同年，第五任专员为吴宗周，副专员是褚大公。吴原在国民党蒙藏委员会工作。据说因夫人结交上司有方，吴宗周才得以活动到军事专员职务。吴到任后，除继续进行反苏、反共活动外，还与阿拉善旗札萨克达理札雅的关系陷入僵局。为此，于1948年8月，国民党中央将吴宗周调走。

1946年5月中旬，第六任专员为罗大熠，副专员是卢景儒。罗大熠是中央军校五期毕业生，以军令部上校参谋的名义到专员办事处接任情报组组长，接收在阿拉善旗区防司令部某处的负责人给他提供的阿拉善旗军事、政治情报。他很善于搞情报特务工作。1947年春，他被调往额济纳旗数月后，又被调回阿拉善旗至1949年和平解放。

（二）国民党中央党部统计调查局派驻定远营组

中央党部统计调查局宁夏调查统计室派驻定远营组，该组公开名称为：中国国民党中央委员会阿拉善旗办事处。负责人王君惠，备有电台，进行特务活动。

中统局还在阿拉善旗定远营设了一个“防奸组”，监视共产党的地下活动和阿拉善旗军政特人员的动向。

（三）国防部二厅（原军令部二厅边务处）阿拉善旗情报组

国防部二厅（原军令部二厅边务处）先后派阿拉善旗情报组驻定远营。组长先后为周国良、叶志祥、罗大熠、李海平等人。备有专门电台。

（四）国民政府西北行辕（西北军政长官公署）派驻阿拉善旗情报组

国民政府西北行辕（西北军政长官公署）第二处派驻阿拉善旗情报组，该组备有电台。负责人先后为张开绪、燕振东、章文治等。

（五）国民党蒙藏委员会派驻阿拉善旗调查员和协赞专员

1937 年，宁夏与阿拉善旗关系处于紧张时期，为防范达理札雅逃走，国民党派驻宁夏蒙藏委员会调查组组长刘柏石最先来到定远营，虚与达理札雅周旋，并暗中窥察阿拉善旗的动态，做里应外合的工作。由于情况紧急，达理札雅采取“临时抱佛脚”的办法，托刘柏石向国民党中央如实反映情况，澄清事实，还阿拉善一个公道。刘柏石为人实在，来到定远营后，看出问题的实质，认为郑子献、马鸿逵上报情况不实，便向中央如实汇报情况。从此刘柏石和达理札雅成为金兰之交。之后，先后派调查员陈永治、顾星五、仲旭、马成浩、陈仲剑、阿格栋噶等人，来到定远营完成其任务。1946 年初，正式派戚涛为协赞专员，直至 1949 年阿拉善旗和平解放为止。

五、寺庙及其人员构成

延福寺位于定远营城中，以王爷家庙著称，是阿拉善藏传佛教的第一座寺庙，经各代王爷的陆续修缮，占地面积达 8000 平方米，有大小殿堂 10 多座，共 258 间，鼎盛时期喇嘛人数达 500 余名。延福寺之后，旗内各地陆续建了很多寺庙，这使藏传佛教在阿拉善地区兴盛起来。至 1949 年，全旗各地建大小寺庙 40 座，喇嘛人数达 4270 人。

延福寺是阿拉善旗八大主寺之一。该寺原有活佛 2 名，下设：大喇嘛 1 人，掌管寺务；二喇嘛 1 人，辅助大喇嘛，掌管全寺事宜；三喇嘛 1 人，掌管僧徒皈依事宜；笔帖式喇嘛 1 人，管理账目文书事宜；另有僧官 1 人，专司经会纪律之责；有辅助僧官 1 人。掌事喇嘛均系寺庙选举，并经旗府核准，任期 1—3 年不等。

第二节 近现代定远营的职业人群构成

一、社会上层及特殊职业

定远营职业人群首先是政府官佐，约有 250 名（包括台吉），闲散台吉近百名；其次是军人，近 3000 人；再次是喇嘛，有 4000 多名。

二、教育事业

从民国二十五年（1936 年）到 1949 年，定远营先后建有小学校 4 所，教职工 35 名，学生 660 多人；中学 1 所，教师 4 名，学生 59 人。[1] 这就是 20 世纪前 50 年阿拉善地区教育现实情况。

三、手工业作坊

据民国资料统计，民国三十二年（1943 年）在定远营有各类手工作坊 142 家，匠人 441 人，其中：制毡作坊 25 家，制毯作坊 25 家，制口袋作坊 14 家，制靴作坊 20 个家，制皮作坊 10 余家，木工作坊 10 余家，铁匠铺 6 家，裁缝铺 4 家等。这些作坊包括了有关人民生产生活的方方面面。匠人分别为木匠、铁匠、铜匠、金银匠、泥瓦匠、石匠、油画匠、靴匠、毯匠、毡匠、皮毛匠、制衣匠、小炉匠等。

四、商贾行业

定远营的商贾行业主要在城外分布。其种类有商店、旅店、饭馆、理发店、澡堂、裁缝店、戏院、杠房（丧葬行业）等；有大批的掌柜、店员、伙计、牙行、厨子、待招、裁缝、戏子、杠房人员等；有商店、旅店 116 家，经

---

[1] 参见阿拉善盟政协教卫文体委、阿拉善盟教体局：《阿拉善教育百年记忆》，宁夏人民出版社 2012 年版。

营人员 5500 多名。[1] 可以这样说，定远营的市面就是由来自天南海北、五湖四海的手艺人对当地手工业有益补充而形成的，这极大地丰富和完善了蒙古民族的生产生活，体现了各民族的融合，促进了经济发展，推动了社会进步。旧时的人们坚守“饥荒饿不死手艺人”的信条，所以那时的青年人都要学门手艺才能立足社会。阿拉善人们的衣食住行全靠这些手艺人的聪明才智和辛勤劳动才变得丰富多彩、富足殷实。定远营被冠以“塞外小北京”的尊称都有他们的功劳。

定远营祥泰隆商号大门旧照

五、医疗卫生

民国三十年（1941 年）之前，阿拉善旗没有官办卫生机构，寺庙中的蒙医（喇嘛医生）成为广大牧民群众唯一的医疗卫生力量。清代乾隆年间开始，阿拉善各大寺庙出现了较多的蒙医（喇嘛医生）。全旗八大寺庙中在定远营的延福寺、广宗寺（南寺）、福因寺（北寺）、方等寺（库列图庙）均设有“满巴扎仓”（医学部），以《医学四续》为教材培养喇嘛医生，凡学习结业后，考取“满然巴”（相当于医师职称）即可独立行医。每年各寺庙都选派僧人到青海色柯寺（广惠寺）、塔尔寺取经学医，返回后带徒行医。1940 年，大小寺庙以及军队系统的蒙医（喇嘛医生）共约 200 人，其中获得“满然巴”职称者达 80 余名。

[1] 王建章：“定远营小记”，载《西北论衡》1942 年十卷第 5 期。

由于定远营地处塞外，医药卫生事业发展比较缓慢。民国三十年（1941年）以前，阿拉善旗定远营没有官办的卫生机构，仅有王爷从北平带来的几名医生专为王府官员诊治疾病。而广大民众看病就医，出现了汉族看病找自行行医的中医大夫，蒙古族看病找满巴（喇嘛医生）的局面。民国三十年（1941年），国民党绥远省第三巡回医疗队进驻定远营。

民国三十五年（1946年），正式成立阿拉善和硕特旗卫生所，至1949年9月23日阿拉善旗和平解放时，仅有公办医疗机构2处，私办西药铺3家，西医诊所2处，坐堂行医的中药铺10家，中医药人员20余人。由于医务人员奇缺、设施简陋，广大牧民群众仍无医疗保障。

（一）蒙医蒙药

阿拉善地区的蒙医药事业可追溯到260多年前，根据《阿拉善盟蒙医药三百年史记》[1] 摘录如下：1686年和罗理定居阿拉善草原时，第一位蒙医车臣汗达尔汗额其木就随其来到阿拉善，开始悬壶济世、治病救人，他是阿拉善蒙医药始祖。此后许多外地蒙医从蒙古、西藏、青海、鄂尔多斯等地来到阿拉善行医。著名的有：1705年来阿拉善行医的范氏家族第一代医生道格龙，至今已传12代。本地著名蒙医有35人：那安巴拉吉尔、占布拉却吉丹增陈烈、达尔吉、那木吉拉、东德布、根登曹恩普勒、藏吾、却登扎木苏、那干彭措格、那干、旦增达西、都古尔丹、伊西巴拉金、却都格、克木楚格、萨木腾、图布登、堆钦嘉木苏、高世格梅林、那安图布登、达瓦扎木苏、策弟布、苏那木、其木德道尔吉、丹增、那旺巴拉增、达木乔、宗对、甲木英、苏那木、达木乔宁达格、甲拉庆尼玛、阿旺彭次格、阿龙西、苏纳木达布华等。阿拉善于1731年开始兴建寺庙，至1949年有大小寺庙40座，喇嘛4270名，各寺庙派喇嘛到塔尔寺、拉卜楞寺等处取经学医，培养蒙医。先后有喇嘛医生200多名。例如旗保安总队著名蒙医彭次格（少校医务主任）、列格登藏吾（上尉军

[1] 参见段关布扎布：《阿拉善盟蒙医药三百年史记》，内蒙古人民出版社2007年版。

医）、列格曾（中尉军医）、尚巴敖斯尔（中尉军医）、范老迪（少尉军医）、道尔吉等。阿拉善旗各代王爷对治病救人、有功于民、做出突出贡献的蒙医都颁发证书，并给予嘉奖。

（二）中医中药

定远营的中医药历史也有百余年。至1949年，阿拉善地区有中医药人员20余人、中药铺10家。他们都是以行医为生的专职中医人员，有的出生于中医药世家，几代行医，医术精深，方剂齐全。较为有名的中医大夫有王安如、白龙川、王云山、汤生金、王绍、王芝轩、谈玉书、刘积元、刘德生、刘健章、田协安、滕万玉等，骨科大夫有满尔高、满生财、冒志刚，针灸大夫有刘大同。中医大都是大街上开一店面，大夫运用四诊八纲诊断病情，开方子，在店里的药铺抓药。

1934年，中医王芝轩在定远营开设“万姓德”中药铺。张绪在西关药王庙坡上开设中药铺“保合堂”。较为著名的中药铺还有“忠厚堂”“神通堂”“积善堂”“复义涌”“万胜堂”“积德堂”等，从业人员20余人。

（三）西医西药

民国三十年（1941年），国民党绥远省蒙古卫生院伊克昭盟卫生所第三巡回医疗队进驻定远营。这是定远营乃至阿拉善地区历史上第一个官办卫生机构。这个医疗队的大夫是李敬举、颜翠兰夫妇。

同年，达理札雅从北京请来西医金凤臣先生，任命为王府医官，后金先生从王府搬出，在城内头道巷最西头一小院里行医，至此西医在定远营大显身手，很多疑难病症和一些急症都得到了有效的治疗。在南大街还有西医杜子进诊所、徐来敬诊所、朝鲜族朴姓夫妇的诊所。

民国三十二年（1943年），由民国政府卫生署在阿拉善旗定远营正式成立“阿拉善旗定远营卫生所”，所长是宋子安，该所直属于国民政府卫生署。其职责为负责阿拉善旗和额济纳旗的卫生工作。

民国三十三年（1944年）二月，阿拉善旗定远营卫生所还创办了《蒙旗卫生通讯》(月刊、16开油印本)。其内容以反映卫生工作动态和卫生所工作为主。

民国三十五年（1946年）七月，国民党党部为了发展国民党员，以充实“阿拉善旗定远营卫生所”之名义，增派郝新三、李瑞廉夫妇、王增堂、李云南、田世宾、梁福庆等医务人员来定远营，并任郝新三为所长，宋子安为副所长开展工作。该所经费由中央政府拨款，看病吃药免费，他们还组织“医疗队”，远赴牧区免费为牧民看病、防疫，同时还乘机发展国民党员。

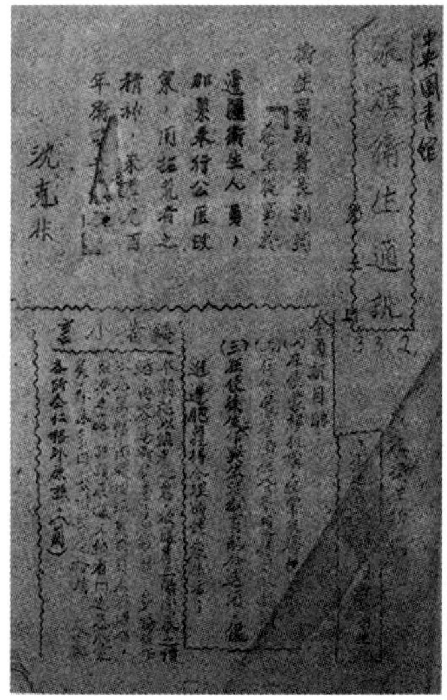

《蒙旗卫生通讯》封面照

1946年8月，阿拉善旗区防司令部下设医务处，王增堂任上校主任，军医数名。

（四）兽医

定远营是以畜牧业为主的小城镇，所以兽医行业也发展较快。旗里为了加强骑兵保安总队建设，对骑乘非常重视，于是把著名兽医都编入旗骑兵保安总队，授予军衔。比如兽医张倚（少校兽医主仕）、图布散那拉（上尉兽医）、明珠尔（上尉兽医）、劳来（少尉兽医）等，各巴格都有数量众多的土兽医，可随时治疗牲畜常见病症。

第三节　民族人口构成的变化

康熙十六年（1677年），和罗理率领的和硕特部落由新疆迁徙到嘉峪关以及青海大草滩游牧近十年后，于康熙二十五年（1686年）驻牧阿拉善，有部众7000帐1万多人。据《西北论坛》载：1947年，全旗有2.5万人，其中蒙古族约有1.5万人，包括：定远营蒙古族居民2000人、喇嘛4000人，各巴格蒙古族居民共14400人，还有500名外地蒙古人、外蒙古人。汉族中甘肃民勤人和山西平遥、孝义人居多，总计有1.15万人，其中有定远营坐商、匠人4000人，散布于各巴格经商者500人，为蒙古人做雇工者5000人，大部分为甘肃人、宁夏人。满族（旗人）50余户，约300多人，为随公主下嫁，从京城带来的佣人。回族400余户，约2000余人，经营商业、旅店、饭馆。[1] 阿拉善旗“缠头回回”是和罗理、阿宝、罗卜桑多尔济三代王爷从新疆、青海带来的柯尔克孜、哈萨克、维吾尔、东乡、保安、撒拉等民族的后裔，他们随旗后，成为一直信仰伊斯兰教的随旗蒙古人，有2000多人，居住在阿拉善旗东北部科伯尔滩一带，这些人中提拔录用的一些公务人员常住在定远营。藏族多为喇嘛，人数不多。

由于定远营汉族人口的增多，从20世纪初开始，在定远营的部分蒙古族居民从语言上开始发生变化，有的不会说蒙古语，只能听懂，有的干脆说汉语，也听不懂蒙古语。在穿戴方面，不穿蒙古族服饰，穿汉式长衫或革新的新潮服饰，逐步开始向汉化方向发展。另外，因清廷公主及王公贵族格格的下嫁，带来很多京城风俗，在建筑、服饰、文化、语言、饮食、戏剧等方面都产生了影响。

民国时期的“阿拉善霍硕特旗旗政府印”

这就是200多年来阿拉善旗定远营民族人口构成的巨大变迁，它是由单一民族向多民族的变迁，这一变迁极大地促进了定远营各民族的团结和各类产业的发展。

[1] 参见“阿拉善旗概况”，载《西北论坛》1947年第1卷第1期。这里需要说明的是此数据有一定的水分，当时阿拉善旗人口不到2.3万人。

第三章　城镇布局

第一节　定远营的面积

定远营古城始建于清朝雍正年间，是当时战略位置重要的城池之一。定远营城墙周长3.6千米，古城建筑总面积21万平方米，具有北京城四合院式布局特点，蕴涵着极其丰富的历史文化信息，被誉为“塞外小北京”。定远营城区和周围管辖区总面积5433.8平方千米，当时其他的蒙旗城镇无可比拟，是建筑规模宏大、人口可观、聚商四海、街市繁荣的边塞城镇之一，也是阿拉善旗政治、军事、经济、文化、宗教中心。

第二节　城区早期建筑

一、罗汉堂

罗汉堂在城内延福寺正中，又名三世殿，正中供三世佛，自右起：过去佛迦叶佛、现在佛释迦牟尼、未来佛弥勒佛，两边原先是十六罗汉，清代增加了两个罗汉。在罗汉堂周围大都是藏式建筑，只有这个罗汉堂是汉式寺庙。据《内蒙古文史资料》记载：“定远营‘罗汉堂’为唐代建筑。”[1]

二、阿宝王爷府邸

甘肃巡抚齐世武于康熙四十二年（1703年），上报朝廷为道格欣公主（康熙四十二年六月，道格欣公主下嫁阿拉善旗王子御前行走阿宝）建造宅第的规划图。朝廷准奏，并下拨银5000两作为工程费用，就在兀尔哲依图木伦旁

[1] 内蒙古自治区政协文史资料委员会：《内蒙古文史资料》（第十辑），内蒙古人民出版社1983年版。

建造宅第（后人称“东花园”）。由内务府郎中陶柱亲自监督建造，于康熙四十三年（1704年）十月止，仅用3400余两银子，顺利建成宅第。下附三件朱批奏折为旁证。

奏折之一：

康熙四十二年十二月二十二日，甘肃巡抚齐世武谨奏：为请旨事。

窃臣在西安时，奉圣旨：著在宁夏地方修建额驸阿保（宝）府第。钦此钦遵。又奉旨：将颁给样图。钦此。请将房数、高低、宽窄一并颁给，待臣印启，即赴宁夏，勘察基地，开工兴建，至勘定基地，开工日期，除另奏外，理合谨奏，请旨。

朱批：今尔惟遵朕颁赐尺寸样式，遣人大概预备木、砖、瓦。和硕额驸阿宝携钦天监勘察地形人前往，监工人亦令带银往。阿保（宝）到后，尔再来不迟，现不必来。图纸及京城计算之书，一并赍送。再一要紧事，阿保（宝）现为和硕额驸，与之会与行，关系地方。尔等随边臣视为宾客罢了，否则总兵官以下不可与之说话。尔为一粗人，特谕知之。尔欲请朕安，可请于赴彼建房之京城章京等，不可向额驸阿宝跪请。朕以深谋远虑为尚，故于尔奏折内亲批发出。尔见此旨，不知怎样高兴。[1]

奏折之二：

康熙四十三年十月初五日，甘肃巡抚齐世武谨奏：为谨遵上谕事。

窃奴才钦遵上谕修建额驸阿保（宝）宅第时，曾于兀尔哲依图木伦地方勘察可建之处，先行具奏，今已工竣。奴才九月初九日起行，十九日至兀尔哲依图木伦地方，见房数、宽窄、高低，均照御赐式样恭建。看外精致，内甚宽舒。总之，皆由圣明所赐式样甚佳所致。

今年宁夏地方，诸物价贱，就近伐木，砖瓦均在彼烧得。内郎中陶柱亲督建造，故价均节省，共用银三千四百余两。

[1] 中国第一历史档案馆：《康熙朝满文朱批奏折全译》，中国社会科学出版社1996年版，第308页。

再，西宁税课，每年按旧例拨给巡抚银一千余两，宁夏中路税课，每年按旧例拨给巡抚银五百余两。奴才莅任三载，该项银两，皆存司库，以备公用。今建房时，动用该银，又恭呈御赐样图。

窃惟格格若来，必用器皿。所用竖柜、桌锅、毡等物，皆已制成，交额尔克贝勒等看守。其余银两，按旧例分给奴才标下兵丁甲胄坏者，立即修治。

朱批：知道了。[1]

奏折之三：

理藩院谨奏：为钦遵上谕事。

康熙四十四年二月初八日，乾清门侍卫喇锡传宣谕旨：和硕额驸阿保（宝）妻和硕格格初归其阿拉山宅第。沿途地方官员、蒙古王、台吉等迎送会见之事，应由该部议奏。著交理藩院诸臣，今即议奏。钦此钦遵。和硕额驸阿保（宝）妻和硕格格既初归其阿拉山宅第，则令沿途地方官员出城门迎接。迎接时打千儿问格格之好，出城送时亦如迎接礼。

朱批：银缎等物不必进，送食物即可。[2]

二、定远营古城

雍正四年四月初六日（1726 年 5 月 7 日）川陕总督岳钟琪、大理寺正卿通智、甘肃巡抚石文焯联名上奏之后，朝廷公议得允，此时已升任兵部侍郎的通智奉旨再次前往贺兰山后勘察选定建营之处，并派光禄寺卿史在甲亲督，在葡萄泉之阿宝府邸西南，围绕罗汉堂造城建营，雍正八年（1730 年）竣工，雍正帝将城池命名为“定远营”。

定远营城北靠深沟陡崖，依据天险，用少量的兵力即可固守。东、南、西

［1］ 中国第一历史档案馆：《康熙朝满文朱批奏折全译》，中国社会科学出版社 1996 年版，第 350 页。

［2］ 中国第一历史档案馆：《康熙朝满文朱批奏折全译》，中国社会科学出版社 1996 年版，第 360 页。

阿宝王爷梦城图（1731 年）

三面城墙高大、宽厚、坚固，西墙无门。东城门北侧陡峭，高坡上的马营子有弯形伸出去的牛犄角城墙可以从侧后方配合东门守军对攻东门之敌给予有效打击。

定远营南门向东拐的瓮城就像是抬头望贺兰山上之月的牛头，东北拐角的魁星楼就像是一高高翘起的牛尾。因此，民间称其为“卧牛城”。

城墙最高处在东城门以西的南城墙和西城墙一带，约高 13—20 米，城墙的东北部建在后山上，高约 7—10 米。城墙大部为夯土筑成，部分表以青砖，城墙底部宽 10 米，顶部宽 3 米，用 50 厘米见方的大青砖铺地，砖缝使用白灰浆，城墙外侧用于瞭望和射击的青砖垛墙、垛口和通风口一应俱全，城垣隔一段置有马面，上为敌台和小庙，马面用于观察和射击城墙外的死角。城周长 3.6 千米，内部没有女墙。置两座城门，南城门外侧门楣上书“定远营”，内侧门楣上书“护栏门”，上有高三层的木制城门楼。东城门外门楣上书“百胜门”，内门楣书“常胜门”，上有雄伟庄丽的青砖门楼。南门向东拐弯建有一瓮城和城门楼，这个瓮城来自于成语“瓮中捉鳖”，既可用于提防敌军的假投降和控制谈判代表，又可成屯兵之所。在城墙的三个拐角处建有高两层的木制城楼，楼里都是庙宇，在城墙上共建有大小36座庙及敌楼，象征36个天罡星。

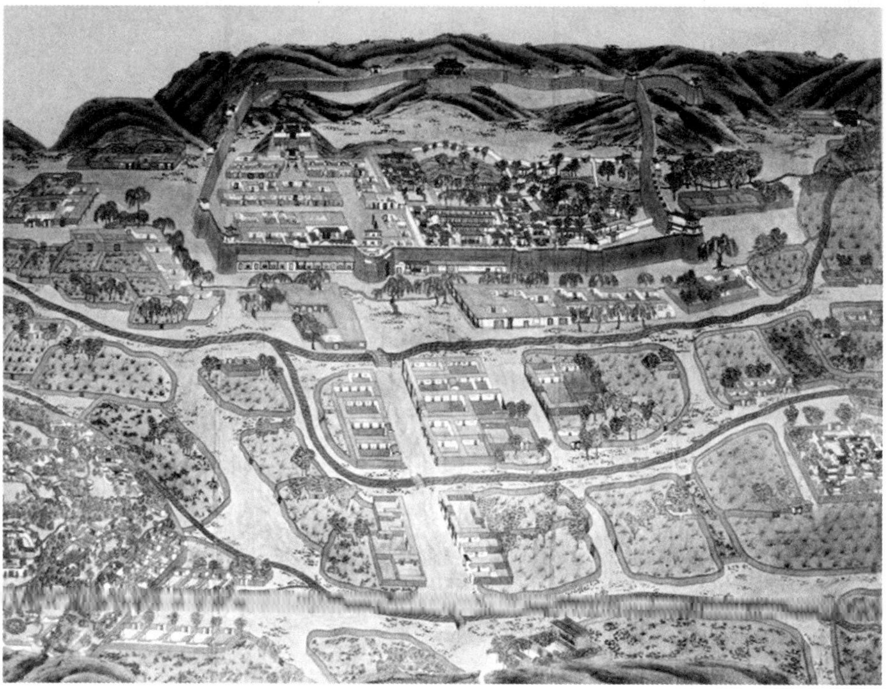

阿拉善定远营城郊图（1731年）

很早以前，在很多小庙里都供有泥塑小佛像，庙墙上有各式彩绘佛像图。定远营城墙的构造，是用过了筛子的湿细黏土夯实，每10厘米一层，一层和一层中间用糯米米汤和石灰粘接，每层夯土时隔30厘米有一圆凹，与上面一层的圆凸紧紧咬合在一起，这样的凹凸面又是隔30厘米层层相接，形成规律性结构，这样夯实的城墙既能防枪弹，又能防地震。中国古建筑的科学性和实用性由此可见一斑，而当年建城墙所取大量优质泥土形成的三道河沟和东关、西关涝坝都已成为久远的历史。在此不得不佩服古代劳动人民的智慧和勤劳。

四、定远营王府及衙门

雍正八年（1730 年），清廷将新建的定远营城及城内东侧的守备府等整个城池赐给阿拉善旗第二代札萨克阿宝王爷，之后阿宝将原先的旗王府额肯衙门从夏尔布日都（紫泥湖）搬迁至定远营城内，将守备府作为旗衙门。自雍正十年（1732 年）起，在罗汉堂（三世殿）东开始营建王府附属建筑，该建筑群完全依照《大清会典》郡王府等级建造，分三路横向排列，纵深三进，每进院落上房、东西厢房、下房都是卷棚青砖大瓦房。中路为札萨克办公之所，等级最高，规模最大，门前左右两高大石狮威严耸立，大门两边地上左右抱鼓石，雨前夕有潮湿感，乃天气预测器。二进中有五间阔“迎恩堂”，是举行大典、接待朝廷大员、听宣圣旨、迎送贵宾、旗务议事之所在。东路为衙门官员办公之地，西路为仓廪、后勤、执事所用。

阿拉善旗第九代第十位王爷达理札雅对东后侧的王爷府邸进行了扩建，建成中西结合的青砖大宅，木板铺地，安装暖气，客厅、书房、卧室、餐厅、盥洗室一应俱全，旁边有阿哥、格格、丫鬟等人员住所，对面是坐南朝北的王爷膳房，规模很大，整个王府建筑占地 2 万多平方米。最东侧依山而建两个大花园，园地北依山冈，松柏杨柳池塘，亭台楼阁鱼缸，果树挂满飘香，蔬菜茁壮成长，一派王家风光。

阿拉善旗衙门

五、定远营四合院

在城西为王公贵族、王府官员、格根喇嘛建府邸，仿照北京式四合院建造。定远营四合院与北京四合院不同的是，北京四合院大门开在东南角，而定远营四合院大门面向正南，位于南墙正中。进大门要上高台阶，进门是照壁，照壁有挡煞、预防作用，过照壁才进到院里，有坐北向南正房三间，一明两暗：一明是客厅，是主人会客、议事、举行礼仪之地；两暗是卧室和书房。两边是耳房各两间，是未出嫁女儿住房，东西厢房各三间，是儿、媳、孙住房，正房和东西厢房都有走廊相通，下面是餐厅、伙房和役使人员住房，城内四合院大都有五六米深的吃水井。一般都有后院后门，有马圈、两三间住房或库房，是秋季牧区的骡马暂圈之地。这样大小不等的八十几套四合院形成五横两纵一拐弯街巷。进南城门左侧建一大院，内有兵营、操场，为旗保安队驻地，右侧街边建两进一大院，为理事官庭，即现在的法院。故定远营有“塞外小北京”之称。阿拉善王爷的这一搬迁使阿拉善和硕特部实现了几个重大转移：一是由游牧向定居的转移；二是由单一畜牧业向农业和手工业的转移；三是生活、习俗、文化由单一向多元化的转移。

定远营四合院

六、定远营商业区

定远营建城前，当地有寺庙“罗汉堂”、王爷府邸，并有名气很大的山西旅蒙商商号“祥泰隆”，这里很早前就是一个非常热闹的草原集镇，故民间有“先有罗汉堂，后有王爷府邸”“先有祥泰隆，后有定远营”之传言。

定远营城门外大树底下的交易区

随着阿宝王爷府邸和定远营城的构建，城外的商业门店、手工业作坊、车马大店和民居逐步形成规模，出南城门就是一个很大的广场，因有八棵高大的百年榆树，遮天蔽日，遮阳挡雨，被称为大树底下，这里是流动商业区，民众聚会广场。一路向南有店铺林立的商业中心，称为南大街，各商号临街有一高大门楼，进四合院是掌柜店员住宅，大门两边是门市。穿过三道桥，直达南梁，这一条大街和三道河沟合成一“王”字，定远营城是一“白”字，两字合一成“皇”字，这就是定远营风水所在。过三道桥右拐直达西花园，一条由东向西的水渠连起一个接一个的园子，园里种植各种果树、蔬菜，可满足市民对瓜果蔬菜的需求。在第七代第八位王爷多罗特色楞时期，西花园果园连接亭台楼阁，湖水荡漾，游船交错，百花争艳，犹如仙境。出南门向右拐直达西关，沿着一条由东向西的水渠两侧是各式手工作坊，有木匠、铁匠、毡匠、毯匠、银匠等作坊。该水渠来源于东大涝坝上游的八卦泉，这个大泉眼一年四季涌泉清冽，流到东门外的高坡上水分两路，一路爬坡穿过城墙进入王府花园，另一路一直向西直达西关涝坝，水渠边长满大柳树，绿荫蔽日，再往西就经柳树巷流到后西花园各园子里。八卦泉还是王府饮炊用水、取水处，每天大清早有王府驮夫牵一匹驮着两个大木桶的骡马从八卦泉装水运到王府饮用。

定远营商业街

七、定远营郊区

定远营郊区多为半牧半农式农家庄园。贺兰山沿山一带，从北到南依次是，木仁高勒（水磨沟）、道尔台然（下田）、准黑德音阿门、苏木图、伊克尔、巴彦塔拉、台然林（塔尔岭）、伊和呼都格、庙前梁子、全晋高勒（墩墩子沟）、哈拉坞、方家田、敖包图、胡吉日太、艾木钦乌苏、吐尔根（腰坝）、陶力（长流水）。

定远营近郊农田：东关、布古图、胡宝家田、鄂木讷台然（南田）、额布德格（今春发号）、乌兰楚鲁图（红石头）、查干楚鲁图（白石头）、准策策尔力格（东花园）、艾木乃库列（前西花园）、四合园、海图策策尔力格（后西花园）、西关、苏布尔根高勒（柳树沟）、扎哈乌素、艾力笋胡都格（沙井子）、苏木图。这些农田由山东、甘肃、宁夏、陕西、河南等地的佃农租种，所种的粮食、饲料、瓜果、蔬菜，提供给庄园主和定远营居民，以及种田兼放牧的农牧户。

第四章　定远营手工业

阿拉善是纯畜牧业地区，畜牧业经济离不开手工业生产，而游牧条件下的手工业生产会局限在和生产生活紧密相关的范围内。阿拉善和硕特人的手工业主要是传统的家庭手工业，男子从事木器、马鞍、驼具、车辆、蒙古包、毡房、帐篷、弓箭、刀、矛、铠甲、石磨、银碗筷、金银玉头饰等制作，妇女从事皮革加工、擀毡子、制皮靴、奶类加工等。随着游牧向定牧定居的转移，王府衙门在定远营的建立，扩大了建筑府邸、院落、寺庙等要求，其他民族的各种手工艺匠人随之而来，并呈逐年增多趋势。过去称工人为匠人，工种按加工制作的材料来区分，比如加工木制品者称为木匠，加工金属者称为铜匠、铁匠、锡匠、金匠、银匠或小炉匠。

据民国资料统计，1943 年在定远营有各类手工作坊 142 家、匠人 441 人，涵盖了有关人民生产生活的方方面面，主要有木匠、铁匠、铜匠、金银匠、泥瓦匠、石匠、油画匠、靴匠、毯匠、毡匠、皮毛匠、制衣匠、制口袋匠、织布匠、小炉匠等。在各行各业都有出名匠人，如聂木匠、何木匠、薛铁匠、刘铜匠、王银匠、俞画匠、杨靴匠、翁毯匠、何楦头、唐车子等。他们手艺好，技术高，虽然在那个社会不评级，但他们是各个行业的领头人，一些大工程都由他们来领导。再加上掌柜、店员、伙计、牙行、裁缝、厨子、待招、戏子、杠房等，可以这样说，定远营的市面就是由来自天南地北、五湖四海的手艺人对当地手工业有益补充而形成的，这极大地丰富和完善了蒙古民族的生产生活，体现了各民族的融合，促进了经济发展，推动了社会进步。旧时的人们坚守“饥荒饿不死手艺人”的信条，所以那时的青年人都要学门手艺才能立足社会。

第一节 马鞍、驼具制作

在做好的木框上包皮革，前后安装各种花样的银饰，内塞软物，便可制成马鞍，供人骑乘时使用。马具还有笼头、铁口嚼、缰绳、马镫、马绊、毡韂、肚带等。驼具是人类驯化、役使骆驼的产物，全套驼具包括：鼻棍、鼻板、鼻钥、笼头、缰绳、驼鞍（鞍屉、塔塔皮条、塔塔、梢绳、镫绳、脚镫、鞍片）、肚带、驼绊。如驮货物还需要专门的驮鞍，由架杆和鞍扇子组成，主要形制是两根 1.8 米长的杆子，每根杆上固定长 1.5 米的长方形扁毛线口袋（内填装麦草撑满），从两面架在驼身两边，起到保护驼身的作用。300 斤的驮子就固定在这个架杆上。这些鞍具大都就地取材，简单实用，完全依靠手工，凭经验传承，这项手艺现已入选第一批自治区级非物质文化遗产名录。

第二节 金属器制作

金银器在蒙古族的生产生活中占据重要地位，从鞍具上的银饰，到生活中的银碗、银盅、银筷，还有金银戒指、金银耳环、金银手镯等首饰，都不可或缺。

定远营小炉匠

金银器制作工艺精细，艺术性强。金银匠将金子或银子融化后浇铸毛坯，做成坯件，再行精加工，如敲打、焊接、镶嵌、錾刻、打磨、抛光、点蓝上翠等许多工艺，方可制成金银器。街面上的银匠代客加工，即使简单的活计，也要以各种理由将客人支开，碰到有的客人要坐等，银匠也会遮遮掩掩，不让你看清制作过程。

铜器分红铜和黄铜。铜匠主要制作茶壶、茶锅、奶桶、“水鳖子”等。

锡匠的工作主要是在铜制品内上锡，这门手艺是要看锡匠的浇铸本领。锡匠首先支好风箱、火炉，生起火，将化锡的坩埚放置于火炉的中央加热融化（锡其实是铅锡合金，熔点并不太高）后，在铜器内上锡。旧铜器除小修小补只需点焊之外，一般都是将器内旧锡化开重新上锡完成。因而，人们总结出“忙不过铜匠，累不过铁匠，花不过银匠，闲不过锡匠”的顺口溜。

铁器种类主要是生活用具，铁匠打造火剪子、刀具、铁勺、铲子、马具等，以及锄头、榔头、锹等农业用具。

第三节　手工仿古地毯

阿拉善的仿古地毯已有270多年的历史了，属中国地毯五大路系之一。最早的织毯艺人来自新疆，随和硕特蒙古族部落来到阿拉善，把织毯的技艺带到了定远营。仿古地毯以当地土种绵羊毛为原料，先将羊毛制成毛线，经植物染色，成各色毛线；再根据所制地毯的尺寸，在高大的木架上经线，将经过描图放大的彩色图案置于经线后；工人在经线前依照图案把各色毛线用八字绾扣法砍制在经线上，砍一道，由梭子加一次纬线，用来固定，逐层向上，直至完成。其图案丰富多彩，寓意深远，有祥云、花卉、宝器、龙凤等，经过

地毯制作　（赵海荣供照）

织、平、洗、片、剪等多项工艺后，毯面精彩纷呈，兼有浮雕效果，极具美感。除居家使用外，地毯还常用于寺庙中，如壁毯、柱毯、座毯、靠背等，由于阿拉善旗各大小寺庙需要大批地毯，极大地刺激了地毯业的发展。由于质量上承，一块地毯可传承几代人使用。

成品地毯照

定远营有25家手工地毯作坊，光绪十六年（1890年），“福泰云”织毯作坊首次生产出70道“花枝”靠背地毯和120道“五龙”靠背地毯，成为定远营最有名气的作坊。1949年9月23日阿拉善旗和平解放后，所有地毯作坊联合建立了“阿拉善旗地毯毛纺厂”。据《边疆通讯》1945年3卷2期载：定远营有25家地毯作坊，年产毯七八千方尺；口袋匠作坊14家，年产口袋1400条；毡匠作坊6家，年产毡2500条。

第四节　木骨雕刻

木雕一般选用质地细密坚韧、不易变形的楠木、紫檀木、樟木、柏木、银杏、沉香、红木、龙眼等树种，骨雕选用牛、羊、驼骨，采用圆雕、浮雕、镂雕或几种雕法并用，制作成棋子棋盘、雕像屏风、山水树木花卉、人物及动物肖像等工艺品。对于珍贵木雕还会涂色施彩上油，一是美化，二是保护木质。

第五节　马鬃绕线唐卡

唐卡，是藏族文化中独具特色的绘画艺术形式。它用各色绸缎、丝线制成佛像、人物、鸟兽、花卉等装饰图案，将其缝制在锦缎上，那动植物形象层层叠叠，活灵活现，极具美感。蒙古地区的唐卡随着藏传佛教传入当地寺庙里，在发扬的同时加以巩固和提高，自成风格体系。阿拉善的马鬃绕线唐卡便是唐卡文化中的独立分支，其制作工序十分复杂。先画图，再剪制，将各色丝绸、彩缎剪成图案所需要的形状，按顺序依次粘贴、压熨，再用丝线紧密缝合上色，最后用马鬃绕线对人物及动物的五官、毛发、服饰等重点边缘进行勾勒和装饰，达到原图不走样、不变形，看起来极具立体感，栩栩如生。

马鬃绕线唐卡

第六节　制革

游牧民族的生活离不开制革，阿拉善旗和硕特蒙古族多年来积累了很多制革经验，与生产生活相关的各种畜皮或兽皮都可制成生活用品。其步骤是先将皮张用碱泥或酸奶涂抹三天，刮干净皮上的油物，敷贴在板上曝晒，晒干后再涂以酸奶，待晒干后揉搓，使皮去油柔软，然后制作成皮衣、皮靴、皮帽、皮褥、刀鞘、鞍具配件等。其中，尤以貂皮为理想裘皮制品，穿戴这样的衣着，在风雪高原、沙尘严寒地区可运动自如。

第七节　擀毡子

毛毡子在蒙古民族的生活中大有用处，蒙古包毡房用它做外包装，包内做地铺，牲畜鞍具之下都要有毛毡做垫子，冬季接羔要用毡袋子装幼畜，所以擀毡子是一项非常重要的手工劳动。牧民们先将羊毛铺在地上，用细木棍子弹打大半日直到羊毛蓬松。此时，把羊毛放置在制毡木帘上层层压打喷水，到一定的厚度时卷起来捆绑得结结实实，找一平坦地形用人拉或用骆驼、马等来回拉着滚走多次，待毡子成型后将其晾干即成。

蒙古族手工制毡和骆驼制毡

汉式手工制毡

汉族匠人制毡与蒙古人制毡的方法有所不同，他们把羊毛用弓子弹到蓬松柔软时，将毛用耙子放置在制毡所用竹帘上按所需大小层层喷水叠放至一定的厚度，将竹帘卷起，放置在制毡凳子的两根绳子上，两个人将绳子上下提起用脚不断地来回踩蹬打压两天，不断将毡子打开加毛喷水使边缘整齐，还要压上制造作坊的图案标志，用不同颜色的毛放置在毡子的某一位置，继续打湿、打压、卷蹬至毡子成型。

第八节　蒙古包、帐篷制作

蒙古族是游牧民族，故有住蒙古包的习惯。蒙古包，蒙古语称为“蒙古勒格日”，汉语称“穹庐”或“毡包”，圆形。制作蒙古包是一种很复杂、很精细的多种工艺组成的手工劳动，由集体合作完成，还要有专门的技术工匠指导。而搭建蒙古包也需要几个熟手来快速完成。

蒙古包的制作通常由蒙古族匠人来完成，这是因为他们熟悉蒙古包的结构特征，个别汉族匠人也有制作的，但很少。蒙古包主要由架木（哈拉茨、乌尼、特日木、哈拉格）、苫毡（覆盖包裹物）、绳带三大部分组成。制作不用土坯砖瓦，原料即细木和毛，可谓建筑史上的奇观、蒙古民族的一大贡献。

制作哈拉茨（天窗）的木料要求一般以柳木为最好。哈拉茨圈以乌尼（椽子）二分之一为直径。圆圈内按东西南北以“井”字交叉再加“×”型的细木条交叉往上弧形固定，圆圈斜下根据乌尼（椽子）插头大小打孔。这样一个完整的哈拉茨制作完成。哈拉茨的大小是以其中间的横木为标准量出来的，横木有四、五、六不等，因此说四拃长的哈拉茨、五拃长的哈拉茨……哈拉茨不是平的，上部要呈弧形做馒头状，下面是一个平面的圆形。

乌尼：通译为椽子，蒙古包的肩，上联哈拉茨，下接哈那。其长短大小粗细要整齐划一，木质一般选松木。长短由哈拉茨来决定。若哈拉茨变大，乌尼也要相应变长。其数量多少，也要随哈拉茨而改变。

特日木：又叫哈那，指蒙古包里的网状围壁。其木质要求用直径为5厘米、长为2.5米的柳树条。将柳树条按制作特日木的要求每20厘米打一孔，所有孔打好后，将木条排成网型的内外木条按孔用皮钉固定。皮钉一般有十个、十一个等（指一个哈那）。皮钉越多，特日木竖起来越高，往长拉的可能性越小；皮钉越少，特日木竖起来越低，往长拉的可能性越大。固定乌尼的头一般有十四、十五、十六个不等。增加一个头，网眼就要增加，同时特日木的宽度就要加大。这一特点，为扩大或缩小蒙古包提供了可能性。做特日木的时候，是把长短粗细相同的柳棍，以等距离互相交叉排列起来，形成许多平行四边形的小网眼，在交叉点用皮钉（以驼皮为最好，隔一个交叉点钉一个）钉住。因此用它做成的蒙古包可大可小、可高可矮。蒙古包要高建的话，里面距离就小；矮盖的话，里面容量就大。高盖的特日木的网眼就窄，低盖的特日木的网眼就宽。雨季要搭得立（高）一些，风季要搭得扁（低）一些。这一特点又决定了蒙古包对选址的要求并不高。只要不是大坑大凹，稍微不平点儿、偏斜点儿都能对付，在网眼上做文章就行了。蒙古人四季游牧，不用为选择蒙古包地基犯愁，这是房子无论如何不能比拟的，由于特日木的这一特性，决定了它装卸、运载、搭建都很方便。

特日木的弯度要特别注意掌握。一般都有专门的工具，头要向里弯，面要向前凸出，腿要向后撇，上半部比下半部要挺拔正直一些。这样才能稳定乌尼，使包形浑圆，便于用三道围绳箍住。

伍德、哈拉格：包括蒙古包门框和门扇在内。特日木立起来展开以后，把网眼大小调节好，特日木的高度就是门框的高度。门由框定。因此蒙古包的门不能太高，人得弯着腰进。毡门要吊在外面。有谜曰：“两个躺的，两个站的，一个唱的。”两个躺的是门头、门槛，两个站的是门框两边的立木。一个唱的是指门。

巴根（柱子）：蒙古包上了八个特日木后要顶柱子（巴根）。蒙古包太大了，重量增加，大风天会使哈拉茨的某一部分向里弯曲。联结式哈拉茨多遇这种情况。七个特日木的联结式哈拉茨的蒙古包，如果向四周走得厉害，也要用柱子顶住哈拉茨，两根即可。八至十个特日木的蒙古包要用四根柱子。一般人家的蒙古包里，都有一个圈围火撑的木头框。在其四角打洞，用来插放柱脚。柱子的另一头支在哈拉茨上加绑的木头上。柱子形式多样，有圆、方、六面体、八面体等。柱上花纹要与蒙古包相适应，有龙、凤、水、云多种图案。王爷一般才能用龙纹。

苫毡：由顶毡、顶棚、围毡、外罩、毡门、毡门头、毡墙根、毡幕等组成。这些按需尺寸制作便可。

带子和围绳：除上文间接提到的以外，还有带子、围绳、压绳、捆绳、坠绳等配件。这些东西虽然零碎，却有着很大作用，能够保持蒙古包的形状，防止特日木向外散开，可以防止顶棚、围毡下滑，不被风掀起。总之，对保持蒙古包的稳固坚定和延长寿命都起到很大作用。

帐篷的制作很简单，由三根杆子就可支起简易房。过去帐篷的布料一般用白、蓝、黑色市布缝制，后来出现了帆布，用帆布缝制。帐篷一般用厚布搭，搭拆简便，便于迁移，蒙古语叫“麦汗”，一般在夏天使用。

蒙古包骨架照

搭建好的蒙古包照

第五章　定远营商业

定远营的商业贸易，输出以皮毛、盐、药材等为主；输入则以粮食、布匹、茶叶（砖茶）、烟酒等杂货为主。当地的商业经济主要控制在晋商之手，最大的商号祥泰隆（晋商），积资百万，分号遍及全旗，有250多年（到1949年为止）的历史，故有“先有祥泰隆，后有定远营”之说。此外还有永盛合、万泰永、兴泰隆、兴泰合、万兴德等不下几十家商号，资产有数万元至数十万元不等。此外，小商贩约有三百余家。以上商贾主要以定远营为中心，辐射至全旗各个角落。

以定远营为中心，商道、朝觐道纵横阿拉善全域，内地商贩络绎不绝，内外蒙地到拉萨、塔尔寺、拉卜楞寺等的朝觐者亦连续不断。远近牧区牧民前来购物和交易者日增，定远营市场异常繁华。因此，当时的定远营被外界称作“塞外小北京”。

第一节　起源

康熙十六年（1677年），和硕特部首领和罗理率部从新疆迁至青海大草滩，康熙二十五年（1686年），又从青海迁至阿拉善巴彦乌拉山西麓泽勒毛道，后又迁至离定远营45千米的夏尔布日都（紫泥湖），经清廷准许，建立了额肯衙门。与此同时，山西平遥和甘肃民勤的行商挑担、背包跟随前来做起生意。开始是走担，住在帐篷里，后来几人合伙集资建了几间房，由此成立了阿拉善第一家商号——祥泰公，专做蒙古地区的买卖。雍正元年（1723年），祥泰公结束经营，其股东另开了两个新商号：定远堂和祥泰隆。不久，山西平遥商人董志洪在此开了一家“源泰”当铺。后由于定远堂和祥泰隆经营不善，定远堂倒闭，祥泰隆则被源泰兼并，但是仍以“祥泰隆”为商号。在董氏家族的经营下，祥泰隆创造了旅蒙晋商的最大辉煌。雍正九年（1731 年），王府从紫泥湖迁至定远营城，祥泰隆也随之迁来，建在南大街头道桥东最繁华地带。其建筑就当时而言气派宏伟，街面有商业门面，院内备有商品仓库、收购畜产品仓库及客房、食堂等。祥泰隆在定远营立足 60 余年后，董德峰（1767—1844 年）接管祥泰隆，此时，他占祥泰隆 72% 的股份。关于定远营的商业，在此就举祥泰隆和永盛合为例陈述。

祥泰隆总管董德峰

祥泰隆商号（右侧）旧照

第二节 祥泰隆、永盛合

一、祥泰隆资金

经过 150 多年的经营，祥泰隆生意有了长足的发展。咸丰九年（1859 年），祥泰隆有四大股东，大掌柜董德峰独占近四分之三的股份，其他均为小股和人力股，每股入白银1800两，共有7200两。到光绪二十八年（1902年），资金发展到十个半股，共有资金18900两，当时三年两帐，每股分红700两。民国八年（1919年），资金达20万两，每股分红5000两。还有骆驼1400峰、马60多匹、牛100多头、羊1万只，雇用甘肃民勤人和宁夏人进行放养。民国二十九年（1940年），雇员达120多人，资金为129万银圆。民国三十二年（1943年），最盛时期，资金达到182万银圆，总号伙计最多时达到260多人，每次购销大宗货物就需白银几十万两。祥泰隆的历任大股东一直由董氏家族担任，至1949年10月共有六任：第一代董德峰，第二代董振镛，第三代董翰昌，第四代姓名不详，第五代董枢，第六代董梿作。阿拉善旗和平解放时，祥泰隆掌柜是李广清。

祥泰隆定远营商号
最后一任掌柜李广清

二、分庄分号及营业

祥泰隆兴盛时，在外地有九个分庄：包头、绥远、北京、天津、平遥、太古、蒲州、忻州、银川。为了占领宁夏市场，祥泰隆在银川先后开设了“广福源”“广发隆”“隆泰裕”分号，生意做得很大，名列宁夏八大商号，专门负责采购粮食、油料、白酒、紫铜、黄铜等。在包头分庄设有收发货和中转、储运货栈，负责销售牲畜、羊毛、驼绒、皮张、药材等畜产品和土特产品，采购砖茶、布匹、生烟、糖类，还包销定远营四大家地毯厂的全部地毯。天津分庄主要推销高等驼绒、药材，以及采购绸缎、布匹、日用百货等。北京分庄主要采购蒙古族喜爱的特殊用品，如首饰、装饰品、生活用品、马具、绸缎、布匹等。山西蒲州分庄主要采购蒙古民族必不可少的鱼牌砖茶。平遥分庄主要采购曲沃生烟、分东生烟和魁生烟，还有土布。祥泰隆真正成了阿拉善生产销售和后勤供应总部。据资料记载，祥泰隆每年进货总值在40万两白银以上。

1937年祥泰隆各分号掌柜合影留念

祥泰隆在阿拉善19万平方千米牧区内设有九个分号，其任务一是供应广大牧民群众生产、生活必须用品；二是收购牲畜及各类畜产品和土特产品；三是兼营畜牧业，每个分号经营一至二个牧场，每个牧场有牲畜500—1000头(只)。每个分号年营业额在3万两白银以上，收购营业额在4.5万两白银左右，两项合计在7.5万两以上。

三、祥泰隆的经营秘诀

阿拉善的畜产品资源丰富，据民国三十四年（1945年）《边疆通讯》载，每年可产羊皮50000张、牛皮2000张、驴皮500张、兽皮400张、羊毛643000斤、羊肠20000条、驼毛336000斤。祥泰隆收购其中大部分牲畜、皮张、绒毛、药材、地毯等，并运销粮食、砖茶、烟、酒、布匹、药物、百货、土特产等，从牧民的衣、食、住、行的必需品，到畜牧业的生产资料，无所不包。囤积居奇是祥泰隆发财致富的一大方法，1935年祥泰隆控制着阿拉善80%以上的百货批发业务，其他中小商号从祥泰隆进货，必须签订秋后用牲畜和皮毛归还的合同，以此将中小企业牢牢控制在手中，大赚差价。祥泰隆从宁夏银川、中卫和甘肃景泰等地低价购进大批粮食，最多时达1000石，胡麻油达1万斤，囤积起来，待到粮油缺乏时，高价出售，可赚到几倍或十几倍的利润。畜牧业生产的特点是：牧民在冬春夏三季无收入，尤其是无现钱可用，每年等到风调雨顺、牧草丰美、牛羊肥壮、六畜兴旺的秋季，才会获得丰收，出售牲畜和畜产品后，购回生产生活用品。祥泰隆看准了这一商机，在冬春夏三季赊销货物给牧民，而且只记货名和数量，到秋季还款时以当时的高价计算，而牲畜、皮毛等畜产品以最低价计算，这一高一低产生的差额，让祥泰隆大发其财。

四、永盛合的商业秘诀

永盛合的店主王有条在14岁时从甘肃民勤来到阿拉善定远营，给商家干杂活，由于人勤快，脑子灵，人缘好，精通蒙古语，21岁时就小有积蓄，并于光绪五年（1879年）创立了“永盛合”，该商号建在南大街二道桥西侧、面向东的一大院落。其经营宗旨：诚信待人，信誉为先，尚德律己，同行不欺，处事谦和，克勤克俭，童叟不欺，公平交易。他经常教育管理人员：立身三尺柜台，情系千家万户；礼貌待客，热情服务，赏罚分明，宽严有度。王店主有几大特点：一是乐意为商界服务，各店有大小症结，即出面疏而通之，如有商号遇到困难，便施以援手；二是为王府排忧解难，民国六年（1917年），阿拉善有匪首杨九娃，啸聚山林，率群匪数千人，打家窃舍，自称“独立队”，王爷向王店主请教，王店主出主意、设计策，王爷便委派王店主坐镇营盘山，指挥督战，将匪徒一网打尽，因剿匪有功，深得王府感佩和民众拥戴；三是给王爷出主意，废除了汉民通行证，使阿拉善货物流畅，贸易繁荣，经济发展。王爷念及王店主平乱有功，呈谏有力，特具呈上报，敕准：特授以“国子监太学士”，颁一等“嘉禾勋章”，并委商会会长之职。

五、祥泰隆的商业运作

长期的游牧历史给阿拉善旗蒙古族人民留下的习惯是专心从事畜牧业生产，很少做工，无机会务农，更不经商。无论是对自己生产出的畜产品和副产品的卖出，还是生产资料和生活物资的购进，都依靠旅蒙商人，祥泰隆便是其中最典型的代表，它是一个专做蒙古地区买卖的资本合股企业。牧民生产的牲畜、皮毛、肉奶及其附产品，需要祥泰隆收购后转运各大城市销售，牧民生产需要的大量生产资料和日用必需品（粮食、茶、烟、酒、糖、布匹等）70%都由它提供。在漫长的历史中，旅蒙商承担了沟通城乡物资交流与促进畜牧业生产发展的任务，并发挥了积极作用。祥泰隆有严密的组织机构，周密的经营管理制度，灵活的经营方式方法。虽然他们是山西人，但都精通蒙古语，能与牧民直接对话，交流感情，员工对人和蔼可亲，乐于助人，广大牧民群众都将祥泰隆视为朋友。

六、组织机构

祥泰隆的大股东是董氏家族，同时有人力股东，即参加工作多年、忠实可靠、聪明能干、担当重任的人员可成为人力股东，是股东的组成部分。股东们推举一人负责全号事务管理称总管，即股东代表，他平时住在山西老家，每三年结算期之前半年到总号，本号及各分号由经理（掌柜）全权负责。祥泰隆本号设在定远营，并有一大门市，在阿拉善旗境内设 9 个分号和牧场。本号设经理 1 人、总会计 1 人、管账 1 人、记账 2 人、库管 2 人、跑外柜 2 人、买卖牲畜 2 人、店员 20—30 人。门市及各分号均设掌柜 1 人、管账 1 人，以及负责收购和售货的店员 10 人。分号的牧场则由有经验的老人负责，雇佣牧工若干放牧牲畜。

七、经营管理

（一）祥泰隆股东不论人数多寡和股金多少，只推举产生股东代表一人为总管，但总管不直接参与企业内部事务，逢三年结账期必须到号，听取经理的资产负债报告，主持分红。总管有权任免经理，也负债权、债务的责任。

（二）股东们虽为债权负责人，但不得随意长支短欠，特殊情况急需用银，要提出申请，由经理审批。

（三）所有股东一律不得干涉号内事务，有事必须通过总管与经理协商解决，经理只对总管负责。

（四）总管任命的经理必须从企业内部产生，多数选择从小进店当学徒、经过培养考验、绝对可靠之人担任。凡当经理者必须在企业参加一份人力股，经理任期一般为两年半，平时不准离开企业，两年半后方可回家休假，工作成绩好的可连任。也有个别的经理是从外面请来的（总管的亲戚朋友或同乡同学），关键是要能胜任。

（五）每三年的分红必须“倍股”，还须扣除20%作为公积金，在扩大经营或垫补亏损时使用。

（六）企业对员工虽然要求严格，但为其提供的生活待遇优厚，年薪为50元，有困难可超支，每3年回家一次，假期半年，薪水照发，20年后可享受养老金。祥泰隆的资本雄厚，账目齐全，总分账衔接严密，为企业的不断发展壮大提供了保证。

八、经营特点

（一）提升素质，服务群众。祥泰隆对员工的教育很严，要求极高，重商德、重信誉、贵忠诚是祥泰隆的立身之本，每年的新员工基本都是来自山西老家平遥的年轻人。对学徒的要求：吃苦耐劳，能说会道，算盘精准，账目清楚，精通蒙古语，熟悉蒙古族风俗，对客户情况了如指掌，可以帮牧民家干活。

（二）入乡随俗，待客热情。凡是从牧区来定远营办事、购物的牧民，一日三餐、住宿、看戏、打麻将均免费招待。若需要买东西，无钱也可拿货，记账秋后算。当然羊毛出在羊身上。

（三）密切同王公上层、旗府官员的关系。同王爷合资办企业，实现双赢。据阿拉善旗历史档案记载：王爷塔旺侑里甲拉与祥泰隆合作，入股15000两银，开“千禧”商号，经营砖茶；为旗府官员提供无息借贷；遇王公上层、官员婚丧嫁娶、生儿添女，送上厚礼；春节大摆宴席，分期分批款待上层人士。

（四）遇有天灾，祥泰隆都主动解囊相助，扶危济困。民国十九年（1930年），阿拉善大旱成灾，牲畜死亡，牧民缺粮，祥泰隆从外地调进小麦、黄米5000石，借给牧民，帮助他们渡过难关，既赢得了民心，又维护了市场。

第三节　定远营商号简介

清末民初，在定远营与祥泰隆类似的商号旅店共有116家，其中大商号有26家。大商号中有17家在各巴格设有分号，经营范围覆盖了全旗，规模虽都比不上祥泰隆，但经营模式大同小异。各商号按开办顺序排列如下：

1. 祥泰隆，咸丰九年（1859年）开办。掌柜：冯书年、霍庚源、赵其让、赵荣盛、冯起凤、郭英杰、白清龙、李光清。店员44人。店主董子商，山西平遥人。在阿拉善旗境内有九个分栈：夏尔布日都（紫泥湖）“盛记”栈房、洪古尔玉林“恒记”栈房、雅布赖“凝记”栈房、巴丹吉林“福记”栈房、英德尔图“瑞记”栈房、巴音乌拉“茂记”栈房、巴音布尔都“敦记”栈房、树贵“祯记”栈房、图兰太“泓记”栈房，定远营本号设门市一个。

2. 永盛合，光绪五年（1879年）开办。掌柜：王子理、刘郁三。店员35人。店主王有条，甘肃民勤县人。下设宗别立、通湖、雅布赖、图兰太4个分号。

3. 永盛隆，光绪九年（1883年）开办。掌柜：刘培山、赵达卿、赵之第。店员17人。店主赵之第，甘肃民勤县人。分号：在红古尔玉林、图克木设两个分号。

4. 万兴德，光绪二十八年（1902年）开办。掌柜：王万兴、唐多顺。店员18人。店主唐多顺，甘肃民勤县人。在巴音诺尔公、查汗布鲁格设两个分号。

5. 万泰永，光绪三十二年（1906年）开办。掌柜：杜有贵、杜有梅。店员16人。店主杜有梅，山西孝义县人。在树贵、巴丹吉林分别设有两个分号。

6. 魁盛源，1912 年开办。掌柜：娄复斋、徐亲贤。店员 8 人。店主徐亲贤，甘肃民勤县人。

7. 兴泰合，民国三年（1914 年）开办。掌柜：白沈法、丁福年、刘春元。店员 18 人。店主刘春元，甘肃民勤县人。下有科伯尔、库克布尔都、厢根达来、巴音乌拉 4 个分号。

8. 宽裕永，民国四年（1915 年）开办。掌柜：梁德裕。店员 7 人，店主梁德裕，山西平遥县人。

9. 永顺成，民国七年（1918 年）开办。掌柜：李华荣。店员 8 人。店主李华荣，甘肃民勤县人。

10. 长圣合，民国九年（1920 年）开办。掌柜：王子忠、梁程九。店员 16 人。店主王有冑，甘肃民勤县人。在图兰太、巴音诺尔公设两个分号。

11. 和盛昌，民国十一年（1922 年）开办。掌柜：郝文富。店员 6 人。店主王求富，山西汾城人。分号设在图克木。

12. 丰盛和，民国十二年（1923 年）开办。掌柜：王寿山。店员 8 人。店主赵登科，甘肃民勤县人。分号设在沙格拉尔。

13. 兴泰降，民国十二年（1923 年）开办。掌柜：刘宗基。店员 16 人。店主王宝田，河北通县人。在吉兰泰、哈鲁木格泰设两个分号。

14. 永顺和，民国十二年（1923 年）开办。掌柜：刘宗基。店员 16 人。店主刘宗基，甘肃民勤县人。在查汗布鲁格、巴伦沙尔扎、苏木图 3 个地方设有分号。

15. 中兴店，民国十二年（1923 年）开办。掌柜：刘永虎。店员 8 人。店主刘永虎，甘肃民勤县人。

16. 庆余店，民国十八年（1929 年）开办。掌柜：孙得春。店员 11 人。店主孙得春，甘肃民勤县人。在巴音诺尔公、巴音布尔都设两个分号。

17. 增盛鑫，民国十八年（1929 年）开办。掌柜：郭鑫泉、沈廉舫。店员 7 人。店主沈廉舫，宁夏人。分号设在图兰太。

18. 莱泰魁，民国二十年（1931 年）开办。掌柜：侍尚年。店员 12 人。店主侍尚年，甘肃民勤人。在图克木、豪依尔呼都格设两个分号。

19. 隆盛合，民国二十年（1931 年）开办。掌柜：焦士隆。店员 10 人。店主焦士隆，甘肃民勤县人。在吉兰泰、夏尔布日都设两个分号。

20. 复义隆，民国二十一年（1932 年）开办。掌柜：王在山。店员 6 人。店主王在山，陕北榆林人。在宗沙尔扎、巴音布尔都设两个分号。

21. 恒盛元，民国二十二年（1933 年）开办。掌柜：沈智元。店员 4 人。店主沈智元，甘肃民勤县人。

22. 万义隆，民国二十三年（1934 年）开办。掌柜：周创业。店员 3 人。店主周创业，山西忻州人。

23. 保和兴，民国二十四年（1935 年）开办。掌柜：郝善谋。店员 5 人。店主郝善谋，山西寿阳县人。

24. 公益信，民国二十六年（1937 年）开办。掌柜：段富贵。店员 6 人。店主段富贵，山西孝义人。

25. 福庆永，民国二十七年（1938 年）开办。掌柜：林培义。店员 3 人。店主林培义，甘肃民勤县人。

26. 仁义德，民国二十七年（1938 年）开办。掌柜：张自富。店员 3 人。店主张自富，甘肃民勤县人。

除上述大商号外，还有山西人所开的“恒兴源”，天津人所开的“鸿记号”，包头人所开的“德义魁”“永兴西”，甘肃人所开的“荣泰昌”，宁夏人所开的“裕盛永”“仁义正”“义生永”等，他们在各巴格均没有分号。

民国二十年（1931 年），定远营有回民商号 5 家、回民旅店 7 家、回民饭馆 7 家。民国二十六年（1937 年），定远营有回民 400 余户。

以上商号大多排列在南城门外大树底下、南大街头道桥、二道桥、三道桥、南龙王庙南侧、西关向西北一路，多为深宅大院，街面是门市，院内是旅店以及店主、员工住宅。

此外，还有30余家旅店，那时叫“车马店”，分布在大街小巷，知名的有：永茂店、公泰隆、集善成、隆太和、福泰店、茂盛公、德和店、仁义店、双盛店、长胡子店、俞家店、米家店、中和店、周家店、同心店、双桥店、万盛店、斗行店、永盛店、双盛店、三义店、魁盛元、义源昌、永泰昌、王润生店、贾老大店、李振清店、纽丑子家店等。

第四节　商会

商会是商业资本家为维护其营业利益而组织的社会团体，其目的是：一、搜集市场情报；二、调解各商家的纠纷；三、介绍贸易，并代表商家利益向政府提出意见。中国的商会兴起于清末，光绪二十九年（1903年），清朝政府设立商部之后，将成立商会作为振兴实业的重要一环。商部制定并颁布了《商会简明章程》，动员全国各地商人尽快组织成立商会。此后，各地纷纷设立商

阿拉善和硕特旗定远营商会商团成立照

会。商会普遍设于全国各县市和较大的乡镇，且有全省和全国性的组织，会长一般由大资本家或地方乡绅担任，势力大的商会还负责武装押送货物。1912年，阿拉善旗在定远营成立商务会，会长任期一年，由生意规模最大的各大商号经理轮流担任。1912年，第一任商务董事为石钟孔。1917年，第二任商务会长为王有条。1928年，在“戊辰事变”之前，姚连榜委任王仁甫为定远营商队队长，参与阿拉善旗“戊辰事变”。事变中王仁甫任蒙兵第二路第四旅参谋长，此人因酷嗜烟酒嫖赌，于当年5月12日被革职回宁夏。1937年，商务会长为刘松泉。1938年，商务会长为王兴斋。多数会长现已无案可查。旧时商会组织武装民团，押送保护重要物资，类似于保镖。1949年阿拉善旗和平解放后，旧商会被解散，另组织中华全国工商业联合会。

第五节　民国末期各商家结局

民国二十六年（1937年）“卢沟桥事变”后，定远营各商号迅速走向下坡路。同我国民族资产阶级及其工商企业的整体命运一样，定远营商号外受日本帝国主义的侵略和掠夺，内受军阀和官僚资本主义的压榨和盘剥，走向衰亡是必然趋势。

民国二十八年（1939年）至1949年，在马鸿逵10年的残酷统治下，通货膨胀、金融紊乱、抓兵、派款、征马、征驼、敲诈勒索，阿拉善各商号受到极大摧残。宁夏军阀马鸿逵将抗拒他的阿拉善王爷达理札雅一家强行劫持到银川，后转兰州软禁达7年之久，并当年派兵进驻阿拉善旗。在定远营设“宁夏省政府驻定远营办事处”，征收税赋，强抓兵丁，还在旗内各关卡设立“官卡”，对过往货物横征暴敛，仅在民国二十六年（1937年）一年间，祥泰隆就被马鸿逵收取税费40多万银圆。马鸿逵还在定远营设立“宁夏富宁公司分号”，专门强占市场，阻断阿拉善各商号买卖，逼迫各商号一再缩小经营范围。祥泰隆掌柜白清龙（平遥北城人）最后走投无路，被逼而死。很多小商号关门歇业，祥泰隆小股东们各自为政，私揣买卖，商号发展形势急转直下。民国三十二年（1943年），祥泰隆改名为“蔚生厚”，转为从事小规模经营。银川的“广发隆”改为“兴华商店”，勉强经营。其衰败原因主要如下：

祥泰隆脚夫旧照

一是派款。宁夏军阀马鸿逵巧立名目，收取苛捐杂税，各种税项如直接税、间接税、货物税、印花税等达几十种。军阀还在旗境各要道设卡，对过往货物横征暴敛。定远营原有商贾作坊等近260户，至1938年勉强维持的有150余户，到1949年和平解放时期，仅剩下10余户。

二是抓兵。军阀驻定远营办事处在定远营实行保甲制，不定期抓兵。大批青壮年劳力逃往他乡躲避。军阀因抓不到兵，就对商户实行“以马驼代丁”的办法。一名壮丁以5匹好马或15峰骆驼顶替。民国二十八年（1939年）后，祥泰隆先后被派丁7次，共交好马195匹、好骆驼330峰，折合为44000银圆。祥泰隆银川属店隆泰裕、广发隆被派丁，总计交纳壮丁款200800银圆。各商贾人口原有7000余人，到解放时仅剩下不到4000人。

三是强行垄断经营。马鸿逵还在定远营设立“富宁公司分号”，专门垄断阿拉善旗粮食供应和畜产品收购，严禁他人经营，并派特务和稽查人员严密监视，违者严办。

直到 1949 年 9 月 23 日，阿拉善旗得到和平解放，从此结束了蒋马匪帮的反动统治，开始了新生。

综上所述，风光几百年、资本雄厚的阿拉善商业到了 20 世纪上半叶，日趋衰败直至消失。这就是定远营商业的真实写照。

定远营商业街旧照

第六章　定远营居民的风俗习惯

定远营居民主要有蒙古族、汉族、回族、满族等四个族群。这四个民族的习俗各不相同，在此分节叙述。

第一节　定远营蒙古族习俗

阿拉善和硕特蒙古族是一个热情好客、重视礼节的民族。关心他人、帮助他人、礼貌待人一直是他们崇尚、遵循的礼仪和道德规范。正如蒙古族谚语所言："是布谷鸟就会唱出动听的声音，是明白人就要讲究礼貌。"这一优良传统在定远营的阿拉善和硕特蒙古族待客习俗中体现得淋漓尽致。

一、待客礼

在阿拉善，无论在牧区还是城镇，有客至，特别是有长者或其他尊贵的客人到来，全家人都要整理衣冠出迎。与客人相见后，要互问"赛拜努"（你好）、"祂赛拜努"（您好）及全家好、牲畜好、草场好等。对长者问候时"赛拜努"前加"祂"，这个"祂"就是您的意思，对同辈或辈分低于自己的人直接问"赛拜努"，一般不问"祂赛拜努"。寒暄之后，主人引导客人进屋。这时，主人一般要站在蒙古包或房子门外西侧，右手放于胸前，微微鞠躬，左手指门，请客人先进。进屋后，按辈分、年龄等为客人安排好座位，女主人随即端上香气袭人的奶茶，诱人的奶酒及奶油、奶皮子、奶酪、炒米等食品，请客人尽情品尝食用。如需就餐，主人还会煮肉、摆设酒席热情款待客人。客人辞行，主人要先把客人的乘马备好。客人出门，全家都要出来送行道别，并目送客人走远后再返身回屋，以此表示对客人的尊敬。

定远营蒙古人，有客至，必先沏茶以待。且茶壶中原有的茶（哪怕是刚沏的）必须倒掉重沏。与其他民族“满杯酒，半杯茶”的习俗不同，蒙古族斟茶也讲究满杯，他们认为满杯才能显示出主人的热情与真诚。给客人斟茶、递茶时不能坐着，要站起来双手奉上。

现在敬烟多敬纸烟，过去则多为鼻烟或旱烟。鼻烟是用富有高级油分并具香味的上等晒干烟叶拌入名贵药材，磨成粉末，装入密封容器，经一定时间陈化后制成的。使用时，用手指拈少许烟末轻轻吸入鼻孔，使用者会顿感舒适清爽。鼻烟多装在玉石、象牙、玛瑙、琥珀、陶瓷、翡翠等各种质地、各种形状的鼻烟壶中。敬鼻烟时，主人将鼻烟壶递给客人，让客人嗅一嗅，客人有时从壶中倒出烟末少许，用手指搓捻后吸品，大多数情况下，客人还要同时取出自己的鼻烟壶递与主人，相互品吸。如果是给长者敬鼻烟，一般需将壶盖打开一半，双手捧献上去。如果互换鼻烟，则必须右手递、左手接。

斟酒敬客，是和硕特蒙古人待客最普遍的形式。他们认为，酒是食品之精华，用酒待客，更能表达出对客人的尊敬。敬酒时，一般要将酒斟在银碗或各种杯盏中，托在洁白的哈达上，双手捧献给客人，有时还要唱起敬酒歌。客人接酒后，应用右手无名指蘸杯中酒向空中弹洒三次，表示礼敬（敬天、敬地、敬神灵）。

当然，礼仪与禁忌是相辅相成的，蒙古人重礼节，所以禁忌也多。

二、诞生礼

诞生礼是人生的开端之礼，在人生诸仪礼中占有重要位置。蒙古族历来重视此礼，从孕前的求子到怀孕、临产、诞生的整个过程，形成了一系列特有的习俗。

妇女怀孕有“双身板”“脚重了”“身体有碍”等不同说法，家人和亲朋好友都视之为大喜之事。过去蒙古族牧民男女分工明确，男主外，女主内。男人负责外出放牧，而挤奶、料理幼羔以及烧茶做饭皆由女人负责。所以即使身孕即将临盆，妇女仍劳作不止。孕妇本身的健康，胎儿的发育、性别、形貌、健康状况和将来分娩的难易等，都是人们关注的问题。因此，整个孕产期的孕妇坐卧行走、饮食起居等都有很多讲究和禁忌，如不能喝酸奶和酒；不能吃干鱼、鸡肉、兔子肉、骆驼肉及辛辣、过腻的食物；不能跨越墙、栅栏、棍棒、绳子及生火的器具；不能骑驴和骡子；不能用已用过的洗脸水洗脸；不能参加婚礼和葬礼；不能到别人家去串门，人多的地方也不能去；不能与其他孕妇面对面等。民间认为，触犯了这些禁忌，会造成孕妇流产、早产、难产或孩子生理有缺陷、智力低下等。

生产之时，同样存在着许多禁忌、祈福之事。孕妇一般不能在供佛的蒙古包中生孩子；不能在娘家生孩子；生产时忌朝向天狗方向，即春季忌朝东，夏季忌朝南，秋季忌朝西，冬季忌朝北；生产时男人包括丈夫不能在场；胎盘不能埋在背阴不见光和脏乱的地方；第一次给孩子洗澡的水不能随便泼洒，应倒在无人踩踏的洁净之地；月子里产妇不能去别人家串门；不能喝酒，不能吃辛辣之物，不喝未烧开的奶，不能吃牛肉；月子里不能给孩子起名，生儿子不能说生儿子，而要用羊羔、小狗等代替；月子里要用奶水为婴儿洗脸，不能用毛巾为其擦脸；产期一个月内外人不能从产妇家借东西，以防“带走了奶”等。产房均挂有标志，一般不得擅入。如果是生男孩，门前挂特制的榆木或柳木做的弓箭，以示男儿之勇，并有驱邪镇鬼之意；如果是生了女儿，则在门前挂红色布条，以示女儿心灵手巧。

婴儿诞生三天方可用水清洗，名曰“洗三”。这一天，亲友们要携带食品或婴儿衣物前往探望产妇母子。第七天，可以将婴儿放入摇篮（榆、柳或山丁子木制成的船形育儿工具）中哺育，并举行入摇篮仪式。要往摇篮上抹黄油，悬挂小弓箭、蒙古刀、小镜子等，然后亲朋好友欢聚一堂，祝贺主人喜添子女。婴儿满月，一般都要举行庆祝活动，亲朋好友们纷纷携带衣服、玩具、碗、钱、哈达等前来献礼祝贺，但忌给帽子。这一天婴儿会被洗得干干净净，头顶涂以黄油和鲜奶，多子多女的老人还会用胡须摩擦孩子的脸颊，以示祝福。过满月吃的“长寿面”里忌放肉。

小孩满三岁或五岁要举行剪发仪式，举行仪式的日子要请喇嘛打卦选定，仪式热烈、祥和。按阿拉善和硕特蒙古族传统习惯，婴儿在剪发仪式前不能剃头，不能戴帽子，仪式当天才第一次剪发、戴帽子。剪下来的头发要装进小布口袋，缝在孩子的袍子或衬衣领袖口的外面。在剪发仪式上小孩的长辈们都要向孩子许下赠予大小牲畜的承诺，仪式之后，承诺都要兑现。

三、婚礼

定远营和硕特蒙古族的传统婚俗大体包括求婚、订婚、婚礼等程序。

（一）求婚

阿拉善和硕特蒙古族青年配偶的选择，在过去多由父母做主。当男子长到一定年龄，父母便开始为他物色对象。确定了合适人选后，就托媒人携带酒、茶叶、哈达等礼物前往女方家求婚。如对方父母有意，便约定时间，采取不公开的形式让男女青年及亲友见面，相互观察了解。相看之后，即使双方均无异议，男方仍要数次托媒登门求婚，女方才会正式许婚。女方许婚之日，要设宴摆酒盛情款待媒人，此酒称“开口酒”或“放口酒”。之后，媒人往返于男女双方之间，商议订婚日期及有关事宜。

（二）订婚

在阿拉善蒙古族婚俗中，订婚是必须履行的仪式。订婚的叫法是“下哈达”。此仪式需择吉日，于女方家举行。届时，男方亲友数人由媒人带队，携带全羊、酒、哈达等行聘礼物前往女方家，女方也会邀请亲朋好友，并设宴款待双方客人。席间由一男青年代准新郎敬酒、献哈达（因蒙古族有青年男女应亲之后不能见面之俗，故订婚时准女婿不能到场），双方还要商定彩礼的数目。经过此仪式，婚事便算正式确定。

（三）婚礼

阿拉善和硕特蒙古族的婚礼仪式、程序各地不尽相同。一般是婚期临近，准备新房。吉日当天一大早，新郎头戴红缨帽，身穿婚礼服，佩弓带箭，骑上高头大马，率伴郎、主婚人等前往女方家迎亲。当娶亲队伍到达女方家门口时，女方家则闭门不纳，故意把他们堵在门外。这时，善于辞令的祝颂人走上前去，向主人及伴娘陈说：某年某月某日，某人和你家的姑娘订下终身，今天是黄道吉日，我们前来迎娶了，等等。在做出这样的说明后，女方家往往仍不开门，伴娘还要以唱代言，频频发问，伴郎也需用歌作答等，经过一番艰苦的“舌战”，女方才请迎亲人入门。接着，新郎向岳父母敬献哈达等礼物。然后女方会举行丰盛的全羊酒席，款待迎亲人员。仪式结束，身着婚礼服的新娘乘马围蒙古包绕行3圈，然后在送亲的祝酒歌声中同父母和朝夕相处的姐妹们一一辞别，在亲友的陪送下纵马奔向新郎家。进家后，新郎、新娘叩拜父母亲友，互赠哈达等礼物。然后亲朋好友男女老幼围坐一堂，尽情欢乐高歌，共享新婚的喜悦。

结婚时举行万代传宗仪式　选自《阿拉善蒙古族民俗风情荟萃》

上述内容仅仅是婚礼的大致轮廓，实际上，蒙古族的传统婚礼仪式十分复杂，而且每一项仪式都伴有男女双方祝词家（或歌手）相互祝颂（或对歌）的热烈场面。由于这些祝颂词数量大、难度高、礼仪性强，所以一般都要由熟练的祝颂人（歌手）来演唱。

四、丧礼

丧礼也是人生礼仪中的大礼，蒙古族十分重视此礼。一般来讲，老人病逝后7个时辰内不准移动，以乞回生。之后亲人们才着手准备安葬事宜。出殡时尸身不能从门抬出，要把蒙古包的“特日木”（哈那）掀开运出；如是房屋，则走窗户。人死后百日内家中不办婚嫁喜事，男子不剃头，不饮酒，不参加歌舞娱乐，遇宾客不寒暄。妇女不去墓地，不戴耳环、头饰，不穿色彩鲜艳的衣服，以示哀悼。

蒙古族的传统丧葬方式主要有三种，即野葬、火葬和土葬。

（一）野葬

又称“天葬”“弃葬”等，是阿拉善蒙古族地区主要的丧葬形式，主要流行于牧区。其方法是：人死后，请喇嘛选葬地并念经，然后将尸体驮于骆驼背上，运送到葬地后，将男性死者左下侧卧式放好，于头下枕一石头，将脸部用哈达包严，身上的所有衣物全部脱下，以便猛禽啄食。然后将衣物等死者用过的东西离葬地较远的地方烧掉。三天后，如尸体已被猛禽食尽，则会认为死者的灵魂已升入天堂，举家欢喜。否则，会认为死者生前的罪过未消，必须请喇嘛为其诵经祈祷，并把黄油（酥油）涂在死者身上，以求其尽早被猛禽吃掉。

（二）火葬

葬法通常是给死者全身缠上白布，涂上黄油（酥油），请喇嘛念经超度，然后将尸体放于干柴之上，燃火焚烧。最后拾其骨灰，送至佛教圣地或撒于山河之中。

（三）土葬

蒙古族古老的丧葬形式，但古代一般不起坟茔，即不堆坟包。在定远营的蒙古族贵族上层大部分还是以土葬为主，而且逐步出现了坟茔地。

死者家属在死者葬后的第七天（一七）、二十一天（三七）、四十九天（七七）都要到寺庙念经或请喇嘛到家念经。

五、节庆

岁时节日是指人们随着季节、时序的变化或者某些社会生活的需要而定期举行特定仪式与活动的特殊日子。岁时节日风俗是人类共有的文化现象，同时又具有鲜明的民族性、地域性特征。蒙古族的岁时节日种类丰富，有的源自宗教信仰与祭祀活动，有的源自畜牧业生产劳动，有的源自体育与娱乐活动，有的则多方面因素兼而有之。目前仍在传承流行的岁时节日活动主要有祭火节、过年、打马鬃节、祭敖包、朱拉节（燃灯节）等。

（一）过大年

小年之后，人们便开始清扫、装饰蒙古包或房屋，缝制新蒙古袍、靴子，购置奶桶、毡子、锅盆等用具，制作过大年的食品、饮料等。牧区的食品仍以肉、奶、面食为主。从腊月三十开始过大年。过年这天，家家户户都要煮羊头，做手扒肉。除夕之夜，灯火通明，全家欢聚一堂。过去多为老人给孩子讲故事、说笑话、出谜语，有的拉起马头琴，有的唱起悠扬的蒙古族民歌，通宵达旦，尽情欢乐。现在几乎家家都有了电视机，除夕的活动内容更加丰富多彩。午夜，开始饮酒进餐。这时儿女们要给父母和长辈叩头、敬酒，祝愿他们身体健康、生活快乐。按习惯，这一顿饭要多吃多喝，酒肉剩得越多越好，象征新的一年里酒肉不尽，吃穿不愁。大年初一，每人都要换上节日盛装，然后三三两两地挨家挨户去给长辈叩头、请安、拜年。长者则备以丰盛的食品、饮料，同大家一起共叙家常、吃喝嬉戏。两三天后，再到离家较远的亲朋家拜年。

（二）祭敖包

定远营周围有诺彦敖包、将军敖包、北寺敖包和旗敖包——巴音森布尔敖包。这些敖包祭祀的时间分别为：诺彦敖包和将军敖包于春夏择吉日而定，北寺敖包在农历六月初五祭祀，巴音森布尔敖包在农历六月初三祭祀。定远营蒙古族男子有参加祭祀敖包的习俗。

敖包一般建于地势较高的山丘之上，多用石块堆积而成，有的用柳条围

祭敖包旧照

筑、中填沙土而成。敖包大小、高矮不一。一般呈圆包状或圆顶配方形基座，上插若干幡杆或树枝，挂各色经幡或绸布条，包内有的放置五谷，有的放置弓箭，有的埋入佛像。敖包多为单个体，也有 7 个或 13 个构成的敖包群，中间的主体敖包要比两侧（或周围）的大。大型敖包的南面，一般还砌有一个专门摆放供品的台子。过去阿拉善旗各巴格和寺庙等都有自己祭祀的敖包，富裕的人家还建有家敖包，每座敖包都有各自的名称。据资料统计，20 世纪 40 年代阿拉善有名的敖包有 216 座。

祭敖包一般分酒祭、火祭、玉祭、血祭四种。酒祭，即将鲜奶、奶酒、奶油等供奉在敖包前，并滴洒在敖包上。火祭，即在敖包前点燃篝火，把全羊投入火中，用火驱逐邪恶。玉祭，是指在喇嘛念经时将一件或数件古代玉器供奉在敖包前。血祭又叫“红祭”，即在敖包前请喇嘛念经，并宰杀牛、羊以献祭。

（三）“亚尔金”庙会

定远营蒙古族每年举办“亚尔金”庙会时会到延福寺磕头拜佛，磕头者拥塞于诵经庙内外，可谓一时之盛。庙会一般以诵经、磕头为主要内容。由寺庙举办的有民族传统体育活动内容的庙会称为“亚尔金”。“亚尔金”庙会一般选在年景较好，特别是农历八月以后羊肥马壮之时。“亚尔金”的活动内容主要以摔跤、乘马射箭、赛马等项目为主，参加比赛活动的选手不分贵贱。获胜者由寺庙的活佛或主持人颁发奖品。

（四）朱拉节

此节源于藏传佛教的“燃灯节”，每年农历十月二十五日举行。据说，这天既是燃灯古佛的诞辰日，又是黄教创始人宗喀巴的成圣（圆寂）日。届时，各寺庙喇嘛集会念经，并在星星出现后点千盏佛灯供佛。牧民每家每户也在佛像前点黄油灯，并用新鲜黄油供佛，吃“提夸”（提夸是近似于大米粥的饭，里面加有酥油、葡萄干、红枣、蜜枣、糖等），以示纪念。

（五）祭灶习俗

阿拉善和硕特蒙古族对火的崇拜是很有讲究的。他们认为，火是至高无上的，炉灶和炉灶中燃烧的火，则代表着一个家族的根基。因为火给他们的繁衍生息带来了希望，他们依赖于火，祖祖辈辈离不开火，火是万能的神，而此神就在每家每户的炉灶中注视着每一个家庭成员。对火神不尊或污染了火的纯洁，家庭成员就会生病，甚至会死亡。要使家族的根基更加牢固，要想子子孙孙能够幸福安康，就必须在指定的时间对家庭的火神进行祭祀。每年的腊月二十三，每家每户都有祭火神的习俗。

祭灶是蒙古民族中流传已久的一种风俗。阿拉善和硕特蒙古族把自己的兴旺强盛比作熊熊燃烧着的灶火，十分重视。祭灶是为一家人及家族的兴旺发达、平安生活，为子孙后代的幸福安康求吉兆的风俗，也是祈求福寿与来年丰收的一种礼仪。

蒙古族视火为热性的，有照明黑暗、送福寿的火神，因此对火格外尊崇。平时也会为火神敬献奶食、奶茶、美酒。关于祭火有很多禁忌：不能从火或锅撑上迈过，不能靠着锅灶站立，不能在灶火上烤脚，不能往灶内扔烟灰，不能用刀子拨弄火，不能把刀子插在火上，不能用刀割着吃锅里的肉，不准骂火，不能往火里吐唾沫等。如不遵守这些禁忌，“主人将失去威慑，娘要断后”

“今生来世遭报应”等。要经常保持灶具的清洁，不准在灶内燃烧脏物，如有失礼者，应及时教育。

秋天，不论贫富都要敬请喇嘛祭火神，同时搞“招财喜宴”，向火神虔诚地磕头，祈祷全家平安，牲畜增多。平民一般在秋季（八月）祭灶，贵族台吉除了在秋季（八月）祭灶外，还会在腊月二十三傍晚祭灶。通常有“台吉二十三，庶民二十四”之说。到后来，多数人家包括庶民也开始在腊月二十三祭灶。

祭灶时要敬献羊胸叉、饼子、奶食品、糌粑、糖果等美食和酒、茶。这一天，把茶壶、锅撑、勺子、锅及其他用具清洗干净。早早熬奶茶，把羊胸叉也煮好。煮熟的胸叉上用绸缎五彩丝线缠绕几圈，还要在胸叉骨内放入油炸饼、糖果、奶食品、红枣、核桃等，上面罩一块哈达，胸骨柄朝着神像摆放。一切都准备就绪，到了傍晚就开始祭灶。虽然每户从祖辈传下来的祭灶方法有所不同，但基本是一致的。祭灶时家中男主人将美酒、奶茶、酥油献祭在灶火上，女主人则用准备好的绸缎五彩丝线缠绕的胸叉及其他祭品敬献给灶神，随后向火神叩拜 3 次，口中念道：“福来！福来！福来！”祈求这一年生活美满幸福、风调雨顺，牲畜膘肥体壮、多多繁殖，一家人平平安安、心想事成。家里的大人小孩也都要跪拜、祈祷。将这些进行完毕后，举行招财祈福仪式。之后，吃喝祭灶美味佳肴，稍事娱乐。祭灶时，火苗如果很旺是兆示来年的年景好，人畜两旺；如果火灭了就被认为年景不好，要歉收。如果亲属来了，也要往灶火上祭献供品；不是亲属，则不能祭别人家的灶火。

六、禁忌习俗

（一）宗教禁忌

进蒙古包或房屋，忌坐西北角，睡觉时忌脚伸向西北角，因为西北角是供奉佛祖的地方；忌坐佛龛对面；忌用刀插肉供佛；忌用刀指天、地、山、水、人、畜、日、月、星、火、佛；忌将刀插入火中或用刀拨弄火；忌用脚踩踢锅灶，也不能在火上烤脚，否则会被视为侮辱灶神。

（二）生产禁忌

使用套马绳、鞭子及斗古尔（撂抛子）有五忌：忌孩子玩要，忌非牧人使用，忌将套马绳及鞭子乱放地上，忌狗嚼套绳，忌孕产期妇女拿用。此外还忌惊动饮水的马群，骑马忌打马头等。

（三）服饰禁忌

蒙古人认为人之首是智慧之源，是至高无上的，所以冠饰被视为极尊贵之物。忌人触摸冠饰；忌裸露自己的身体；忌衣冠不整、穿衣不系扣；系腰带忌打结，应采取掖系的方法；忌从衣服上跨越；忌从女人衣服下面通过；穿靴子忌敲靴头；忌摸、戴别人的帽子；忌不戴帽子进别人家，但帽带必须解开；忌挽着衣袖进别人家；忌在别人家中解脱腰带；忌过年时蓄发；忌晚上梳头、照镜子等。

（四）饮食禁忌

忌食马、驴、狗肉；忌食未经宰杀的死牲畜肉；忌食孕畜的肉；吃肉时应用刀割、剔而食，忌用手撕；忌用刀从锅里取肉或用刀插肉吃；忌用刀插肉递人；杀羊不能直接说“杀羊”，只能说“用羊”“喝肉汤”或“卧羊”；剔肉时必须按结构分割，忌砸断骨头；待客时忌使用肘了部位肉，忌用左手敬酒、献茶；忌用骨头相互敲击；往锅里下米时忌用袋子倒；忌将筷子插在饭碗里等。

（五）语言禁忌

忌说狂言诈语，忌传流言蜚语，忌揭人短，忌亲叔嫂开玩笑，忌妹夫与大舅嫂嬉逗等。

（六）社交禁忌

去别人家串门、做客时，忌恐吓、击打主人家的狗；忌携带鞍具、棍子、鞭子、绳子等进入蒙古包或屋内等。

七、社会风俗

（一）家庭与亲族

家庭是人类社会最基本的构成单位，是最普遍的社会形态。但时代不同、国家不同、民族不同，家庭的结构形式与功能也不尽相同。

历史上，蒙古族曾存在过多种家庭形式。不过，二三代直系亲属同堂的小家庭始终是主要形式，这是长期以来由游牧生产方式所决定的。在过去生产力水平低下的条件下，为了保证畜群的食草和草原的合理利用，牧民们一方面大范围地追逐水草迁徙移动，另一方面尽量减少人口的集中聚居。所以每个居民点一般都只有两三个蒙古包、一两户人家，居民点之间相隔有一二十千米甚至更远的距离。这样做还有一个好处，就是能够防止各户的牲畜混群及抢草场。

蒙古族的小家庭一般由夫妻和未婚子女组成。儿子结婚后虽会在父母的蒙古包旁另建新包居住，但家产还是统一的，大家仍共同生活。只有生了小孩以后才会分得财产，另立门户而居。女儿出嫁也要有相当数量的陪嫁。不过幼子婚后多与父母同住，并有继承父母财产的权利，即一般实行的家庭财产幼子继承制。

蒙古族的家庭是以男子为中心的父系家庭。在家庭生产生活中，男子占有支配地位。一般情况下，年龄最大的男性长者便是家长，由他主持家政大事和祭祀等重大典礼。从劳动分工上来看，男人主外，即主要负责外出放牧及牧场转移时拆卸与搭盖蒙古包、制造牧业用具等；女人主内。妇女的地位虽然低于男子，但男子处理家庭大事时，一般也要征得妻子的同意，妻子在家庭中也有一定的支配权。

阿拉善和硕特蒙古族家庭成员与亲族的亲属称谓很明确，有高祖、祖父、祖母、父亲、母亲、丈夫、妻子、儿子、女儿、兄长、弟弟、姐姐、妹妹、女婿、媳妇、伯父、叔父、嫂嫂、舅舅、外甥等，并以祖父、父、子、孙为直系。

（二）姓氏与命名

古代蒙古人没有严格意义上的“家姓”，只有由氏族、部落、职业名称加上特殊复数升格后缀而成的“族姓”。人们在交往时，大都在名前冠以区分的名称，以起到相互区别或认同的姓氏作用，如准噶尔、土尔扈特、巴图特、绰尔斯、杜尔伯特、额鲁特等。蒙古族传统姓氏是多音节的，而且姓和名分开不连用，姓往往被忽略，自己不使用，别人不称呼。

康熙十六年（1677 年），和罗理率领所属 64 个姓氏的万余和硕特蒙古人从新疆来到阿拉善地区驻牧。到了乾隆十五年（1750 年）以后，随着蒙汉文化交流的增多，阿拉善蒙古族的姓氏开始发生变化，不少人仿照汉族的姓氏习俗，改用汉字单姓，在阿拉善和硕特部中尤为盛行。蒙古族汉字单姓的确定一般有四种情况：一是取本氏族或部落名称首字的谐音作汉姓，如孛儿济吉特氏改姓“罗”，额鲁特氏改姓“金”，准噶尔氏改姓“佐”，土尔扈特氏改姓“段”，祖尔古德氏改姓“刘”，拜兴古德氏改姓“方”等。

蒙古人的名字男女有别，各有特色。男子多用含有吉祥、幸福、勇敢、坚强之意的词来命名，如阿木尔（平安）、阿木古楞（太平）、布日格德（雄鹰）、巴特尔（英雄）、巴根（柱）、阿拉腾（金）、孟根（银）、宝力德（钢）、特木尔（铁）、朝鲁（石头）、莫日根（聪慧）、吉日格勒（幸福）、贺希格（福禄）、必力格（智慧）等；也有用一些能够寄托美好愿望的雅字来命名，如乌云达来（智慧之海）、朝格图（朝气蓬勃）、斯琴格日乐（聪慧之光）等；还有的用祖辈的年龄来命名，如：吉仁台（六十）、达楞太（七十）、那音太（八十）等。女子则多以美丽的花草树木来命名，如其木格（花蕊）、其其格（花儿）；有的以明亮的日月星辰来命名，如萨仁（月亮）、娜仁（太阳）、敖登（星星）；有的以贵重的珠宝美玉命名，如塔娜（砗磲）、敖优（绿松石）、秀仁（珊瑚）、哈斯（玉）、苏布德（珍珠）等。

第二节　定远营汉族习俗

定远营汉族的民俗是指生活在阿拉善地区的汉族民间风俗习惯，包含物质与精神生活习俗两大类，涉及服饰、饮食、居宅、婚姻、丧葬、节庆风俗、宗教信仰等方面。

一、汉族物质习俗

（一）穿戴习俗

阿拉善地区一般老百姓的穿戴习俗主要如下：清代，男子冬季多戴毡帽头，夏戴瓜皮帽。民国时期，有钱人多戴小金边毡帽头，外缘以铜线锁边，灰鼠皮贴面。之后又兴礼帽，纯羊绒制作，颜色多有藏青、藏蓝、灰、黑等。商人头戴平顶帽。冬天戴布棉帽、皮帽。长条棉线围巾此时开始出现。妇女以各式头巾（棉、纱、毛）裹头。衣服：汉族男子上衣衣领有交领、直领两种袄。交领在胸前左右相交，直领为前开口。有钱人和买卖掌柜等多穿长袍马褂和长衫等。汉族妇女的服装主要有襦、袄、衫、抱服、帔、裙、裤等。襦，短外衣。袄，袖子窄小的紧身衣。衫是敞口的，各阶层通用服装。抱服，妇女内衣，也称抱腰。帔，指披肩。裙有曳地长裙、双裙、短裙等。裤子：旧时男女均穿肥裆便裤。高裤腰不分前后，可调换穿，腿外侧无缝，穿时裤腰绾褶，以布带束紧，裤带多为红色，尤其到本命年，必备一条红裤带。旧时妇女，裤脚扎腿带，便于小脚走路。鞋袜：主要有布鞋、皮鞋、靴子等，供各种人在不同场合下使用。首饰：旧时女孩要穿耳孔戴耳坠。女子出嫁须佩戴簪、钗、耳环、戒指、手镯等饰物，堆金簇玉，珠翠琳琅。贫家女无钱置办贵重首饰，但头簪、耳环、手镯必不可少。

清末到民国时期，传统服装也经历了很大变迁。男人穿袍衫，均窄袖长身、马褂短小；民国时期，衣服由长身而变为短身，自窄袖变为宽短之袖，裤腿亦短而宽。女子服装在清末亦尚窄小，民国时则变为宽衣短袖，短裤宽腿。但受社会经济、文化、风尚的制约，呈现出的仍是呆板、单调、保守和缺乏朝气的特点，形式单一、变化较少。

（二）居住习俗

定远营汉族房舍多为四合院式，土坯砌成的厚墙体平顶房舍与环绕住房的围墙组成院落。床榻主要为火炕。近代以来，家具种类繁多，用材质地考究、做工细致，并向成套化、配套化方向发展。旧时在富家大户中，家具则采用成组成套的对称方式。

居住禁忌：按照汉族的建房规矩，选地要顺应自然地势，坐北朝南，这是根据地理气候环境、为了避风向阳而设计的。建筑房舍很讲究格局，一般以一院四屋为定格。平民住宅院落狭窄，居室简陋，建筑结构为三间三檩，或五间五檩，间架七尺左右，入深约八尺，但主房、偏房、院门、厕所各有定位，不可错乱，否则会被认为不吉利。

二、岁时习俗

春节岁时民俗的形成过程是一种历史积淀的过程，汉族节日本身就反映出农业社会的生活规律。人们对土地丰收寄予很大期望，于是产生祈祷丰收的仪式，并逐步演变成岁时风俗。

（一）春节（农历正月初一）

古代有“元旦”“元日”“正旦”“新正”等名称，而民间称为“新年”。中华人民共和国成立后，采用公元纪年，正式定名公历一月一日为“元旦、新年”，农历正月初一为“春节”。

春节是汉族传统节日中最为隆重的节日。换门神、贴春联、挂年画、贴窗花、祭祖接神、吃年夜饭、守岁熬夜是其主要社会风俗。门神据说最初画的是神荼、郁垒二神，因其形貌凶悍，可以辟邪，唐代以后换成了秦叔宝和尉迟敬德戎装像。春联，又名“对联”“对子”，源于古代的桃符，即在桃木门板上画门神或写门神名字，后来在上面贴春联，大约在五代时后蜀主孟昶所写“新年纳余庆，嘉节号长春”应为对联之始。年画的内容多为历史故事、人物画、山水画、胖娃娃、鱼等形象，反映出民众祈求丰衣足食、人丁兴旺的美好愿望。康熙年间有皇帝赐大臣福字的习俗，后为历代清帝相沿，民间亦效仿，直到今天，除夕之夜仍有家家张贴“福”字的习俗。

大年三十夜幕落下，开始祭祖接神，据传灶王爷将于除夕下凡人间。人们先净手洗脸，然后祀祖供神，焚香燃烛敬天地。随后全家吃年夜饭，这顿饭与平时吃饭不同，有其特殊氛围与要求，一是全家团聚，二是食品丰富。食品种类繁多，且多包含寓意：必有鱼，象征“年年有余”；需吃年糕，象征“年年高”。在除夕之夜，合家欢聚，包饺子，给压岁钱，辞旧岁，迎新年，整夜不眠，俗称“守岁”。内蒙古汉族人称作“熬年”。“辞”俗之盛是为了取悦神祇，恫吓鬼灵，为新的一年讨个吉利和顺气。

大年初一是从半夜子时算起。子时一到就开始接财神、接喜神。这时家家户户放鞭炮，爆竹声响成一片。一年中最美好的时刻降临了，家人听着爆竹声，开始煮水饺、吃饺子，以示团圆幸福。

拂晓时，开始拜年活动，古称“贺正”，即外出拜亲长师友。拜年一般是初一至初五，初五以后就属拜晚年了。拜年是表示礼敬、联络感情、加强交际的重要活动，因而至今流传不衰。

（二）元宵节

每年农历正月十五为“元宵节”（也称“上元节”），家家扎两个红灯笼挂在门上，晚上要放鞭炮、吃饺子。[1] 最常见的活动是从正月十四至十六，以秧歌、高跷、船灯、舞龙舞狮为主，组成庆贺小分队，分别扮演戏中不同角色，以社火为娱乐点，走街串巷、载歌载舞、娱乐宴享是其主要风尚。

（三）龙头节

农历二月二为龙抬头的日子，这一天汉民用炉灰自门外蜿蜒撒入房内厨中，旋绕水缸，称为“引龙回”。引龙回主要目的一是请龙回来、兴云播雨，祈求农业丰收；二是民间认为，龙为百虫之精，龙来了，百虫就躲起来了，这对人体健康、农作物生长有益。在这一天有吃煎饼（春饼）、太阳糕（黄米糕）等习俗。传说，煎饼象征“龙皮”，人吃（扯）龙皮，以刺激天龙不要忘记耕云播雨，给人间带来风调雨顺的年景。

（四）清明节

清明节是农历三月上半月的节气，本为中国历法中二十四节气之一，“万

[1] 当时的定远营不吃元宵，而吃饺子。

物生长此时，皆清洁而明净，故谓之清明”。清明作为节日，与纯粹的节气有所不同，二十四节气中俗演为节日的只有清明，再加上已将寒食节并入其中，清明节便成了汉族一个重要的节日。在清明节，有禁火、扫墓、踏青、荡秋千、插柳等一系列风俗活动。因此这个节日里既有祭祖扫墓的沉重心情，又有踏青游玩的轻松快乐，是一个富有特色的节日。

（五）浴佛节

浴佛节在农历四月初八，又名“佛诞节”“龙华全”。它是佛教传入中国后兴起的一个宗教节日，又有诸多中国传统文化的特点。其中的浴佛、斋会、结缘、放生、求子等习俗在民间广为流行。

（六）端午节

农历五月初五为端午节，是汉族最重要的传统节日。因“午”与“五”同音，所以端午又称“端五”或“重五”。明清时北京人还称其为“五月节”或“女儿节”。在定远营，该月毒虫滋生、瘟疫流行、易得灾病，因此民间形成许多禁忌，如该月不迁居，不糊窗槅，忌从井中汲水，要在前一日汲水蓄满缸等。

（七）七夕节

七夕节又称“乞巧节”“少女节”等，是汉族传统节日之一。它源于人们对天体星辰的崇拜。从汉代起，便有了七月七喜鹊架桥，牛郎会织女鹊桥相会的爱情神话故事。此后“七夕节”逐渐演变为一个节日，相关活动日益丰富，既有“曝衣”“晒书”的风俗，还有“穿七巧”（用彩线穿七孔针）、学习针线等活动。

（八）鬼节

农历七月十五为“鬼节”（中元节）。这天各家都要赴祖坟烧纸吊奠，以表孝心。同时还可于此时进行迁坟或者在墓头添土。农家还会用白面蒸制罗汉、女孩等形状的面人，供孩子们玩赏、食用。

（九）中秋节

中秋节的起源与我国古代秋祀拜月习俗有关。秋季是收获的季节，八月中旬，秋高气爽，秋分前后，昼与夜时间一样长，月亮位于正东，此时月亮最圆、最亮，月光最皎洁，“月到中秋分外明”，这时是赏月的最好时节。人们望着明月，联想到与家人的团圆。独在异乡旅居的人，则期望借助明月寄托自己对家人、故乡的思念之情。中秋节的盛事有拜月、赏月、吃月饼、赏桂、观潮等。

（十）重阳节

农历九月初九是重阳节，又名“九月九”“重九节”等。《易经》将“九”定为最大阳数，两九相重故称“重九”，日月逢九，两阳相重故名“重阳”。因“九九”与“久久”谐音，所以这天被认为是吉利日子，应庆贺。这天有登高、赏菊、插茱萸、吃菊花糕、饮菊花酒的习俗。

（十一）冬至节

冬至节又名“冬节”“大冬”。它是二十四节气之一。冬至这天是北半球全年中白天最短、黑夜最长的一天。过了冬至，将进入最寒冷的阶段，即“数九寒天”。数九，从冬至这一天算起，九天为一个九，到惊蛰后六天共九九八十一天，这时才迎来明媚的春天。古代对冬至节非常重视，在这一天，皇帝祭天，一般百姓则祭祀祖先，祈求祖先保佑阖家安康、生活美满，此外还有上坟烧纸、送寒衣等风俗。

（十二）腊八节

相传十二月八日是佛教始祖释迦牟尼成道的日子。传说释迦牟尼在成佛之前，曾走遍名山大川，因长途跋涉、饥渴难挨，昏倒在地。这时一个牧女赶到，把自己带的剩饭，加上采集的野果用泉水化煮成粥，一口一口地喂他，释迦牟尼苏醒后在菩提树下静坐沉思，得道成佛。因此寺院每逢这一天都要煮粥供佛，以后民间相沿成俗。到了清代，喝腊八粥的风俗更为盛行，用黄米、白米、江米、小米、菱角米、栗子、红豇豆、去皮枣泥等，合水煮熟，再用染红桃仁、杏仁、瓜子、花生、榛穰、松子及白糖、红糖、琐琐葡萄，以作点染。腊八粥传承至今，已不再是供佛祭祖的供品，而有了新的含义。五颜六色的腊八粥象征着五谷丰登，农业兴旺，在严寒的冬季食用它，可滋补宜人，暖身驱寒。

（十三）祭灶

农历腊月二十三为祭灶日，也称“灶王节”。过去，送灶神是汉族民间的一件大事。人们千百年来视灶神为“管家之神”。相传二十三日这天灶王爷“上天言好事，下界降吉祥”，为防他上天乱说一顿，降下灾祸，便在这天用糕糖香火祭他，好让灶王“嘴甜”，免得讲坏话。祭灶要焚烧灶神像，唱祭灶歌，如“灶王灶王你上天堂，多说好少说坏，五谷杂粮全带来”。流传下的习俗有吃麻糖，还有将各自家中水瓮添满以供灶神“饮马”，俗称“饮灶马”。

（十四）扫尘日

腊月二十四谓之“扫尘日”“交年”，即日至除夕，家家都要清扫、粉刷和布置房屋，使之焕然一新。家内摆设、衣物、被褥也要清洗一番，个人也要洗衣沐浴，谚云：“有钱没钱，洗洗过年。”为的是清除秽气、穷气。同时要制作各种食品，如点心、炸糕、麻花、油果子、包子、粉条、扒肉条、肉丸子等，以备正月食用。

三、民间社火

历史上，定远营有每年正月闹社火的习惯。各种闹社火习俗多由甘肃、宁夏、山西、山东等省区传入。具有代表性的有扭秧歌、踩高跷、跑旱船、舞龙、舞狮、打腰鼓、跑竹马、霸王鞭、榔头车、砸铁花等。当地还有一种自创的社火形式，名叫“大头和尚嘻哩哩脆”。各种社火活动都有鼓、锣、镲等乐器给以有效的配合，秧歌、高跷、舞龙、舞狮的鼓点打法都不一样，民众在很远的地方即使只听鼓点也能知道来的是什么表演队伍。

（一）扭秧歌

它是定远营盛行的一种街头舞蹈艺术，它以粗犷诙谐的艺术表演形式赢得各族人民的喜爱。蒙古族秧歌有土生土长的“雅布根呼格吉木”（汉译为“步调音乐”）；汉族秧歌多从甘肃民勤等地传入，俗称“跑大场”，传入当地后发生了变化，开始带有当地民风气息。定远营还有从山西平遥、孝义等地传入的秧歌，俗称“地班子秧歌”，秧歌队中有背腰鼓者 4 人，其余扭秧歌者皆扮演历史英雄人物。扭秧歌人越多越热闹，因地毯毛纺行业作坊多，工人也多，所以大多由地毯毛纺工人表演，百十号人，男女搭配，衣饰鲜亮，彩绸飞舞，热闹非常。

（二）踩高跷

定远营踩高跷的历史由来已久，形式多样。最早的高跷表演大约于清朝道光年间传入，由 12 人表演。表演内容是梁山泊好汉大名府劫法场，扮演者在高跷表演中各有唱词。民国十四年（1925 年），传入山东高跷。高跷队由 20 人组成，扮演戏剧《白蛇传》中的人物，表演时唱山东曲调。到后来就唱秦腔，高昂激扬，脍炙人口。因高跷用木杆制成，所以踩高跷的演员就由木匠担任。

（三）跑旱船

定远营传统的旱船表演由 4 人组成，其中 2 人坐船，2 人吆船。约在民国十年（1921 年），从山西泽州传入了 12 只旱船的表演形式，因是以铜匠为主演，被称为“铜匠船”。表演内容为“龙凤呈祥”。每只船前，举莲花灯者往来穿梭，以增添热闹气氛。表演到高潮时，锣鼓齐鸣，唢呐高奏，张飞断喝，孔明摇扇，船只变换队形，令人目不暇接。这种表演形式流传至今。

（四）舞龙、舞狮

舞龙需要多人，舞狮需要体力强壮，所以当时这项活动大都由军兵负责表演，每条龙由 10 多个壮小伙举演，龙前有一人手持绣球作引导，不同颜色的两条龙时合时分，配合演绎很多花样。那时没有电灯，晚间演出时在龙的体内装有蜡烛，有时在急速的旋转、跳跃中蜡烛会倒，为防止烧着布做的龙身，出发时就有抬水的跟着，蜡烛一倒，即有人用水浇灭，火龙就变成了水龙。后来有了秦腔剧团，舞狮就由剧团会武功的演员来表演，每只狮子一前一后两个人，配合默契，将狮舞得活灵活现。有时还配有几只单人装扮的小狮子，再将几张桌子摞起来，两只狮子上奔下跳，惊险异常，看得人眼花缭乱，再配以急剧的鼓点声，听得人热血沸腾。

四、人生礼仪

在人生的历程中，每个人所经历过的最重要的礼仪包括诞生礼、成年礼、婚礼与丧礼。

（一）诞生礼仪

“洗三”是指在婴儿出生第三天，宴请宾客摆“汤饼宴”，以示庆贺。“洗三”的时候一般还要剃去胎发。剃下的胎发不能随意丢弃，父母要把它妥善保存，或揉成团装入布袋，缝在婴儿的背心上。

“满月”是指孩子生下一个月左右，选吉日全家为他举行满月仪式。

“百岁”是指婴儿出生三个月后，要由父亲命名，并举行命名仪式。命名当天，全家人要早起，沐浴更衣，准备饮食。母亲抱婴儿出房后，父亲执婴儿右手为其命名，从此幼儿便有了自己的名字。

“周岁”是指婴儿满一周岁，有周岁礼仪，主要一项内容是小儿预测，也称为“抓生”“抓周”。

（二）成年礼俗

要在这一天通过仪式表明自己能够对自己的行为负责，成人可以结婚建立家庭，继承父业延续后代。

（三）婚姻礼仪

婚姻，通俗地说，是指男女结成夫妻。在汉族文化和传统习俗中，婚姻是家族延续的链条。汉族的婚礼从周代起就有一整套烦琐的礼节。“六礼”即“纳采”“间名”“纳吉”“纳征”“请期”“亲迎”六个程序。“六礼”具备，婚姻关系始告成立。元明时的婚仪，则简化为“纳采”“纳成”“亲迎”三个程序。清代又融入满族婚俗内容，如亲迎之日，洞房前面地上放一火盆，新郎需抬着新娘从火盆上经过，据说是为了避邪。

闹洞房作为婚礼的最后程序，是婚礼的高潮，也是最热闹、最有趣的节目。新婚之夜，亲戚朋友围坐房中，对新娘百般戏谑，称为“闹洞房”。

（四）丧葬礼仪

丧葬是人生的最后一项礼仪，也是关于活人与死人之间联系的仪式。通过丧葬礼仪，人们可以缅怀死者生前的劳绩，表达对死者的感情，从精神上慰藉亡灵。也可以通过仪式表达继承死者遗志的意愿，并祈求逝者能够庇护生者。

1. 殡殓死者之礼。“属纩”是在人弥留之际，家属守在床边，将轻柔的丝绵放在垂死者的口鼻之上，以验其是否还有呼吸，即所谓“属纩以俟绝气”。人初死之际不能立即办丧事，还要为死者招魂，称为“复”。招魂完毕后，为死者沐浴、栉发、剪指甲。接着将米、珠、玉之类物品放入死者口中，称为“饭含”。发展到后来则只放一枚钱币。死者衣袖内还要再放一些小面饼和纸钱。面饼称“打狗饼”，是给去冥府路上的拦路狗吃的；纸钱为“买路钱”，送给“拦路鬼”。

2. 治丧之礼。家中有人去世，要用白麻纸剪成圆币形，用铁块缀串成纸穗，悬于院门外，作为讣告，俗称“岁头纸”。要立即给死者穿寿衣，在中堂停尸1—2天，称为“小殓”。之后举行入棺仪式，将死者移入棺中，称“大殓”。大殓后不立即钉棺，要留一段时间停柩待葬，叫“殡”。要像对待贵宾一样对待死者，故称“殡”。同时由一传话员引领身穿重孝、手提“哭丧棒”的孝子到亲友家报丧，孝子跪门外，传话员进门报丧。亲友得报后，要准备供品，称“大斋”一幅，即15个大馒头和烧纸。停殡时间要由道人或风水先生根据死者的身份年龄占卜的入葬时间而定，一般是3—5天。在此期间要设一灵堂，棺停于堂中，棺前放死者牌位或遗像，同时放一小桌，桌上摆香烛、油灯、供品，桌前放瓦盆供烧纸用。地铺麦草，子女们要为逝者守灵，称“卧草窝”。第三天要“报孝”，即请家族亲友中年长有经验者制作简单但宽大的白布孝服，孝子孝女人人重孝上身，重孙则穿红孝衣。道士开始诵经，锣、鼓、镲、唢呐响起，要有人上供烧纸就吹打一阵，孝子孝女要陪跪。女儿要为死者致祭，每人献一只特制羊。人死后一般在当天就请道士或风水先生看风水、选墓址、定方位、定时间、挖墓穴。如自家有祖坟，则只选墓穴。下葬出殡前一天晚上要掩棺，先为死者净面，称“开光”，掩棺、点纸、点香、献祭，最后钉棺盖。此后道士要举行诵经、走城等一系列宗教活动。撒灯，即用锯末或桔草蘸油在出殡的路上作路灯，直到第一个十字路口，俗称“叫夜”或“送夜”。

3. 安葬之礼。最后一天清晨出殡，要给孝子“点主”，开追悼会，宣读“祭文”，叫“盖棺定论”。出殡工作一般由杠房人员承担，出殡队伍前由孝子孝女高举引魂幡、怀抱死者遗像，后跟举幛子、花圈、纸货的人员，再后是十几人的杠房抬棺急走。上百人的送葬队伍，一路撒纸钱，遇桥梁和十字路口要烧纸，一路不停直达墓地。棺下葬前，在墓穴里的壁上先放好一罐“倒头饭”及“亮眼瓶”，由孝子孝女撒五谷杂粮和铜钱及头锹土。随即由几十人用两根粗绳抬起棺，慢慢将棺放入墓穴，放安稳后，将提前写好的“铭旌”压在棺盖上，称为“引路”。然后埋土、起坟、插哭丧棒、立碑、插引魂幡。3 天后还要上坟添土。如逢七，就过“一七”“二七”“三七”“七七”等。

4. 居丧守孝之礼。子女守孝期一般为 3 年，臂上戴孝圈，黑布上面绣白孝字，期间不得娱乐、穿红挂绿、喝酒请客，过年不贴春联，保持安静、肃静，3 年后恢复正常。居丧守孝时间长短、饮食起居，都根据与死者关系的远近而有所区别。这就是汉族自古以来即有的“五服”制度。斩衰，是五服中最重的丧服，指不缝边的粗麻丧服，通常是子女为父、妻为夫、孙为祖父所穿。服丧期为 3 年。齐衰，是仅次于斩衰的丧服，为衣边缝得较为整齐的粗麻布丧服，按服期长短划分，可分 3 等：齐衰 3 年，是父卒为母、母为长子的丧服；齐衰 1 年，为妻、为祖父母、为叔伯父母、为兄弟等；齐衰 3 月，是为曾祖父母、宗族成员等。大功，是用精细熟麻布制成的丧服，服期 9 个月，主要是男子为出嫁姐妹、姑母、堂兄弟等或已嫁之女为兄弟、子侄，为伯叔父母、姑母等。小功，是比大功之服更细的熟麻布制成丧服，服期5个月，主要是男子为伯叔祖父母、女子为丈夫的姑母姐妹等。缌麻，是比小功更精细的便服，服期3个月，主要是为较疏远的亲属、亲戚，如高祖父母、外祖父母、外孙等。到了近现代，亡者子孙用白布制作孝衣，裹首蒙履；孙侄晚辈缀红十字，甥婿晚辈缀蓝十字，以辈数的差别增加红蓝十字的数量，白布做底，佩戴在帽或臂上。

第三节 定远营回族习俗

定远营回族在日常生活中见面要问安。客人来访，要先倒茶，还要端上瓜果点心或自制面点招待，所有家庭成员都要与客人见面、问好。若遇到老年客人，还要烧热炕请老人坐，并敬“五香茶”或“八宝茶”。送客时，全家人都要一一与客人道别、祝福。有时遇远客、贵客还要送出村庄或城镇才会分别。回族青年见了老人要问好、不许对长辈泼声浪气；宴请，言谈要和蔼，老人坐上方，老人先动筷；行路，让老人走在前面。回族人民热情好客，礼貌待人，尊老爱幼。亲戚朋友及相识的人见面都要道安问好。回族人生了孩子，要请阿訇起一经名，长大读书时再起大名（也叫学名）。男孩7岁要行割礼，女孩要扎耳眼。

定远营回族酷爱养花。凡是回族人家的庭院中都种有花卉，室内也多养盆花。回族非常讲究卫生，室内外注意保持清洁。在禁忌风俗方面，人们一般只知道回民禁食猪肉，其实还有很多其他禁忌，如不能袒胸露乳、禁食血液等。

一、回族物质习俗

（一）衣冠服饰

回族服装大体与汉族相近，但在头饰上仍保留着古老的传统，回族男子一般戴白色无檐小圆帽，表示清洁不染；妇女一般头戴白色圆撮口帽，戴盖头（也叫搭盖头），一般把头发、耳朵、脖子都掩盖起来。盖头有少女、媳妇和老年妇女之分，少女戴绿色的，年轻媳妇戴鲜艳的，老年妇女戴黑色或白色的。老年妇女的盖头较长，少女、媳妇的较短，只披到肩上。盖头上有的还绣有花边和图案。妇女服装为右衽大襟短上衣，着长裤。

年轻人喜欢在前襟、胸前绣花，在衣服上镶色、绲边。男的头戴回回帽，有白的和黑的两种。上着对襟短上衣，穿白长裤、白袜子，喜欢在白衬衣外套坎肩。回族男子很注意胡须的修饰。

男子一般在二十几岁开始留胡须，因教派不同、形式不同，有的留山羊胡，有的留全脸胡。

（二）房舍

定远营回族居住房舍均为土木结构的平顶土房。窗户为木质小方格，均用白色毛头纸糊在窗子的方格空洞上，几乎没有一户人家用玻璃窗户。条件较好的人家有正房和左右厢房，一般人家只有两间或三间正房。院落里均栽培一些花花草草。

二、岁时习俗

（一）法图麦节

回族的法图麦节在每年的斋月十四，即伊斯兰教历九月十四日。为纪念穆罕默德的女儿、阿里的妻子法图麦，由回族妇女亲自出动，收敛钱粮，选择一个住宅宽敞的回民家里，架几口特大铁锅，熬几大锅杂豆粥，炸一些油香，请阿訇念经祈祷并赞颂圣女的事迹，回民也叫“女圣纪”，之后让全“坊”的男女老少一起来吃。这杂豆粥是用黄米、小米、大米、扁豆、豌豆、绿豆、大豆等十几种豆类加肉丁和葱、姜、盐等各种调料熬成的一种稀粥。回民吃这种杂豆粥是有来历的。传说很早以前，法图麦的丈夫阿里带兵打仗已三天三夜没东西吃了，兵荒马乱，为安抚人心，法图麦到河边拣了一衣襟各式各样的小花石头，拿回来淘洗了两遍就下到锅里煮，在人们正闹着要吃饭时，法图麦说米已下锅，正在这时锅里喷出豆味。法图麦打开锅一看，那各样石头变成了小花豆，香味扑鼻。阿里高兴地说，今天弟兄们放开肚皮吃吧。士兵们每人吃四五碗，边吃边赞扬法图麦的功绩。有的吃饱了还撑着吃，结果一个穆斯林弟兄因吃得太多“无常”（去世）了，阿里当众宣布，今天吃饭“无常”的真主不降罪。为了纪念法图麦的这一传奇行动，表达对她的尊敬，至今回民当中仍保留着吃杂豆粥的习俗。到了这一天，家家户户晚上不在家吃饭，专门去吃杂豆粥，吃时凑钱凑粮一起做着吃，请人、送人吃，大家尽情地吃，直到把肚皮撑圆。所以，现在回族群众把这一天叫妈妈会，也叫法图麦节或姑太节。在斋月里要封斋，要求每个穆斯林在黎明前至落日的这段时间里，戒饮、戒食、戒房事等，其目的是让人们在斋月里认真地反省自己的罪过，使经济条件充裕的富人亲自体验一下饥饿的痛苦状态。

（二）古尔邦节

古尔邦节是阿拉伯语“尔德·古尔邦”的音译，意为“牺牲、献身”，故亦称“宰牲节”或“忠孝节”。大部分地区的回族称为“小尔德”，是伊斯兰教三大节日之一，一般在开斋节过后 70 天举行。回族过古尔邦节有这样的说法：相传北部阿拉伯人始祖易卜拉欣一日梦见安拉命他宰杀自己的儿子，以考验其忠诚。在易卜拉欣举刀的一瞬间，安拉派特使送来一只绵羊，命其以羊代替。从此，在阿拉伯民族中形成一种每年宰牲献祭的习俗。回族沿袭此习俗，每年都要隆重欢庆古尔邦节，以示纪念。

（三）阿舒拉节

在伊斯兰教历正月十日举行。阿舒拉源出希伯来文，意为“第十天”，一般指希吉来历一月十日。相传该日是阿丹、怒哈、易卜拉欣、穆萨等先知得救的日子。还传说这一天安拉创造了人、天堂和火狱等，因此，把这一天看作神圣的日子。680 年，阿里之子侯赛因因在该日被倭马亚王朝所杀，所以这一天又成为什叶派纪念侯赛因的哀悼日，后来发展为阿舒拉节。我国回族伊斯兰教格迪目派的穆斯林过阿舒拉节。节日这天，用各种豆类熬粥，回民把这种饭叫阿舒拉饭。现在，回民为了纪念这一天，仍保留着吃杂豆粥的习俗，管它叫忆苦思甜饭。

（四）登霄节

穆罕默德由麦加前往耶路撒冷登霄遨游七重天，见了先知。因此，把这一事情纪念为登霄节。登霄节不是所有的回民都过，主要是一些笃信伊斯兰教的回族穆斯林参加。登霄，是阿拉伯语“米尔拉吉”的意译，原意为“阶梯”。登霄节这天晚上，回族穆斯林聚集到本坊清真寺举行礼拜、祈祷，以示纪念。这天晚上睡觉比较迟，一般都要听开学阿訇讲“瓦尔兹”。

（五）法蒂玛忌日

亦称“圣姑太节”，即希吉来历六月十五日。法蒂玛，为穆罕默德之女、第四任哈里发阿里之妻，是伊斯兰教五大杰出女性之一，年仅 27 岁。她端庄贞淑，道德高尚，故深受穆斯林妇女的敬仰。六月十五日，是她去世的纪念日。这一天，穆斯林妇女会集在清真寺，听阿訇讲述法蒂玛的懿德善行，并向清真寺捐献财物，有的请阿訇到家中诵经祭祀。

（六）圣纪节

圣纪节是纪念伊斯兰教先知穆罕默德的诞辰和逝世的纪念日。由于穆罕默德的诞辰与逝世恰巧都在伊斯兰教历三月十二日，故穆斯林习惯将二者合并纪念，统称“圣纪”。节日这天首先到清真寺诵经、赞圣、讲述穆罕默德的生平事迹，之后，穆斯林自愿捐赠粮、油、肉和钱物，并邀约若干人具体负责磨面、采购、炸油香、煮肉、做菜等，勤杂活都是回族群众自愿来干的。回民把圣纪节这一天义务劳动视为是行善做好事，因此争先恐后，不亦乐乎。仪式结束后，开始会餐。有的地方经济条件较好，地方也宽敞，摆上十几桌乃至几十桌饭菜，大家欢欢喜喜，一起进餐；有的地方是吃份儿饭，回族群众叫份碗子，即每人一份。对于节前散了“乜贴”（意为“心愿”“意图”等）、捐了东西而没来进餐的，要托亲友、邻居给带一份油香去品尝。

（七）白拉提节

“白拉提”为阿拉伯语，意为“赦免”。时间是希吉来历八月一日至十五日。传说凡是八月十五日夜晚，诚心悔罪求饶者，均可受到赦免，因为记录人类善恶的天仙，这一晚将换用新文卷来记录，因此，此夜又称“换文卷夜”。这个机会倍受穆斯林的重视，以至于从八月一日就开始了准备工作。各家备上糖果、点心，并在八月一日早晨开始至十五日下午期间，择日请阿訇到家中念诵白拉提经，新疆回民称为“念夜”，内地称为“走节”。八月十五日，须行斋戒、谨言慎行、用心念经，无论男女老幼均需沐浴更衣，并前往清真寺参加会礼，并向清真寺布施财物；晚上，是最关键的时刻。穆斯林晚 12 点以前均不入睡，祈祷安拉恕罪赐福，儿童们则聚在一起，挨家挨户去附近各伊斯兰家庭的大门口，高唱白拉提歌，此时，这一家就会出来人施舍财物，借此博取安拉好感，以使自己及家人多受福泽。

（八）开斋节

回族穆斯林的斋月，是伊斯兰教历九月（莱麦丹月）。据《古兰经》载，伊斯兰教先知穆罕默德 40 岁那年（伊斯兰教历九月），安拉开始把《古兰经》的启示给他。因此，回族视斋月为最尊贵、最吉庆、最快乐的月份。为了表示纪念，就在每年伊斯兰教九月封斋一个月。封斋一个月后的十月一日为“开斋节”。斋月的起止日期主要以新月出现的日期而定。

三、人生礼仪

（一）见面礼

俗说话：“回回见面三分亲。”回族无论男女老少，他们见面相互问候时，通用一种祝安词，也叫见面语。《古兰经》多次强调见面礼节的重要性，说“如有祝安于你，你应当比他更好地来回答他”。祝安词一般都是致者先说“安色俩目阿来昆”，意为“求主赐你们平安”，而回答者则说“吾阿来昆色俩目”，意为“求真主也赐你平安”。这一礼俗文化源于阿拉伯。据宗教传说，易卜拉欣和他的妻子晚年得一“圣子”，天使曾预先向他说“色俩目”，从此后人们也仿效。穆罕默德传教时期，这一礼俗已普遍流行，并当作一种“圣行”。唐朝时期来华的阿拉伯人、波斯人将这一礼俗带到了中国。这种祝安词原带有宗教色彩，但经长期沿用，回族群众已经把它看成是正常的祝安问候语，相当于汉语的“您好”和“您也好”。

（二）诞生礼

回族把出生视为一种大礼，保留着许多传统的风俗习惯。在孕育期，通常称妇女有孕为“有喜”。询问时，一般只说“有喜了吗?”而不能问“你怀孕了吗?”妇女在孕育期还有许多避讳和禁忌。如不送亲，不参加婚礼，不见已故的人，不送葬。若在途中遇见送亲、送葬的，要尽快避开，不能迎面而行。在饮食上也有一些戒律，尤其注意的是不让孕妇吃兔子肉。据说吃了兔子肉，生下的小孩嘴会和兔子嘴一样是豁的。也不允许孕妇平时随意讥笑别人的小孩，更不能笑有生理缺陷的小孩。临产时，孕妇要洗大净，尽快住进产房，这叫“占房”。婴儿降生后，若是男孩，则在家庭或亲属、近邻中，选择一个聪明、诚实、勇敢的人首先踏进产房；如是女孩，要选择一个温柔、善良、勤快的人首先踏进产房，这叫“踩生”。回族认为，孩子出生后，谁先进入产房，孩子的气质、性格就像谁。这是回族人民一种美好的祝愿和希冀。

接生婆接完小孩以后，主人要给她散五至十元的乜贴，有的还给买一件衣服。在孩子出生三天的时候，回族叫“三洗”，也叫“洗三”，要用热水洗掉孩子身上的污垢。这天，主人要款待亲戚、朋友、乡亲，祝贺小孩平安无事，长命百岁。而乡亲、朋友在“洗三”这天，给月婆子送长面、油香、锅盔、鸡蛋、肉等营养品，表现了回族内部互相关心、互相帮助、同心同德的风尚。有的月婆子在坐月子期间缺奶，就让家里人拿一个小碗收吃七家面，这叫“修渠引水”。孩子满月后，还要举行满月礼，也叫“贺满月”。这天，要请剃头师理齐孩子头发，并根据头发的重量，相应地向贫穷人施散一部分钱财和物品。同时，将剃下的小孩头发团成一个小球，用线和纱布网住，连在小孩的枕头上，寓意壮胆、吉利，能够健康成长。上海等地回族穆斯林还给孩子留小辫，戴手镯、锁片，祝愿孩子长大成人。贺满月，也要做饭菜、炸油香等，款待亲朋好友和孩子的舅舅、外爷、外奶奶等亲戚以及左邻右舍。孩子到了一百天，有的还举行“百日礼”，回族也叫“赶百路子”，祝福孩子一生中走宽阔的道路，奔远大的前程。

（三）抓周礼

抓周礼也叫“岁礼”，回族俗称“抓岁”。这是回族当中较为普遍的一种礼仪，尤其在生第一胎，或没有生育能力领养孩子的情况下，则更重视这种仪礼。在抓岁这天，还要邀请亲戚朋友和左邻右舍的人到家吃岁糕。来宾一般要给孩子带上玩具等小礼品，表示庆贺。举行抓岁礼时，主人要放一个大红桌子，桌子上喜欢摆上《古兰经》、笔、本和用纸制作的各种用具、刀、剑及其他玩具等，尔后，由母亲或父亲把小孩抱到桌子前，让小孩任意抓。来宾和全家老小围着孩子一起观看，希望孩子能抓到一个比较理想的东西。

（四）命名礼

在婴儿诞生的当天或三天之内，必须请一位阿訇给婴儿举行命名礼，即起经名。命名礼首先由家庭主人把孩子抱到门槛里。阿訇站在门口或门槛外，先对着小孩的右耳低念“班克”，即在清真寺宣礼塔上召唤教民上寺礼拜的宣礼词。再对着小孩的左耳念“尕麦体”，即教民汇聚到清真寺后准备礼拜的招呼词。然后，是男孩便在左耳里慢慢吹一口气或轻轻咬一下耳朵，是女孩则在右耳朵里吹一口气。据说，念宣礼词、吹气的意思是把一个刚出生的小孩儿，由清真寺之外呼唤到清真寺之内，一生下来就要成为一个当然的穆斯林。当阿訇举行这种仪式后，便从回教众多的先贤中选出一个美名，告诉家里人，以示吉庆、俊美。命名礼结束后，要用红枣、白糖、红糖、冰糖水等甜东西给小孩儿开口。

（五）割礼

割礼是阿拉伯语“海特乃”的意译。回族俗称“逊乃提”，也叫“成丁礼”。回族男童一般在5—9岁实行割礼，即割除阴茎的包皮。这是因为伊斯兰教规定男孩到12岁，已经懂事，要开始承担宗教义务，履行“天命”和“逊乃”的宗教功课。这样宗教上的一些规定长期发展，久而久之便成了回族的风俗习惯。回族割包皮的习俗，从医学的角度看是很卫生的，是有科学道理的。男孩的生殖器因包皮过长，不能上翻，即为包茎，狭窄的包茎会使阴茎发育迟缓。另一方面包皮下常常积聚污垢，如积留的尿汁精滴，这种污垢如不及时清洁，脱落的上皮和包皮垢等都比较容易腐化、甚至溃烂，时间长了，会带来许多疾病。

（六）婚俗

结婚筵席一般都要8—12道菜，忌讳单数，象征新婚夫妇永远成双成对。回族青年男女举行婚礼的前两三天，男方要带上蒸馍、羊肉给女方家送去，叫“催妆礼”。结婚那天，男方要去车接新娘。新娘要穿红衣服，洗大净，称“离娘水”。同时，还要请全可人（父母双全、子女双全、夫妻和睦的人）送亲。送亲宜早不宜迟。把新娘接到门口时，新郎要围着车转一圈，然后将新娘和送亲人迎进大门。有条件的从大门到新房门，要铺红毡或毛毯子，如没条件要由新娘的哥哥（或舅舅）抱着新娘走进新房，新娘的鞋是不能沾地的。

两家客人互道过“色俩目”后，举行念“尼卡哈”仪式。首先请阿訇选诵一段《古兰经》，然后，阿訇当着证婚人问新郎：“你愿意娶她为妻吗?”新郎如愿意要马上表态。再问新娘，新娘表示同意，阿訇则宣布：“从现在起，你们二位正式结为夫妻。”并告诫二位新人要互敬互爱。仪式结束后，新娘、新郎才进洞房。新郎进洞房后，揭去新娘的红盖头，摘掉头上的喜花，互相交换礼物，新郎送给新娘包着钱的红纸包，新娘给新郎小红布蛋蛋式“针扎子”，新郎还要用喜糖、核桃、喜枣撒向前来要喜糖的人，称为“撒喜”。晚饭过后，大家开始闹洞房，由一人当司仪，出点子，让新郎、新娘表演节目。

三天后，新郎陪着新娘“回门”（回娘家），有的当日“回门”。

（七）丧葬

回族实行土葬。人去世后，早上亡故当日出葬，晚上亡故的次日出葬。出葬前，要洗净全身，叫“着水”。洗后用写有经文的大小两块白布（叫“开凡”，女性多一块）裹身。口、耳、鼻、眼、额头、手脚处，要放冰片、麝香。然后移入“塔布匣子”（清真寺内专送亡人的公用木匣），由亲人抬到清真寺，再由阿訇率领送葬者举行“站礼”仪式：人们面对“塔布匣子”站立，由阿訇诵读《古兰经》章节（内容是祈求真主宽恕死者，祝愿死者安息），旋即抬往坟地。坟坑深两米，直坑西壁再挖一个偏洞（称“热合提”），上圆下方，高约一米，长可容体。将亡人头北脚南，面向西放入偏洞后，用砖封好洞口（热合提门），然后填平直坑，地面堆成鱼脊形坟堆。出葬时，阿訇诵经，亲属不许啼哭。葬后三天、七天（头七）、月斋（一个月）、“四十”、“百日”、“周年”一般要在家请阿訇诵经。主麻田、开斋节、古尔邦节亲人要到坟上悼念亡人。老人亡故后，还要请阿訇“走坟”“守坟”四十天或一百天。

四、饮食习惯

定远营回民的主食以米、面为主，肉食方面禁忌颇多。禁食猪、狗、狼、虎、驴、猫、鹰、鹞等肉，禁食自死之动物血，禁饮酒。肉食以牛、羊肉为主，有的也食用骆驼肉，食用各种有鳞鱼类，如北方产的青鱼、鲢鱼、鳇鱼等。鸽子在回族中被认为是圣鸟，可以饲养，但不轻易食用。如有危重病人，征得伊玛目（宗教职业者）同意，可作补品食用。回族擅长煎、炒、烩、炸、爆、烤等各种烹调技法，在风味迥异的清真菜肴中，既有用发菜、枸杞、牛羊蹄筋、鸡鸭海鲜等为主要原料，做工精细考究，色香味俱佳的名贵品种，也有独具特色的家常菜和小吃。回族饮料较讲究，凡是不流的水、不洁净的水均不饮用。忌讳在饮用水源旁洗澡、洗衣服、倒污水。回族也喜饮茶和用茶待客，定远营回族的盖碗茶（也叫八宝茶）很有特色。

五、宗教

回民信仰伊斯兰教，定远营建有清真寺两座，由阿訇主持宗教活动，经典主要是《古兰经》，信徒称“穆斯林”。清真寺是回族穆斯林举行礼拜和宗教活动的场所，有的还担负传播宗教知识、培养宗教职业者的使命。清真寺在回族穆斯林心目中有着重要位置。按伊斯兰教历每年十二月十日为古尔邦节。每年的这一天，形成了宰牲献祭的习俗并沿袭至今。另外，伊斯兰教规定，每年教历九月定为斋月。在斋月里要封斋，要求每个穆斯林在黎明前至落日的这段时间里，戒饮、戒食、戒房事……其目的是让人们在斋月里认真地反省自己的罪过，使经济条件充裕的富人，亲自体验一下饥饿的状态。到教历十月一日即斋戒期满，举行庆祝斋功完成的盛会，这一天就是开斋节。开斋节这天，人们早早起床、沐浴、燃香，衣冠整齐地到清真寺做礼拜，聆听教长讲经布道。然后去墓地“走坟”，缅怀“亡人”，以示不忘祖先。

六、回族禁忌

（一）饮食禁忌

除忌食猪肉外，对奇形怪状、污秽不洁、爪利牙锐和性情凶恶的飞禽、猛兽，回族都禁食。回族不吸烟不喝酒，也忌讳别人在自己家里吸烟、喝酒。回族忌食猪肉、狗肉、马肉、驴肉和骡肉，不吃未经信仰伊斯兰教者宰杀的和自死的畜禽肉，不吃动物的血等。在伊斯兰教还未产生之前，古阿拉伯人就把食血液作为一种宗教禁忌。他们认为人的灵魂存在于血液之中，吃血是渎神行为，所以回族禁食血液。另外回民还禁止用食物开玩笑，忌汉民到回民家里借餐具。

（二）禁止崇拜任何偶像

在回民聚居地方一般不搞人头塑像，家里忌摆各种人物和动物塑像，墙上也不愿挂人头画像，只挂山水风景画。有的回民家里虽挂了人物或动物画像，但礼拜时，在画像的眼睛上盖一张白纸。因为回民只信真主，不信其他神灵，也不去崇拜一切偶像。

（三）严禁放高利贷

回民认为放高利贷使不得，但现在民间有人却实行变通办法。回民还禁止男子戴金饰，不许过度装饰，严禁扎青（黥墨、文身）、拔部分眉毛等。

（四）禁止求签、玩赌

男女老少均不许让阴阳算命先生给自己算命，也不去给别人算命，不揣骨相面，不信风水阴阳，不求仙方神药，不搞驱鬼治病等。回族认为求签、算命等这一切都是不正当的污秽行为。因为回族信仰伊斯兰教——人的命运是真主安排的，人的一切全由真主前定。

回族认为玩赌对己、对别人、对社会都不利，认为玩赌是“哈拉姆”（阿拉伯语），所赚之钱不劳而获，是不义之财，使不得。过去回族当中也有个别人玩赌，其结果是妻离子散，家破人亡。中华人民共和国成立前，有首回族民歌形象地表现了“十人玩赌九人穷”的下场：“一病未好百病缠，腰子曲得像笼袢，头上枕的半截子砖，屁股上盖的是窟窿毡。”

（五）禁忌肮脏

回族的日常饮食很注意卫生，凡有条件的地方，饭前、饭后都要用流动的水洗手。人畜不能饮用同一水源。凡供人饮用的水井、泉眼，一律不许牲畜饮水，也不许任何人在附近洗脸或洗衣服。取水前一定要洗手，盛水容器中的剩水不能倒回井里。[1]

（六）座位禁忌

就餐时，长辈要坐正席，晚辈不能同长辈同坐在炕上，须坐在炕沿或地上的凳子上。

（七）奔丧期不动火

办丧事三天不动烟火，由附近的亲戚邻居送食，禁止请客，三天后方进行纪念活动。

（八）禁止袒胸露乳

在他人面前，不分男女禁止袒胸露乳。

（九）不得往外舀

舀水、舀饭均不得往外舀。

[1] 参见张宪隆、张龙：《走进中国少数民族丛书·回族》，辽宁民族出版社2014年版。

第四节　定远营满族习俗

满族是一个勤劳、勇敢、智慧的民族，也是一个善于融汇创新的民族。定远营满族只有数百人，但其风俗习惯很有特点。

一、满族物质习俗

（一）服饰

定远营满族服饰高雅华丽。过去，满族男人冬季穿长袍，有的加外衫，套马褂，穿皮、棉、毡单脸厚底鞋，戴毡帽头、三块瓦狐皮或羊皮皮帽，春、夏、秋三季穿长衫，外套单夹马褂，内穿汗褟、背心。女子冬穿棉旗袍、套坎肩，春、秋穿夹旗袍，罩坎肩，普遍加绦子（右开襟），襟上、袖口镶五颜六色的双绦子。梳旗头，戴耳套，穿绣花厚底鞋。满族姑娘临出嫁前绣门帘、枕头顶，做许多绣花鞋。

（二）居住

定远营满族房屋正房一般为三间或五间，坐北朝南便于采光，均在东端南边开门，形如口袋，俗称“口袋房”，便于聚暖。东西各有厢房，配以门房，这便构成通常所说的“四合院”。房屋多为起脊砖瓦房，俗称“海青房”。房柱皆插地，门向南开，高大宽敞。房内正对门一间谓堂屋，又称“外屋”，设厨灶锅台、水缸，灶通西内室火炕（满语称为“土瓦”）。从堂屋西墙开门为里屋，为南、北、西三面构成“万字炕”或“蔓枝炕”。满族尚右，西墙供祖宗牌位，不住人，下通烟道。南北对面炕，上铺炕席，或糊炕纸刷油。炕梢置衣柜，柜内装衣物，柜上叠置被褥、梳妆用品。夜间长辈居于西屋南炕，北炕分居兄弟子媳。为御北方寒冷，有的还建有火地。屋外西山墙头砌有圆形烟囱（满语称为“呼兰”），高出房檐数尺。烟囱根底有窝风窠，以挡逆风。南北墙上有窗，窗户纸糊在窗棂外，窗户分上、下两扇，上窗可用棍支起通风。

二、满族人生礼仪

（一）礼仪

满族是一个十分注重礼节的民族。满族人见面或拜见客人，有各种礼节，其中有打千礼、抚鬓礼、拉手礼、抱见礼、半蹲礼、磕头礼等。其中，打千礼、抱见礼、磕头礼主要为男人所用，其他则用于妇女。打千礼用于晚辈对长辈、下属对长官，抱见礼是平辈之间用，晚辈对长辈也可用，不过晚辈要抱长辈的腰，长辈抚晚辈的背。现在，有些烦琐的礼节已被简化，但满族尊老敬上、待人热情礼貌的传统更加显著。晚辈每日早晚要向父、祖问安，途中遇长辈要让路，吃饭时长辈先坐先吃。满族重感情、讲信义，对宾朋真诚相待，有客人必设宴招待，所允诺之事必全力去做。

（二）婚姻

满族传统的婚姻仪式较为复杂，大致要经过通媒、放定、纳彩、过箱、迎亲、拜堂、拜祖、分大小、回门等程序。通媒，即由男方家请媒人向女方家求婚，两家都同意后便放小定，即男方家赠如意或钗钏等物为定礼。然后是订婚，即选择吉日，男方家及其亲戚前往女家问名，女家设宴款待，男方家长致辞求婚，女方家同意后，才算定下婚事。此时男方要拜女方家神位及其长辈。订婚后要过礼，也需选择吉日，男方家送衣服、绸缎、羊、鹅等礼物，还要赠银两钱财，此时要议定婚期。进入迎亲阶段，女方家在婚期前一天陪送嫁妆，俗称“过箱”，新郎要前往女家致谢。迎亲时，新郎在迎亲队伍的陪伴下赶着彩车迎亲，在途中两车相错时，新娘的哥哥将新娘抱上新郎家的彩车，俗称“插车”。新娘至新郎家后，换车乘轿，花轿落地，新郎要虚射 3 箭。新娘蒙红盖头下轿，与新郎站在事先摆在院中的天地桌前，向北 3 叩首，俗称“拜北斗”，即“拜天地”。拜完后撤天地桌，新娘进入临时搭的帐篷，谓之“坐帐”。坐帐时进行“开脸”，换头型。坐帐完毕，新娘跨过马鞍进洞房，新郎用秤杆揭去其盖头扔到房檐上。夫妻饮交杯酒，吃合喜面、子孙饽饽。在婚礼当天晚上，新郎、新娘要拜祖宗。婚后第一天，新娘给夫家亲戚装烟敬茶，拜宗族，认明辈分，谓之“分大小”。一般在结婚3日之后，夫妻同回女方家，拜见娘家人并拜祖宗。婚后1个月，新娘回娘家住1个月，谓之“住对月”。到了这时，婚娶仪礼乃告结束。

（三）育儿

定远营满族的育儿习俗比较特殊。生男在门左挂弓箭，生女在门右挂彩色布条，娘家送一个悠车。生儿3天时，亲朋送贺礼，俗称“下奶”，并举行洗礼，称“洗三”。满月时要请客人来“做满月”，并将弓箭或布条取下挂在“子孙绳”上。百日时，要用从各家要的彩布条编成锁，称“挂锁”。周岁时要举行较为隆重的仪式，让孩子“抓周”。

（四）祭祀

1. 祭祖。定远营满族祭祖一般安排在白天。主祭人先将供桌及祖位架摆放好，然后将祖先神像请出，再把一头祭祀用的纯黑猪，抬到屋内南炕沿下。一切准备完毕后，主祭人诵读祭文，此时，所有参加祭祀的人都要按辈分依次跪听。读完祭文后，叩首起身，然后众人把猪抬到供桌前杀祭。杀祭时要将猪毛燎净，并将猪蹄和猪胆放在供桌的右边，然后再将猪抬到供桌上，猪头向外，猪蹄向右。

2. 祭神。定远营满族祭神，有白日祭和夜晚祭两种。白日祭一般在祭祖之后。其程序是：将祭祖时所杀的猪分解成12件，连同内脏一起放到锅里煮，锅里不放任何调料。锅里所煮的肉，在上供之前都不许食用。供品摆设整齐后，先请主祭人在前跪读祭文，参加祭祀的人仍要按辈分依次跪听，然后主祭人率众人行叩首礼。

夜晚祭神，一般分为两步。首先，要从祖宗匣子中按先后次序请出七位祖先的神像，放在祖架上，再请出两位祖先神像摆设在祖匣盖上，每位设净水一盅、黄米一碟，将香碗、祭台放在桌上，燃起香和白蜡。之后，主祭人束腰铃、扎裙子，带领众人击鼓祈祷，然后在神位前杀猪祭祀。其次，主祭人还要在杀猪祭祀后率众人进行背灯祭。此时要将门窗遮蔽，不准人出入院内，如有外人来也不许进屋。主祭人将灯吹灭，手持铜铃，舞动腰铃，口中念念有词。祭毕，重新点灯，叩首，将祖先神像放入祖宗匣子里，双手举起放到西墙祖宗板上，再将门窗打开，准许人出入。背灯祭所用的肉，要过3天以后，家人方能食用，但不能送给外人。

3. 祭天。满族中称“祭索伦杆子”，一般是在祭祖后的第二天举行。

祭索伦杆子所用的猪必须是无伤、纯黑的公猪，杀之前先将猪绑起来，放在索伦杆子前面，烧香祷告，然后再杀。猪骨头不能乱丢弃，要在当天晚上埋在索伦杆子下面，还要将猪脖子里的一块骨头挂在索伦杆子上面，猪胆、猪肠、猪膀胱等物放在索伦杆子上面的斗里，让乌鸦、喜鹊来吃，如果3天之内能被吃掉，则会被认为是很吉利的事。

4. 祭星。这个仪式是在月落以后进行的。祭星的日期，不论是在哪个月份，都要安排在初三或初五这两天进行。待月落之后，先在上屋北炕正当中设一个方凳，点燃香蜡。祭星人身穿黄纱袍，手拿血盆、尖刀，在室外西侧，距离祖宗不远的地方，把祭猪杀掉，这时屋内要将灯火熄灭。杀完祭猪后，祭星人咳嗽一声，屋内点灯开门，将猪抬进屋内煺毛、分解。然后再将猪抬到原来的地方，叩首祭星，这时屋内再次熄灭灯火。祭毕，将猪抬回屋内，但不能见灶火。据说，熄灯闭光能使人神之间的距离缩短，既可以“对天直语”，又能使神明直接察觉到祭祀人虔诚的心情。

（五）丧葬

定远营满族的丧葬主要为土葬，而在满族入关前是以火葬为主，这主要和当时他们经常迁移的生活环境有关。另外，八旗将士在清初战死较多，尸骨不便送回故里，所以多用火葬这个习俗。满族入关后逐渐发生变化，从火葬与土葬并用发展为以土葬为主。死者临终前穿寿衣，多为长袍、马褂，为单数。屋内停灵，一般不超过7日。用木板做成灵床，头西脚东。灵幡用3尺左右的红布制成，上缀以黑穗，悬挂在院中高杆上。满族人用的棺具形状特别，上部隆起，上宽下窄，称“旗材”。停灵期内合家举哀，举行祭奠。入殓时棺内放金银等物，贫者用金银箔元宝代替，口含铜钱或玉器，灵具放在院内灵棚内。出殡多选阴历单日，抬灵有16杠、32杠、64杠之分。出殡后要感谢帮忙的人并请吃饭。下葬后，每7天到坟上烧一次纸，连烧7次，百日时要烧百日，周年时要烧周年。满族烧纸是将纸叠成口袋状，俗称“烧口袋”。清明节要上坟，烧口袋和插佛托。近30年来，满族的丧葬又改为火葬为主，但祭奠亲人的仪式仍然保留了许多古老传统。

（六）禁忌

满族不允许亵渎神灵和祖宗。比如满族以西为贵，祖宗匣放在西炕上，西炕不许住人和放杂物，不能有各种不敬行为。不许打狗，更禁忌杀狗、食狗肉、戴狗皮帽子，也不允许外族人戴狗皮帽子进家。另外，满族人不仅不食乌鸦之肉，还有饲喂乌鸦、祭祀乌鸦之俗。[1]

第五节　定远营居民习俗的变化

早期定远营的主要风俗是蒙古族的游牧风俗。进入20世纪，定远营蒙古族居民习俗中开始出现了一些变化，表现在居住、饮食、服饰、年节、殡葬等方面。这些变化都与大量经商谋生、手工匠人、务农的汉族及少量其他民族（如回族、满族等）人口的涌入有密切关系。因此，定远营的蒙古族风俗有着渗透性、渐进性和多样性等特点。

首先，居住方面，普遍离开蒙古包，居住汉式土坯砌建的房子。房子格局以四合院式居多，这主要是京城居住格局传至定远营的结果。其次，饮食上出现了汉式菜肴。平时人们在家里增加了吃黄焖羊肉、羊肉垫卷、贺蘑炖鸡、小葱煎饼、两菜一汤、四菜一汤、粉汤饺子等习惯，在宴席上或逢年过节时，饭桌上会有扣四碗、八凉八热、铜火锅宴等菜肴。再次，服饰穿戴上，随着时代

[1] 根据于今著《走进中国少数民族丛书·满族》辽宁民族出版社2012年1月出版一书中的习俗内容并结合定远营满族习俗整理。

变化出现了潮流新时尚，长袍、长衫变为短衣，蒙古靴变为布鞋和皮鞋。女子身着旗袍或长裙，脚穿棉丝袜，脚蹬高跟鞋。还常见身着西装革履、头戴礼帽、眼戴墨镜、手持文明棍者。最后，传统的节日在继承本民族传统习俗的同时，还吸纳了汉族和其他民族的习俗特点，丰富了本民族的风俗习惯。此外在丧葬方面保留好的传统部分的同时，还出现了入棺土葬、建坟茔的习俗。

从以上种种可见，定远营蒙古族风俗有其形成的社会历史根源和自然根源，蕴涵着深刻的精神因素，也存在着不同影响因素作用的成分。汉族人口的增加对定远营蒙古族习俗产生着越来越大的冲击，使其处于不可避免的变迁之中。定远营蒙古族民俗变迁的根本原因是游牧经济与农业经济的结合促进了蒙古族文化与中原文化及其他民族的交流融合。此外，时代的变迁对定远营蒙古族传统民俗也产生了前所未有的重大影响，民俗的变迁明显加速。

通场移牧图

第七章　定远营的饮食文化

定远营的饮食丰富多彩，以阿拉善和硕特蒙古族草原特色饮食为主，此外，还有汉族北方特色的饮食以及满族宫廷特色的饮食。各种美食各有千秋，直到20世纪前50年，都保持着这样的饮食特色。本章主要以定远营的大众饮食为主要内容进行记述。

第一节　饮品类

阿拉善和硕特蒙古人的饮品有多种，但主要还是茶。茶是他们日常生活中不可或缺的传统饮料。蒙古族牧民的饮食习惯中奶茶为每餐必备。茶叶中含有单宁、氨基酸、咖啡因和维生素等多种营养成分，除有利尿、健脾、造血、强心、提神醒脑等功能外，还有溶解脂肪、促进消化等作用，因此被牧人们称为“仙草灵丹”，备受青睐。蒙古人喜欢喝茶，尤其喜欢喝砖茶。砖茶被视为饮食之上品。俗话说“淡清一些也好，倒给一碗茶，单薄一些也罢，铺上一片毡垫”，这就是说即便家庭条件差，客人来家以后，也一定要给端茶，茶为饮食之先，更是欢迎客人的一种礼仪。卫拉特蒙古人饮茶，有青茶、奶茶两种：素茶（青茶）用碎砖茶加清水熬成，多于冬季牛羊不产奶之时饮用；奶茶则用砖茶、水和鲜奶熬制而成，熬茶主要选用青砖茶或伏茶。这里选述如下十种饮品。

一、素茶（青茶）

素茶（青茶）也称黑茶，是不兑鲜奶的茶水。秋冬牲畜奶水干了以后，则大多喝素茶。素茶是先把砖茶捣成碎末，放入锅（忌用做饭锅）内，加凉水烧开，加入适量的盐，待茶滚开后，用勺子反复扬洒几次，茶香散发出来后，灌进茶壶即可饮用。

二、奶茶

奶茶的饮用极为普遍，其一般做法是：取适量碎砖茶放入水锅中熬煮至浓度适宜时捞出茶叶，加入鲜奶煮开，使茶乳交融即可。如果再加入炒米、奶皮子、黄油等做调料，奶茶会更加香甜可口，不仅解渴充饥，还是上乘的补品。还有一种做法是：先将砖茶捣碎，放入木筒或其他容器中用清水泡成茶汁备用。烧茶时先用牛油或羊油炝锅，再加入少量黄米，米粒爆裂开花后，随即加入预先泡好的砖茶汁，煮沸后加盐放奶即成。这种做法稍显烦琐、复杂，但饮用时更加鲜香爽口、回味无穷。

三、拌汤茶（面茶）

熬制面茶时，先将羊尾油或其他固状油切成碎块，放入锅内待油化半时，再放入适量的面粉炒熟。同时烧好一锅素茶，把茶叶过滤以后倒入炒面锅里，拌匀以后再煮。这种面茶的面粉要适量，避免煮成面糊，面茶也可以兑鲜奶煮。面茶一般在冬季天气冷时饮用，喝后使人全身发热，有抵御寒冷的作用。此外，肃北蒙古人也常把面茶的面炒好，出外打猎或远行时带在身边备用。

四、温达茶

熬制温达茶时，先将羊尾油切成碎块，放入热锅内，待油开时再放入适量白米或黄米，不断翻炒，待白米外皮炒至微黄时倒入适量清茶和咸盐继续熬至水分烧干，再根据食需继续加入茶、奶。待锅里的茶烧开为止，温达茶便熬制完毕，可以食用。

五、克木尔

水中兑入鲜奶后烧开饮用的一种饮品，阿拉善和硕特蒙古语称“克木尔”。此饮品多为孩子们饮用，因为它既耐渴又富有营养。

六、乌斯（鲜奶）

雌性牛、羊、骆驼每年接羔后便有了奶水。挤下的鲜奶，新鲜可口，质感淳厚。除用来做各种奶制品外，经常被兑入青茶来制作奶茶，还可以兑入水中烧开，以制作面食等。羊奶、牛奶以及驼奶是喂哺婴儿的好食品，特别是驼奶喂哺婴幼儿效果最好。

七、艾日格（酸奶）

阿拉善和硕特蒙古的“艾日格”，是将鲜奶盛入奶桶发酵后，用特制的木杵反复捣出酥油并将其滤出后，在木桶中留下的稀酸奶，这就是“艾日格”。这种“艾日格”可以直接饮用，是夏日的清凉饮料，也是制作酪蛋子（蒙古语叫“乔日末”）的原奶。

八、策伊德木

水中兑入适量酸奶的饮品称为“策伊德木”。此饮品在酷热的夏季为大人、孩子饮用，这种饮料既解渴又富有营养。

九、酸马奶

酸马奶是蒙古族的传统饮食。阿拉善和硕特蒙古人很早就开始挤马奶并制作“策格”（酸马奶）。酸马奶做法：将马奶挤下以后，放入木桶或坛子里，加进少许牛羊奶的“塔日格”或“艾日格”作为曲种发酵，表面起泡，能发出“唰唰”的声音，并散发出酸味。制作酸马奶要讲究绝对的干净，禁忌荤味掺入，需撇去上面的浮沫，一天要搅捣几次，不时舀出尝喝。马奶发酵成后，需不断将新鲜凉马奶加入。室内温度要保持在20℃左右。牧区七至八月的天气饮用酸马奶，清凉泻火，令人神清气爽。蒙医还用酸马奶治疗消化系统、支气管以及肺方面的疾病。

十、奶酒

奶酒一般以马、牛、羊、骆驼的鲜奶为原料酿制而成。传统的酿制方法主要采用撞击发酵法。这种方法据说最早是由牧民们在远行或迁徙时发现的。由于他们整日骑马奔驰颠簸，使皮囊中的奶颤动撞击，变热发酵为甜、酸、辣兼具，成为有催眠作用的奶酒。由此，人们逐步摸索出一套酿制奶酒的方法，即将鲜奶盛装在皮囊或木桶等容器中，用特制的木棒反复搅动，使鲜奶的温度在剧烈的动荡撞击中不断升高，最后发酵并产生分离，渣滓下沉，醇净的乳清浮在上面，成为清香诱人的奶酒。除这种发酵法外，还有酿制烈性奶酒的蒸馏法。蒸馏法与酿制白酒的方法近似，一般是把发酵的奶倒入锅中加热，锅上扣一个无底的木桶或用草、紫皮柳条、榆树枝条等编成的筒状罩子，罩子上口放一个冷却水盆或锅，桶内悬挂一个小罐或在桶帮上做一个类似壶嘴的槽口。待锅中的奶受热蒸发，蒸气上升遇冷凝结，滴入桶内的小罐或顺槽口流出桶外，便成奶酒。用这种蒸馏法酿制的奶酒，要比直接发酵而成的奶酒度数高。如果将这头锅奶酒再反复蒸馏几次，度数还会逐次提高。

阿拉善和硕特蒙古人用马奶酿酒的历史久远，其制作方法是用专用的笼酿酒，其形如无底圆桶，下大上小，用木板箍成，酒笼上面放置小铁锅，小铁锅下面则用两条细绳悬吊一个接酒坛子。上下两个器皿和酒笼间的缝隙都要用泥巴、毡片等堵严，以防漏气。酿造时的火候要恰到好处，盛有酸马奶的锅底下面加牛粪，让马奶慢慢沸腾，蒸汽遇到小锅底，凝成小水珠，掉入下面的接酒坛里。上面的小铁锅里要加满冷水，用大勺不停地翻动搅拌，促使锅底蒸汽加快冷却。当大底锅热到约 30—40℃时，要再换一小铁锅冷水。如此反复三四次，端起小铁锅，把接酒坛取出来，坛里已经接有 3 至 4 斤酒，这就是头锅酒。将头锅酒倒进大底锅的酸马奶（这时叫宝子）里，再酿出的酒称为回锅酒，蒙古语叫“阿尔孜”。两锅头锅酒才能造出一锅“阿尔孜”，后者的酒劲是前者的一倍。“阿尔孜”回锅再酿就成“呼尔孜”——三锅头，还可再回锅酿造。可想而知这样酿出来的酒定是酒中之精华，是专门用来招待贵客的上品。马奶酒味道不烈，可是后劲大，一旦喝多了也醉人，并且不容易醒酒，但对人体没有害处，可以称得上绿色食品。适量饮用可以抵御严寒，还能促进血液循环，起到消食健胃作用。

奶酒的酿制和饮用，主要是在夏秋水草丰美、牛肥马壮的季节。奶酒一般呈半透明状，酒精含量比较低，“其色类白葡萄酒”，“味似融甘露，香疑酿醴泉”。不仅喝起来口感圆润、滑腻、酸甜、奶味芬芳，而且性温，具有驱寒、活血、舒筋、健胃等功效。自古以来奶酒就深受蒙古族人民的喜爱，是他们日常生活及年节吉日款待宾朋的重要饮料。

第二节　白食（奶食品）

奶食品，蒙古语称“查干伊德”，汉语可直译为“白色的食品”，意即纯洁、高贵的食品。它是用马、牛、羊和骆驼的天然纯奶制成的，品种繁多、味道鲜美、营养丰富，是蒙古族食品中的上品，素有“百食之长”之美誉。无论居家餐饮、宴宾待客，还是敬奉祖先神灵，都不可缺少。因地区不同，其品种、制作方法及名称也不尽相同，主要有各种茶类饮品、奶酒、奶皮子、奶油、奶酪、奶豆腐、奶饼、奶果子、小米粥、黄米饭、白米饭、面片、面条、油炸类面食等。

一、兀日格和乌斯（初乳和鲜奶）

每年冬春季节牛、羊、骆驼接羔后就开始产奶。仔羔刚产出来，所挤的母畜奶汁黏稠，颜色发黄，牲畜膘好的年份，母畜奶水多，小羔吃不完，要挤下来一部分。这种初乳蒙古语叫“兀日格”，把它烧开煮熟，可以做成“艾子盖”（一种酪），特别好吃，还可以晒干后，在茶碗里放入少许，喝“艾子盖”茶。采初乳随着接羔季节结束而结束。“乌斯”是鲜奶，五月份母畜开始大量产奶，羊羔、牛犊已吃饱了青草，奶羊、奶牛的奶水又多，挤奶的时节持续到8月底才会结束。这期间挤下的鲜奶，放入锅内煮开即可饮用，新鲜可口质量好，除用来做各种奶食品外，亦可兑入素茶喝奶茶，或是兑入水中烧开做面食等。

二、奶皮子

奶皮子，蒙古语称“乌日莫”。其制作方法是把鲜奶倒入锅中用微火煮沸，然后用勺子反复扬洒，并不断点入生奶，直到鲜奶表面上有凝结物漂起，便可撤火冷却。数小时后，蜂窝状的奶皮子便凝结成形了。此时用筷子将其慢慢挑起，控干上面的奶水，对折放好，干后即可食用。奶皮子多于夏、秋季节制作，不仅营养丰富，而且还有药用价值。元朝宫廷膳食官忽思慧在他的《饮膳正要》中说："奶皮子属性清凉，有健心清肺、止渴防咳、毛发增色、治愈吐血之能。"

三、卓凯

"卓凯"是生奶里出的一种奶皮子，将挤下的鲜奶放在瓦盆或木桶里，在阴凉处放置几个小时，上面就会凝结出一层黄色的油皮来，它就是"卓凯"。生奶连"卓凯"一起往碗里倒入少许，再倒素茶，使之成为一种奶茶，好喝且能耐饥饿。

四、柯荣格

阿拉善和硕特蒙古人做的"柯荣格"，本地汉语叫稠酸奶。"柯荣格"的制作：把熬好的牛羊奶取掉奶皮子，重新加热到约四十几度时，盛入器皿中，加入曲种（一般用前一年的晒干的"柯荣格"或干酪），用勺子搅匀，放在平处，上面盖些毯子后进行发酵。"柯荣格"发酵的时间约两个小时。其发酵过程中不能随意摇动，上面捂盖的东西也不能太厚，以免成品酸味过强或因温度高而起黄水。牧区妇女们个个都是做"柯荣格"的能手，她们全凭感觉就能做出香甜清爽的"柯荣格"。吃"柯荣格"要待到凉时，吃时盛在瓷碗中很像汉族的凉粉，再加些白砂糖或红糖，吃起来更美。"柯荣格"营养丰富，若在晚饭后、睡觉前吃一碗，有助于入睡。

五、艾日格（酸奶）

通常外地人把牧区的"塔日格"和"艾日格"，都称作"酸奶"，这是不对的。其实这两种酸奶的制法有很大的区别。阿拉善和硕特蒙古人的"艾日格"，是将奶桶里的"柯荣格"加热至适中温度，再加适量的水，用木杵反复捣出酥油并滤掉以后，在木桶中所留下的稀一些的酸奶，这就是"艾日格"。这种"艾日格"可以直接喝，是夏日的清凉饮料，也是制作酪蛋子的原奶。过去，阿拉善蒙古人生活艰难，到了产"艾日格"的时节，许多人家熬一点小米稀粥，再掺些"艾日格"，喝上一两碗充饥。过去许多富户人家雇用穷人剪毛、擀毡，也用这种饭打发那些出力的人。可见，“艾日格”是一种耐饥饿的好食品。在一些卫拉特人分布区，喝“艾日格”也有趣乐之时，那是在擀毡、剪羊毛的劳动结束时，拿一桶“艾日格”，除每人喝一碗解渴外，还要比赛着喝。比赛喝时必须一口气喝下去一大碗，若不能喝完就算输。这是喝“艾日格”的一种游戏，没有什么定制。赛喝“艾日格”的习俗至今仍流传着。依此可以推断，多喝几碗“艾日格”对人身体没有什么伤害。

六、查干陶素（白油）

首先要将鲜奶发酵成“柯荣格”；再次将“柯荣格”和鲜奶，以 1∶3 的比例盛入酸奶桶，这种打酥油的酸奶桶有木盖且其中有孔，可使木杵把子（蒙古语叫“布立古尔”）穿出。打酥油人站在木桶跟前，手持杵柄，上下捣动，数至数百到上千不等。捣动的同时注意桶中鲜奶翻动的声音和温度。如果听到声音清脆木杵轻漂，就说明鲜奶温度不当，要从盖孔里添加适当的温水再捣，促使奶油分离（上飘一层白油）。只要“柯荣格”和鲜奶的温度以及掺兑稀稠得当，就能够很顺利地使奶油分离，将白油撇出。

白油带点酸奶的味道，香甜可口，奶茶碗里放一小块，用馍搅蘸着吃，或用糌粑拌起来吃，也是牧区一绝。这种食品可增加热量，营养丰富，久食能使面色红润光泽。

七、夏尔陶素（酥油）

“夏尔陶素”意译为黄油。提炼方法：从酸奶中提炼出来的查干陶素（白油）放入锅里，用温火加热，再加些面粉或黄米后缓缓地不断搅匀，直至炼出夏尔陶素（黄油）。将炼出的黄油用勺子装入油罐中储存食用。提炼查干陶素的油渣也可食用。在阿拉善把这个油渣称为“陶松夏尔”。

八、旭日木格（酸酪蛋）

其制法是将提取出奶油的酸奶放入锅里熬煮，使水分和奶液分离，将其装入布袋，放在平木板或石板上，上面压一块平石把酸奶水汁挤出，再用马鬃或棉线按需切块晒干即可。旭日木格可酸可甜，制作时加糖即甜，不加糖则酸。

晒干的旭日木格可以存放很长时间，日常可和炒米、奶茶共同食用，外出放牧或远行时又可以充当干粮，可直接吃，亦可用火烤软后食用。

九、酪蛋子

典籍中说的“酸酪蛋”“奶豆腐”，即是阿拉善和硕特蒙古人经常食用的“乔日末”，也就是“酪蛋子”，是从“艾日格”中熬制出来的。提取酥油以后，将“艾日格”倒进锅里，加火煮开，撇出上面的黄水，全部捞出后用细纱布袋过滤（一般吊在蒙古包壁架头上），底下放一水桶，盛接渗流出的黄水。待完全过滤以后纱布袋中的酪蛋会凝结成块，这时将其拌碎放在褐子毯或帆布毯上，在太阳下摊匀晒干即成。

十、好里木格

阿拉善和硕特蒙古有句格言：“食品中上好的是‘好里木格’，服饰中御寒的是‘和莫里格’。”这里所说的“好里木格”，是一种“塔日格”，酸奶和熟奶掺和以后制成的奶食品。这种奶食喝起来很可口，也耐饿。过去，喝上一二碗“好里木格”，再不用吃什么，也就把一天的日子打发了，可见“好里木格”的功用。

十一、互日木格

“互日木格”是秋季母畜将要断奶时，逐日将挤出的少量鲜奶不断装入熟制好的羊毛肚中，将其放在阴凉处，毛肚着地处铺有一层粗细沙混合体，对“互日木格”的存放效果更佳。待毛肚中的鲜奶水分慢慢蒸发或渗入底部沙土中后，鲜奶成为黏稠状时便可以食用。

十二、巴希勒格

“巴希勒格”，汉人称其为“奶糕”。其制法是将生奶放入锅中熬煮，不撇除油脂，待水分蒸发，呈黏糕状时，盛于平底盘状容器中摊平、晾干即成。奶饼较奶皮子品质稍粗，但优于奶豆腐。为防止其发霉变味，牧民们常将其切成小块，装入苇草袋里，吊挂在毡房顶上风干，以备随时取用。

第三节　荤食（肉食品）

肉食，蒙古语称“乌兰伊德”，汉语意为“红食”，主要有牛肉、羊肉、猪肉和野生动物肉，尤以绵羊肉居多。肉的吃法名目繁多，如手扒肉、全羊席、烤全羊、烤肉、炸肉串、涮羊肉等，在民间以手扒肉最为普遍。

一、沏纳生玛哈

“沏纳生玛哈”，汉人称“手抓羊肉”或“开锅肉”等。和硕特蒙古人所煮的手抓肉，主要是指绵羯羊肉和山羯羊肉，有时也有牛肉、牦牛肉等。水煮肉是蒙古族传统的食肉方法之一。传统做法是将肥嫩的绵羊或山羊抓住后，就地开膛破肚，剥皮去内脏，然后洗净内脏，去头蹄，再将整羊按胸叉、前腿、后腿、脖颈、脊骨、背骨的顺序卸成若干大块即可。将卸好的肉放入锅中，加入白水清煮，只加适量盐，不加其他调料。用温火煮至一小时便可将肉捞出，置于大盘中摆到桌上，大家各执蒙古刀，大块割着吃。这种煮肉食用时不用筷子，直接用手抓食，所以内地人称之为“手抓肉”或“手把肉”。许多人认为，这种煮肉的方法太简单，没有熟透，可能会影响口感，可是去过牧区的人都对其赞不绝口：一是牧区空气新鲜，所存放的牛羊肉保质好；二是高山牧区草质好，牛羊肉肉质也好，火候恰到好处，不加过多调料，可以让牛羊肉保持原汁原味；三是铁锅木柴火煮的肉味道香，再加上主人的热情好客，吃一顿手抓肉，饮几杯马奶酒，让人神清气爽，流连忘返。

二、布克勒秀斯

阿拉善和硕特蒙古人祖传的“布克勒秀斯”（全羊宴）是待客的主要菜肴之一。当地的蒙古人用全羊“秀斯”祭敖包，置办婚礼、剪胎发礼及寿礼，还有用“秀斯”招待贵客的习俗。“秀斯”有“布克勒秀斯”和“乌查秀斯”（羊背子）两种。全羊“秀斯”在大型的婚礼、过年、尊贵的客人莅临时都要摆放，“乌查秀斯”则在小型的宴会上食用。过去，“秀斯”除了在祭敖包、供奉神佛和那达慕等大型集会上使用外，还要给旗王爷、协理、管旗章京、活佛高僧及祖宗们敬献，一般人享受不到这种待遇。如今这两种“秀斯”已成为喜庆佳节招待贵客的高规格的礼仪，广泛流行于蒙古族居住地区。

全羊宴，由羊的羊头、四肢、腰椎、胸椎和胸叉等五大件肉组成。一只羊的羊肉按上述一一卸块，然后（羊头单独煺毛，单独煮半熟）下入大锅中煮成半熟，再捞出来按羊卧着的姿势平摆在案板上：腰椎部分连着尾巴，上面放置羊头（羊头面朝上方，口鼻以及羊角抹上酥油），胸叉摆“秀斯”时不放。当宴席到献“秀斯”的仪式时，主人或宴席主持人手持瓶嘴上涂有酥油的一瓶酒，向客人宣布献“秀斯”，宾客中最长者把羊头取下放在上方，献“秀斯”的二人将“秀斯”抬起来，在包内顺转一周后，拿出去卸开后下入锅内，煮熟后盛盘入席。

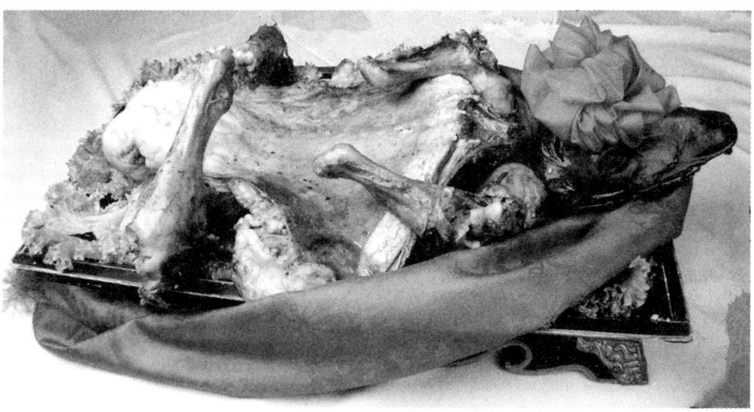

秀斯（全羊宴）

全羊“秀斯”盛盘上桌，有一定的讲究。羊“乌查”（连尾巴）必须摆放到蒙古包右上座前的贵客前面茶几上。这个盘中除“乌查”以外，还有肩胛、骶骨、股骨、腰椎肉以及若干长肋条肉，还要有一节胸椎肉放在“乌查”的上面。胸叉肉要盛盘摆在客人前面的茶桌上，同盘中可放肋条等其他肉。羊头不盛盘，留下来自己食用。在任何一种宴席上摆放全羊“秀斯”或摆“乌查”

时，肩胛软骨、短肋骨（最末一根）、胸骨柄、跟骨肉以及脖颈肉忌入盘。

三、烤全羊

烤全羊是阿拉善王府特有的美味佳肴，早在300多年前就已成为阿拉善王府的席上珍品。烤全羊是在蒙古族古老烤肉工艺基础上发展而来的，是游牧民族思维与智慧的产物。由于烤全羊烤制所需的工艺、原料、燃料等主要构成要素具有极强的阿拉善地域特点，因此被冠名为“阿拉善烤全羊”。它色、香、味、形俱佳，是羊肉烹饪美食中最有排场、最讲究的豪华名食，是蒙古人餐中至尊，也是中华饮食文化的“艺术品”。它的烤制工艺讲究，制作过程复杂，吃法具有浓郁的地方特色，是蒙古人招待客人的最高礼节所用佳肴。

巴图尔额尔克济农和罗理率部从新疆移居阿拉善时就有烤羊师，也有吃烤羊的习俗。当时的烤羊师为巴图巴日达和萨玛嘎日迪师徒二人。1697年，和罗理被封为“多罗贝勒”，即阿拉善旗第一任札萨克。他在饮食上极尽奢华，会命人把整只羊带皮烤熟，欣赏品味，对酒当歌，以体现他的尊贵和至高无上的地位。

阿拉善烤全羊加工选料精细，烘烤工艺独到，具有鲜明的地方特色。烤全羊的历史从康熙二十五年至今已有330多年。康熙二十五年（1686年）和罗理进京，皇帝赏宴，清朝当局按大台吉例接待，并赐御服貂裘。后赐牧阿拉善地，使其成为阿拉善和硕特蒙古的主体部落，由此，烤全羊技术随着和罗理移居传到阿拉善，成为王府名食。在过去仅限王府膳房烤制，仅用于王府家宴及招待贵宾。吃烤羊有严格的等级划分，未经许可不得随意越级烤制。王府内有专人负责，烤制技术秘不外传。阿拉善烤全羊直到解放前只有两个地方可以烤制，一个是在阿拉善旗王府，另一个是北京的王府（阿拉善罗王府），专门的烤制炉子也只有在北京和定远营的王府内才有。据塔祉华、达昭、张正著《北京阿拉善王府》一文中所记：“从清康熙朝以来直到民国36年（1947年），虽然在京的其他王府也有烤全羊，但唯有罗王府的烤全羊始终享有盛名。在历史上罗王府的烤全羊师傅蒙古族厨师嘎如迪名满京城。后来又有一批以胡六十三烤羊师为首的名厨掌炉，更是享誉京城。烤全羊的制作工艺较为复杂，选料精细。罗王府的烤全羊，必须选用阿拉善草原产的一年生的绵羊。用蒙古传统方法宰杀、制作，在特制的烤炉中烤制，约 3 小时左右即可出炉。吃法与北京烤鸭类似。阿拉善王府的烤全羊在当今的阿拉善仍享有盛名。”[1]

将绵羯羊（最好是当地土种绵羯羊）宰杀后剥去毛，去除内脏，在羊的内腔中放入调配好的各种调料，放入烤炉中烧烤 3 小时后出炉。

烤全羊的吃法也具有浓郁的地方特色。整只烤羊呈棕红色，油亮并不断吱吱作响，香气扑鼻时，从烤炉中取出，将羊前腿趴下，后腿弯曲，摆成卧姿，羊嘴里叼着绿色蔬菜，放在特制的木盘内，由两人抬出供客人观赏。这时由一长者或分肉人从羊尾巴上割下一片放在羊头上，同时主家人诵祝词，唱三首祝酒歌向客人敬酒，然后按照皮、肉、骨的顺序依次分解装盘，由客人品尝。品尝时，要配食荷叶饼、小葱、面酱等，最后食用由烤羊原汁调配的清淡适口的柳叶面或羊肉汤稀饭。

阿拉善烤全羊

[1] 参见北京市政协文史资料委员会编：《北京文史资料》第 70 辑。

阿拉善烤羊历史悠久，有许多知名的世代继承艺人，最早的烤羊师为巴图巴日达，阿拉善蒙古族，为第一代王爷和罗理王府烤羊师傅。萨玛嘎日迪，也是阿拉善蒙古族，为第二至第三代王爷王府烤羊师傅。赵布音，汉名叫赵学文，人们通常叫赵六六（1918—1977年），阿拉善蒙古族，为阿拉善旗末代王爷达理札雅王府烤羊师傅。阿拉善和平解放后，赵布音被安排到国营食堂工作，是烤全羊传人中最为熟知、最为权威的王府厨师。据说，赵六六的师傅是南寺的喇嘛，其名无人知晓。

四、石板烤肉

石板烤肉中羊只杀法与烤羊的杀法相同。要把煺毛后的羊只放在烧红的石板上慢慢烤烧，待整羊烤熟后享用。

五、包德格

包德格的做法：将羊只宰杀后，剥皮时从脖子开始剥开，不能把羊皮破坏，羊皮成皮袋一样，再将羊肉从内按骨节断开，去除内脏，调好盐、姜、沙葱花等佐料与羊肉拌匀后，将肉放进皮内，再按一层肉一层烧红的拳头大的圆石的顺序摞好肉，将皮扣扎好，埋入已烧红的沙子里。在沙子中烤上三四小时后，扒开沙子，把包德格拿出来，皮子割开，拿出烤好的肉装入盘内，大家慢慢享用。

六、灌肠

阿拉善和硕特蒙古把牛羊下水叫“道特日·麻哈”，用它做成各种佳肴食用。制作并食用羊下水的较多，制作牛下水的较少。灌肠一般都是在刚宰杀羊只时，用盆接血，将羊的心、肝、肺、腰子分割开，吊挂在木杈上沥净血待用，再把羊大肚、盲肠、肥肠分别用温水冲洗干净。羊大肚、小胃、千层胃用热水煺掉里毛后，便开始灌肠。

灌血肠：小肠里灌血时，要先把凝结的血块攥碎，和进白面，加入切碎的漫肚油和盐末、库莫勒（沙葱）或索若斯（葱花饼），或者用满格尔（野葱）等调味品拌匀。从盲肠切开处灌入，不可太满也不可太瘪。为煮食方便，要把小肠适当分成若干部分，不撕掉外面联结肠壁的油脂。这些油脂有固定小肠的作用，灌时要注意摆顺不使肠子扭结。煮出时盘缠一团，一如腹中的自然状态。

灌肥肠：把羊细肥肠从粗肥肠联结处断开，分别用温水涮洗干净以后，将膈膜肉、花肚、细肥肠均切成和肥肠一样长短的细长条，从细端塞入肥肠，边塞边翻，塞完后，肥肠也正好整个翻过来（肥肠的油脂面全到里面），可以当时煮食或待春天煮食。

灌胃（皱胃）和粗肠：将羊肝、肺及鲜肉分别剁碎，加入适量面粉、羊油和姜粉、花椒粉、盐、库莫勒（沙葱）或索若斯（葱花饼），或者用满格尔（野葱）等调味料与羊鲜血拌匀做成馅，分别灌入胃和粗肠里。胃里灌馅时不用盲肠，要直接把胃翻过后装入馅，口子用2寸长的木棍别上、用肚油盖上，再用苦肠（细肠）缠成“∞”形，方可完成。灌粗肠和灌血肠一样从盲肠通过，慢慢挤入粗肠内。它们的做法和其中的馅料不同，用肝做的叫“艾力肯夏日子”，用肺做的叫“敖西肯夏日子”，两者混合以后做的就统称为“夏日子”。将这些灌好的“夏日子”下锅煮熟便可食用，别具风味。

七、冻肉

牧区秋季牛羊膘肥，入冬前人们宰杀应该淘汰的牲畜，以备过冬和春乏时有肉食用。为此，会把羊肉、羊下水、羊头、蹄，装入燧过的瘤胃（毛肚）里冻住，这就是所谓的“冻肚”。吃时放入凉水中化开，在锅里加些调料煮。冻肚里的羊下水化开后，还可以用作灌肠。羊心、肝、肺等都可以冷冻保存。冻肚中保存的肉能保鲜，冬末春初化开吃时味美如初，是牧民过冬度春用的上好食品。

八、包日次（干肉）

“包日次”，即“干肉”，也称“包尔查”或“风干肉”。制备干肉也是牧人保存肉食品的一种方法。把牛羊宰杀以后，将体肉从骨头上剔取切成条状，在肉上面撒些盐水或干盐末子，搭吊在阴凉处的绳索上，让风吹干，然后装入袋中保存。这种风干的牛羊肉，久存不易变质，用时可以下锅煮着吃，也可以放入铁杵里捣碎，加点沙葱（晒干的沙葱饼）等佐料做馅，包饺子或做馅饼。过去，阿拉善蒙古人用这种方法还会制作风干野生（野驴、盘羊、黄羊、岩羊）肉，出门远行时当作食品。

九、胡尔登肉（垫卷或卷子）

“胡尔登肉”是阿拉善和硕特蒙古人时常制作的一种肉食品，与汉族的焖肉相似。制作这种肉食的主料是膘份较差的那些绵羊、山羊、黄羊、岩羊、盘羊、野驴等野生动物肉。制作时把肉剁成块，锅里放些羊肚油化开，再放进肉块翻炒，加进姜粉、花椒粉、葱蒜之类佐料入味，然后加水烧开。再擀出几片面、上抹油料卷上后，切成段子，放在肉上，再用擀出的一片面饼蒙住，盖上锅盖，闷煮一小时左右即熟透，这种焖锅肉，盛在碗里或盘子中，香味四溢，非常可口。

第四节　荤素搭配食品

各种面食类、米谷类是阿拉善和硕特蒙古人的荤素搭配食品。其中用青稞炒熟磨成粗面叫作“糌粑”，也有用小麦面粉做擀杖面、揪面、饺子、包子、馅饼等许多地方风味的食品。

一、糌粑类食品

（一）糌粑

将青稞打晒后装袋存放。做糌粑时，首先将青稞倒入大盆中用清水泡洗一次并晾干，这叫“浇青稞”；接着铁锅烧热（锅中有少许细沙），把浇了水的青稞一勺一勺地放进锅里翻炒，炒熟后用手筛筛出；然后，用手磨磨成粉，将磨好的面粉、酥油和茶合拌而成，就是糌粑。酥油糌粑和酪蛋子拌着吃，又可口又耐饿，是蒙古人四季必备的食品。

（二）扎日木和快次

“扎日木”和“快次”的原料均为青稞粗面。但是其制作方法不尽相同。炒熟的青稞或生青稞磨成的粗面叫“扎日木因古力尔”，有生熟之分。熟的下入煮羊下水的锅里喝汤；生的下入煮其他肉的锅里喝汤。“快次”用生青稞，不用磨，而用铁杵捣碎后与羊头蹄和干肉一起煮食。过去，这种饭食比较普遍，虽然它是粗粮做成，但和羊肉汤配起来，味道好，富有营养，能耐饿。

二、面食类食品

（一）齐子（切面或面条）

这种“齐子布达”饭就是擀杖面。其做法有两种，一种是煮过羊肉的汤中下擀杖面吃；另一种是先做好一锅加碎肉的新鲜肉汤（加调料炒煸入味），再下擀面的汤饭。这两种汤饭做起来简单，肉汁全在汤里，营养丰富。

（二）塔撕勒森·布达（揪面片）

这种饭的汤和做擀面汤饭的制作方法相同，把面和好，用擀面杖擀出薄面切成条状，用手揪着下锅。肉汤揪面片味道好，面皮柔软，是适宜老人小孩的饭食。

（三）布鲁木格

将面和好以后，做成一个环形，埋入热灰中烤熟，是一种烧饼式的面食。这种食品多为出门远行的人所食用。

阿拉善和硕特蒙古人除用面粉做上述风味食品以外，还用牛羊肉做成馅，制作饺子、馅饼等食品，还有烧锅盔、烙薄饼、炸油果子、蒸馒头、煮拌汤等。这些食品的做法与汉族的做法基本一致，所不同的是所有的馅都是纯肉的，只加少量入味调料，不加别的蔬菜。因此，和硕特蒙古人做出的食品，有着独特的味道。若你在牧区多住些日子，一定会吃惯这些美味，流连忘返。

三、稻米类食品

阿拉善和硕特蒙古人食用的稻米类有大米、小米、黄米。其中用小米或黄米做的“萨克萨”和稀饭、用大米做的“图布克”和稀粥等都是主食。

（一）萨克萨（干饭）

做黄米或小米“萨克萨”时，锅里切下肉块并根据水的多少下米，猛火烧开以后用温火蒸熟。黄米蒸煮“萨克萨”或小米熬制的稀饭这两种食物，牧人常在冬季寒冷季节里食用，有御寒的功效。

（二）提夸（或称冬葛）

提夸的熬煮，需先将铁锅搭在火撑上，倒入适量水，按需将大米加入锅内，适量放入葡萄干、红枣、红糖和夏尔陶素（酥油）等，一起煮蒸出来即可。煮蒸“提夸”火候一定要掌握好，并且要不断拿勺子搅动以免烧糊。这种饭主要在寺庙佛事活动时供僧俗食用。“提夸”与当今宴席上常见的八宝饭相似。

第五节　饮食器具及燃料

饮食器具的形制与饮食结构、烹饪方法和餐饮习俗密切相关。生产方式不同，文化传统不同，饮食器具的质地、造型、功能等也必然千差万别。蒙古族是传统的游牧民族，其迁徙不定的马上生活和以肉乳为主的饮食结构，决定了其饮食器具具有移动方便、结实耐用、容量大、耐腐蚀、不易渗漏等特征。

阿拉善定远营蒙古族的传统饮食器具包括炊具、餐具、茶具、酒具等。炊具有铁锅、燎壶、锅撑子、火镰、火夹子、火筷子、勺子、水桶、乳桶、茶壶、捣茶臼等。餐具有碗、刀、匙、盘等。茶、酒具有壶、碗、杯等。

一、铁锅

用生铁铸造而成，敞口尖底，大小不一，小的有两耳，上部边沿常铸饰有传统花纹。日常煮肉、煮粥、做面食、熬奶茶均用此锅。

二、燎壶

烧奶茶用，圆球形，上有一活动提梁，过去多为铜制，铁和其他金属制成的壶几乎不用。

三、锅撑子

用两个或三个直径二三十厘米的宽铁圈，焊上三条或四条铁立柱制成。立柱上端和下端均微向外弯。使用时上置铁锅或燎壶，下边燃烧牛粪，熬茶煮肉，极为方便。现在很多地方都用泥土或砖垒成炉灶取而代之，更加科学、卫生。

四、火镰

火镰为打火工具。多为铁质或铜质，有铲形和月牙形两种。一般固定在牛皮小包的边上，包内装火石和火绒。使用时用火镰摩擦火石发火，引燃火绒取火。

五、火剪子、火夹子

“火剪子”是为夹添牛粪或木柴、整理灶火的工具，多为铁制。火夹子类似长剪刀，后面有把，前面有圆形夹口，两根铁棍的上头多用链条相连。

六、勺子

勺子有铜质、铁质的，也有木质的，形状有圆形、椭圆形等多种。

七、水桶

水桶多用木条拼制而成，大小不一，既可汲水，也可盛水。现今铁桶、塑料桶已广泛替代木桶使用。

八、乳桶

乳桶分木质、铁质、铜质、皮质和镶银桶等数种，多呈圆柱体，直径及高矮不一。木桶一般需加金属箍数道，有的有盖有把，有的敞口无把。金属桶一般安有把或提梁，并刻有花纹，既精致美观，又结实耐用。皮桶则轻便又耐磕打碰撞。

九、碗

碗有木碗、银碗、瓷碗等多种。木碗多由桦木、椴木等旋挖、打磨而成，使用普遍，历史悠久。银碗使用也很多，它是以木为胎，镶银而成的，其外壁还多雕刻有云纹、犄纹、回纹及花草图案，美观大方，集实用与审美功能于一身。

十、筷子

阿拉善和硕特蒙古族所使用的筷子通常为竹子筷、楠木筷、红木筷、象牙筷、驼骨筷子，还有金银等贵金属制作的筷子。普通百姓多用竹筷。

十一、盘

盘分木盘、漆盘、铜盘、瓷盘等，形状有圆形、椭圆形、长方形等多种，大小不一。

十二、壶

茶壶多为铜制，亦有银或铝制的。造型各异，大多为圆形或椭圆形，附有长嘴和提梁，锃光发亮，结实耐用。还有一种上细下粗，近似圆锥状的高筒壶“东布”，既可装茶，亦可盛奶。东布也分木制、铜制和银制的，一侧装有把，造型独特，美观、实用。

蒙古族的酒具也很独特，其中有一种被称为“酒呷”的怀揣式扁酒壶，扁圆形，铜质或银质，骑马或走路时使用，极为方便。

十三、燃料

蒙古人对自然生态的保护非常重视，在捡柴火时，只捡干枯的乔灌木树枝，从不破坏未干枯的乔灌木。牧区蒙古族的传统燃料有干牛粪、驼粪、羊粪砖、柳条、木柴等，其中干牛粪是最主要的燃料。常年住在定远营的居民，取暖、做饭还会用煤炭作燃料。

第六节　大众名吃

阿拉善旗定远营的大众名吃有火锅、春饼、扣四碗、贺兰山蘑菇面、黄焖羊肉等。

一、火锅

中国人民吃火锅的历史，可追溯到唐代，那时火锅又叫“暖锅”，或是铜制，或是陶制，用来涮羊、猪、鸡等肉食。到元代，火锅流行于蒙古族，用来涮牛羊肉。至清代，火锅成为皇宫御膳佳肴之首，民间火锅也大为流行，出现了羊肉火锅、白肉火锅、什锦火锅、菊花火锅、广东火锅、宜兴火锅、四川麻辣火锅等多种不同风味的火锅。火锅以紫铜火锅为最佳，主料为羊、牛、猪、鸡等肉类，海参、大虾、海米、海带、蟹、蛎黄等海味，各种新鲜蔬菜及豆腐、粉条等副食品。要有很讲究的调料：香油、芝麻油、卤虾油、酱油、醋、蒜泥、韭菜花、腐乳、辣椒油、料酒，香菜末、葱丝、糖蒜。火膛中烧木炭，烟燃尽即可端进屋放上桌，屋外狂风暴雪，冰雪寒气袭人，室内热气腾腾，身体火辣冒汗，美食可口惬意。阿拉善定远营的火锅从京城流入得较早，还保留了元代的习惯，以涮牛羊肉为主，一般在王府贵宾宴上盛行。

什锦火锅

二、春饼

春饼相传是满族带进关后大力推行的大众食物，一般是在二月二“龙抬头”时所食，又大又薄的饼象征龙麟。其做法是：先烙饼，将面和好、醒好，两张一同擀，擀薄后分开，再一张一张烙，微熟即可，上桌前用笼蒸软、蒸熟用盘装，中间卷的菜是四凉四热，一般是豆芽、鸡蛋、韭菜、白菜、土豆丝、嫩肉等容易消化的菜，分别烫炒制而成，春饼不能多吃，容易饱腹撑胀，要适可而止。

三、扣四碗

在清朝康熙年间，京城皇宫有满席和汉席，康雍乾盛世时举办满席六等、汉席三等，共几百道菜肴。到乾隆时满汉全席从宫廷传到民间。辛亥革命后，宫廷厨师逃至民间，流落于各大城市成为大饭庄的高厨，此时满汉全席就已由

100多款减至64款菜品，再到后来，京津等城市出现了“八凉八热”“四荤四素”等筵席，基本上就是简化了的满汉全席。追根溯源，流传到阿拉善定远营的“四凉四热”“扣四碗”即是如此。“扣四碗”是在四凉四热上席喝酒后所吃的菜品，一般是预先蒸熟，临上席时再蒸热：扒肉条一碗、清蒸羊肉一碗，炒一碗小炒，再由大厨做一碗滚汤丸子，用以醒酒，被戏称为“吃了滚蛋”。扣四碗在阿拉善定远营流传最广，时间也最长，至今仍有人在大快朵颐。

扣四碗

四、粉汤饺子

粉汤饺子俗名“皮条拉石头”。饺子馅可用猪肉或羊肉，配以白菜、萝卜和各种佐料，采用传统方法包成饺子。再选粉质丰盈的扁豆，制成粉坨，这种粉坨放在锅里有弹性，略透明，久煮不煳。烹调时，先在沸腾的汤锅里放入切成条状的粉坨，再将煮好的饺子和粉条，一齐倒入汤锅中，临出锅时，调放食盐、生葱、醋、油泼辣面子、味精等。粉汤饺子味酸辣可口，有发热去寒之效，颇适寒冷地区人们食用，是阿拉善传统风味之一。

五、羊肉垫卷

羊肉垫卷主要用羊羔肉为主要原料，是甘肃河西地区传至定远营的风味名吃。羊羔肉质地细嫩，瘦而不柴，营养丰富，且无膻味，堪称“塞上佳肴”。制作时选择适当年龄羔羊现宰杀，经过独特的烹饪后，在其肉汤中加入面卷，色正、味纯、香气四溢、鲜嫩可口，令人食而不忘。做法是将羊羔肉剁成碎块，用清油爆炒后，辅以葱段、蒜片、干椒，佐以姜粉、花椒粉、盐等调味品，加水焖至八成熟。再将和好的面擀成薄饼抹上清油，卷成筒形，切成寸段，放在肉上。焖炖到面熟肉烂，即可上桌供人食用。

六、凉拌蹄黄

“蹄黄”即骆驼掌心鹅卵大小的两块纤维组织，因其是骆驼身上活动最频繁的组织，肉质异常细腻而富有弹性，似筋又比筋柔软，似驼峰较驼峰又更富纤维组织，凉拌蹄黄清脆可口、滑爽鲜嫩，是不可多得的烹饪上品。其做法是：将驼掌蹄黄切成二分厚的片状，在每片驼掌之间加一片冬笋片，排码整齐，装入碗内，再将鸡肉用开水氽透，放在驼掌上，其上辅以葱段、姜片、八角、蒜瓣，加鸡汁后笼蒸，一小时后取下，滤去汤，拣去调料、鸡肉，将驼掌翻扣入盘内，另将鸡汤加盐、酱油、味精、香菜、玉兰片丝，用水淀粉勾薄芡，浇入盛驼掌的盘内，再淋芝麻油。其特点是：驼掌软烂，色泽红润，光洁明亮，醇香适口。驼掌又可做全驼掌：采用剥皮后的驼蹄进行加工，用文火慢炖。

七、黄焖羊羔肉

黄焖羊羔肉是阿拉善传统名菜。选用阿拉善滩羊羔肉，剁成小方块，加入以少量酱油、调料等，再放蛋黄、粉面等，抓拌后过油，炸成金黄色，扣在碗内，放入肉汤，再加酱油、葱段、花椒、大料，上笼蒸20分钟左右取出，倒扣在汤盘内；将汤滤到锅里，加入味精，浇在羊羔肉上，再放点木耳、菠菜叶等即可上席。

八、贺蘑炖鸡

制作贺蘑炖鸡所需材料：贺兰山紫蘑菇（简称“贺蘑”）适量，土鸡一只，花椒少许，八角一颗，盐适量。其做法：土鸡洗净，掏去胸肺，切大块，冷水下锅，随着水温的升高，鸡肉中的污物会慢慢渐出，待锅开后，从滚头上捞出鸡肉，以免沾上浮沫，难以清洗；然后再用清水冲洗干净，加入蘑菇、调料，温火熬煮80分钟即可盛入碗中，上桌食用。

九、羊杂碎

羊杂碎也称“羊杂烩”，是由羊的血、心、肝、肺、肠、肚等内脏混合烩制而成，故得此名。先将内脏煮熟，后混合烩制，最好是用羊肉汤、辣子作调料。汤底浓稠，色酽如酱，而羊杂碎味道醇厚绵长，口感微辣又略觉刺激。与羊杂碎相近的另一种小吃是羊肉泡馍：将羊肉、粉条以及佐调配好，一起倒进炒锅里加汤烧开。吃时再拿个大饼，掰成小块泡入，又烫又辣吃起来别有一番滋味。

十、阿拉善面食

阿拉善人爱吃面，主要有揪面片、切面、拉面、臊子面、汤面、刀削面、凉面、蒙面等，还有油果子、油炸饼子、齐蛋子、锅盔、白饼子、烧饼、馒头、花卷等，此外还有用面加工的卷子、饺子、包子、焖子、垫卷等。

在诸多面食中，揪面可谓地道阿拉善面食的代表，俗名“沙葱肉揪面”“蘑菇肉揪面”或“酸奶面”。这种面的原料必须是纯正的阿拉善土种羊肉、沙葱和贺兰山蘑菇等，羊肉鲜美，蘑菇味厚，沙葱辛辣，酸奶开胃，煮出浓浓的肉汤，再揪入雪白的面片，做成一碗晶莹剔透、色香味及口感浑然天成的美食，引人垂涎欲滴。

油果子：阿拉善人有吃油果子的习俗，其炸制技艺堪称一绝。先将精粉加适量碱的温水调和，反复揉压，揉成面团，抹上清油，放盆中醒面。待油锅热时，将切折好的果子，放入热油中，边摆边抻，等油果子炸至棕黄色时，捞出即成。

第七节　牲畜宰杀

阿拉善食用牲畜主要是绵羊、山羊、牛等，一般不宰杀马和骆驼，这是一种传统习俗，定远营也不例外。宰杀牲畜时一般都要挂算日期，要合乎宰杀之日才可行宰杀。

一、宰羊

阿拉善和硕特蒙古人宰杀绵羊或山羊，有两种宰杀法：一是揪断牲畜动脉宰杀，先将牲畜放翻，使肚朝天，在胸口上割个口子，伸进手去，从红肠穿过“天棚”（横膈肌）将大动脉揪断；二是割断脖颈处将脊髓割断宰杀，将羊的四蹄集中捆绑后，割开脖颈，将头与脖子连接处的脊髓割断即可。接着捅开

“四梢”（由肚皮正当中从头至尾划道竖线，再在前、后腿上各划条横线把皮板割开），从肚皮一边剥上几刀，伸进拳头去搋剥。一般除了头、胸骨、尾巴三处，别处不用刀就能剥下来。剥完开膛时，从后腿根划两个圆弧形切口，把肚皮揭开，穿孔套在右前腿上，再将肠肚和肝脏掏出，而后将天棚肉划开，穿孔套在左后腿上，将心肺掏出，用勺子把羊血舀出。最后将羊卸成八件：后腿两件、“乌叉”一件（荐骨，每侧带三根软肋）、前腿两件（每侧四长六短共十根肋骨）、胸骨一件、胸椎一件、脖子一件。这时再剥羊头。

二、宰牛

阿拉善黄牛是当地特有畜种，其肉质鲜嫩。宰杀时须将牛群赶回，进圈以后，将牛套住，牛两角上一面一股绳子，让两人拽住，宰杀者持刀贴近牛身，在牛的头与脖颈连接处将刀猛插进去，牛便会倒地。若是牛比较温顺则一人便可宰杀。宰杀后扒皮取肚，按肢体分解，从骨头上剔去肉，便可完事。

第八节　定远营居民待客方式

定远营各族居民在20世纪前50年之中，不管是婚丧嫁娶大小仪式，还是礼尚往来的各类宴请，均在家中进行，到饭馆待客极为罕见。蒙古族待客饮食菜肴以传统饮食为主，大众饮食为辅。如嫁娶宴席的主菜要按照传统习俗程序一一进行：先是茶宴，其次上粉汤饺子，之后上凉菜、热菜，酒宴开始。在饮酒唱歌进行3小时后，上主宴全羊席或羊背子，客人用毕主宴后，再上粉汤饺子或肉粥。这是定远营蒙古族待客的大体流程。

回族人家在婚丧嫁娶时，都请阿訇念经，然后按着回族传统礼仪待客，在宴席上不上烟酒。

满族和汉族待客（包括婚丧嫁娶）也是在家进行。菜系种类一般为八凉八热。主菜为扣四碗。亲朋好友之间的宴请要上“四凉四热”加扣四碗或者是上铜火锅。

第八章　定远营的服饰文化

服饰是人类共有的文化特征，是各民族物质文明与精神文明的综合反映。阿拉善和硕特蒙古族地处寒冷多风的西北高原，且自古以狩猎、游牧为生，其传统服饰鲜明地反映了北方狩猎与游牧文化的风格与特征。服饰文化上的多元性，即区域性或部落性的差别至今依然存在，主要有服装、首饰款式与原料等方面的差别。阿拉善和硕特蒙古族的传统服装主要包括“拉勃希格”、“吾旗”、“德波勒”（以上这些服装汉族统称为长袍），以及“汗加尔”（坎肩）、“夏拉博尔”（裤子）、“库热摩”（马褂）、“黑令”（衬衣）、“召德格”（摔跤服）和喇嘛服等。王公贵族袭爵任官时着官服，平时穿便服。官服按文武官职品级，有补服、马褂、袍和套服之别，官服所用面料随季节而变。一般盛夏时用纱绸，严冬时用皮裘缎面。便服多为蒙古袍和衫衽，也有单、棉、夹、皮之分。穿蒙古袍要束腰带，外套马褂或坎肩，脚蹬皮靴。阿拉善和硕特蒙古族服饰区别于其他蒙古族地区，有袍类服饰比较紧身秀气的特点。随着时代的变迁、社会的进步，定远营的服饰也在不断发展和变化之中。清末民初，大都市的服装风格也极大地影响了定远营服饰文化。男士穿长袍马褂、西装革履、中山装、平底鞋，围棉毛围巾，戴各式礼帽，中西结合，使人目不暇接；女士穿各式旗袍、短衫长裙、高跟平底或白袜黑鞋，外罩大氅，新颖别致，尽现多彩多姿。

第一节　蒙古族服装

一、拉勃希格（袍）

“拉勃希格”是阿拉善和硕特蒙古族男女老少通穿的袍式服装。其用料及颜色根据男女老少各有不同，老者着装一般以蓝色、黑色、棕色、灰色等暗深色为主，年轻人一般选择鲜艳的较多，如年轻女子喜欢红、粉、绿、天蓝色，夏天则素淡一些，如浅蓝、乳白、粉红、淡绿等。小孩衣服一般花纹密集的较多。袍式服装在阿拉善地区有多种款式，其叫法各异，汉语统称“蒙古袍”。拉勃希格按季节变更分为单袍、夹袍、皮袍、棉袍，其中皮袍又可分为熏皮袍、二茬皮袍、吊面皮袍等。春秋穿夹袍，夏季穿单袍，冬季穿棉袍、皮袍。按袖口的形状又可分为平口袍、马蹄袖袍等。马蹄袖袍的特点是袖口处接有马蹄形的袖头，袖头可根据需要或伸展，或上翻，或内卷。按开衩与否又可分为开衩长袍和直筒形不开衩长袍。按质料来分，则可分羊皮袍、貂皮袍、水獭皮袍、棉布袍、丝绸袍、花缎袍、丝绒袍等。卫拉特蒙古人认为，像乳汁一样洁白的颜色，是最为圣洁的，这样的服装多在盛典、年节时穿用；蓝色象征着永恒、坚贞和忠诚，是代表蒙古民族的色彩；红色是像火和太阳一样能给人温暖、光明和愉快的颜色，所以平时会多穿这样颜色的衣服；黄色则被看作是至高无上的皇权的象征，所以过去除活佛或者受到过皇帝恩赐的王公贵族外，一般人是严禁穿用的。袍子的质料取决于生活贫富，富者多用绸、缎、绢帛，贫者多用棉布、麻布和羊皮。

定远营和硕特蒙古族一家合影旧照

二、吾旗

“吾旗”也是一种长袍服装，其种类有绸缎吾旗、棉布吾旗、羔皮吾旗、狐狸皮吾旗、狼皮吾旗、二毛筒吾旗、水貂皮吾旗、旱獭皮吾旗等。使用者根据自己的财力进行制作穿着。这种吾旗的穿戴者一般为中年女性，姑娘、新媳妇不穿，但有些地方只允许未婚的女孩穿用，其他女性不穿。

三、德波勒

德波勒是长袍的一种，长短各异，用绸缎、布料和绵羊皮（山羊皮的较少）制作。

四、汗加尔（坎肩）

坎肩是套穿在蒙古袍外面的服装，有长短、对襟、大襟及开衩不开衩，开衩多少的区别。成年男子的坎肩多为不开衩或开衩的短坎肩。已婚妇女礼服中长坎肩居多，常服中亦有部分短坎肩。蒙古族坎肩的质料以红、蓝、黄等色团花缎及其他各种绸缎为主，丝绒、平绒较少。领边、襟边、袖口、下摆和开衩的沿边多镶各种花饰，开衩上角处镶绣方形、云形等花纹图案。过去少女不穿坎肩，只有长大成人，出嫁之日才解掉腰带，换上坎肩，以此作为婚嫁的标志。

五、库热摩（马褂）

库热摩（马褂），也称“敖冷岱”，这是由满语的“额楞代”演变而来。库热摩的长度，比袍子短二三寸。后面有衩，左右不开衩，直襟，用带子维系，不要扣子。面料类似藏区的牦牛制品氆氇，里子用布，不镶边。夏天穿着库热摩能防雨，也很实用。通常在男子面见官吏时穿，光有坎肩还不行，还要穿库热摩。这种库热摩的用料一般用有寿字图案的缎子制作，不用土布。套穿在拉勃希格、坎肩上面，十分肥大，直襟，大筒袖加马蹄，小圆立领，比半大衣略短，能看到里面的鼻烟壶袋。后面开衩，五扣，通常用本色缎料制成。不镶边，夫人不穿。马褂只有夹的一款。姑娘穿的库热摩（马褂），无坎肩，单层，缎子制作，后面开衩半拃到一拃，宽袖但无马蹄。直襟，无领或有领，五扣。

六、黑令（衬衣或内衣）

黑令（衬衣或内衣），在阿拉善称“黑勒格”。贵族用春绸、绸子、缎子制作，一般百姓用老布、市布制作，穷人干脆没有内衣。男女款式一样，不镶边，五扣，左右开衩，后来的则没有开衩。黑令有左上兜或右下兜两种，女子的无兜；无肩，袖长与拉勃希格一样；身长较短，仅到脐下。

七、召德格（摔跤服）

召德格（摔跤服）是阿拉善蒙古族地区和其他蒙古族地区摔跤比赛中摔跤手的专用服装。它是一种革制的绣花厚坎肩，也有用白毡贴花镶边制作的。衣上镶嵌有两排闪光发亮的铜铆钉，背部中央多用团纹图案装饰，穿起来像盔甲一样威武洒脱。这种摔跤服结实耐用，穿上它，无论角力如何激烈，任凭抓、拉、撕、揪、勾、绊，都不会损坏，而且对人身具有良好的保护作用。与之相配的是肥大的摔跤裤、蒙古靴和摔跤手脖颈上挂的五彩飘带，头上缠的红、黄、蓝三色头巾。但在阿拉善地区进行夏勒搏尔式摔跤比赛时，摔跤手着短裤竞技。

八、喇嘛服（僧装）

喇嘛服有“伊仁格”（斜领坎肩）、“下穆体布”（禅裙、下衣）、“敖日肯木吉”（袈裟）、“淖木图德波勒”（法衣）、“嘎希布”或“那木吉尔”（袈裟）、“姜其”（喇嘛斗篷、半月形大氅）、“如格达”（背饰）、“都德尤格”（上衣）、“邦克布”（围裙、围）、“班则勒”或“麻衣格”（喇嘛裙）等。下面略记几种。

（一）伊仁格（斜领坎肩）

“伊仁格”是无袖无纽扣无领（斜领）的坎肩式服装。“伊仁格”的缝制比较精细，地位较高的僧人穿六饰尖图的，一般僧人则穿无图案的。

（二）下穆体布（禅裙、下衣）

“下穆体布”是用棕红色粗呢、呢绒和布料，量身后直接缝制的裙。

（三）敖日肯木吉（袈裟）

“敖日肯木吉”是用黄、红、棕色缎子或布料等缝制的，有的镶边，有的不镶边。黄色为活佛呼图克图专用，其他喇嘛则不用。红色和棕色袈裟为其他喇嘛披用。

（四）淖木图德波勒（法衣）

“淖木图德波勒”是用黄色布料缝制的。

九、腰带

腰带是阿拉善和硕特蒙古族服饰中不可缺少的重要组成部分，一般多用棉布、绸缎制成，长三四米不等，色彩多与袍子的颜色相协调。系腰带既能防风抗寒，骑马持缰时又能保持腰肋骨的稳定垂直，而且还是一种漂亮的装饰。男子扎腰带时，多把袍子向上提，束得很短，骑乘方便，又显得精悍潇洒。腰带上还要挂上“三不离身”的蒙古刀、火镰和银碗。节庆期间还需佩挂烟袋和鼻烟壶。女子则相反，扎腰带时要将袍子向下拉展，以显示出娇美的身段。女子一旦出嫁便不系腰带，便成“布斯贵浑”（蒙古语，意为“不扎腰带的人”），代替腰带的是紧身的坎肩。以此来区分未婚和已婚妇女。

第二节　蒙古族冠帽头巾及鞋靴袜子

蒙古高原夏季烈日炎炎，冬季则风雪严寒，一年四季昼夜温差大，天气多变，因此，常年在外骑马游牧的蒙古人非常注重头部的保护与装饰。男人们无论春夏秋冬都戴帽子，妇女们有时戴帽，有时围头巾。

一、帽子

和硕特蒙古族的帽子种类繁多。按原料可分为皮帽、毡帽、呢帽、布帽、丝绒帽，按形状可分为尖顶护耳帽、尖顶立檐帽、圆顶护耳帽、圆顶立檐帽、圆顶卷檐帽、风雪帽、劳布吉帽、陶尔其克帽、尤登帽、礼帽等。

阿拉善和硕特蒙古族牧民冬季多戴皮帽。皮帽多用羊皮、羔皮、水獭皮、狐狸皮、貉皮制作，式样各地不一。比较常见的有两种，一种是圆顶卷檐帽，一种是圆锥形卷檐帽，多以羔皮为里，绸、布做面，顶部多缀有缨穗，有的地区帽后还缀有两条长长的飘带。这种帽子之所以至今仍受到广大牧民的喜爱，是因为它适合草原生活。圆顶和尖顶在骑马时阻力小，不会产生兜风的现象。

帽檐不仅能遮光，天气寒冷时还可将其放下，遮住耳、腮、脖子，增加防寒的面积和效果。另外，它也很柔软，不戴时搁置或携带非常方便。夏季，蒙古族男子则多戴薄毡或呢质的礼帽。

喇嘛帽主要有：提迪木（法冠、天冠）、夏弥玛拉盖（沙帽、鸡冠帽）、夏斯尔玛拉盖（僧人黄帽）、夏纳木玛拉盖（有耳帽）、尼让玛拉盖（桃式帽）、高木夏玛拉盖（修行帽）、巨葛德尔玛拉盖（尖顶帽）、夏木尔玛拉盖（红帽、宁玛派帽）、阿拉腾玛拉盖（金顶帽）等。

二、头巾

阿拉善和硕特蒙古族妇女喜欢戴头巾。其戴法一般是将一两米甚至更长一些的布或绸缎在头上由后至前缠绕几圈，头巾的两头垂下，左右各一，因此又称“垂巾袱头”。

三、靴子

阿拉善和硕特蒙古族牧民一年四季都离不开靴子。蒙古靴分皮靴、毡靴、布靴三种。皮靴多用牛皮、马皮或驴皮制成，结实耐用，防水抗寒性能好。其式样大体分靴尖上卷、半卷和平底圆头不卷三种，分别适宜在沙漠、干旱草原和湿润草原上行走。若按靴筒划分，可分为靴身宽大、靴筒低矮的传统蒙古靴和靴身较为窄瘦的高、中筒马靴。一般来说，阿拉善蒙古人大多喜欢穿靴尖上卷的矮筒牛皮靴。靴底也分皮、布两种，布底多为手工纳成的厚厚的“千层底”。蒙古靴靴面多为黑色、古铜色或棕黄色，靴帮通梁和嵌条为浅绿色。靴帮、靴勒处多采用贴花、抠花或压花工艺，装饰有精美的云卷、盘肠等图案。不论是传统的蒙古靴还是马靴，靴身都比较宽大，里面可以衬皮、衬毡，可以套穿棉袜、毡袜，还可以藏刀。

四、袜子

蒙古族的袜子主要有毡袜、棉袜和布袜。春、秋、冬季气候寒冷之时，多在靴子里套穿厚实保暖的毡袜或棉袜，夏季则多穿用蓝布或白布缝制的轻薄透气的布袜。这些袜子一般均有高高的袜筒，袜口用鲜艳的库锦镶边或绣饰美丽的花纹图案。

第三节　蒙古族首饰

阿拉善蒙古族妇女的首饰大致可分为头饰、项饰、胸饰、腰饰、手饰五大类。首饰的原料、质地十分广泛，常见的有珊瑚、璎珞、碧玉、玛瑙、翡翠、珍珠、琥珀、金、银、玉、丝绸、布帛等。尤其是珊瑚和白银的使用十分广泛，在蒙古族的首饰原料中占据着十分重要的地位。

一、头饰

阿拉善和硕特蒙古族的头饰主要有头巾、帽子、头戴、头圈、辫钳、辫套、头钗、头簪、耳环、耳坠等，是蒙古族首饰中最主要、最富丽的部分。妇女喜戴嵌有珊瑚的金银耳环，再佩一副长十余厘米的耳坠。已婚妇女的头发分成两束，套上用布做的长辫套，辫套上或绣各种图案，或缀以银牌。男子亦多在左耳垂以镶嵌着珠宝的银耳环。

二、项饰

阿拉善和硕特蒙古族妇女的项饰主要为项链，项链亦多用珊瑚、珍珠、玛瑙等原料穿缀而成。项链中间下垂的地方多坠有颗粒较大的珊瑚、玛瑙、宝石珠等。

三、胸饰

胸饰主要有银胸链、银佩饰和“哈布特格”（荷包）。“哈布特格”是佩挂在蒙古袍上襟扣子上的囊式小饰物，宽约六七厘米，长约十厘米。有月牙、金鱼、蝴蝶、桃、石榴、花朵、叶子等多种实物形状，也有圆形、长方形、正方形、三角形等几何形状。它是用两块浆过的硬布垫上棉花，外裹绸缎缝制成的空心小夹子。外部用五光十色的金银丝线绣出具有蒙古族风格的花鸟兽虫图案，色彩斑斓，造型美观。“哈布特格”既是装饰品，又是妇女装放针线、香料甚至鼻烟壶的“宝囊”。它还是一种象征友谊和爱情的信物，小伙子们在选择对象时，总要先观察姑娘绣制的“哈布特格”，并以此来推断姑娘是否心灵手巧。同样，如果哪位小伙子能博得某个姑娘的爱，那他也一定会得到这个姑娘赠送的“哈布特格”。

四、腰饰

腰饰主要为男子的“三不离身”之物，即挂在腰带右边的多用骨头做把、鞘雕花嵌珊瑚的蒙古刀，挂在腰带左边的多是铜或银镶边的火镰及绣制精美的烟袋荷包和鼻烟壶袋。

五、手饰

手饰是指戴在手腕和手指上的装饰品，包括手镯、手链、戒指等。大部分蒙古族妇女都有戴戒指和手镯的习俗。戒指和手镯的质地多种多样，有玉、翡翠、玛瑙、骨、金、银等，最普遍的是镶嵌珊瑚的银戒指和银手镯。蒙古族戒指的起源与过去“弯弓射箭”的活动密切相关，今天的戒指就是由射箭用的扳指演进而来的。

第四节　汉族服饰

阿拉善定远营汉族属西北汉族，来源主要有甘肃、山西、宁夏、山东、陕西、北京、天津和河北等，服饰穿戴上少有区别。下面以平民百姓服饰述之。

一、头戴

汉族头戴有冠、帽、帻巾之分，而在阿拉善地区没有那么严格的头戴区分。就定远营一般老百姓的冠戴而言，清代，男子冬季多戴毡帽头，夏戴八块瓦瓜皮帽。民国时期，有钱人多戴小金边毡帽头，外缘以铜线锁边，灰鼠皮贴面。到了民国中后期开始兴礼帽，纯羊绒制作，有藏青、藏蓝、灰、黑等色，商人喜戴平顶帽。冬天一般戴布棉帽、皮帽。

二、衣服

古代汉族的衣服款式通常是上衣下裳，裳即裙子，不分男女都可穿用。有钱人穿裘是皮衣、褐衣（罩衣）。一般老百姓穿袍，袍是在衣服里子与面子间装填乱麻或旧丝棉的御寒长衣。另一种袍类似后来的长袍、大褂，为单层。其衣领有交领、直领两种：交领在胸前左右相交；直领是指领子从颈后沿左右绕到胸前，平行地直垂下来。古时服装袖子较长，垂臂时手不露出，而且宽大，所以又称“广袖”。古人上衣外面要系带，男子系布带，妇人系丝带。

三、裤

旧时男女均穿肥裆便裤。高腰裤不分前后，可调换穿，裤腿外侧无缝，穿时裤腰绾褶，以布带束紧，裤带多为红色，尤其到本命年，必备一条红裤带。旧时妇女，裤脚扎腿带，便于小脚走路。古代汉族妇女的服装主要有襦、袄、衫、抱服、帔、裙、裤等。襦，即短外衣。袄，即袖子窄小的紧身衣。衫是敞口的，各阶层通用服装。抱服，即妇女内衣，也称抱腰。帔，指披肩。裙有曳地长裙、双裙、短裙等。

定远营汉族家庭合影

四、鞋

清末至民国初年，有钱人多穿布、皮长筒靴，之后穿光面皮鞋；穷人中男人多穿单脸鞋，实纳帮，麻绳纳底，女人多穿绣花鞋。旧时，男女袜子都以棉布或丝麻缝制而成，袜底用密线纳出各种图案。

五、首饰

旧时，女孩要穿耳孔戴耳坠。女子出嫁须佩戴簪、钗、耳环、戒指、手镯等饰物，堆金簇玉，珠翠琳琅。贫家女无钱置办贵重首饰，但头簪、耳环、手镯必不可少。后来，女孩穿耳孔，戴耳环、戒指、项链者渐多，有金、银、白金、珍珠、玛瑙等多种。有的别胸针，戴新花样的头饰。戴手镯的逐渐减少。妇女的簪是很讲究的，有用玉做的玉簪，有用金、银等做成的钗、钿、簪等。还有在簪的根部缀上珠玉垂下来，称步摇。上述为贵妇人头饰。穷苦人只能用骨、竹、荆条作簪、钗，所以后来用“荆钗布裙”来形容女子生活朴素勤俭。

第五节　满族服饰

阿拉善旗定远营满族服饰是指“旗人”服饰。阿拉善旗定远营满族人口比较少，只有几百人。他们的祖先大部分是皇族格格下嫁阿拉善王公时随行的奴仆丫鬟等满族（也有其他民族人口）。这些人来到阿拉善后变为“旗人”。因他们的身份地位特别，在定远营也占一席之地。

一、马褂

马褂是男子常穿的服装之一，是一种时髦装束。不仅男子穿，女子也穿，是穿在长衣袍衫之外，比外褂短，长仅及于脐，左右及后开衩的一种袍褂。

二、坎肩

坎肩与马褂相类似，无袖，穿在长衫外。坎肩原为一种无袖紧身式的上衣。在清代，穿着坎肩是一种时尚，款式丰富、做工精美的坎肩，不管男女老幼、贫穷富贵均喜爱穿着。清代的坎肩一般都装有立领，长与腰齐，有对襟、

定远营满族家庭合影

大襟、琵琶襟、人字襟及一字襟几种款式。坎肩面料用绸、纱、缎等，颜色有宝蓝、天蓝、天青、酱色、元色、泥金色等。

三、衫、袍

衫、袍是满族服饰最具代表性的服装。这种袍式服装是清代男女老少，春夏秋冬都离不开的。它有单、夹、棉、皮之分，春、夏季穿用的称为衫，秋、冬季穿用的称为袍，后来其他民族将满族（旗人）所穿的袍子称为旗袍。旗袍的基本样式很简单：圆领、捻襟（大襟）、窄袖（有的带马蹄袖）、两面开衩，有扣襻。

满族妇女的旗袍很讲究装饰，在衣襟、领口、袖边等处，都要镶嵌几道花绦或牙儿，且以多镶为美。女性的旗袍袖长过手，在袖里的下半截，绣以各种与袖面不同颜色的花纹，然后将它挽出来，以显其别致和美观。这种长袍开始时极为宽大，到了清代末期逐渐变为小腰紧身。

四、衬衣

衬衣是随着其服饰制度的逐渐确立而产生的一种新型服装。这种新型服装起初是作为一种内衣，具有特殊用途而出现的，所以称为衬衣。清代衬衣的基本形制为圆领、右衽、直身、捻襟、平口、无裾（开衩）的便袍。袖子形式有舒袖（袖至腕）、半宽袖（短宽袖口加接二层袖头）两类，袖口内再另加饰袖头，以绒绣、纳纱、平金、织花的为主。在清代，有很多外衣都开裾，像男子的吉服袍、常服袍和行服袍等，女子的吉服袍、氅衣、大褂等。有的两开裾，有的四开裾。裾开得都比较长，有的长至腋下。

随着经济的不断发展，人们审美观念也随着改变，对衬衣也开始不满足于其实用性。在男子衬衣变化不太大时，女子的衬衣已逐渐发展成为有舒袖、挽袖（半宽袖）两种款式的便袍。此时的衬衣不仅是衣袖变化，衣边也发生了很大的变化，宽窄、颜色、花纹均不相同且更为丰富，做工更加精细。用料多为绸、缎、纱等。

五、氅衣

氅衣是19世纪后期才出现的一种女式外衣，它的基本形制为圆领、右衽、直身、衣肥、袖宽平而高高挽起、左右开裾。它是由早期的袍演变而来的一种新的穿戴。

六、套裤

套裤为满族特有的民族服饰之一，多为下层劳动人民所穿，一般为男子所用，满族妇女也穿用，主要用于御寒和保暖。套裤虽然叫裤子，但不是完整的裤子，仅有两条裤腿，没有普通裤子的上半段，而用两条带子代替。有棉、夹、单之分，面料用缎、纱、绸、呢等。

第六节　回族服饰

回族服饰的颜色一般以白、黑、绿为主。回族崇尚白色，一是来源于中世纪阿拉伯人崇尚白色的风俗；二是受汉族视白色为纯洁、高尚的传统文化心理影响的结果。回族的服饰根据性别分为男子服饰和女子服饰，根据年龄可分为幼儿服饰、成年服饰和老年服饰。在妇女服饰中，则分未婚少女服饰、已婚中年人服饰和已婚老年人服饰。

一、男子服饰

回族男子所穿的服饰有上衣、褂子、衬衣、氅衣、坎肩、裤子等。回族男子喜欢戴白色无沿圆帽。这是所有回族的重要标志。圆帽有平顶的，也有是四角或六瓣的。帽顶也可是绿、黑或蓝等色，质地有布料的、平绒的、呢子的，也可是棉（丝）或毛线钩织的。热天以戴白色为主，冷天则戴深色、厚料的。坎肩是回族男子服饰的一个重要组成部分。坎肩以青色的居多，也有蓝、灰等色的。

回族服饰草图

二、妇女服饰

回族妇女的传统衣服样式比较单一，大多是大襟衣服，但是装饰内容较为丰富。特别是妙龄少女和年轻媳妇的衣服上，或嵌线，或镶色，或绲边，有的还在前胸、前襟上绣花。一般老年人多着黑、蓝、灰等色，中年妇女喜欢鲜亮些。中老年妇女也常穿坎肩。回族妇女一般不穿短袖衫、短裤和裙子，即上衣

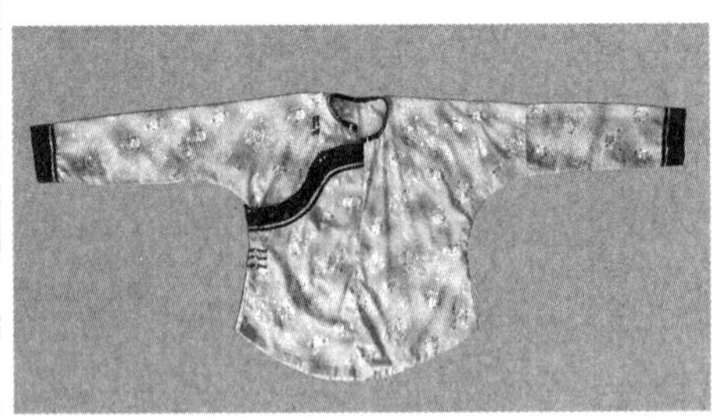

回族妇女服饰

露不过肘，裤子露不过膝，忌赤脚行走。

回族妇女一般都不外露头发，戴白圆撮口帽，过去更多的是戴盖头，旨在盖住头发、耳朵和脖项，因为回族视这些为妇女的“羞体”，必须全部护严。盖头的颜色分绿、青、白三种。未婚少女戴绿色的，已婚中年妇女戴白色的，老年妇女戴黑色的。盖头可以根据经济条件和季节选择不同的面料，讲究的还要在上边镶上金边，或绣上风格素雅的花草图案。此外，回族女子也戴耳环、手镯等饰物。

第七节　定远营服饰变化

20世纪初，在定远营少数赶时髦的汉族市民中，其服饰有了一些变化。国民革命时期，整个中国在政治、经济、社会和文化方面都发生了重大变化。在人民生活中出现了以废除清朝服饰为中心内容的服饰改革。男子服装出现了从长袍马褂向中山装和西装逐渐过渡的趋向，女子服装出现了日益华丽和普及旗袍的趋向。旗袍的普及始于20世纪20年代初，当时式样与清末旗装差别不大，不久，袖口缩小，绲边变窄，受欧美服装影响，又缩短长度、收紧腰身。到了20世纪30、40年代，旗袍相当普及，并进一步减低领高、缩短长度，夏天则取消袖子。西装、中山装、旗袍、长袍等新式男女服装，多为政界人士、知识分子或富人穿用。穷苦人无力追慕时尚。

民国时期，定远营市民、商人等人群的服装也经历了很大变迁。男人袍衫，均窄袖长身、马褂短小，定远营郊区农民中也有赶时髦者。民国中期，衣服由长身而变为短身，自窄袖而变为宽短之袖，裤腿亦短而宽。女子服装在清末亦尚窄小，民国时则变为宽衣短袖，短裤宽腿。但受社会经济、文化、风尚的制约，显现出的仍是呆板、单调、保守和缺乏朝气的特点，模式单一、变化较少。这种穿衣模式同静态的农业生产方式是相适应的。定远营蒙古族服饰基本没有什么大的变化。上层人士中赶时髦者在服饰穿戴上，随着时代变化而出现了新风潮，普遍的长袍变为短衣，蒙古靴变为布鞋和皮鞋。有的男子西装革履，头戴礼帽；有的女子则身着长裙，脚穿棉丝袜、蹬高跟鞋。

20 世纪 30 年代，在定远营先后成立学校，学校定制学生男女校服，从此，在年轻人当中也逐渐开始流行民国时期的学生装。

虽然以上客观原因导致了服饰发生变化，但这种情况在定远营的蒙古、汉、回、满四个民族中，只有汉族和满族服饰变化较大。蒙古族中除个别追求时尚者外，基本没有多大的变化，回族也如此。

20 世纪 30 年代，定远营贵族妇女穿着打扮

第九章　定远营的文化教育

阿拉善和硕特蒙古族向来有重视文化教育的传统，不管贵族还是平民，只要有条件就为自家子弟聘请私塾先生，或送到文化人家里以求垂教。私塾教育最适合蒙古人的游牧生活，所以成为当时青少年求学的主要途径。这也是当时阿拉善地区文化教育发展的一个原因。基于此，涌现出了一批精通蒙古文和藏文的人才，甚至有不少贵族家的小姐也冲破封建礼教约束，学习掌握了蒙古文和藏文。

阿拉善旗第九代第十位札萨克达理札雅王爷和其福晋（夫人）金允诚，自幼在京城长大，接触面广，加之思想超前，适应潮流，自身文化素质较高，社会责任感很强，深感阿拉善的落后和民众的愚昧都是文化教育的落后造成的，于是决心励精图治，改造阿拉善。首先是振兴实业，其次是发展教育，他们千方百计着手建立了蒙汉学校，特别是女子学校，开启了阿拉善百年教育之先河，从此阿拉善地区文化教育如雨后胡杨，茁壮成长。众多志士仁人为此殚精竭虑、终身奉献，历代各级政府逐年加大教育投入、加强师资力量，依次建立各式学校，培养出数万名各类人才，为阿拉善的繁荣发展、祖国的各项事业做出了突出贡献。

第一节　王公启蒙教育

阿拉善地区早期教育来自于王府对王公子弟的教育，通常是设馆教书。查史可知，1804—1832 年，第四代第五位亲王玛哈巴拉执掌旗政时期，阿拉善王府就设有“师爷”，从事对王公贵族子弟的教育事务。穆德昌的祖上就出了三代师爷，是第六代、第七代、第八代阿拉善亲王的恩师，这是阿拉善历史上最早的私塾先生之一。

第二节　寺庙教育

清代，阿拉善地区广建寺庙，大力推行藏传佛教，又颁布很多强制性的优惠政策，使大批蒙古族青年投身佛门，这是清廷为限制蒙古族人口的一种手段。一旦当了喇嘛，就必然要学习诵经，而且大型寺庙里设有六个学部，要学习天文、地理、哲学、数学、医学、占卜等知识。从这方面来说，藏传佛教在内蒙古广大牧区推动了文化教育，是一种间接的文化启蒙教育，在众多的喇嘛中产生了藏文、蒙古文造诣很高的学者，如阿拉善北寺的阿旺丹德尔，还培养出了 200 多名满巴（蒙医），悬壶济世，解危济困，造福社会。

第三节　私塾教育

19 世纪初，定远营就有了私塾，有一批文化人设私塾教书育人，他们是高世格梅林、副管旗章京策仁、黄图门吉日格勒、俞那森达来、陈那笋巴图、段巴特尔、罗额尔克木巴图、敖云别立格、台吉孟克别立格、罗道尔济生格、密格瓦祺尔、岱清等。光绪二年至宣统二年（1876—1910 年），为了教书度日，从外地来定远营的私塾先生有王志英、吕师傅、路师傅、许明岐、李涵章、傅学文、杨秀儒、萧师傅、郝师傅、胡湘洲等十几名。由于王府衙门需要文化人办理公务，所以早期的私塾教育为阿拉善旗培养了一批高素质人才。

第四节　政务处练习生

阿拉善旗在没有正规学校之前，利用政府印务处（政务处）文秘人员来培养练习生，特别是在蒙古文方面，虽然说这是个无奈之举，但也为旗内培养了很多实用人才，为很多有识之士提供了加强学习、效力社会的机会和平台。就阿拉善旗各个时期而言，政务处培养出来的蒙古族文人不少，例如：清末以来就有葛立格、俞那生达来、图门吉日嘎拉、巴布拜、段巴特尔、罗迪藏吾、陈艾尔德尼巴图、陈那笋巴图、胡艾立泽巴雅尔、巴图巴雅尔、巴图孟克、策登、达西东德布、那木吉拉、布音特古勒德尔、罗库日勒岱、道尔吉森格、刘布和、黄孟和乌力吉、达西策仁、胡巴图巴依尔、阿拉德尔朝格图、图布吉日嘎拉、策仁达西、那木吉勒策仁、罗额尔肯巴图、江布拉、阿尔斯朗等。

第五节　正规教育

光绪八年（1882 年）八月初七，多罗特色楞王爷下令，由副管旗章京策仁在定远营选十几名儿童，教习文化，并培训蒙汉翻译人员。为解决教师问题，派官员兼职教书，开启了阿拉善政府办教育之先河。

一、福音堂教会学校

民国十五年（1926 年），瑞典传教士溥博爱在定远营创办了基督教会福音堂，传播基督教，并在福音堂内开办了“博爱小学”，俗称“洋学堂”。这是定远营最早的教会学校，开设国文、算术两门课，免收学费，无偿提供课本、文具，许多贫民送子弟上教会学校。这里招收了教徒和贫民子弟 30 多人，引起旗内主政者的极大恐慌。因此，该校开课不到一年，阿拉善旗官方以侵害阿拉善主权为由，强令该校停办，让学生解散回家，迫使溥博爱离开定远营。

二、定远营洋学堂

1932 年，达理札雅继位。1934 年，他从北京回旗执政，发现阿拉善旗文化十分落后，萌生办学的想法。于是年春，在定远营成立了第一个洋学堂。达理札雅王爷下令，强行征招王公贵族以及旗府官员子弟入学。旗府委派师爷邢介卿为校长，旗府职员道尔吉僧格为蒙古文教师，学生 20 名，校址在城内南寺格根府邸大院，今头道巷 31 号。当时由于没有课本，学生只能跟着念“贺林其木格”“智慧钥匙”“阿拉善桑”等蒙古文课程。当时，办学准备工作不到位，教师缺少，经费紧张等客观因素导致该学堂于年底停办。

三、旗立定远营小学校

民国二十四年（1935 年），阿拉善旗旗立定远营小学校成立。这个学校的前身是民国十六年（1927 年）准备成立的“定远营中山小学校”。

任命镇国公塔旺策林（八爷）为校长、于培根为教务主任。除教员胡佩文、于培根、黄鲁布僧、胡湘洲、罗迪藏武等 5 人外，还聘请了叶庄之、王枕华二人为代课教师。学校分一年级、二年级、三年级、五年级四个教学班，有 86 名学生。校址在王府西路两套院 18 间廊房，操场在延福寺门前。

同年 3 月 30 日，旗立定远营小学校正式开学上课。

本校开设课程有国语、算术、公民、自然、地理、体育、音乐、蒙古语等。由于当时只购到一套课本，王枕华从北京请来石印师傅田子扬，购置了全套石印设备、纸张、油墨回旗，由教师胡湘洲、叶庄之用毛笔书写制版，田师傅印刷装订，发给学生，解决了教学课本的问题。

阿拉善旗立定远营小学校成立开学典礼照（1935 年）

旗立定远营小学校首届毕业典礼照（1938 年）

该校自成立当年开课时，按学生文化程度分为如下四个班级：一年级有倪廷选、刘玉德等 43 名学生，二年级有谢文彬、李明德等 35 名学生，三年级有王励德等 14 名学生，五年级有魏文锦、张宏达、罗慰镔、王福宝、吴登弟、刘卓元等 8 名学生。

四、定远营女子小学校

达理札雅继任阿拉善旗札萨克，从北京回旗后，在其夫人金允诚的力主下，民国二十六年（1937 年）报经国民政府教育部和蒙藏委员会备案，旗政府批准，首创了阿拉善旗第一所女子小学校。

1937 年 3 月 5 日，阿拉善和硕特旗立定远营女子小学校开学典礼，金允诚出任校长，聘请金幼臣、金慕然、谢尚德、俞世珍、刘延庆、胡湘洲，福音堂瑞典传教士包日琳女士为各课教师，学生有达理札雅王爷的女儿达倩芬、达祉芬以及王俊英、王淑敏、罗桂芬、达淑萤、罗慧芳、魏冬贵等 46 名，设一至三年级三个教学班。

开设课程有国语（含毛笔字练仿）、蒙古语、算术、社会、自然、体育、音乐、图画、卫生、公民、劳作、英语。

校址在王爷东府院内，教室 5 间、招待室 2 间、准备室 1 间、教员室 2 间、校长办公室 2 间、储藏间 3 间，共 15 间房，房屋总面积为 650 平方米。桌椅板凳及教学设备由旗政府拨款购置。

金允诚校长还为女校创作了一首校歌。

阿拉善旗立定远营女子小学校开学典礼照

五、旗立蒙古文小学

民国二十八年（1939 年）冬，旗政府派员到全旗 36 个巴格调查保得税的同时统计了人口和学龄儿童，发现全旗有学龄儿童 500 余名，其中喇嘛占五分之四。因此，旗政府主要官员将此事向王爷达理札雅汇报，在达理札雅王爷和福晋金允诚大力支持下，于民国二十九年（1940 年）三月，在定远营试办“阿拉善和硕特旗蒙古文小学预备班”，随即下令 10 岁以下儿童不能当喇嘛，要到学校念书，后奉中华民国教育部令，改名为“旗立蒙古文小学”，第一任校长为罗达西东德布，副校长为罗宝迪沙拉，专职教师为胡巴图巴依尔、罗库日勒岱、刘布和，学生 32 人，设一、二年级两个年级。校址在定远营城内。

民国三十年（1941 年）春，学生增至 60 人，学校搬迁到药王庙院 8 间房内，增加罗额尔肯巴图、李自源、沙格德礼扎布三教师。开设蒙古语文、算术、公民、三民主义、圣谕广训、汉语文、体育、音乐、美术课。民国三十一年（1942 年）秋，学生增至 100 余人，学校迁至城内四公爷府，陈江布勒任校长，又增聂振书、胡萼业、王励德三人任教，张宏达、罗永寿、罗步云、俞那生达来、薛海等人兼任军训、常识教师。

民国三十三年（1944 年）春，学生增至 120 人，学校迁至王府西路（延福寺南门广场处），拉永泰任校长，按一至四年级编班，又配备达西东德布、毛图瓦岱、辛文才三人任教。

民国三十四年（1945 年），旗府向全旗发出征收专项教育税通知，并号召富户捐款资助。民国三十五年（1946 年）冬，在西花园十字路口东北拐角处（现邮政局处）建成全新的蒙古文小学，砖木结构的校舍有 108 间，能容纳 500 名学生，是定远营第一流的新式建筑群。

蒙古文小学学生们在西门前操场上练习高跷游戏（额尔登敖日格勒供照）

1945—1949 年，学生有 130 余人，校长依次为吴文凯、罗月亭、戚涛、齐文魁（齐图门巴雅尔）、胡巴图巴依尔，为加强师资力量，调进李明德、闫继发、苏瀚皋、张孟和宝音、薛文斌五人。1949 年阿拉善旗和平解放，蒙古族小学享受“全供给制”特殊待遇。

六、国立实验中心小学

民国二十九年（1940 年）六月，国民政府教育部长朱家骅到阿拉善旗视察边疆教育，在旗府和民众办教育的呼声中，决定在定远营设立国立实验中心小学一所，同年 11 月开学，校长为张永成，设 3 个教学班，教职员 10 余人，学生 70 余人，按教育部统一规定开设课程，并开设童子军课，校址最初在药王庙，后迁至南梁坡下的南龙王庙院里，多为汉族学生。民国三十三年（1944 年）有教职工 30 名，学生 400 余人，初小 4 年，高小 2 年。

国立定远营实验中心学校第一期毕业照（1946 年）

七、旗立简易师范

民国三十年（1941 年）春，为解决小学教师奇缺的困难，在定远营创建了一所旗立简易师范学校，一个班 24 名学员，校址在旗立定远营小学，遂将该小学改为简易师范附属小学，民国三十三年（1943 年）该校停办。

八、阿旗中学

民国三十六年（1947 年）十月，定远营成立"阿旗中学"，因应届小学毕业生 30 人无处升学，迫使旗札萨克达理札雅及政府官员做出决定，成立一个初中预修班，使莘莘学子不致失学。男女生共 30 人，班主任为李宪，教导主任为赵国治，由五六位旗立小学教师兼课。课本采用由国民党政府教育部审定，商务印书馆和中华书局出版发行的初中教科书。校址设在定远营城内延福寺前、王府西路的大院里，与旗立蒙古文小学在一起。1948 年，旗政府指派国民党政府行政院蒙藏委员会驻旗协赞专员戚涛任班主任，兼旗政府教育处主任及蒙古文小学校长，由李明德任生活指导员。后旗府向国民党政府教育部反复申请，要求调拨经费，成立中学无果。达理札雅王爷在财政困难的情况下，自己出资捐助，坚持办阿旗中学，调整全旗教师，将有师范程度的教师调到中学，戚涛任校长，张琦庭任教导主任兼教语文，王主宝任数学教师兼总务主任，秦文尧任英语教师，还开设物理、化学、生物、文体、娱乐课。为了减轻财政和学校负担，戚涛、张琦庭、王主宝都在区防司令部挂职领薪。

九、阿拉善旗学生就读黄埔军校

1924 年，在苏联和中国共产党的帮助下，孙中山在广州创办了中央陆军军官学校，世称黄埔军校，孙中山兼任总理，蒋介石为校长，廖仲恺为党代表，戴季陶、张申府、包惠僧、周恩来、熊雄先后担任政治部主任。聂荣臻等 15 名共产党人在政治部任职，叶剑英任教授部副主任。1924—1949 年共招生 23 期，加上其后在各地办的十大分校，毕业生达 30 多万人，前七期在广州本部毕业 1.3 万人，培养了大批军政人才，许多人成为国共两党高级将领。阿拉善旗青年去黄埔军校上学，要从 1938 年宁夏省主席马鸿逵使用大批军队将阿拉善亲王达理札雅押至银川、兰州软禁说起，当时驻兰州的国民党第八战区司令长官朱绍良和国民党第一军军长胡宗南是达理札雅王爷的朋友，二人给王爷出主意，要想控制全局，就要培养军事人才，培养军事人才最好的方法是上黄埔军校。那时上黄埔军校要参加严格的考试，但胡宗南当时任黄埔军校西安七分校主任，通过这个关系，保送阿拉善旗20多名青年上了西安七分校。1939年4月至1942年5月，黄埔军校西安七分校第17期十一总队，有22名学员，分别为：罗永寿、罗步云、罗翔麟、谢文彬、胡福业、聂振书、张元憪、蔡忠元、王励德、王振华、周贵全、薛海、陶意乐、毛德功、左敬忠、辛文秀、周龙文、马怀章、罗升平、罗江布勒、杨海山。其中3人中途退学，毕业回旗的有19人。1942—1943年，保送7名青年到黄埔军校兰州分校培训。阿拉善旗于1947年、1948年又保送7名青年上了黄埔军校四川成都六分校第22期、第23期，他们是：罗福喜、杨宪忠、雷振邦、赵毅涛、张宏达、王海山、富崇囊。

黄埔军校阿拉善旗学员旧照

从黄埔军校毕业回旗的学生都被委以重任，分配在区防司令部、保安大队、稽查局等部门任职，罗永寿被任命为中校总队副队长，罗步云担任少校中队长，其他人分别在区防司令部各处室任参谋、副官、军需、干事，在保安大队各中队、大队任正副队长，在稽查局、法警队任队长。黄埔军校生对阿拉善军队的正规化、现代化建设起了极大的促进作用，有多人积极参与阿拉善的教育事业，登上讲台，传道授业解惑，培养人才，极大地推进了阿拉善旗教育事业走向正规、快速发展。

黄埔军校阿拉善旗学员旧照

第六节 名师简介

定远营向来有重视文化教育的传统，不管贵族还是平民，只要有条件就为自家子弟聘请私塾先生，或送到文化人家里以求垂教。因此，在阿拉善旗建旗以来的252年（1697—1949年）中，特别是阿拉善旗王府所在地定远营出现过很多名师，如南柯巴拉、塔尔来、阿旺丹德尔、嘎钦敖其尔、敖其尔那笋、朝格巴图、皂特巴、纳仁格日勒、威毕力格、高世格、策仁、穆德昌、格里格、策仁达喜、那木吉拉道尔格、黄图门吉日格勒、俞那森达来、塔旺策仁、罗道尔吉生格等。以下将简要介绍在20世纪前50年中，为阿拉善旗教育做出贡献的重点名师。

俞那森达来，生卒年不详，汉名俞世珍，男，蒙古族，阿拉善旗人，精通蒙古、汉、满三种语言文字。他是阿拉善旗末代王爷达理札雅的蒙古文老师。开办过私塾，阿拉善旗在定远营建立小学时，任专职老师。为阿拉善旗培养出很多人才，为当地教育事业做出了突出贡献。

据85岁的布音特古勒德尔（汉名俞函斌）老人回忆说：阿拉善旗刚刚解放时，他太爷爷八十多岁，后去世。

黄图门吉日格勒（1888—1932年），汉名黄康禄，尊称派代巴格喜，男，蒙古族，阿拉善旗树贵巴格人。7岁开始跟随父亲学习蒙古文和汉文，12岁开始学习满文和藏文，到旗印务处当练习生。由于他工作认真，学习刻苦，逐渐精通蒙古、汉、满、藏四种语言文字。后被政府官员看中，于民国元年（1912年），到政府秘书处担任秘书工作，兼任蒙古、汉、满、藏文翻译。民国七年（1918年），升任佐领（章按第），主管旗政府文书档案。民国八年（1919年），任旗政府翻译处处长，并带十几个徒弟讲学识字。民国十二年（1923年），升任委护参领。民国十三年（1924年），升任参领。民国十六年（1927年），任委护梅林章京，并任“定远营中山小学校”副校长、旗蒙古文小学校长。民国十八年六月十九日（1929年7月25日），升任章京级梅林章京。他在职期间和任校长的十多年中，培养出阿拉善旗近30名优秀人才。这些人为此后的阿拉善旗教育事业做出了很大贡献。早在民国六年（1917年），阿拉善旗政府派黄图门吉日格勒前往恰克图，与那里的俄国商人洽谈绒毛生意，并将历年所欠的旧账3000两银子全额收回。黄此时已与苏蒙革命人士联络，建立友好关系。民国十五年（1926年），内蒙古人民革命党秘书长郭道甫来定远营，与黄图门吉日格勒、贡对、段巴图尔接头，宣传革命道理，撒播革命种子。为此黄已接受了革命。当年，罗巴音都仁利用给塔王运送（北京王府）

春节用品之际想走私鸦片的事情败露，黄以运送违禁品为由没收其鸦片，给罗巴音都仁严重警告处分。为此，罗巴音都仁对黄恨之入骨，结下私仇。“戊辰事变”后罗掌权，对黄寻机报复。黄因参与进步人士接头的事情被罗发觉，罗给黄安上种种罪名，黄遭到罗的暗算被捕入狱。民国二十年十二月初五（1931 年 1 月 12 日），罗巴音都仁下令派人将黄图门吉日格勒（黄康禄）拉出去城东门外枪毙，成为轰动一时的冤案。

罗额尔肯巴图（1916—1948 年），汉名为罗锐麟，男，蒙古族，他是阿拉善旗浩依尔呼都格巴格台吉巴岱之三子。自幼起读文识字，后请家教俞那森达来（俞世珍）为师学习蒙古文和满文。从小聪慧的罗额尔肯巴图精通蒙古、汉、满三种语言文字，并略懂藏文和英文，后任副梅林参领。1942 年正式改建旗蒙古文小学时任命副校长，为阿拉善旗培养出很多优秀人才。1948 年 1 月 19 日，他患病毒性重感冒，由于医疗条件的限制，医治无效，英年早逝。

罗锐麟

在他短暂的一生中创作过很多文学艺术作品，可惜的是，由于其妻子后来改嫁，将所有作品遗失。

胡·巴图巴雅尔（1917—1995 年），尊称“宁嘎”，男，蒙古族。1917 年 10 月出生于阿拉善旗宗别立巴格一个牧民家庭。从小拜师学习蒙古文，熟练掌握了蒙汉文。1940 年 3 月，阿拉善旗在定远营创办蒙古文小学，他被聘为专职教师，从此开始了教书育人生涯。他先后任教务长、副校长、校长等。

胡·巴图巴雅尔

1949年9月23日，随阿拉善旗政府和平起义，参加革命工作，在旗蒙古文小学主持教学工作。1961年，调入旗教育局，负责锡林高勒、苏木图两个苏木牧民青年的函授教育，同时兼任文史研究室主任。1966年，“文化大革命”开始后，被下放到吉兰泰苏木劳动。1969年，调到“五七干校”劳动。1981年，当选阿拉善左旗人大常委会副主任。他曾先后当选为宁夏回族自治区人民代表大会代表、内蒙古自治区人民代表大会代表和阿拉善左旗人民代表大会代表。

胡·巴图巴雅尔曾长期从事学校教育工作，多才多艺，擅长书法、绘画、雕塑等，创作了许多具有民族特色和地方特色的作品以及民间文学作品。如“定远营古城”（模型）、“阿拉善乌热斯那达慕”（模型），别具一格，风格独特。20世纪60年代初，他在文史研究室工作期间，搜集整理编写了100余万字的蒙古文文史资料，后分别收入《阿拉善史料》（蒙古文）和《巴音森布尔》（蒙古文）杂志刊登，为阿拉善留下了珍贵的历史文献。1988年离休。1995年11月28日去世，享年78岁。

2014年和2015年由内蒙古人民出版社出版发行的《阿拉善教育家胡·巴图巴雅尔作品选》《书画工艺记载传统文化——胡·巴图巴雅尔书画工艺作品集》两本书系统地展示了阿拉善的历史。

罗库日勒岱（1912—1999年），尊称“阿吉噶”，男，蒙古族，1912年出生在阿拉善旗浩依尔呼都格巴格。阿拉善旗在定远营创办蒙古文小学时被聘为专职教师，一直工作至退休。1950年曾被评为省模范教育工作者。他在阿拉善教书育人的岗位上做出了卓越贡献。1999年去世，享年87岁。

罗库日勒岱

刘布和，生卒年不详，尊称“瑙木罕阿哈”，男，阿拉善旗人。精通蒙古、汉、满三种语言文字。阿拉善旗在定远营创办蒙古文小学时，他被聘为专职教师，一直工作至退休，为阿拉善培养出很多人才。

戚涛（1921—1999 年），男，汉族，山东威海人。1945 年毕业于国民党中央政治大学，毕业后在蒙藏委员会从事边务（少数民族事务）工作。1946 年初，受国民党中央政府蒙藏委员会派遣，到阿拉善旗担任协赞专员至 1949 年。

戚涛

在阿拉善旗期间，担任旗保安总队政治处主任、旗政府秘书，与达理札雅王爷关系融洽，为旗政出谋划策，并为阿拉善的教育事业出力、做贡献。曾担任过旗教育处主任、蒙古文小学校长，1947 年协助达理札雅王爷创办阿旗中学，并担任班主任、教导主任、校长。参与阿拉善旗的和平起义工作。1982—1989 年，在中国人民政治协商会议阿拉善盟委员会第一届、第二届任驻会常委。

除以上名师外，还有丁友良、薛功武、胡湘洲、谢尚德、金慕然、俞豪升、于培根、秦文耀等人都为阿拉善的教育事业做出过贡献，因资料缺失，无法详述。

第七节　文化实体

一、无声电影和照相馆的出现

20 世纪初，照相、电影等新生事物都为上层社会所拥有，一般平民百姓很难接触和享用。清光绪三十二年（1906 年），慈禧太后为巩固清王朝的统治地位，笼络皇亲国戚，安定内部，将溥仪之妹许配给阿拉善旗第八代第九任札萨克和硕亲王塔旺佈里甲拉之子为妻，同时选了一台当时最时髦的 35 毫米手摇无声电影放映机和《野猪林》《巡抚拿贼》《日俄战争》《白雪公主》《满江红》等几部无声影片作为陪嫁品，送给了塔旺佈理甲拉，供塔王和王府贵族们享乐之用。这是阿拉善地区最早的放映机和影片。但苦于无人会使用，放映机被闲置了一年之久。

章万宝（1886—1971 年），字藏珍，是阿拉善旗王爷的包衣。他从 15 岁便随其父时常到罗王府里当差。因为每年都要随罗王府管家到京城进货，他便利用在京城办差的机会，通过观察，学会了钟表拆卸等修理技术，又反复拆装家中的一架老式座钟，竟慢慢掌握了钟表的机械构造、性能、原理。后来，他从京城购置了各种钟表配件和修理工具。光绪二十九年（1903 年），18 岁的章万宝在定远营创办了第一家钟表修理店。

宝珍照相馆创始人章万宝

宣统二年（1910 年），塔旺布里甲拉正式继任阿拉善旗札萨克和硕亲王。章万宝的机灵好学博得了塔王的认同。塔王家中有台德国的莱卡 135 照相机和手摇式 35 毫米的无声电影放映机，是慈禧太后生前赏赐的。章万宝又逐渐学会了给塔王照相和放映无声电影的技术。因此，塔王念其在府中当差尤佳，对他特别关爱，就将无声电影放映机转送于他，以放映无声电影为生。民国九年（1920 年），章万宝和他哥哥在定远营创办了第一家照相馆。在定远营的几年中，来照相馆照相的人很少，很难维持。因此，民国十三年（1924 年），精明的章万宝决定携全家到人口较多、商业比较活跃的宁夏城谋求发展。他用变卖家产所得的 300 块银圆，在宁夏城柳树巷买下临街一座前后院的房产（今银川鼓楼南街新影照相馆处）。

民国十四年（1925 年）十月，冯玉祥的西北国民军暂编二师师长刘郁芬和热河省都督府参谋长蒋鸿遇二人率部向兰州进军。为活跃部队长途行军的娱乐生活，他们请章万宝随军拍照，放映无声电影。在行军的3个多月里，章万宝赚到了500多块银圆。有了第一桶金后，章万宝从北京买来进口照相器材。民国十五年（1926年）八月，老银川城内的第一家以经营照相为主，镶牙和刻字为辅的综合性店铺——宝珍照相馆开业了。

二、阿拉善旗图书馆

阿拉善旗王府藏有书画20万册、件，属王爷私人藏书。

1941年，阿拉善和硕特旗成立图书馆，藏书1万余册。馆址设在定远营南门外，馆内陈列报纸图书供人阅览，设备简陋。

三、《阿旗简报》

《阿旗简报》（蒙汉合璧），民国三十四年（1945年）三月三日创刊，是阿拉善旗最早的周期为隔三日出版的报纸。现有馆藏报纸年限为1945—1947年，油印（石印），8开2版，由国民党阿拉善旗中央直属区党部主办。此报以抄收国民党中央广播电台的简明新闻为主，印发300份，除定远营外，还分送旗内较为重要的地区。民国三十六年（1947年）底停刊。

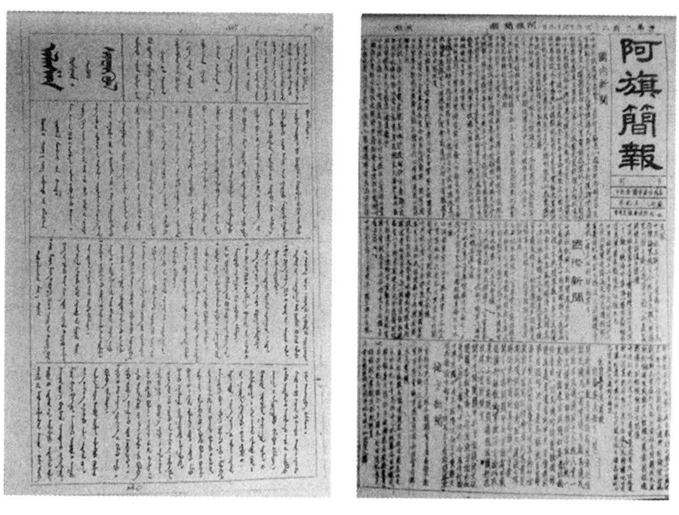
阿旗簡報

《阿旗简报》蒙汉文版

第十章 宗教信仰及庙宇

第一节 宗教种类

蒙古族主要信仰萨满教和藏传佛教。古代，萨满教极为盛行，阿拉善也不例外。1616年以后，随着藏传佛教在卫拉特地区广泛传播，其势力才逐渐衰微。但直到今天，其影响仍未完全消失。

藏传佛教首先在蒙古贵族阶层中传播，后来逐渐建立了寺院，出现了蒙古族喇嘛。清代，为了安抚蒙古，加强对蒙古的统治，清王朝对藏传佛教实行保护和奖励政策，鼓励支持各盟旗修建了大批寺庙，更多的蒙古人纷纷出家为僧。据天纯《内蒙古黄教调查记》载："民间家有数子者，其财产较多，能分析而居则增加户数，否则只留长男，余悉得出家为喇嘛，七八岁至十二三岁即去发入教，每户必有一人或数人，即王公弟子莫不然也。"阿拉善定远营蒙古族也不例外，这是清朝为限制蒙古族人口的手段。清朝乾隆皇帝曰："因其教不易其俗，修一庙胜用十万兵。"

从13世纪到清末、民国时期，经过几百年的传播与发展，蒙古人对藏传佛教由不信仰到信仰，由少数贵族信仰到许多平民信仰，最后几竟达到全民信仰的程度，几乎家家都备有佛像，朝夕膜拜。绝大多数人都佩戴护身符，老年人还手持佛珠，口中不停地念经诵佛。20世纪前50年，定远营蒙古族也是这样，家中凡遇大事，必请喇嘛念经，请求佛祖保佑。每年各时段的庙会都尽量赶去参加，而到西藏去朝佛，则成为许多人一生梦寐以求的愿望。因此，藏传佛教在蒙古人当中拥有至高无上的宗教信仰地位，对阿拉善地区的政治、经济、文化等各方面产生了深远影响。

藏传佛教（俗称"喇嘛教"）、汉佛教、道教、伊斯兰教、基督教等各种宗教在定远营并存。阿拉善蒙古族全民信仰藏传佛教，有寺庙9座（不包括城墙上的庙宇）、喇嘛约4000名。回族全民信仰伊斯兰教，有教堂2座、穆斯林1000多人。道教在定远营有寺观二十几座，但没有道教组织，道教寺观都归延福寺管辖。信仰基督教的教民有100余人，全是汉族，有教堂1座。

寺和庙的区别：寺是佛教的宣讲所，是僧众供佛的处所，如供如来、观世音、文殊普萨等，佛是超然物外的，人们在佛前祈求，是精神空灵的追求。庙是古代帝王祭祀、议事的处所，也是祭祀祖宗的神位屋舍，先秦之后规定，凡有功于国的人，死后方可入庙，享受人们的祭祀礼拜，如孔庙、诸葛庙、关帝庙、岳飞庙等。庙中的神是人的偶像化，人们在庙中祭祀，是对历史上圣贤功臣的缅怀与纪念，追思他们的丰功伟绩，用以激励后人。

第二节　定远营藏传佛教寺庙

一、罗汉堂

定远营周围有很多早期宗教遗迹，如“塔尔巴珠格”（瞻卯山）与十六罗汉、罗汉堂与十六罗汉等。“定远营‘罗汉堂’为唐代建筑。”[1] 贺兰山西麓瞻卯山，山阳悬崖下有一个占地约50平方米大的岩洞。十六尊者莅临瞻卯山山洞的传说相传至今。传说唐朝年间，唐朝皇帝龙体长疮患病，御医郎中医治无效。因此，唐朝法术和尚[2]特从天竺国请来佛祖释迦牟尼的高徒十六尊者为唐朝皇帝看病，治好了皇帝的陈疾。为此，皇上要在京城建造罗汉庙供奉他们，但十六尊者没有答应，执意向贺兰山方向动身。阿拉善守护神“达尔玛达喇”[3]（蒙古语称“格宁达尔玛”，汉语称“达摩居士”）知道十六尊者

[1] 参见内蒙古政协文史资料委员会：《内蒙古文史资料》第十辑，内蒙古人民出版社1983年版。

[2] 参见罗桑图丹嘉措：《瞻卯山熏香祭》（藏文手抄本、广宗寺藏本）。

[3] 参见仓央嘉措：《阿拉善神祭供》（藏文）；若必多吉：《三学昌盛日光》（藏文）；另见罗桑图丹嘉措著《瞻卯山熏香祭》中记载达尔玛达喇就在赛音希日格这个地方出生。

要路过此地，用奇花异草将瞻卯山装点得无比美丽，又准备丰盛的美味迎接十六尊者。见此，十六尊者十分高兴，在此进行45天的夏安居[1]，并为这个做夏安居的山洞赐名“塔尔巴珠格”（意为“解脱之洞”）。唐朝皇帝得知此事，就传旨给达尔玛达喇居士选择吉祥之地供奉十六尊者（罗汉）。于是在蒲草沟北侧建造罗汉堂（延福寺内的“三世佛殿”），供奉至今。

二、延福寺

雍正四年（1726年）开建定远营城时，就是围绕原有寺庙“罗汉堂”所建。乾隆七年（1742年），在罗汉堂前建三间藏式门庭，又名“天王殿”，供奉四大天王；东侧建吉祥天女殿，天女是扶危济困、消灾灭难之神；西侧建白哈五王殿，殿里供奉东南西北中五个方位保护神：中为图格吉甲鲁，东为廷雷甲鲁，西为仰登甲鲁，南为古伊甲鲁，北为笋给甲鲁。乾隆十年（1745年），阿拉善第三代札萨克亲王罗卜藏多尔济在三世殿后建三层49间朝克沁多根（大经堂），即雄伟壮丽的藏式大雄宝殿。乾隆二十四年（1759年），乾隆御笔用蒙古、汉、满、藏文书写匾额《延福寺》，此乃延福寺正式诞生之日，至今原物仍悬挂在三世殿堂里。乾隆五十五年（1790年），在三世殿前建八面玲珑、八角翘起、两层一顶的转经楼，转经楼里一个围着中轴起地至顶的八面藏经柜，里藏一百〇八卷《甘珠尔经》，在其左右建鼓楼和钟楼。钟楼上有记载：“御前行走镇守宁夏等处地方，将军兼管旧吐尔固特旗事务贺兰山和硕特亲王驸加壹纪录壹次旺沁班巴尔同王妃多罗格格

延福寺钟楼旧照

[1] 参见仓央嘉措：《阿拉善神祭供》（藏文）；若必多吉：《三学昌盛日光》（藏文）。

试造——大清乾隆五十五年五月初十日造。”在转经楼前放置一古香古色的铸铁香炉，香炉上有多行汉字铭文：“贺兰山札萨克和硕亲王多罗额驸罗卜藏多尔济和多罗郡主多罗格格虔诚敬献，敕赐延福寺。大清乾隆三十三年八月十五日虔铸。”这是第三代亲王罗卜藏多尔济和多罗郡主敬献给延福寺的。嘉庆十年（1805年），第五代王爷玛哈巴拉在大雄宝殿东西两侧建阿格巴殿、观音菩萨殿、药王殿。民国二十六年（1937年），第九代第十位王爷达理札雅在大雄宝殿东建了阿拉善神殿，可以说延福寺的辉煌是经各代王爷陆续增建所致，在乾隆盛世时延福寺占地100余亩（约8000平方米），大小殿堂10多座258间，喇嘛达500多名，有属庙十几座，香火极盛。延福寺有四大经学部，分设在各殿里：东克尔殿为时轮学部，传授数学、天文、地理、占卜；却拉殿为宗教哲学部；阿贵殿为医学部；日木伦殿为教义学部，传授喇嘛教的教义、教规、教史。延福寺是阿拉善40个寺庙中有匾额的八大寺之一。八大寺为福因寺、广宗寺、延福寺、承庆寺、昭化寺、妙华寺、方等寺、宗乘寺。与定远营形成直接关系的还有广宗寺、福因寺，其他寺庙分别是三大寺的属庙。延福寺一直由阿宝王爷从青海带来的玛尼喇嘛阿旺丹增旺吉勒当主持，所以又名为王爷家庙，又因地处王府附近，又名衙门庙，藏语称“格吉楞”。在定远营，它历史最悠久，影响最大，属庙最多，保存最完善。延福寺的佛事活动和法会很多，除每个月都有喇嘛在庙里念几天佛教规定的佛经外，大型活动还有：正月十五城隍爷出巡，喇嘛在城墙上转

延福寺旧照

经（晒经），寺庙举行晒佛和大型喇嘛跳查玛庙会，春季祭祀三个大敖包，四月初八纪念释迦牟尼诞辰，十月二十五日纪念黄教创始人宗喀巴大师，还有参加全旗的那达慕等。这些大型佛事活动都能引来大批香客和几乎全城的民众，上香、磕头、许愿、点酥油灯、转经，运气好的还会被活佛摸顶，这是藏传佛教最大的荣耀，寓意去病去灾、吉祥如意，最后达到僧俗共庆，万民欢乐的目的。

延福寺有两个活佛体系，一是玛尼喇嘛，另一个是甘珠尔巴格什。

第一世玛尼喇嘛为阿旺丹增旺吉勒，第二世玛尼喇嘛为鲁布森列格登，第三世玛尼喇嘛为那旺丹增旺吉勒，第四世玛尼喇嘛为鲁布生图布登旺楚格。

甘珠尔一世原是阿拉善广宗寺第二代格根罗桑图布丹嘉木苏，甘珠尔二世是甲木英黑都布却吉甲木苏，甘珠尔三世是吉布增罗布森达尔吉，甘珠尔四世是阿旺却吉嘉措，甘珠尔五世是阿旺图布登尼玛（又名张尼玛）。

三、满巴庙

在延福寺的后门右边，有一座满巴庙，满巴是蒙古语“大夫”之意。它是延福寺中四大部之医学部，即专门培养喇嘛大夫的地方。这是从阿贵殿分离出来的专门的学医部。庙依山坡而上有三个院落，最上边是主殿，两边是配殿，以下两个院落都是庙院住房。

四、芒乃庙

从延福寺的后门向右拐，沿延福寺和满巴庙中间的窄路由山坡向上，走到后山顶处，有一小庙，它就是名不见经传的芒乃庙，该庙是集中收集其他庙里残缺的佛像之地。20 世纪 40 年代一场火，庙被烧得精光。

五、地藏菩萨庙

在城内乔格登李老爷（李福海）家东，背靠后山有一座地藏菩萨庙，庙院南北窄，东西宽，坐北向南，庙里主供地藏菩萨，院内有两棵松柏树，是延福寺的属庙。佛教有四大菩萨：文殊菩萨（山西五台山）、普贤菩萨（四川峨眉山）、观音菩萨（浙江普陀山）、地藏菩萨（安徽九华山）。佛经中说，地藏菩萨受释迦牟尼嘱咐，在释迦佛灭度之后，弥勒佛未生之前，教化六道众生，拯救世间一切罪苦。安徽九华山就是地藏菩萨说法的道场，在甘肃敦煌莫高窟等大型佛窟里都有地藏菩萨佛像。

六、观世音菩萨庙

位于东城墙上的中部，在孔庙和魁星楼中间有一座小庙，庙内供一尊立式菩萨。观世音菩萨是西方极乐世界佛祖阿弥陀佛的协侍，在佛教四大菩萨中以大慈大悲、救苦救难的形象被信徒崇拜，在中国民间是影响最大、信仰最众的一尊菩萨，送子观音最受妇女欢迎，而千手千眼观音则象征佛法无边，表示度一切众生广大圆满而无碍之义，供养这一菩萨，可得到息灾、增益、敬爱、降伏四种成就。在中国的几乎所有寺庙、佛洞中都有观世音菩萨雕像，可见她的影响之深远。

七、雅尔庙

该庙位于牛圈涝坝东边，是延福寺的属庙，为什么叫雅尔庙，应是藏语音译的缘故。雅尔庙坐落在定远营最好的风景区，庙前后是两个大草沟，庙西边是几个大涝坝，庙北边的草沟里有王府饮水取水处八卦泉，无论冬夏泉眼外冒、溪水常流。周围是大片沙枣树林，一个大庙院坐北朝南，正殿三间藏式建筑，供奉佛祖释迦牟尼，东西配殿各三间，还有管理喇嘛住房、仓库一应俱全。在每年四至八月要诵经百日以纪念佛祖灭度，在诵经的一百天，有严格的规定：不杀牲，不吃荤，不说话，默念经。民国二十六年（1937 年）九月，为迎接阿拉善旗王爷达理札雅从北京到阿拉善亲政，阿拉善各族各界在定远营举行了盛大的庆祝活动，主要活动地点就在雅尔庙西北边的大滩上，全旗很多牧民参与其中，绿树草丛中设满了帐房毡包，有男子三项：赛马、摔跤、射箭，还有歌舞表演，整整热闹了 20 多天。这是雅尔庙引起人们注意的一次重要活动，同时是阿拉善和硕特旗组织的最大规模那达慕。1949 年后受各种政治运动影响，阿拉善地区各大小寺庙里的几千名喇嘛大都还俗，离开寺庙，回到家乡成家立业，从事牧业生产。在三年灾荒困难时期，动员仍留在庙里的无依无靠的喇嘛在雅尔庙西边开荒种地，所种玉米、糖萝卜、黄萝卜、白菜、土豆等粮食蔬菜帮他们度过了饥荒年。这就是留在老人们印象里最后的雅尔庙。

八、转经楼

按常规，转经楼应建在庙宇里，但在定远营却有特殊，在出了南城门到大树底下、向杠房巷去的路东有一座转经楼。这座转经楼和延福寺里的转经楼一模一样，延福寺里有佛事活动，它就开门，任人们进去转经。因为它位于大树底下的广场边上，又在杠房巷的路边，所以特别显眼。而大树底下是定远营的商业中心和公众聚会场所，八棵高大的百年榆树为偌大的广场遮风挡雨，遮阳当伞，树下常有卖百货、糖果、瓜果、蔬菜、肉食等摊位，偶尔有从外地来的说书人、耍猴的、卖狗皮膏药的、走江湖卖艺的，敲锣打鼓，热闹非常，这些活动能吸引几乎全城的民众驻足观看，呐喊叫好。另外正月十五闹元宵、搞社火，从西花园出发的社火队伍有木匠的高跷、铜匠的旱船、靴鞋匠的走彩马驴，都是用秦腔的戏服、脸谱装扮，唱着秦腔踩着鼓点一路前行，旗中队的舞龙、秦剧团的舞狮、服装社的腰鼓、地毯毛纺社的秧歌、麻编社的霸王鞭、学校教师的东洋车，一路锣鼓镲齐鸣至大树底下，才进入表演高潮，你方唱罢我登场，白天没完晚上继续，热闹喧嚣一整天，全城的民众从早到晚跟着看红火也不觉得累。这座转经楼在20世纪50年代早期就被拆除了，虽然它不是庙，但它是庙的一部分，特在此记述。

九、苏布尔干高勒（柳树沟）白塔

在营盘山后的苏布尔干高勒（柳树沟）建有高高的白塔一座，这是南柯巴拉（又记南阔巴拉）拉布占巴的荼毗塔。南柯巴拉是阿拉善第一代王爷巴图尔额尔克济农和罗理从新疆带来的随从幕僚和供佛喇嘛，这位大喇嘛虽然是位高僧，但是在和罗理部落驻牧阿拉善地方等重要事情当中起了很重要的决定性作用。

第三节　定远营汉传佛教堂

民国十九年（1930年）在定远营开店铺的一位商人去世，从宁夏平罗请来3个和尚，同本地的10多个和尚、居士念经超度亡灵，念经地点就在鲁班庙。这是定远营最早的汉传佛教诵经活动。1937年经旗衙门下文，把鲁班庙作为信众活动场所，后在鲁班庙前院临街的700平方米空地上，专门建造3间殿堂，供和尚举行念经等法事活动，这就是最早的汉传佛教堂。后来还成立了定远营佛教会，成员有：彭应恭、何承梯、白映俊、李庭儒、杨立恒、傅仁贤、李融续、柴昌度，教徒共700多名。该教堂在1966年前就因为城市建设被拆除，改革开放后，和尚及居士们还在延福寺举行过法事活动，其实汉传佛教和藏传佛教信奉的神祇大都一样，很早以前佛教会就在福因寺建过6间殿堂。其后汉传佛教堂三易其地，最终建在了营盘山南坡，改名“延寿寺”。

第四节　定远营道教及寺观

城墙上和城里的道教寺观应是定远营建城时所建，建定远营城所用工程技术人员应是陕、甘、晋、宁等中原地区的工匠。据推测，定远营城竣工后，有些工匠留了下来，陆续建了城外的寺庙，是他们将中原地区的道教寺观全部搬到了大西北。下面所说到的定远营21座道教寺观，大都采用硬山卷棚式顶建筑，都归延福寺管辖。道教有寺观，但没组织。在定远营，一般就是人家在乔迁新居时会请道人念经谢土，有人家办丧事时，请道人念经超度亡灵，还伴有走城、撒灯等一系列宗教活动。

一、东龙王庙

在定远营有三个龙王庙，即东龙王庙、南龙王庙和红石头龙王庙。为什么小小的定远营就有三个龙王庙呢？因为靠天吃饭的地方就靠龙王爷行云布雨，以保草茂畜壮，人丁兴旺。东龙王庙位于营盘山南坡底，今自来水公司正南，出东城门的一条土路向东途经东龙王庙、老陵滩（老陵滩有三座王室大陵，从南向北依次为南陵、北陵和新陵）直达哈拉坞。该庙最引人注目的是庙院内一棵六七丈高的大叶杨树，树围之粗四五个人抱不住，从东南进定远营的人，第一眼看到的就是这棵高耸入云的钻天杨，据说在这棵茂密的杨树上有条巨大的蟒蛇盘踞，所以很少有人敢进去捣乱。人们只是从路边看看庙的后墙和庙房顶，是四柱三廊、前低后高两脊挂瓦的一座小庙。每逢农历二月二，龙抬头，就是龙王庙会，老百姓在这天就要给主管云雨的龙王爷上庙烧香，希望今年风调雨顺，庄稼丰收，草肥畜壮。

二、马王庙

进东门右边是高高的后山山坡，在这山坡的最高处就是马王庙，面南四柱三廊，庙的周围是高高的松柏树，进庙门是三只眼马王爷坐像，两边是两个马童牵着一白一黑两匹腰插翅膀的飞马，威风凛凛，飘飘欲仙。看到三只眼的马王爷，脑海里就显现出二郎神，二郎神也是三只眼，三只眼的功能是两眼看人间地狱，上眼看天界，洞察世间万物，鉴别忠奸。

三、岳飞庙

在马王庙的西边是一座岳飞庙。岳飞，南宋抗金英雄，精通韬略，善于用兵，一生率部抗击金兵，参战指挥126场，未尝一败，是名副其实的常胜将军。他的军队被称为“岳家军”，金朝对岳家军闻风丧胆，称“撼山易，撼岳家军难”。为了宋高宗朝廷利益、军队国家化以及与金媾和等，丞相秦桧以“莫须有”的罪名杀害了岳飞父子，秦桧残害忠良，成了千古罪人，酿万世冤案。但岳飞对中国最大的影响是尽忠报国，岳母刺字又是良好的家庭教育。天下兴亡，匹夫有责，男子汉大丈夫当为国征战，马革裹尸还，是几千年来家国教育的精髓。岳飞留下《满江红》写怀：“抬望眼，仰天长啸，壮怀激烈。三十功名尘与土，八千里路云和月。莫等闲，白了少年头，空悲切。”该首词作乃中国词坛一绝。岳飞留有名言：“文官不爱钱，武官不惜死，不患天下不太平。”为了纪念岳飞尽忠报国的精神建庙祭祀。

四、小娘娘庙

进东门向西走到王府花园，花园南墙正中有一高高在上的常年不开的园门，继续向西，右边是一条深深的巷道，尽头向左是进王爷府邸的朱漆大门，进大门就是王爷的大院，坐北向南后倚山坡是王府住宅，现仍保存。对面是坐南朝北的王爷膳房，规模很大，不再赘述。深巷顶头一高高的台阶，上台阶进一小门再继续爬坡，坡上便是娘娘庙。小院、小庙、小殿，前低后高的青灰瓦顶，小庙四周遍布苍松翠柏，风吹松涛，沙沙作响，殿前沿高高挑起的风铃摇曳，叮咚声声。这娘娘庙建在王府花园内，一般人是进不来的，据估计这娘娘庙是专供王府王公贵族上香求神用的。

五、孔庙

东城门城墙上向北一路上坡，到高坡顶有一间面西小庙，就是中国文人都十分尊崇的孔庙（儒教）。庙里孔夫子坐像庄严肃穆，两边站立陪伴的是他的两大弟子颜回、曾子。中国绝大部分城镇都建有孔庙，是孔夫子的香火所在，也是文化的象征。他是中国文圣，所代表的儒家文化，如仁政德治、有教无类、仁者爱人、克己复礼、仁义礼智信忠孝等，统治中国朝堂几千年，绵延不绝。

六、关公庙

关公庙，俗称“老爷庙”。关公老爷，姓关名羽，字云长，乃三国蜀汉五虎上将之首，是中国武圣，世人感其德义双全，是忠义勇的象征，立祠奉祀。宋明两朝皇帝为其封王立庙，清康熙皇帝敕封其为“忠义神武灵佑仁勇威显关圣大帝”。

在定远营城墙上有五座大庙，四个拐角四个大庙，而最大的庙就是建在城墙北段正中的关公庙，庙正对着城内的后山坡，庙的基础是城墙上一个大大的平台，城墙从庙右后左三面绕过。盛夏时分，这里是避暑消夏之地，从绕庙的城墙洞外吹进的凉风呼呼作响，一身臭汗顷刻全无。庙是四柱三廊，庙顶是前低后高两脊，庙前是小小院落，院前有低低的墙垛。进庙正中是威风凛凛关公坐像；左边是关公之子关兴，手牵赤兔马，气宇轩昂；右首是关公部将周仓，手持青龙偃月刀，杀气腾腾。庙中间是四扇门，两边是花格窗。农历六月十三日为关公神诞，又是关公老爷磨刀日。天旱之年，商会在关公庙唱戏求雨是定远营最热闹之事。

嘉庆年间，玛哈巴拉王爷重修关帝庙碑残块，现藏阿拉善盟博物馆

七、魁星楼

据说定远城是按照“犀牛望月”的形式兴建的，城南门和向东的瓮城门就是抬头看山月的“牛头”，而建在全城东北拐角处一高高山头上的魁星楼，就是“牛尾巴”。城墙从东门向北一路爬坡和从西向东的城墙在此相接，两路合一是一段向东北的高墙，两边是高高的敌墙，中间是深深的走廊，走廊中间是一座小庙，叫诸葛庙，过了诸葛庙走到头是一座三层阁楼式尖顶的魁星楼。道教将文昌、关帝、吕仙、朱衣、魁星崇奉为五文星帝君，视其为掌管人间的禄籍之神，可保佑当地的文运，文人多祭祀可保功名利禄，让子弟进入官僚阶层。

八、诸葛庙

诸葛庙在东城墙上，其位置在东城墙上向魁星楼的方向。诸葛庙（儒教）从字意可知，就是供奉诸葛亮的庙。和三顾茅庐的刘备“隆中对”定三分天下的蜀汉丞相诸葛亮，字孔明，在中国数千年的历史上，诸葛孔明是卓越的军事家、政治家、哲学家、教育家、谋略家，又是发明家，是中国古代社会智慧型人物的代表，为他建庙立意非常明确。诸葛亮的前半生在“淡泊明志，宁静致远”的精神境界中，躬耕陇亩，苦读隆中，完善自我；后半生身体力行，尽忠蜀汉，鞠躬尽瘁，死而后已，真正彰显了“穷则独善其身，达则兼济天下”的儒家风范。诸葛亮性格最大的不足是事无巨细，统归吾管，导致英年早逝，留下千古遗憾。有人撰联评价诸葛亮为蜀汉征战的功绩：“收二川，排八阵，六出七擒，五丈原前点四十九盏明灯，一心只为酬三愿；取西川，定南蛮，东和北拒，中军帐里变金木土革爻卦，水面偏能用火攻。”真乃经典之至。

九、雷神庙

雷神庙在城墙的东南拐角处，是一座两层木制庙，此庙内供奉的是雷神。雷神乃司雷之神，道教谓“雷曰天鼓，威震天下”，民间谓其能击妖孽及忤逆不孝之人，各地多立祠庙，用以惩恶劝善。

十、山神庙

山神庙在东城墙上，是一座紧靠着雷神庙的小庙。山神应为管山之神，该庙建在城墙之上，是管后山，或管营盘山，还是遥控贺兰山，就不得而知了。而贺兰山的南沟和北沟里也有山神庙。

十一、太岁庙

在城墙的西北拐角处有一座两层木制庙，叫太岁庙。据说姜太公封神时，封殷郊为执年岁君太岁之神。太岁庙于20世纪40年代被雷火所击而毁，庙前城内的一座大院同时被烧光。

十二、洞宾庙

洞宾庙在城墙的西南拐角处，高两层，面向东北。吕洞宾，山西永济人，唐末、五代著名道士，号纯阳子，世称吕祖或纯阳祖师。他是道教八大神仙之一，劝诫世人：“人若能忠于国，孝友于家，信于交友，仁于待下，不慢自心，不欺暗室，以方便济物，以阴骘格天，人爱之，鬼神敬之，即此一念，已与吾同，虽不见吾，犹见吾也。”八仙以扶危济困、惩恶扬善的正面形象出现在世间。民间流传的吕洞宾的故事，也是妇孺皆知。

十三、文昌庙

文昌庙在南城门楼上，文昌也称文曲星或文星，原为古代对斗魁六星的总称，后被道教奉为掌人间士人禄籍之神，旧时士人多祭祀之，可保功名利禄，这就是建文昌庙的缘由。

十四、财神庙

进南门要先进向东拐的瓮城，瓮城左侧就是财神庙，三间主殿供奉招财进宝之神赵公明，即武财神赵公明。主殿右侧一小间供泥塑白马一匹。大家都知道《封神演义》里的赵公元帅与姜子牙斗法失败而被杀，后被封为财神。而范蠡为文财神，春秋战国时，范助勾践破吴后，轻舟入海，改名易姓，理财致富，号陶朱公，商贾多崇奉之。3 月 15 日是赵公神诞日，这天是财神庙最热闹的一天。定远营有各行商家、旅店 116 家，大商号如祥泰隆、永盛和、兴泰和、万泰永、长盛和、魁盛元、丰盛和、万德兴、和盛昌等 26 家，这些商家、旅店大都分布在三道河沟南大街，也有在西关、南梁街一带，店掌柜常年在店里供财神。在这天，店掌柜们纷纷进庙上香布施，以求买卖兴旺，各得其利，财运亨通，商业发达。

十五、城隍庙

进了南城门往西拐一个弯就是一个面南的牌楼，高高的牌楼上大笔书写《神明电照》，过了牌楼建在后山西坡上的大庙就是城隍庙。庙依山坡而上，分为三个院落，庙的中门常年不开，凡有大的祭祀活动才开，大门两边有东西两小门。进西小门院中木架上吊三米高一大铁钟，每天一早一晚敲响，洪亮的钟声响彻定远营城内外，西房是仓库。进东小门便是第一层院落，东房是庙主持的办公用房；沿着中间的台阶上到第二层便是第二个院落，两边的配殿里是泥塑牛头马面，墙上画着按阴

嘉庆年间，玛哈巴拉王爷重修城隍庙的碑块，现藏阿拉善盟博物馆

曹地府酆都内容设计的十八层地狱；沿中间台阶继续向上便到了第三个院落，即城隍爷的大殿院，正殿供奉的就是定远营的城隍爷。他是城的守护神，主管天下苍生，劝善惩恶，宣扬一生多行善事，修桥铺路，济贫帮困，逝世后可登仙界。反之则要下到十八层地狱受各种酷行，如下油锅、剥皮抽筋等，在这里道教是以震撼人心的形式向民众说教。经庙东边的小道上山就走到城隍庙的东门，这个门是专门为抬城隍爷出巡所用。每年正月十五由兵丁抬着城隍爷出庙巡游，引来全城民众跟着看红火，有信徒趴在地上让城隍爷从身上过一下，求得平安吉利。农历四月至五月间，各地举行城隍庙会，社会士农工商各界齐来烧香磕头上供，庙里庙外人头攒动，烟雾缭绕，热闹非常。在定远营，城隍庙是仅次于延福寺的第二大庙。据有关资料记载，该庙建于雍正八年（1730年）七月，应是建定远营城同时建的庙。

十六、药王庙

出南城门向西沿街走到城墙西南拐角处路分两岔，向西北的是西关街，向西南的是走西花园的大道，在向西南大道刚下坡的路上坐东向西的就是大名鼎鼎的药王庙。该庙规模大，有很大的院门。进门是三间门面的大殿，前低后高两脊挂瓦，有伸出的前廊，庙的北边是一排八间庙主持住房，后院是一大大的操场，庙的周围几棵高大的松柏树将庙院遮得绿荫葱葱。它的过街对面是一座高高的戏台，台上唱戏时，观众就云集在庙门前看戏。关于药王，一说是尝百草为民治病的神农，二说是黄帝太医扁鹊，三说是唐代名医道士孙思邈。经查证，这里的药王是孙思邈，他是隋唐时代名医，活了101岁，也有说141岁。他有一首“四不贪歌”道出了长寿秘诀：“酒色财气四道墙，人人都在里面藏，有人能跳墙外来，不是神仙便寿长。”还有一首“养生歌”：“天有三宝日月星，地有三宝水火风，人有三宝精气神，会用三宝天地通。”这说明了运动对于生命的重要性。他无病而终，给后人留下了医学名著《千金要方》《千金翼方》，可谓功德无量。农历四月二十八日举行药王庙会，人们给药王上香上供磕头，乞求神灵保佑，祛病除疾，长生不老。

十七、老君庙（老祖庙）

定远营城外有一座老君庙，该庙位于现在的旗中医院（原旗医院）正中。老君其实就是道教的祖师老子，被道教徒演绎出他能炼制各种仙丹妙药，因此被铁匠、银匠等与冶炼相关的行业尊为祖师爷。每逢农历二月十五日，行会都会举行祭祀大典。1951 年建旗医院时，该庙被拆。

十八、鲁班庙

在旗防疫站的大院里有一座相当规模的鲁班庙，院落中间是一座坐南朝北的两层楼式庙，供奉中国古代能工巧匠鲁班，院落北东西三面建有十几间庙院用房，后来就做了旗防疫站的办公室。鲁班，姬姓，公输氏，名般，因是春秋时期鲁国人，故称鲁班。《汉书·古今人表》将其列在孔子之后、墨子之前，被誉为鲁之巧人，“为楚造云梯之械”，“削木以为鹊，成而飞之”，“能造木人木马”，创造工具、器械，发明了锯、矩、墨斗、凿子、刨子、钻子等工具，他被木匠、石匠、泥瓦匠等建筑行业尊为祖师爷，是勤劳智慧、构思巧妙的大师。中国很多城镇都为他建庙祭祀。

十九、大娘娘庙

建在西花园鹿圈山下的大娘娘庙，在今政一巷的最南头。该庙坐南朝北，正庙三间，东西各三间配殿，进庙先通过一道流水三孔小桥，才达庙院。有句民谣唱道：“四月里四月八，娘娘庙上把香插。”四月初八，就是娘娘庙的庙会。想生孩子尤其是想生男孩的女人纷纷到娘娘庙磕头烧香、上供许愿，人来人往，热闹非凡。

二十、南龙王庙

出南城门一路向南直达南梁坡下，路的左边就是南龙王庙，规模很大。坐东向西，有前殿后殿，大殿都有伸出的前廊，周围有好几排庙房，后院有很大的操场，十几棵高大的松柏树遮天蔽日，将庙前后遮得绿荫森森。在这个庙院内，民国二十六年（1937 年）由福晋金允诚女士任校长的旗立定远营女子小学校建成开学；民国二十九年（1940 年），阿拉善最早的定远营实验小学建立开课；民国三十五年（1946年），阿拉善旗蒙古文学校建校招生。当今巴彦浩特的很多老年人都是在此接受的小学教育。

二十一、玉皇庙

上了轿车梁（南梁坡），过了南田村，就到了四道桥，今巴彦浩特镇人大多知道定远营有三道桥，不知还有四道桥，那是因为没有走到。四道桥是架在从贺兰山一路向西的一个大洪水沟上的一木架土桥，过了四道桥东边就是赵家车门，定远营的旗人赵家老家就在此。赵家车门旁边就是玉皇庙，至于为何在城镇最南端建玉皇庙，是否应了进了南天门就到了玉皇大殿这一典故，还有待人们考证。坐北朝南，一个小院，三间汉式小庙，庙里供奉的是玉皇大帝，黄面长髯，头戴帝王冠，手持护板，威严庄重，仪表非凡。庙门前有两棵塔松，周围绿树掩映，在风中哗哗作响，似乎向人们述说着当年的景观。

第五节 定远营伊斯兰教及清真寺

民国初年，宁夏银川、同心、贺兰、平罗、黄渠桥一带的回民先后来到定远营，经营旅店、饭馆，贩卖牲畜、皮毛，搞驮运，经营畜牧生产。年长日久，定居者增多，在定远营的回民达50多户，为过宗教生活，建造了清真寺。民国十八年（1929年），由万盛店老板马金虎等回民布施集资，在来定远营的第一位教长宁夏平罗县马魁拉阿訇的协助下，在南梁刚上坡的西边建一清真寺，有房屋26间，可容纳400人做礼拜，并有澡堂、汤瓶、吊罐等洗浴设施，后被称为下寺，并请了开学阿訇，培养了20多名“满拉”。继任阿訇为金万明、马牙、马才、诚万贞、王穆穆。民国三十年（1941年），随着穆斯林人口不断增加和教派的不同，回民丁义昌、马殿礼等人提议，在定远营南梁东侧又建了一座清真寺，为了建这一清真寺，丁义昌还先入了旗。寺里有30间房，各种设施齐全，能容纳600人做礼拜，后被称为上寺。上寺有阿訇4人，最早请来的阿訇是王孟德，之后的继任者就是王维智。

第六节　定远营基督教及教堂

依仗西方资本主义国家的侵略势力，基督教各派别先后成立传教组织，向中国派遣传教士，开展传教运动。在西方列强的对华侵略中，基督教的各种传教会和人数众多的传教士，一直扮演着十分重要的角色。传教士在中国建堂、传教，还建学校、育婴堂，经历了一个由非法到合法的过程。阿拉善的基督教发展过程也是如此。

在原阿拉善蒙古文学校的东边，西花园大街原民贸公司商店地点，街上有一个小门，进了门是一道长长的院落，最北边坐北朝南七间房就是最早的基督教堂。查资料得知，光绪三十三年（1907年），基督教牧师马衣山来定远营传教，这是基督教传入阿拉善之始。民国十五年（1926年），瑞典人溥博爱在定远营设福音堂，传播基督教，阿拉善旗官方指控其为非法行为，责令溥博爱离开定远营。民国十八年（1929年），基督教牧师溥博爱和法国天主教牧师德玉明同妻李梅浴、教徒乌力吉巴图、任作三等人由伊克昭盟来定远营传教，最初很受歧视，后以给人行医治病的方式深入传教，到民国三十三年（1944年）已有基督教徒100多人。

第七节　民间信仰

民间信仰是民众自发地对具有超自然力的精神体的信奉与尊重。它涵盖了流行在中国民众间的神、祖先、鬼的信仰，庙祭、年度祭祀和生命周期仪式，血缘性的家族和地域性庙宇的仪式组织以及世界观和宇宙观的象征体系。

20世纪前50年，阿拉善旗定远营蒙古族主要信仰黄教（格鲁派），信奉释迦牟尼佛，民间再无其他信仰。其主要表现在每逢各寺庙的各个时期的各种庙会，都前往参加。主要庙会有正月十五庙会、四月的玛尼庙会、六月十三祭祀诺彦敖包、十月二十五日燃灯法会等。其中，蒙古族原始宗教遗留下的祭祀敖包是为祈求福祉、风调雨顺、五畜兴旺。这也是崇拜苍天万物、崇尚自然的方式。

回族信仰伊斯兰教，信奉穆罕默德。

而汉族则不同，有信儒、释、道的，也有少数信仰基督教和天主教的。民间主要信仰崇拜各路神仙。自然崇拜主要是天地信仰、山神信仰、水神信仰，如青帝、赤帝、黄帝、白帝、黑帝、雷公、电母、青龙、白虎、朱雀、玄武、山神、社神等；历史人物崇拜如关羽、伍子胥、杨戬、赵公明、闻太师、三霄、鲁班、八仙、祖师等；女性崇拜如菩萨、娘娘、仙姑、大仙、狐仙等。还有七月求财神也是主要信仰之一。

铁磬

（贺兰山和硕亲王府成造）

第十一章　定远营戏剧

阿拉善定远营的戏剧艺术几乎伴随着定远营的发展史，至今已有 200 多年的历史，可谓源远流长。阿拉善自康熙三十六年（1697 年）正式建旗，到全国解放时已有 252 年，历九代十王。经济的发展，社会的稳定，生活的富裕，为文化的繁荣奠定了基础。阿拉善戏剧产生于第三代王罗卜藏多尔济时期。因阿拉善王爷为清朝国家稳定、边疆安宁，立下汗马功劳，爵位可以世袭，其中九位王爷还是清朝的驸马王或与皇宫贵族联姻。这么多公主自京城下嫁，同时也将北京的戏剧艺术、生活习俗等带到大草原上的定远营，其中最著名的就是

戏剧班子旧照

戏剧艺术的引进了。对于一个位于国家大西北地区的蒙古民族来说，能在18世纪就产生和发展戏剧艺术，是一种很罕见的文化现象。在内蒙古自治区100多个旗县中也不多见，而在内蒙古西部则仅此一家，产生了良好的社会效应。

第一节　京剧“二黄”

乾隆时期，四大徽班（三庆、四喜、和春、春台）进京演出，它们吸收了湖北汉调，接受了昆曲、秦腔的长处，相互影响、兼容并蓄，形成了国粹——京剧。这是大清社会文化领域的一大奇观。远嫁阿拉善的公主，在京城就听惯了京剧，深受其艺术的感染，来阿拉善也不甘寂寞，在第三代王爷罗卜藏多尔济、第四代王爷旺沁班巴尔时期，从京城搬来了京剧“二黄”戏剧，同时带来满汉仆人表演。每逢王爷、福晋、公爷、阿哥的寿辰、生日或重大节庆活动，都要演唱，以此来助兴、庆贺，从此京剧“二黄”戏在阿拉善定远营扎根，成为王爷府的官方戏剧。

京剧的音响，由徽调“二黄”和汉调“西皮”为主，使用乐器主要有二胡、京胡、月琴、笛、唢呐、锣、鼓、镲等，不同的情景使用不同的锣鼓经，烘托剧情。演唱程式为唱、念白、做、打并重，唱要合辙押韵、字正腔圆；念讲韵律节奏、抑扬顿挫；做、打是全部形体动作总称，如身段、功架、手势、脚步、眼神、亮相、格斗等，都是高难度的舞蹈动作，再配以音乐，给观众以舞美的享受。京剧的戏衣有五大类：蟒，帝王将相的官服；靠，武将的装束，象征铠甲；帔，官员、夫人之常服；官衣，文官衣服；褶子，平民的服装，还加上水袖和扇子。京剧的帽子，总称“头盔”，包括帽、盔、巾、冠四类，常见的有天官帽、乌纱帽、罗帽、毡帽等。目前京剧、秦腔等舞台戏装都是沿自明代服饰。京剧的脸谱别具特色，画法千奇百怪，但都有象征意义：红脸含有褒义，代表忠勇之士；黑脸为中性，代表猛勇者；蓝脸和绿脸为中性，代表草莽英雄；黄脸和白脸含贬义，代表凶诈者；金脸和银脸代表神秘，是神妖。一般说，颜色代表性格，不同的画法表示不同的性格，再加上各色髯口，使角色栩栩如生。京剧的角色分为生、旦、净、丑四大行，每行又分若干小行当。“生”是男性正面角色，细分又有老生、武生、小生、红生和娃娃生；“旦”是女性正面角色，细分又有青衣、花旦、花衫、武旦、刀马旦、老旦、彩旦；“净”是性格鲜明的男性配角，即花脸；“丑”是幽默滑稽或反面角色，也叫小花脸，在鼻子区域涂一块，像小丑。每种角色都配有表明身份的脸谱、扮相等，演员登场，观众一看便知。京剧舞台上还会出现五光十色的旗：虎旗、八卦旗、大旗、七星旗、车旗、探旗、报旗、令旗、水旗、标旗、黑门旗、红门旗等，代表了剧中的实物和场景，再加上武打的十八般武艺和兵器，观戏使人眼花缭乱，美不胜收。传统剧目有上千种，常演者有200余种，分为全本和折子戏。200多年来，京剧流派多样、名家辈出、各领风骚，自清朝、民国至今，长盛不衰。京剧在阿拉善定远营繁荣了近百年，开辟了阿拉善定远营戏剧文化艺术的先河。

第二节　晋东梆子与“自演戏班”

清朝宣统年间，阿拉善第八代王塔旺佈里甲拉时期，阿拉善的戏剧演出呈现出繁荣的态势。塔王从北京引进了京剧，从山西引进了晋东梆子，从陕西引进了秦腔，并从北京购置了全套历史戏剧服装，在定远营王府公开演出，你方唱罢我登场，煞是热闹。这些外地戏班子在定远营演唱数月后返回原籍，全部费用由王府支付。由于塔王特别爱好戏剧，王府的官员逐渐养成了对戏剧的爱好和看戏的习惯，单靠外地戏班演出已满足不了王府的需要，于是在民国七、八年间，塔王的五弟（人称“五爷”）自己组织王府内的奴婢人员演唱京剧，这个戏班子叫“自演戏班”，从此阿拉善定远营就有了自己的戏班子，可常年在王府演唱。当时演唱的剧目都是唐、宋、元、明、清各朝代的历史剧：《清风亭》《包公私访》《彭公案》《施公案》《薛仁贵征东》《大舜传》《甲午战争》等。

第三节　晋剧与“自乐戏班”

晋剧又称“山西梆子”，山西梆子按地域又分为晋东梆子、中路梆子、北路梆子、上党梆子、蒲州梆子等。民国八年（1919年），阿拉善旗王塔旺侑里甲拉五弟组织王府奴婢演唱京戏，继而在王府组建戏剧班子，取名“自演戏班”。民国十二年（1923年），塔王的八弟塔旺策林（人称“北公爷”），亲自组织了另一个戏班子“自乐戏班”，从山西请来唱晋东梆子的三位艺人：李富贵、李天贵、保三旦。由他们在北公爷府内主持培训了府内的役使人员和当地的蒙古族、满族演员共30多人，这个戏班子常在王府内公开演出，城内外的老百姓亦可到王府看戏，不收费用。这个晋剧班生、旦、净、丑行当俱全，

戏剧班子合影旧照

如司鼓王兴、二宝，板胡张作兴、尉关，演员舒哥、金阿哈、王万友、王万才、张继德、刘延庆、张光泰、田满贵、张光海、俞光焕、张三三、徐恒瑞、张玉宝、张俊麟等，都小有名气。上演的剧目主要有《五雷阵》《摩天岭》《黄河阵》《麒麟山》《黄鹤楼》《甘露寺》《伐子都》《灯篷失子》《牧牛圈》《明公断》《盗九龙杯》《三岔口》《草船借箭》等。演员日常在公爷府内理事，业余时间排戏，不定期演出，由北公爷支付生活费用，每人月 30 斤米面，500 铜钱小费。这个戏班子兴盛了很久，直到民国十七年（1928 年），北公爷去世，戏班子随即解散，从此再没人组织过，这个剧种也在阿拉善失传了。

第四节　秦腔与“新华剧社”

秦腔发源于陕西，流行于陕、甘、宁、青、新、晋、豫等地，明代中叶在陕甘民歌基础上演化而成，发展中又受昆腔、弋阳腔、青阳腔等剧种影响，特点是音调激越高昂，由梆子打节拍，节奏鲜明，有板有眼。

民国三十一年（1942 年），定远营戏剧爱好者、板胡演奏家张作兴，以私人自筹资金的方式组织了一个秦腔剧社，起名“新华剧社”。剧社在二道桥西修建了一座简陋的戏院，能容纳观众 400 多人，并售卖门票。新华剧社演员大都来自陕、甘、宁这些西北地区的“易俗社”“尚友社”“觉民学社”“新民社”等有名的专业剧社，多是科班出身，也有半路“出家”的，还有一部分青年学徒，文戏、武戏、全本、折子都能演。受当时社会的影响，他们的构成情况很复杂，其中有一些青帮、红帮成员，江湖义气很重，十有八九吸鸦片。剧社的管理方式是自食其力、自负盈亏、盈余分红，按演艺水平、演出场次支付工资，其中要扣除箱主的服装折旧费和其他费用。剧社是一种凑合班子，人员不稳定，流动性很大，原则是能维持生活就留下来，不能维持就到其他地方搭班子唱戏。演出有旺季、淡季之分：冬春是旺季，地方商会会组织演唱各寺庙的会戏，一般自行筹办经费，每个庙会演出三天，每天支付 100 元纸币，伙食由商会管理供应；夏季是淡季，演员们就三五成群外出，到陕甘宁地区活动。

戏班演出旧照

新华剧社设有领财箱主、正副社长、派戏班主、导演、编剧、前台管理、后台管理、大衣箱官、二衣箱官、帽子拐杖箱官、外出联络人员，人人都有明确职责。剧社有60余人，按戏剧的组成，各种角色行当一应俱全，演员名单如下：

须生：任凤鸣、陈化礼、丁振华、霍振川、康正中；小生：吴玉中、余新民、杨觉民；大花脸：王常福、冠银川、苏金荣；二花脸：朱老九（文阳）、杨益民；小丑：白玉板、年金铭；武生：宋乐民；大净：田德年；武须生：朱华民；青衣旦：吕金叶（少亭）、关玉忠、张国金；小花旦：张金兰、俞金凤、田小兰、钱森、孟玉和；二花旦：俞金花、田慧卿、刘锁（万镒）；武旦：李花婷；司鼓：刘三成、刘万金、俞沙锅、尹殿科；板胡：高正明、李三、魏思秀；前台：石生玉；后台：龚长命；售票：徐思成。

新华剧社有40余部历史剧，其中封神榜戏有《纣王降香》《苏护进女》《闯宫抱斗》《渭水河》《文王访贤》《兵发岐山》《黄河阵》《绝龙岭》《诛仙阵》《万仙阵》《杀妲姬》《姜子牙封神》，三国戏有《桃园三结义》《虎牢关》《凤仪亭》《示五关》《三顾茅庐》《舌战群儒》《草船借箭》《祭东风》《回荆州》《夜战马超》《大报仇》，其他戏有《烙碗计》《五雷阵》《姚黎刺秦》《豫让刺袍》《专诸刺僚》《伍员逃国》《卧薪尝胆》《雷炮行兵》《火烧锦山》《玉虎坠》《五典坡》《南天门》《蝴蝶杯》《玉堂春》《全家福》《杀释》《打镇台》《访宁夏》等。民国三十三年（1944 年）秋，由陈化礼编导的唐朝历史大本戏《拾万金》被搬上舞台，整整演出了一个月，深受观众赞誉。后陈化礼又编导了四本连续剧《孟丽君》。

由于宁夏军阀马鸿逵对阿拉善的盘剥，新华剧社于民国三十四年（1945 年）底以给马鸿逵祝寿的名义被调到宁夏银川，再没有回来，阿拉善的戏剧又消失了。但不甘寂寞的阿拉善人在学校掀起了演唱秦腔的高潮，因受戏剧熏陶，学生中十有八九都能唱几句秦腔，特别是简易师范班经常在三青团的鼓动下演唱秦腔，因为不太专业，只是演唱一些折子戏，如《南天门》《三回头》《柜中缘》《断桥》《杨氏婢》《别窑》《杀庙》等。这个阶段，阿拉善旗保安大队的戏剧爱好者和学生们共同演唱了几折戏，效果很好，这给保安队办戏班打下了良好基础。

第五节　保安总队与秦腔俱乐部

阿拉善和硕特旗骑兵保安总队组织的秦腔俱乐部，把阿拉善定远营戏剧演出推向了又一高潮。1946 年秋，保安总队副队长罗永寿、中队长罗步云、副官范立宪、军需主任于培根、号长王鸿钧、魏兆福组织发起了总队部司号班业余秦腔俱乐部，聘请原新华剧社老艺人张金国、石生玉二人担任教练，又在定远营招收了 8 名青年学生，进行培训。经过半年训练，可登台表演一些小型折子戏，如《柜中缘》《南天门》《拾玉镯》《赶坡》《别窑》《算粮》《藏舟》《二堂献杯》等。1947 年，秦腔俱乐部已发展有 30 多名演员，而且在舞台艺术、表演技巧、武功训练等方面都有提高，能演出二十几本大本戏，除给王府、军队慰问演出外，还在各种庙会上公开演出，到严寒的冬季则在蒙古文学校礼堂售票演出，既活跃了民众文化生活，又增加了收入。当时演员都是贫苦人家出身，平均年龄19岁，其中有6名蒙古族，其他都是汉族。大部分青年是自动参军当演员，当了保安队的兵，国民党马鸿逵的保长、甲长就不能再抓他们的兵了，所以那时的保安总队成了汉族青年躲避抓兵的保护伞，总队副队长把他们都编进司号班，让他们专心学练戏剧技艺，为发展阿拉善戏剧打下了很好的基础。

演职人员表如下：

须生：宋永山、王学义、范立宪、魏恒忠；大净：高永水；二净：王敬忠、邢遂义、贺鸿禧；青衣旦：焦锁、贺万华、岳万兴；小旦：刘光山、杨大成；彩旦：黄朝金、夏全志；武小生：潘蛟其、梁武善、丁有福；小丑：杨志义、张二虎、杨二成；老旦：徐恒瑞、姬鸿喜；其他配角演员有：王成义、任奎、杨金和、王生华、王福华等；教练员：张金国、石生玉、丁振华、夏全志；服装：郭安忠、彭福寿；司鼓：年秉中、任兴武、刘海山、刘万金；板胡：魏兆福；二胡、笛子：王能、聂保、李文茂、罗保福。

秦腔俱乐部演员经过几年的培养、学习和实习，对秦腔戏剧都有了全面的掌握和提高，所演剧目逐渐增多，能做到20天不演重戏，后又用演出收入增添了新戏装，演员的信心更为增强，所演剧目受到百姓喜爱。自此，秦腔在阿拉善旗定远营深深地扎下了根，产生了深远良好的社会效应。

那时候定远营很多老年人随时都能哼上几句秦腔，高兴时慷慨激昂，哀愁时悲痛欲绝，酒后吐真言时捶胸顿足，充分表露出喜怒哀乐之情绪。

第六节　汉族民间小调

在阿拉善地区（主要在定远营），汉族民间小调有民勤小调、山西小调等，大多广为流行。1949年9月23日阿拉善旗和平解放后，大部分民间小调从历史舞台逐渐消失。

一、民勤小调

民勤小调，最初称“镇番小曲”。传说起源于清代前叶，盛行于民国年间，是流行民勤城乡的地方小调种。自清晚时期，民勤小调即流传至阿拉善旗定远营。在漫长而曲折的发展中，经过无数艺人剪接合成，形成了自身独特的小调风格。在《割韭菜》《冻冰》这两首小曲中明显能够听出南方气息，说明这是起源于江淮一带很古老的曲种之一。其他还有《二瓜子吆车》《大保媒》《大夫小妻》《王祥卧冰》《怕老婆顶灯》《月光带》《麻女顶亲》《老少欢》《瞎子看戏》《赃官告状》《亲家打架》《鸳鸯谱》《转亲家》《打懒婆》《大倒霉》《烧脖（锅）头》《回娘家》等。现从这些小曲中选几首简单介绍如下：

《二瓜子吆车》：苏三由洪洞县起解山西太原复审，路过某地时，公差雇用二瓜子赶车解送。一路上，苏三诉说自己的身世遭遇，二瓜子不时插科打诨。该剧语言朴实诙谐，表现了二瓜子诚实机灵、傻而不愚的憨相。

《大保媒》：又名《二姐娃害病》，清明时节，许员外的二姑娘去郊外踏青，遇见一位才貌双全的张公子，二人一见钟情，各自回家后都忧思成疾、卧床不起。先是张相公找到了王妈妈，请求保媒，王妈答应撮合。接着她前来许府虚假探病，二姑娘吐露真情，王妈妈又一口应承，解开了二姑娘心中的疙瘩，病情即刻好转。该剧语言生动，尤其王妈的道白，泼辣幽默，极具特色。

《大夫小妻》：年过七旬的董不清，娶下一妻一妾。妻妾之间争风吃醋，吵闹不休。这天董不清回到家中，因偏爱小老婆，激起了大老婆的嫉妒，二人大打出手，终至分家，使董不清发出“人都莫娶两个妻”的由衷之言。

《王祥卧冰》：又名《落红珠》，晋时，王祥继母康氏为自己亲生儿子王贤霸占家产，屡次加害王祥夫妇。一次康氏命王出外办货，路过香山，被司马霸掳上山，此时王贤赶至，说明原委，司马赠金送走。辽王叛，惠帝召回司马霸往剿。康氏病重，欲食鲜鱼，时值隆冬，王祥卧冰上焐得冰洞，捕鱼飨母，并获落红珠一颗。康氏食鱼后，病愈，大悔。后落红珠为兵部侍郎刘瑛所得，助司马霸破辽王飞刀，大胜回朝。有李祥者，宠妻虐母，其妻亦欲食鲜鱼，李祥卧冰，土地责其不孝母，使其坠入冰河。

《怕老婆顶灯》：有人畏妻，而屡有“违犯家规”之事，每错，妻令跪地上，头上置灯，灯掉下加罚。演员用一只普通饭碗，碗内装满清油，点着灯捻，放头上边唱边舞，有“老鼠过街”“倒推研磨”“猴儿尿尿”“长虫退皮”等特技动作，为民勤小曲特有剧目。又有《怕老婆顶砖》一折，剧情与此相同，但较易做，演出效果相去甚远。

《月光带》：鬼卒因酒醉，误捉柳赛姐。因柳与其未婚夫赵旺有百日鬼魂姻缘，判官赐柳护尸丹、月光带、阴阳镜三宝还魂。赵旺在柳家借读。赛姐至书馆与赵结亲，事被家人柳林发现。姐夫柳文命柳林买一女孩，认为义女，与赵结亲，以掩人耳目。柳林失银逃走，遇赵旺，告以实情，并定计捉鬼。未果。赵父寻子未见，告柳文于开封府。包公以照妖镜使赛姐还魂，事情大白，双方于堂上成亲。抡月光带是本剧特技。潘富堂手抄本有秦腔、小曲两种，情节相同，语言大异。

《麻女顶亲》：麻女父母双亡，靠叔父吴二爷夫妻抚养长大。一日，吴二爷醉倒路旁，被叫花子袁相公所救。吴二爷问袁家中景况，袁以“月当灯，风扫地，叉叉褥子筒筒被”相对；问其职业，又以“龙头拐杖走天下，天下钱粮向我纳”作答。吴不解，觉其为人不错，便将亲生女儿许他为妻。归家告妻，妻猜破谜底，知袁乃是一个寒窑无门、衣食无着的叫花子，吴二爷大悔，遂让麻女子顶亲。麻女见袁人穷心善，袁也知麻女貌丑人勤，两相情愿，结为夫妻。

《瞎子看戏》：聋子约瞎子亲家去看戏，路上二人闲谈，以生动形象的四字韵白，描述财主、穷汉和叫花子三种人过年时的不同情景，从而揭示出贫富悬殊的社会形态，并以各自的生理缺陷点染铺陈，逗人发笑。该剧从头至尾无一句唱，是典型的笑谈类剧目。

《老少换》：王媒婆巧嘴而贪财，将年轻姑娘吴喜春撮合给六十岁富翁马成宪，却将五十岁寡妇配给了年轻小伙肖甘民。相亲日，姑娘吴喜春和小伙肖甘民半道相遇，一见钟情，订为终身。此时马成宪与老寡妇也在媒婆家等待相亲，媒婆见一对年轻人木已成舟，乃移花接木，糊里糊涂送走四人。途中，马成宪去打酒，一对年轻人趁机溜之大吉。马打酒归来，只剩下老寡妇坐地垂泪，马大怒，追上这对年轻人，四人扭至公堂，知县判道："十七十八，正合缘法；五十六十，配给扎实。"终使老少相换。

《回娘家》：讲一个新婚媳妇，想念其父母，从正月开始向婆婆提出回娘家看望父母的请求，婆婆总以各种理由回绝，直到腊月也未能回娘家，最后绝望的新媳妇在一棵桂花树上上吊。十二段唱词悲凉凄苦，感人至深。

二、山西小调

山西省大部是十年九旱的贫瘠山区。在长期的封建社会中，由于自然条件、劳动条件等较差，生产力极低。他们在极为艰难的条件下，披星戴月，终年辛勤劳动。因此，在漫长的生产生活中产生了很多山西小调。流传至阿拉善的有《回头看》《扁廷扛长工》《死活不种财主的地》《走西口》等，多为反映农民苦难生活和悲惨命运的小调。其中，最为突出的是《走西口》，以及有关反映"走西口"生活的小调歌曲。还有一些调子反映男女爱情方面不如意等，如《桃花红杏花白》《看妹子》《哥爱妹子啊呀呀》等。

第七节　关公庙观戏

农历六月十三日为关公神诞，又是"关老爷磨刀日"，天旱之年，商会在关公庙唱戏求雨，请秦腔俱乐部演戏，这是关公庙最热闹的时候。庙前戏台上锣鼓声声，高昂的秦腔响彻云霄，对面的山坡上坐满了观戏人，喝彩叫好之声阵阵入耳，煞是热闹。如此时风声大作、阴云密布、雨点袭来，满坡观众便抱头跑离，顷刻间现场空无一人。跑回家的人们耳听急骤的雨点敲击着干渴的大地，哗哗的雨声响彻耳际，久旱逢甘霖的喜悦真是无以言表。

定远营看戏的地方很多，有药王庙戏台、关公庙戏台、二道桥西戏剧院，王爷府里也有高台可唱戏之地。直至后来在西花园十字路口东北建了蒙古族学校，定远营的民众在严寒的冬天就可到学校大礼堂看戏了。那个时代，民众的文化娱乐活动非常有限，识字的文化人可看书，但大部分平民百姓的文化生活不外乎听说书、看耍猴、逢年过节闹社火，花上几毛钱，晚间看场戏，散场时三五好友结伴讨论着戏中细节往家走，兴奋之情难以言表。

演出现场旧照

第十二章 民间文学艺术

第一节 民间文学艺术的类型

定远营居住的主体居民是阿拉善和硕特蒙古族，他们的民间文学艺术有民间故事，如神话、传说、生活故事、寓言、童话、笑话等；有民间诗歌，如民歌、民谣、谚语、英雄史诗、赞颂词、绕口令、谜语、小调等。定远营汉族等其他民族的民间文学艺术有民间曲艺，如评书、鼓词、弹词、快板、相声、快书等；有民间戏曲，如民间小戏、小曲等。

一、民间故事

民间故事的形成经历了千百年，大多为集体创作，少数为个别文人之作，通常以口口相传的形式在民间流传，是启蒙教育的主要方式之一。其以鲜明的地方性和特有的趣味性、通俗性广泛流传于全旗各地，从不同的角度反映了民族的历史侧面、自然地理、名胜古迹、风土民情，表达了劳动人民美好的理想和愿望。

在阿拉善和硕特蒙古族中广为流传的民间故事有：《智慧老人》《聪明的女孩》《聪明的媳妇》《舒丹老汉》《密尔咱娃》《索哩图耷娃》《母亲的心在儿女》《色与财》《富与贫》《真话的缘故》《巴颜哈拉都那》《博克达察罕老人》《牧马小伙子》《叶柯阿里孟巴嘎阿里孟》《阿门呼椎的故事》《稍格金巴》《驴耳朵可汗》《达楞胡都勒齐的故事》《智慧的巴德拉沁》《南阔巴拉的传说》《搏克沙勒宾的传说》《德登格根的传说》《温都尔格根的传说》《丹达尔拉然巴的传说》《阿旺多尔济的传说》等。

据阿拉善旗文人罗·道尔吉僧格统计，在阿拉善旗（包括定远营在内）流传的各类蒙古族民间故事有800余篇。

二、长调民歌

民歌是糅合了语言和音乐的综合性艺术，主要为民间口头创作，口头流传的歌曲。民歌有以下四大主题：歌唱家乡壮美山河、揭示旧时代百姓生活、追求爱情、歌颂英雄人物。阿拉善民歌由和硕特民歌和科泊尔民歌等组成。它的主要歌源有来自从先居地新疆带来的歌曲，有定居阿拉善后产生于民间的歌曲，还有从周边盟旗及其他蒙古地方传入阿拉善的外来歌曲。

民歌来源于劳动生活，是人们为了减轻劳动疲劳和提高劳动效率而唱的歌曲。阿拉善和硕特蒙古人以游牧经济为主，蒙古人的劳动歌一般表现在畜牧劳动生产中人与牲畜的和谐关系。能够体现这种和谐关系最具代表性的有：《饮骆驼歌》《忒伊格音道（劝羊歌）》《劝驼歌》。《忒伊格音道》是在春季牲畜繁殖时期劝说遗弃羊羔的母羊接受自己的羊羔而唱的劝羊歌，《劝驼歌》是当母驼嫌弃刚生下的驼羔不予哺乳时，骆驼的主人拉起马头琴所唱的歌曲，一般是一人用马头琴伴奏，另一人拍打着母驼的身体，并拉着被弃的驼羔，吟唱《劝驼歌》，母驼在催人泪下的马头琴声和忧伤的《劝驼歌》声中，往往能被“说服”，激起它的爱子之情。

阿拉善民歌在歌词曲调方面，非常严肃和工整。在长调歌里，尽管有迎客、敬酒、喜庆、醒酒、宴终、送客、娶亲、嫁女、思念、祝愿、赞美、教诲等很多种类，但在内容方面严肃正派的要求都是一致的。歌词语句精炼，内容深刻，具有较强的哲理性，而且突出表现礼仪、道德、和睦、友爱、团结、勤奋、向上的思想。在音调方面，阿拉善民歌比较完整地保留着蒙古民歌五声调式风格，也有六声和七声调式，但数量较少。一般的阿拉善长调民歌，不仅篇幅较长，而且气息宽广、情感深厚，在持续的长音上有类似马头琴演奏式的气魄和历史沧桑感，既有别于东部蒙古族民歌的短促明快，又有别于鄂尔多斯民歌的舒缓诙谐，以自己特有的深沉开阔独树一帜。在演唱时一般可以自由延长歌调，装饰音多，而且大多为不固定装饰音。因此，可根据演唱情况来随意增减篇幅。曲调结构多为两乐句和两乐段体，歌词的情绪词也较多，这对于曲调的发展和传唱起了很大作用。另外，阿拉善民歌里还有一种固定的副歌，不论在任何宴会上，凡唱完一首歌，大伙儿就紧接着齐唱副歌，使现场的气氛非常热烈。现在人们广为传唱的《富饶辽阔的阿拉善》《阿拉善敬酒歌》《永恒的幸福》《辞行歌》《嫁女歌》等就是阿拉善民歌中的精品和代表作。阿拉善和硕特蒙古族民歌中还有不少包含自然和生态理念的歌词，如《三百六十只黄羊》《八瓣莲花》《天上仙境》《苦海彼岸》《库布图山岭的树》《满都日娃的山岭》《高高的阿拉善》《金色的圣山》《罕乌拉山岭》《恩德三圣》《江山社稷》《嘉庆皇帝》《借花献佛》《菩提甘露》《心皈净土》等。

三、祝赞词

祝赞词属于民俗歌谣的一个种类，其内容主要包含祝词、赞词、祭词、招福词、酒祭词、咒语等。1949 年以前阿拉善常用的祝颂词多达 100 首，最长的祝词长达数百甚至上千行，最短的也有数十行。祝赞词手抄本甚少，民间亦无印刷版本，基本以口传形式相传至今。

阿拉善祝赞词按内容分祝愿、赞颂两大类流传于民间，凡有众人聚集的较大活动，都要用颂词祝愿、赞美未来的幸福美满或某件事情的圆满成功，其中以祭词和婚礼祝词居多。常见的祭祀天地、祖先的颂词有《阿拉善祭》《阿拉善颂》《成吉思汗祭》《苍天祭》《天马祭》《驱秽祭》《招财词》等。婚礼祝词有《新房祝词》《新婚祝词》《斟酒祝词》《拜佛神祝词》《拜火神祝词》《拜天地祝词》《拜父母祝词》《拜日月祝词》《陪嫁词》《启门祝词》《洞房祝词》等。此外还有反映生产、生活、民俗方面的祝赞词，如《骟小公驼祝词》《骟驼赞》《骏马赞》《擀毡词》《毡包祝词》《火镰祝词》《奶酒祝酒》《婴儿祝词》《羊拐祝词》《衔板（肩甲板）祝词》《马鞍祝词》《套马绳赞词》《十二属相颂》等。祝赞词为诗文体且产生流行于民间，词句较为生活化，内容丰富完整，每行诗文长短要求不是十分严格，但必须注意押头。

在长期生产劳动和生活过程中，阿拉善民间产生了不少祝赞词行家，有的还是目不识丁的老牧民。他们掌握很多的祝词和赞词，背诵如流，毫不涩讷。

个别祝赞词行家可以即兴作诗，并且出口成章，应变自如，无从挑剔。逢祭祀、婚礼和“乌日斯”大宴，都要邀请专司祝颂的行家致祝词，以丰富活动内容，活跃现场气氛。

四、谜语

阿拉善和硕特蒙古谜语是独特的民间发挥智力的文化载体之一。谜语以民间诗歌为载体，描绘生动、语言活泼、简洁含蓄，具有调动人们猜测欲望、锻炼智力的作用。

比如：吃草骆驼“一人来割草，二人在远眺，一人驱蚊蝇，四人把泥搅”；快马比赛“苍天之子上下颠，大地之子直向前，独木左右舞翩翩”；喜鹊“白如雪，黑如炭”；兔子“双眼大似启明星，驼色衣袍加在身，营宫阴坡草丛间，打坐颇似真佛身”；山羊“不是黄牛却长犄角，不是老汉却蓄长须，不分冬夏还是春秋，穿翻毛皮衣”；茶壶“外形似房车，长颈像骆驼，顶戴似朝官，嘴巴像家狗”；等等。

五、谚语

阿拉善地区蒙古族谚语是在漫长的历史发展过程中形成的，是蒙古族人民生产、生活经验的总结，是他们思想感情的反映。谚语，寓意深刻而富于哲理，内涵丰富而表达含蓄，思维敏捷而逻辑严密，因而备受人们的青睐。

阿拉善和硕特蒙古人十分注重用谚语来教育子女，比如老人们常说“学问值千金，和气抵万金”“早晨暖和，不见得一天暖和，少年享福，不见得一生享福”，又如“没有谚语不成话，没有缝缀不成袍”。

六、英雄史诗

英雄史诗是蒙古族民间口头文学重要组成部分，是历经漫长的历史长河传唱至今的最古老的文学形式。过去学术界认为阿拉善没有英雄史诗，实际上，阿拉善民间不仅有《骑雪白神骏的敖齐尔图查干汗》《十三岁的阿奈莫尔根汗》《三岁古南汉乌兰巴特尔》《库日勒汗》等长诗歌体英雄史诗，还有不少如《道尔吉彻辰汗》《锡林嘎拉珠巴特尔》《三岁席烈图赛可汗》等叙事体英雄史诗。

七、说书

阿拉善和硕特蒙古族不说书，说书主要是汉族居民在固定的场所进行说唱的一种艺术形式，因此，阿拉善旗说书的人大部分为流动的外乡说书人，在漫长的封建社会就一直存在。当时不少艺人或盲艺人靠说书谋生。说书用的乐器很简单，最初用琵琶，后来逐渐改用三弦。除了抱在怀中的三弦外，便是绑在右小腿上的“刷板”了，这是说书人的主要“打击乐器”。三四片两寸宽、不足尺长的杜梨木，熏干刨光后，上端打上两只小眼儿，用羊皮绳或细麻绳穿绾起来，组合成类似于“快板”一样的乐器，演唱时将下片牢牢地捆绑在右小腿上，利用脚尖的抖动，带动其煽动发响。此外，说书人在自己的右手虎口上，还要挽上一个小“莲花乐”，利用弹拨三弦时的颤动而发响，有了这个“莲花乐”，弹三弦就有了很别致的声音，现场顿时显得热闹了许多。大部分说书人只要一桌一木一把扇，即可开篇说书，该木为惊堂木，在剧情紧要三关时，“啪”的一声，停顿下来，“要知后事如何，且听下回分解”。不但吊足听众胃口，还宣布开始收钱：“在家靠父母，出门靠朋友，有钱的捧个钱场，没钱的捧个人场，谢谢啦！”说书曲目有《三侠五义》《隋唐演义》《杨家将》《说岳全传》《今古奇观》《五女兴唐传》《薛仁贵征西》《乌鸦告状》《花柳记》《黄鹰记》《汗巾记》等。

八、查玛

查玛是宗教舞蹈，源自藏传佛教。阿拉善的查玛一般于农历正月十五、七月十五这两日在庙会上表演。寺庙有专门传授查玛舞蹈的“查玛因巴格什”（查玛舞老师），对寺庙年轻喇嘛进行教授培养。同时还有记录查玛的舞谱，称为“查玛因苏都尔”。定远营延福寺查玛规模有大、中、小之别，大查玛36人左右，中查玛32人左右，小查玛28人左右。舞者头戴各种神怪面具，手执法器刀矛，身着彩色服装而舞，用鼓、铙、钹及大号等打击乐器伴奏。表演场合有露天与室内之分。表演内容为一个个独立的佛教故事，用舞蹈语言表达劝人从善、因果报应等佛家教义。参加跳查玛的喇嘛戴上面具，穿上奇异的服装，扮成光怪陆离的大神、菩萨、弥勒、寿、厉鬼、骷髅、土地神、欢乐神、大鹏、鹿、狗等形象，在鼓乐号角伴奏下，依据特定的内容，按照故事情节顺序，陆续蹦跳出场表演。

开场时鼓钹齐奏，长号呜咽，两个头戴特制鸡冠帽、身披袈裟的喇嘛，一手扶禅杖，一手持拨浪鼓、振铃，自山门跳舞步而出，绕场半周坐定。接着由两个扮鹿的喇嘛蹦跳出场，奔跑起舞，做出被追逐状，当来到喇嘛近前，顿时被驯服变得安静。此时乐止，喇嘛摇鼓击铃诵经，被驯服的小鹿俯地鼓钹再奏，两个喇嘛戴恶狗面具、穿猎狗花纹衣服跳出，边舞边狂吠张望，追赶小鹿，舞到两个喇嘛旁边，顿失追逃鹿念头，顺服地卧在地上，倾听喇嘛诵经。这时两个扮猎人的喇嘛，手遮阳篷做寻状出场，乐器伴奏下跳起狩猎舞，舞毕奔跑追鹿，至喇嘛前，看到卧地的鹿、狗，便开始对喇嘛全身进行摸、打、射

延福寺跳查玛旧照

击、砍，却见喇嘛无丝毫损伤，遂叩拜喇嘛。喇嘛诵经，猎人亦被感化，顺服地端坐到喇嘛身边。接着两个“风神”、两个“天神”、两个“厉鬼”，戴着面具依次出场，做狂风劲吹、搬山压人、凶狠吃人等状，不可一世地狂舞，欲加害喇嘛，但均未能奏效，反被喇嘛诵经感化、征服。最后还有神鹿跳哈达，预测今年收成的精彩表演，全场观众静气凝神，预测结果一出，全场哗然。这时鹿、狗、猎人、风神、天神、厉鬼高兴起舞，赞颂佛教和佛经。舞毕，喇嘛摇铃诵经，带领全体舞者绕场三周，退场。此情节根据藏传佛教经典《米拉日巴传》故事所编，以弘扬佛法无边，教义深广，奉劝人们改恶从善，不可杀生。整个跳查玛过程中，喇嘛们扮相奇特，尤其是几位维持秩序的“扣扣咩”，动作夸张，舞步娴熟，入情传神，惟妙惟肖，不时引起观众阵阵笑声。每当跳查玛舞时，庙前广场上彩旗飘扬，人山人海，热闹非凡。

第二节　创作和传播形式

阿拉善地区蒙古族民间文学的创作和传播形式与整个蒙古民族民间文学的创作和传播形式相同。民间文学作品，最初是一人创作，而后在前人的基础上后人逐步改进补充，可以说是不署名形式的集体创作。它的传播主要特征是口头传播。在历史长河中，劳动人民大多不会书写文字，他们只能用口头语言去构思、表现和传播。民间传承的文学形式主要有故事、歌谣等。

鲍·符拉基米尔佐夫在其《卫拉特蒙古英雄史诗》中这样描述艺人学习演唱史诗技巧的过程：“在西北蒙古卫拉特人那里，学习史诗通常是在未成年的时期。一般情况是这样，某人对史诗这一民族创作作品感兴趣和喜爱，开始乐于表演史诗中一些段落，模仿他熟悉的和常听的歌手的表演。然后这位卫拉特青年自感他有这种天赋和能力，并且乐于做个歌手，就去拜某位名歌手为师接受指导。开始学习时，那位青年首先要下力气于他最喜欢的某史诗的题材内容及行动发展过程。初期的学习过程是先做实际练习，再学习理论，这些理论包括主题、史诗结构法则；然后便进入史诗系列之中，他要学会怎样将史诗分解为各个部分，以决定自己的‘立场’，怎样区分主要的和次要的（附属）部分。他还要学会区分不同的描绘，例如，描绘英雄居住地、骏马、美貌的公主和英雄的功业——史诗核心。熟练掌握了这些并牢牢记住了史诗中行动发展过程之后，这位青年进而学习那些‘公用段落’以及‘修饰’，还有比喻性表达方式。一个想成为卫拉特史诗歌手的人必须提醒自己记牢，一部史诗中的某些部分是要多次重复的，并且可能出现在其他史诗中。因而，一个好的经验丰富的歌手有办法使这些经常重复的段落具有某些差异，使它们有变化，用各种手段使它们生动起来。”[1] 这虽然说的是史诗，但也能说明整个民间文学的传播方式。

第三节　著名民间艺人

阿拉善地区著名民间艺人非常多，限于篇幅不一一详述，在此选其优秀者介绍如下：

罗·道尔吉生格（？—1962 年），原阿拉善旗豪依尔胡都格巴格额木讷高勒（头道湖）人，阿拉善旗文人之一。曾在阿拉善旗政府就职，后辞官回家。他也是很有名的史学家、民俗家、民间文艺家，曾整理过《阿拉善民歌》168 首，抄件现存阿拉善左旗档案馆。此外，还搜集整理了几十篇《阿拉善民间故事》，编著有《阿拉善王公世系、寺庙、转世活佛寻访坐床表传》，这两部书手稿原件现存于内蒙古社会科学院图书馆（1989 年，朝格图将其编著的书稿进行整理，以《阿拉善史略》书名出版）。另有《历史札记》（2 卷本）抄件现存卫拉特文献馆。

密各瓦祺尔（1893—1958 年），蒙古族，普勒吉忠尼敖萨尔长子，1893 年

[1] ［俄］鲍·符拉基米尔佐夫著，朝戈金译：“卫拉特蒙古英雄史诗”，载《民族文学研究》1993 年第 1 期。

密各瓦祺尔

7月10日（光绪十九年）出生在阿拉善旗西公府图尔根。1925年袭爵镇国公，爵号“苏司格图诺彦”，在位24年。1949年后曾任巴彦淖尔盟政协委员。他自幼聪明伶俐，通晓蒙古、汉、藏、满四种语言和文字，擅长诗歌、音乐、绘画，尤其在佛教、历史、文化知识方面有深厚的功底。他在图尔根的西公府里，藏有很多珍贵名著和文献：西公佛堂里供藏的有《大般若波罗蜜多经》（蒙古语称“越木或叶赫拜日密德”）和《八千颂般若》等藏文佛教经典著作；历史文献有《圣祖成吉思汗》《元世祖忽必烈》《顾始汗》《六世达赖喇嘛仓央嘉措传》《西公家谱》等；藏译蒙的书有《米拉日巴传》《格萨尔传》《乔吉德达格尼传》《萨仁考克传》《苏布喜地》《贤愚经》《吉仁卡其尔》等；汉译蒙的书有《济公传》《西汉演义》《东汉演义》《三国演义》《西游记》《封神演义》《隋唐传》《施公案》等，其中《西游记》是北京最早翻译出版的木刻版藏经式大书卷（长二尺、宽四寸半），是极为罕见的版本，其他书籍都是毛笔小楷字体手抄本；还有《赞颂词》《阿拉善史记》《阿拉善民歌三百六十首》等书籍和名人字画、刺绣、雕塑等珍贵作品。这些藏书有的是祖上传下来的，有的是他多年搜集积累下来的，也有他自己的作品。西公书斋里凝结着他的智慧和才华，蕴藏着他辛勤劳动的果实。他中年时期的作品有八十行“巴”字开头的诗文《图力根赞》和画卷《图力根府的全景》。他晚年的代表作有集布达拉宫和西藏三大寺于一幅的卷轴画、南寺弥勒殿内的弥勒佛塑像、特布克山洞内的五部空行佛母塑像。他的字画、雕塑既包含名师指点的传统技法，又有个人独特的风格和浓厚的民族特色。他的作品在阿拉善地区乃至青海塔尔寺等周边地区都有一定的影响。

“九一八”事变后，日本大肆侵占东三省，国民政府腐败无能，民众处在水深火热之中。更使密各瓦祺尔无法容忍的是阿拉善旗内部王公贵族之间的争权夺利、互相残杀的情形。他对旗内的这种局面非常厌倦和失望，最终导致他产生了出走家园、远游世界的念头。

1937年春，他带三弟西日布嘉木苏踏上了西行之路。兄弟二人以坚强的意志和坚定的信念，一路背着背架子，跋山涉水，历尽千辛万苦，经青海塔尔寺、西藏拉萨，最后到达尼泊尔、印度等地。

1938年秋，兄弟二人从印度加尔各答乘轮船，出孟加拉湾，穿马六甲海峡，过南海、黄海，在海上航行了一个多月后抵达上海。后到天津港登陆，回到了北京。因战事之故，他们在北京停留了一段时间。在此期间，他根据此次西行的日记，编写整理了10多万字的阿拉善第一部游记——《西行游记》，由他自己自行刻写、油印出版。他在《西行游记》中记录了兄弟二人在西行途中的所见所闻和所感所悟。如山水风景、名胜古迹、人文地理及西域雪山的奇特景观，南亚热带国家的风土人情等。《西行游记》中有他自己绘制的插图，从这些插图中不难看出西行路给他留下深刻印象的不仅仅有神奇的自然景观，还有那些珍奇的植物、罕见的动物、历史悠久的文物古迹和坐乘牛皮筏子穿激流、过险滩的惊险，甚至还有海上观鲸鱼相斗的惨烈场面等。他在游记中写道："海上航行多天，突然航船停止不前，原来前面鲸鱼相斗。鲸鱼斗了三天，船也停了三天不敢动。"游记中有大量的插图，每个插图的构思都非常生动。《西行游记》的确是一本难得的奇书。之后他还石印出版了《阿拉善旗南公表传》（全书28万字）。

他从北京回到阿拉善后，受到国民党特务的监视，并被诬陷为日本特务，密告宁夏省主席马鸿逵。马鸿逵命令阿拉善旗派人把他送到银川并软禁了起来。马鸿逵派人每天观察他的行动，怕这位曾云游四方、接受过异地文化的人在这里传播新思想。他一气之下，剃头为僧。马鸿逵无奈之下，放其回了家。他从银川回家时，买了一辆自行车骑了回来，当时阿拉善没有自行车也没有人骑过，他是当地第一个骑自行车的人。

因上述种种原因，他对国民党政府心灰意冷，遂决定到南寺出家为僧。从此他远离红尘，安度晚年。出家后他出资修缮了“塔日布珠格”（瞻卯山）庙宇。在神母洞前建了二层楼阁的“塔日布珠格”佛堂，在此虔诚念佛修行。他把从印度带回来的空行佛母的舍利子和手摇鼓等密宗珍宝献给特布克山洞的空行母法场，并在此洞内雕塑了“五部空行佛母”尊像。这是他晚年创作的最有名的佳作。二层楼阁的“塔日布珠格”佛堂和特布克山洞的五部佛母尊像，在“文革”中被毁。他的《智者之悦白史——阿拉善旗南公表传》由内蒙古人民出版社2008年1月出版。1958年5月23日（农历四月初五），密各瓦祺尔在图尔根西公爷府去世，享年65岁。

黄·孟和乌力吉

黄·孟和乌力吉（1906—1988年），男，蒙古族，1906年7月出生，阿拉善旗雅布赖巴格人，初中文化。1928年2月，到阿拉善旗衙门任实习笔帖式（文书），1930年，成为正式笔帖式；1939年至1946年任阿拉善旗政府昆都包什嘎（绕骑校）职；1947年至1949年任阿拉善旗政府佐领职；1950年至1954年任阿拉善旗民政处副处长；1955年至1957年任阿拉善旗人民法院副院长；1958年至1960年任巴彦淖尔盟民政处副处长；1961年至1976年任巴彦淖尔盟政法学校副校长；1977年至1980年任政协巴彦淖尔盟委员会委员；1981年至1988年10月任政协阿拉善右旗第一届、第二届、第三届委员会副主席；1982年5月至1988年10月任政协阿拉善盟第一届、第二届委员会常委；1984年11月当选为阿拉善右旗第四届人民代表大会代表；1988年10月17日，黄·孟和乌力吉因病在阿拉善右旗孟根苏木家中逝世，享年82岁。他先后撰写了《阿拉善简史》《阿拉善民族习俗风情》《阿拉善蒙古族骆驼饲养方法》《阿拉善蒙古民间故事》《阿拉善民歌260首》《阿拉善蒙古谜语》《阿拉善蒙古谚语》等著作。

额尔吉德玛，女，1932年生，小学文化，著名民间故事口述人。

东格尔，女，1917年生，不识字，牧民出身，著名民间故事口述人，1992年病故。

夏尔都都，女，1921年6月4日生，不识字，牧民出身，著名民间故事口述人，已故。

诺日吉玛，女，1932年生，不识字，牧民出身，著名民间故事家。

桑吉，男，1926年生，小学文化，牧民出身，著名民间故事口述人，2008年病故。

丁希格，男，1927年2月22日生，不识字，牧民出身，著名民间故事口述人，2004年病故。

温都尔玛，女，1927年生，不识字，牧民出身，著名民间故事口述人，2005年病故。

阿木尔图布新，男，1928年生，不识字，牧民出身，著名民间故事口述人，已故。

第四节　文学作品

封建社会时期，阿拉善地区文化落后，从事文学创作的人较少，但其中也不乏杰出的代表，比如，世界著名的蒙藏语言大师、宗教哲学家、翻译家、大诗人阿旺丹德尔，女诗人那逊兰保，翻译家、名医高世格梅林等是其中的代表人物。

一、阿旺丹德尔及其《人道喜宴》

阿旺丹德尔（1759—1840年）是福因寺喇嘛，曾赴藏学习佛经，获拉萨大经会拉然巴学位。返回阿拉善后，著书立说，著作内容可分为哲学（因明学）、语言学、蒙藏语法、诗歌以及藏蒙词典等。留有100余部著作，在国内外影响极大，被称为近代蒙古族文化传人。阿旺丹德尔主要创作年代是嘉庆五年（1800 年）至道光二十年（1840 年）间，其最具代表性的文学作品有四百行的哲理诗《人道喜宴》及《贤者讲、辩、著三事论》《书信写作规范法》《定格解论》《杂论》等。其他著作有《如意宝光》《佛师诗词注疏》《智者语饰——藏文字词概述》《详解蒙古文文法通讲》《月光辞典详解》《千日光明辞典》《归整宝鉴》《缘梯宝鉴》《再论阳光经》《共性与特性续论》《字母与符号谐律》《通用语法概述》《新旧词语解》《以掌事赞僧者》《〈茶供〉注疏》《畴象语由汇论》等共计百余部（篇）。

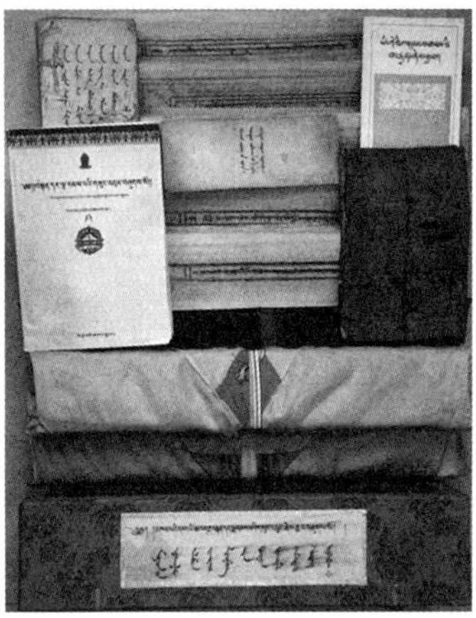

《阿旺丹德尔文集》木刻版、手抄本等

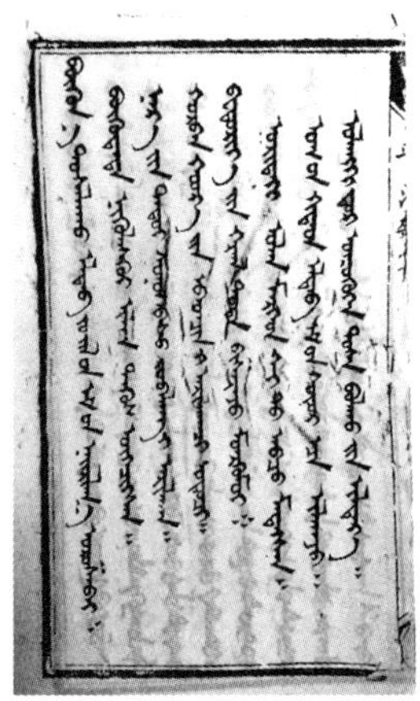

《普济杂方》木刻版

二、高世格梅林及其《阿拉善美赞》

高世格（1804—1876 年）是阿拉善旗梅林章京，也是一位名医和理算家，通习蒙古、汉、满、藏四种语言和文字。他主要的创作时期为同治九年（1870 年）至光绪二十六年（1900 年）间，创作了一些诗歌等文学作品（包括已经失传的长诗《阿拉善美赞》）。主要著作有《普济杂方》，其他著作有《新译玉匣记》《观音菩萨王枚玉钱课》《钦定万年历及择吉金鉴》等。

三、阿旺多尔济及其《仓央嘉措传》

阿旺多尔济（1715—1786 年）是广宗寺第一世第斯活佛（俗称“喇嘛坦”），也是仓央嘉措亲手培养的弟子，是用藏文写作传记文学作品和佛教祷

《仓央嘉措传》1757年广宗寺木刻版

文的第一位阿拉善蒙古族高僧。他最具影响的作品是《仓央嘉措传》以及仓央嘉措圆寂后祈求仓央嘉措之灵早日转世的祈祷词和祈愿文《洛卓衮桑玛》。他所撰写的《仓央嘉措传》是全面记录这位六世达赖喇嘛一生经历的唯一藏文记载。《仓央嘉措传》最早的版本是1757年广宗寺木刻版，流传最广泛的版本是1912年再版的拉萨木刻版《仓央嘉措秘传》。

四、罗桑图丹嘉措及其《哦字格言》

罗桑图丹嘉措（1747—1807年）俗称“温都尔格根”，是广宗寺第一世格根。他善于绘画，艺术水平相当高，特别是佛像绘画造诣很深。他最具代表的作品有《哦字格言》，以及根据阿旺多尔济著《仓央嘉措传》改写的长篇诗歌体著作《传记祈愿颂》和《瞻卯山熏香祭》等。

五、罗桑巴拉丹叶喜丹碧贡布及其《罗桑巴拉丹叶喜丹碧贡布全集》

罗桑巴拉丹叶喜丹碧贡布（1781—1813年）俗名“噶力格颇勒”，是阿拉善福因寺第一世多藏活佛。他著有《罗桑巴拉丹叶喜丹碧贡布全集》木刻版三帙。

六、桑杰嘉措及其《宗喀巴千供仪规》

桑杰嘉措（1871—1944年）是广宗寺第五世第斯呼图克图（喇嘛坦）。此人有木刻版七卷和一本手抄本藏文著述，是阿拉善和硕特人中藏文著述最丰、字数最多的一位。《敖木擦尔善潘普勒忠桑吉嘉木苏文集》计有八帙，其中收入著作31篇。

七、密各瓦祺尔及其《智者白史》（《西行游记》）

密格瓦祺尔（1893—1958年），汉名为罗善卿。通晓蒙古、藏、汉、满四种语言和文字，是阿拉善和硕特旗第十代镇国公，著名史学家、探险家、艺术家和文学诗人。1937 年春，他和其三弟西日布嘉木苏不畏艰难，几乎徒步，经历千险万苦，跋山涉水经青海到达西藏拉萨。在拉萨期间朝拜了西藏各大寺庙。第二年正月初四，他们又从拉萨出发前往印度游历。然后从印度加尔各答乘船，经过一个多月的海上旅行，于 3 月 20 日到达天津港。从天津又到了北京、五台山。1942 年，密各瓦祺尔将当时经历和所见所闻、风土人情记录整理后写成《智者白史》（《西行游记》）一书。这是内蒙古地区第一部蒙古文书写的游记题材的书籍。此外他撰写的《阿拉善南公表传》《阿拉善旗寺庙及其呼图克图、呼毕里罕》等蒙古文著作，也很有影响。

《智者白史》上下册，1947 年南公石印本

八、罗额尔肯巴图及其爱情小说《一个喇嘛和他的心上人》

罗额尔肯巴图（1916—1948 年），汉名为罗锐麟，阿拉善旗浩依尔呼都格巴格台吉巴岱的第三子，从小过继给其叔塔旺嘉布（塔旺佈里甲拉五弟）。塔旺嘉布之妻张氏文才超众，教其自幼读文识字，后又请家教俞那森达赖（俞世珍）教其学习蒙古文和满文。从小聪慧的罗额尔肯巴图精通蒙古、汉、满文，并略懂藏文、英文，对琴棋书画造诣高深。长大后任副梅林参领。1942 年正式改建旗蒙古文学校时被任命为副校长，并兼任《阿旗简报》蒙古文版编辑和翻译。期间，他创作了爱情题材小说《一个喇嘛和他的心上人》，这部小说成为阿拉善历史上的第一部爱情小说。此外，他还创作了《成吉思汗军

歌》（发表于1945年9月23日《阿旗简报》）、《三岁的寄生佛》等众多作品。1948年1月19日，罗额尔肯巴图患病毒性重感冒英年早逝，令人惋惜的是他的所有作品因其去世而遗失。

九、金允诚及其《爱吾庐诗草》

金允诚（1904—1968年），原名爱新觉罗·韫慧，生于光绪三十年（1904年），是光绪皇帝及摄政王载沣胞弟载涛之女，后下嫁阿拉善旗王爷达理札雅。她的诗主要反映了抗战时期的时局和现状，大部分诗句慷慨激昂地歌颂祖国大好河山，揭露日本帝国主义侵略我国领土所犯下的滔天罪行。如《时事感怀》中写道："弥漫烽火满神州，扶剑长吁恨未休。大好河山成半壁，愧无砥柱挽狂流。风云世态嘲苍狗，傀儡衣冠叹沐猴。千古兴亡同一瞬，争雄扰扰竟何求？"在诗的前半部分作者抒发了抗日爱国的火热激情，而在后半部分则讽刺了其堂兄溥仪投靠日本侵略者，成为所谓"大满洲国"的傀儡皇帝。

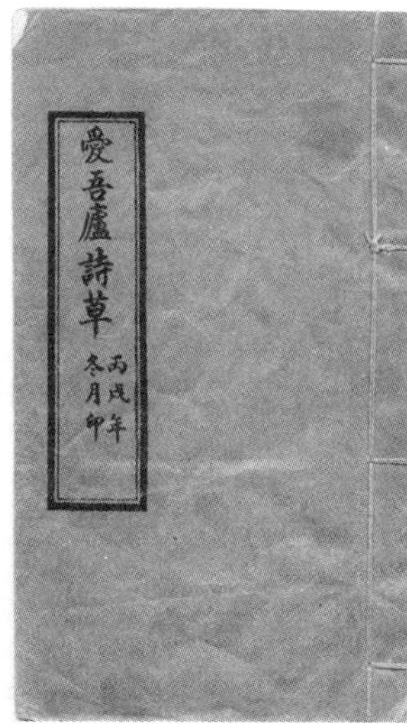

《爱吾庐诗草》定远营石印版

阿拉善旗王爷使用过的紫檀木笔筒和贺兰石砚台

第十三章　定远营民间游戏

定远营民间游戏主要是指蒙古族、满族、回族、汉族四个民族的民间游戏，定远营各民族的民间游戏各有特点，大体可分为体力竞技和智力比拼两大类。其中蒙古民族民间竞技和游戏，具有鲜明的民族特色和地域特色。

第一节　竞技游戏

一、定远营蒙古族的民间竞技游戏

（一）摔跤

摔跤是蒙古民族民间传统体育竞技活动，被誉为“男儿三艺”之一。这项运动早在13世纪即已盛行，每当草原上举行传统的那达慕盛会，各地的摔跤手都要赶来聚会，进行摔跤比赛。每次比赛前，按蒙古族的习俗，先推一方的长者，对参加比赛者进行编排和配对。比赛时，摔跤手们颈套五彩景嘎（名次的标志，景嘎越多表示摔跤优胜次数越多），上身穿牛皮制作并缀有大量银或铜钉扣的照德格（摔跤衣），下身穿宽大的班吉勒（摔跤裤），腰系代表天、地、太阳的蓝、黄、红三色郝日迈布齐（腰带），脚蹬牛皮蒙古靴出场。摔跤引领们三唱摔跤歌时，摔跤手们跳着狮舞步或鹰舞步来到赛场上，由裁判员发令，比赛双方握手致敬，然后互相抱摔，以膝盖以上任何部位着地者为负。参加摔跤比赛的人数，必须是偶数，多者可达1024人。摔跤不受地区、体重的限制。摔跤比赛均采取单淘汰制，无时间限制，一跤定胜负，败者不许再上场，胜者继续摔跤，前3名为得奖者。按照蒙古族的传统习俗，摔跤手如果在大型比赛中夺得冠军或亚军，不仅荣获大奖，还会被公认为勇士，授予荣誉称号。

阿拉善沙力搏尔摔跤

（二）赛骆驼

赛骆驼是阿拉善和硕特蒙古族的传统体育项目之一，充满浓厚的牧区生活气息。旧时，牧民在放牧、驮运等生产活动中多骑骆驼，后来骑骆驼逐渐发展为民间的一项体育活动——赛骆驼。每逢那达慕大会，便会举行这一活动。参加赛骆驼的人，首先要做好准备工作，在赛前半个月就要开始“吊”驼膘，少喂其水，多喂含蛋白质的精料以备战。吊驼非常重要，它关系到骆驼的赛跑速度，而且影响到牲畜的健康，如不提早“吊”驼膘，牲畜参加比赛后就会脱毛甚至生病。

赛骆驼有赛跑和射箭两项内容。赛前要在高处点燃一堆火，由参赛的主人牵着骆驼向火堆焚香，并绕香顺着太阳运动的方向走三圈，目的是为了求得吉祥如意。比赛时，赛手不分男女，身着艳丽的参赛服骑在驼背上，在起跑线排成一行。裁判员发令后，众骑手挥鞭驱驰骆驼疾跑。赛程一般为3—5公里，以先到达终点者为胜，优胜者会受到奖励。还有在赛途中置靶进行射箭比赛，以中靶的多少定胜负。若儿童参加比赛，则多挑选两三岁的小骆驼。别看骆驼形体笨拙，一旦奔跑起来却是疾如飞马，别有情趣，引人入胜。近年来，蒙古族牧民们开始采用现代体育的比赛方法赛驼，跑圈赛速度，增强了比赛的观赏性。

赛　驼

（三）赛马

赛马是最受蒙古族欢迎的传统体育项目，被誉为“男儿三艺”之一。那达慕大会、敖包祭祀等大型集会上各地骑手都要前来进行赛马。赛马时，根据马的不同步法分为“吉绕嘎”“哈堤日雅”“达布赫雅”三种比赛形式，还会根据马的不同齿龄分出大马、四岁马、三岁马、二岁马、小马等比赛，有时还专门进行公马比赛。赛距要根据马的步法和齿龄来确定，一般快马的比赛距离在20—30公里，不仅比赛马的速度，还要比赛马的耐力。赛马线路一般采取直线或绕圈两种形式比赛。选育快马是一个技术性和经验性很强的工作，蒙古族牧民在长期的养马、骑马实践中总结出从外形、内形、精气三个方面相马的经验。在选出快马以后需精心调理，尤其赛前必须“吊”马减肥。赛马时，把马尾和头部马鬃用红色绸带扎起来，以保护马眼睛和防止马鬃阻挡视线，同时也起到装饰马的作用。为了减轻马的负重，快马比赛都由 6 岁至 13 岁的小骑手进行，而且不装备马鞍。小骑手们都穿着绣有吉祥结等多种鲜艳图案的赛马服装，脚蹬马靴、头戴尖顶帽或围红、绿绸带。赛马开始和结束时都要高唱长调赛马歌，赛前所有的骑手骑着马顺时针方向绕场三周，此时群情欢腾，骏马兴奋。赛马结束后，不仅给前三名骑手重奖，还会用鲜奶对头马进行迷拉礼，高声唱颂赞词，颂扬良马和骑手，另外还要对前几名快马授予十分好听的荣誉称号。更有趣的是，按照习俗要对最末尾的马进行幽默的祝颂并授予鼓励奖。

除了速度赛马以外，还会进行障碍赛马、乘马斩劈、马上技巧等比赛。障碍赛马，一般分天然障碍和人工设置障碍两种，以各种复杂地形、森林、沼泽地、陡坡、壕沟、河流做天然障碍，或以栏架、火圈以及战场上常见的障碍物等做人工设置障碍。乘马斩劈是军事体育项目之一，骑手熟练掌握使用马刀对各种不同目标进行准确的斩、劈、刺。马上技巧，则要求在速度快、颠簸大的马上，做出各种惊险的技巧动作。

阿拉善赛马

（四）射箭

乘马射箭

蒙古民族在历史上主要从事游牧和狩猎经济，所以射箭成为蒙古人在狩猎、征战等生产劳动和军事活动中必须具备的技能，被称为“男儿三艺”之一。随着生产力的发展和社会的进步，射箭由劳动和军事技能逐步融入民间精神生活，成为那达慕大会和敖包祭祀等群众性集会上的比赛项目。蒙古民族的传统射箭有站射、骑射两种不同形式，而乘马射箭比赛只在阿拉善和硕特蒙古中才有。一般有大、中、小三种弓和多种箭，有柳靶、月靶、皮靶、球靶、暗靶等多种靶牌，有时也以活动物做靶。射箭是蒙古民族十分喜爱并普遍参与的一项运动，男女老少都可参加射箭比赛，射距则根据年龄和性别来确定，一般男子 75 米，女子 60 米。射箭比赛开始或进行过程中要唱专门的射箭“敖海”歌。比赛结束后授予神箭手各种荣誉称号，根据比赛规模的大小，一般取前 4 名或前 6 名进行奖励。授奖时要朗诵关于箭弓和神箭手的赞词，并进行迷拉礼。

（五）绳索套马

绳索套马是阿拉善和硕特蒙古族的传统体育游戏活动，原为牧民放牧时约束马匹的一种手段。比赛时选一匹烈性难驯的马，先令其疾驰，参赛的成群骑手，手持打有活结的绳索，骑马紧追，到一定距离时，抛出绳索套马，以先套准并能约束住烈马者为胜。

（六）拉绳（拔河）

拉绳，现在叫作“拔河”，是阿拉善蒙古族在生产劳动中会进行的游戏活动，与拔河比赛基本相近。其比赛时间和方式一般有两种。一是新毛绳搓成后

阿拉善绳索套马

进行，由于新绳搓成后拧力还很不均匀，因此，由两人将绳两头抓住用力往各自的方向拉，这样能分出谁的力气大，一方面把新绳拉匀，另一方面也达到了体育锻炼的目的。二是新毡擀出后进行，当每一块新毡擀成后，由几人将新毡的两头抓牢，对坐在地上用力拉新毡，这是一种生产劳动，同时也是一种拉绳形式的体育活动。

阿拉善女子拔河

（七）查干木都哈亚乌呼

“查干木都哈亚乌呼”可以翻译为“白色的木头在哪里”，所以这游戏也称“扔白木头”。在聚会时，男女青年集聚在一起，先选一个主持活动的人，称为“诺颜”，接着把参加游戏的人按人数、力气、男女分为大体相等的两组，然后指定地点各自站好。游戏的道具是一根白色小木棍或用手巾拧成的棍状物，称为“查干木都”，即“白色木头”。游戏开始，由扮诺颜者尽力将

“查干木都”扔向远方，甩得远近无法知道，所以找到“查干木都”比较费时。每队同时出一个人去找，先拿到手者为赢，输了的一组就要给赢了的一组一个人。然后再扔再找，反复进行。经过数番比赛后，如果双方人数变化悬殊，人数少的一组就算战败，然后重新分组。儿童一般不参加查干木都哈亚乌呼游戏。该游戏循环往复，按扔查干木都、要人的次序玩起来甚是热闹，很受青年人喜欢，也能起到促进青年间互相了解和沟通感情的作用。

（八）撂抛子

撂抛子（蒙古语称“斗古尔”）是阿拉善和硕特蒙古牧羊人常使用的放牧工具之一。由一个兜子及兜子两端连接的绳索组成。中间的兜子用薄毡子缝制而成或直接用三根绳子连接组成。撂抛子有简易的，也有豪华的，主要根据使用者嗜好而定。使用时，把石子或土块放在兜子里面，一根绳子缠绕在手上，另一根绳子用拇指和食指捏住，然后旋转兜子，最后松开拇指和食指，石子或者土块就可以飞出去。经过一定的训练，可以用石块准确地击中目标。

撂抛子

二、满族民间竞技游戏

（一）跳马、跳骆驼

这是从八旗兵丁军事训练科目沿袭而来的一种体育比赛项目。“跳马”，就是在马奔驰中飞身跃上。“跳骆驼”是从骆驼身后跃上驼峰。起初，这是在与敌人短兵相接时，飞身敌骑的擒拿术。后来，逐渐演变为民间体育活动，并以人代替马或骆驼。一般分两组，每组人数不限，但要相等。每组排成一列，拉开距离，弯腰双手扶膝做骆驼状。比赛开始，从最后一名队员跳起，依次分腿腾跃至前面的“驼背”后，自成骆驼状立于队伍前，为头名“骆驼”。每组最先跳完者胜出。

（二）溜冰车

溜冰车也叫“玩爬犁”。溜冰车是用木头制成的小爬犁，在下面加上铁条与冰面接触。人或坐或蹲或站于上面，双手握着“冰杆子”撑动前进，比赛时，以速度快者为胜。

（三）抽冰尜

冰尜也叫“冰猴”，俗称“陀螺”。木制圆锥形、拳头大小，上平下尖，尖端处嵌一铁珠。玩时在冰上用鞭抽打冰尜，冰尜便会飞快地旋转。

（四）采珍珠

采珍珠也称珍珠球，是满族的民间传统体育游戏。在长30米、宽15米的场地内，分出水区、限制区、封锁区和得分区4个区。两队上场比赛，每队6人，每队各有一名队员手持一网兜担当“渔网”，接传本队队员投来的球（珍珠），接一球即得一分。每队还有两名队员充当“蚌”，手持两拍在封锁区，拦击对方投向“渔网”的球，其余人为“采珠人”，在场内进攻或防守。比赛分上、下两场，得分多者为胜。

（五）撞拐

撞拐是满族男孩或青年所喜爱的一种游戏。玩时分为两队，每队人数不限。参加者手搬起一只脚，另一只脚在地上蹦跳。用搬起的膝盖冲撞对方，直到对方倒地或双脚着地为胜。

（六）拉地弓

拉地弓具体形式是双方皆席地而坐，两足相抵，双手同握一根木杠或锄把，往自己方向拉，以将对方拉起为胜。拉地弓比赛的参赛人数不限，一般为二人一组，采取抽签决定场地和内外握杠的方式。比赛为三局两胜制，第二局互换场地和内外握杠。如各胜一局，再以抽签法确定第三局场地及握杠法。比赛过程中，对抗的两人均席地而坐，两足相抵，膝部不得弯曲，双手同握住木杠。裁判待两人用力均匀，杠子处于中间状态时，发令比赛开始。此后，两人即用力向自己一方拉杠子，一方臀部先离地面或杠子脱手即算失败。比赛时，故意分腿以脱脚者属违例，三次违例者为负一局。比赛停止时，双方都禁止突然松手，以免使对方猛然跌倒，造成危险，应礼貌结束比赛。

（七）踢石球

踢石球是流行在定远营满族人中的一项游戏活动。踢石球是从有坡度的斜面底处开始，参赛者单足脚背将球沿斜面自下而上推踢出去，待球滚至一定高度返滚回来，再用另一只脚用同样的方法推踢，以此双脚交替进行。待双脚无力推踢石球时，另换一人推踢。比赛结果以踢球次数多者、球滚高者为胜。

（八）绳飞

绳飞又称“跳百索”，在清代《有益游戏图说》中有这样的记载：“用六尺许麻绳，手执两端，使由头上回转于足下，且转且跃，以为游戏，是谓‘绳飞’。”这是满族青少年中流行的一种游戏。绳飞的跳法一般有三种：一种为游戏性跳法，即边跳边伴唱，以娱乐为主；另一种是技巧性跳法，有单脚

跳百索（绳飞）

跳、换脚跳、双脚并跳、双脚空中分跳以及蹲跳等多种花样动作；还有一种是快速跳法，有快跑跳绳比赛和原地快跳比赛之分。绳飞的技巧主要在于跳的技术和上肢的摇绳频率，当绳的摆动与跳跃配合默契、协调时，一个跳绳动作才能算作完整。

三、回族民间竞技游戏

（一）踏脚

踏脚是回族传统的游戏活动，早在唐朝中叶，由阿拉伯、波斯等穆斯林商人通过陆海两路来华贸易时引入。踏脚是一项既可娱乐、又可健身、自卫的活动，受到回族群众的喜爱。在泾源县园子村，从小孩到老汉，每逢农闲时节，都要聚集到一起进行热闹的踏脚活动。踏脚与踢足球一样，用脚不用手。可一人对一人，也可二人对四人等。双方对踏时，靠灵活机智，技艺娴熟，你踏我闪，你攻我守。其基本的动作是平踏、破脚、背脚、连环转、飞脚等。平踏时一般侧身面对对方，以全脚掌向对手蹬出；破脚，则要单腿跳步，面对对手正面，向高处蹬出；背脚，回族民间俗称“关后门”，多采用进攻对方的裆部、臀部这个动作声东击西，防不胜防，一般在背向对手时，突然向后方踏出；连环转，即快速转体 360 度，打击对手的背面和侧面；飞脚，即双腿腾空，踏向对方的肩部和背部。在对踏中，往往一两个动作连在一起，成为一个整体动作，如前踏后蹬，就是少数对多数发出的连续进攻动作，在“嗨”“哈”的发声中，一个前踏动作后，速转身，再猛地向后蹬出，可谓眼观六路，灵活进攻。踏脚比赛有一定规则：一是有平坦宽敞的场地，现在有体育部门给规范成 10 米×10 米；二是不准穿皮鞋等硬底鞋，不准用头、拳、肘、臂进攻对方。

踏脚

（二）木球

木球是回族传统游戏活动，由清朝民间盛行的打铆球（木铆钉）发展而来，后流行于回族群众中，形成了受青少年喜爱的活动。木球，是用一种硬度强、不易破裂的木头制作的小球，长约 8 厘米、粗约 10 厘米。比赛场地和篮球场地一样大，两端各有一宽 100 厘米、高 80 厘米的门。每场由甲、乙两队参加，各队五名队员，其中一名为守门员，另外四名运动员手里各拿一块 60 厘米长、上宽 3 厘米、下宽 10 厘米、厚 2 厘米的木板，运动员通过运球、传球等技术，避开对方的防守，用木板击球入门，球入门得分，以球入门多少分胜负。若得分相等，以点球形式决出胜负。全场比赛 40 分钟，分上、下两半场，中间休息 5 分钟。规则是双方队员击球时，击球板不得过膝，过膝则违例。如一队员用手和脚触击球或推、抱、拉、踢对方队员均为犯规，罚任意球。比赛中守门员在球区违例，防守队员两脚进入球门区，任何队员严重犯规，都要由对方在距球门 5 米处罚点球。

在民间木球的打法有三四种，如打圈杠、刁杠和赶龙等。在正式比赛时，由裁判召集双方队长挑选球门，确定谁先击球。当裁判员宣布比赛正式开始，双方队员各持一根 60 厘米长的木棒击球。场上你追我赶，竞争非常激烈。每攻进球门一个球，进球方由一人用木棒将球击出，输球方派一队员从击球点出发边喝“嗦……”边跑向落球点将球拾起跑回，要一气呵成，中间吆喝“嗦”声时不许换气，否则就要受罚。有好多队员要吆喝几次才能成功。

（三）赶木球

赶木球是回族运动游戏。先在场地上挖坑，坑数比参赛人数少一个，坑的标准是直径 20 厘米，深 20 厘米。用一 20 厘米长的短木棒当木球。比赛时，参加人数不限，每人手拿一米长的木棒，站在坑前，另一无坑人则用木棒赶球，尽力将球赶入坑内，站在坑边的人要用木棒阻拦，不让木球击进自己守护的坑内，一旦木球被击入坑内，所有守坑的人要轮换坑位，这时赶木球的人乘机占坑，未抢到坑的人就变为赶木球的人。以赶木球次数多的人为负。

（四）爬木城

爬木城是回族游戏活动。以粗木杆制成一长4米、高3米的木框，中以横木数根相间，如梯墙状，固定竖在地上，称“木城”，参加者在规定距离外快速奔向木城，以先攀登到顶者为胜。

（五）掷子

掷子也叫“扔石锁”或“举石锁”，是回族民间传统游戏活动。掷子是用青石击打制成古铜锁形状的石器，后来由石质改为铸铁。演练掷子的动作有扔高、砍高、扔荷叶、接高、接荷叶，其名称分别为支梁、扇梁子、砍跟斗、撤荷叶、嘴巴荷叶等。近年来又发展出了一些新的动作。这项活动可锻炼身体的各部位。

（六）掼牛

回族的掼牛，与西班牙的斗牛是不大一样的，西班牙斗牛要用剑把牛刺伤。而回族的掼牛，不伤牛身，完全靠个人的勇敢与力量，灵活而巧妙地把牛摔倒。掼牛活动主要与回族爱吃牛肉、经常宰牛有密切关系。传说很久以前有一个回族聚居地，居住着近千户人家，他们每年过宰牲节时，都要宰上百头牛。每次宰牛都要把牛赶在一起，然后由四五个年轻力壮的小伙子拿着绳子和木棍，互相配合把牛捆住摔倒。有一次在捆一头大公牛时，一个小伙子被牛抵伤，不久去世了，乡亲们为此很伤心。第二年过宰牲节时，有一个勇敢聪明的年轻人，他眼尖手快，不用别人帮忙，独自一人用敏捷的动作把牛掼倒了。乡亲们赞不绝口，广泛传说。在他的影响下，以后每年到了宰牲节，就有不少精明能干的小伙子一个个来掼牛。从此以后，掼牛成了回族群众喜爱的一项传统体育活动，每年宰牲节要专门进行表演。掼牛没有什么严格规则，主要是根据每个人的力量和技巧，以在一定时间内把牛掼倒为目标。回民在掼牛表演时，一般都机智灵活，面对触角似剑、暴跳如雷的大公牛，跨步向前，双手紧握两只牛角，全神贯注，用力把牛头拧向一侧，然后马上用右肩扛住牛下巴，把牛脖子使劲一别，大公牛前脚立刻跪下，随即用力压住牛的颈部，通过拧、扛、压等一系列动作把大公牛掼倒，使之四脚朝天。

（七）耍中幡

耍中幡是京津地区回族中喜闻乐见的传统游戏。相传中幡源自佛教法器，为佛门八宝之一。中幡由杆、伞、盖、旗组成，全长3丈多，上有3面旗，中间的叫“飞旗”，两侧的称“小旗”，旗下有3把伞。中幡上一般有6个长方形的竹圈，俗称“拍子”，大小不同，音响各异，悦耳动听。中幡演练的特点是惊险紧张、轻松幽默、刚柔兼备。惊险的动作往往使观众目瞪口呆，幽默的表演又使人捧腹大笑。中幡表演最早是在跤场里，基本上凡是耍中幡的都练过摔跤，而摔跤的不一定会耍中幡。摔跤能提高人的四肢活动能力，锻炼筋骨，增强腰部和腿部力量，培养目测力、判断力、动作的准确性、灵活性和协调性。中幡和摔跤都是很需要技巧的运动，要学会借力。所以练习摔跤是学习耍中幡的基础。

四、汉族民间竞技游戏

（一）四角拔河

四角拔河是竞赛性游戏。准备一根四丈长的粗绳（要结实，经得起拉抻），把两头结牢，成为一个绳圈。每次游戏限4个人，站成一个正方形。每边两人的距离为9尺。游戏时，每人把绳子搭在肩上，两手朝后向上抄起，把绳的一段按在肋下，面向正方形一角的方向站好。然后，由管理员在每人前面约2尺的地上放一手帕。宣布开始后，4人各自使劲朝各自角的方向拉，并随时准备俯身拾起自己前面地上的手帕。因为四角都同时向外拉，互相都受到牵制，所以很不容易拾到。谁先拾起手帕，谁就是第一名，可以先退出。其他三人再把绳圈拉成三角形，继续拉，继续拾手帕，然后，再两人拉。一直到定出四人的名次为止。但要注意不要突然放手或后退，每人与手帕的距离要相等。

（二）抽陀螺

陀螺（当地民勤人称“赶栳栳”）是古老的汉族民俗体育游戏，流传甚广。陀螺为木制的圆锥形，上大下尖。将其尖头着地，以绳绕螺身，然后迅速旋转放开鞭绳，使陀螺旋转；或用手直接旋转陀螺，待陀螺着地，以绳抽之，使之旋转。另有鸣声陀螺和菱形陀螺，以竹木制成中空圆筒，中间贯以旋轴，圆筒体开有狭长裂口，转动时由于气流作用能发声。菱形陀螺为两头小，中间大，以绳绕螺身，使之着地旋转，顺势抽绳，使螺旋转。

（三）抖空竹

抖空竹

抖空竹是中国传统游戏之一。在定远营人们将抖空竹称“玩风葫芦”，据传抖空竹是来自宫廷的玩物。抖空竹在我国有着悠久的历史，早在三国时期，曹植便写过一首诗《空竹赋》。宋朝时期，宋江写过一首七言四句诗：“一声低来一声高，嘹亮声音透碧霄，空有许多雄气力，无人提挈漫徒劳。”明代刘侗、于奕正在《帝京景物略》卷二中记述了空钟（空竹）的制作方法及玩法。清代坐观老人在《清代野记》中写道：“京师儿童玩具，有所谓空钟者，即外省之地铃。两头以竹筒为之，中贯以柱，以绳拉之作声。唯京师之空钟，其形圆而扁，加一轴，贯两车轮，其音较外省所制，清越而长。”

抖空竹常见玩法有仙人跳、满天飞、鸡上架、放捻转等。“仙人跳”，用脚踏在绳的中段，使在脚一侧转动的空竹由脚背上跃过至另一侧。“满天飞”，将空竹抛起，然后用绳接住，再抖或再抛掷。“鸡上架”，即待空竹急转之后，将绳扣解开并把空竹抛起，用棍接住，使之在棍上跳滚或转到另一棍上。“放捻转”，仅单轴适合此玩法，即把轴端（尖头）放落到平滑的地面，轮面朝上，使之旋转，待转速减慢时救起再抖。

（四）毽子

踢毽子又称“毽球”，是一项历史悠久的运动。最早毽子的制作是将一束鸟毛栽在两枚老铜钱上，而后进行玩耍。各地踢毽子活动开展很广泛，不仅在青少年中流行，而且成为中老年喜爱的健身项目。在一般日常活动中所使用的毽子，按照外观尺寸来区分，可以大致分为大毽、中毽、花毽和毽球毽。大毽是供一般初学者和平时娱乐所用；中毽使用范围最广，既可用于娱乐，也可用于比赛，在中国竞技毽的各单项比赛中只使用中毽，而不使用其他尺寸的毽子；花毽的装饰性最强，使用的羽毛品种繁多，包括鹅毛、鸡毛、鸵鸟毛等；毽球毽飞行速度最快，其羽毛短小、高度很低，一般使用鹅毛制作，只在毽球比赛中使用。传统踢毽子对场地要求不高，只需比较平坦的空地，五六平方米，三四平方米均可，越是技艺高的对场地要求越宽。在室内、室外均可进行。

踢毽子

（五）老鹰捉小鸡

老鹰捉小鸡，俗称“黄鹞吃鸡”，又叫“黄鼠狼吃鸡”，是一种多人参加的益智娱乐游戏，在户外进行。游戏开始前先分角色，即一人当母鸡，一人当老鹰，其余的当小鸡。小鸡依次在母鸡身后牵着衣襟排成一队，老鹰站在母鸡对面，做捉小鸡姿势。

老鹰捉小鸡

游戏开始时，老鹰叫着做赶鸡动作。母鸡身后的小鸡做惊恐状，母鸡极力保护身后的“小鸡”。“老鹰”边叫边转着圈去捉“小鸡”，众“小鸡”则在“母鸡”身后左躲右闪。“老鹰”不许推“母鸡”，只能跑动避开“母鸡”，抓到“母鸡”后面第三个以后的“小鸡”，即为一次游戏结束。“母鸡”可以抓、拽、推、抱“老鹰”，张开双臂跑，尽量挡住“老鹰”。“母鸡”在拦鹰的同时，可以大声喊着“老鹰从哪边过来了”等话语，提醒自己身后的“小鸡崽”们。“母鸡”的身体为防止“老鹰”的捕捉，可以左右移动，同时，其身后的“小鸡崽”们也随之以相同方向来跑动，万一“老鹰”突破了“母鸡”的防线，快要抓住最后面的“小鸡崽”时，“小鸡崽”立即蹲下，双手捂住耳朵，这样“老鹰”得重新站在“母鸡”的前面，游戏就得重新开始。如小鸡散开，即为一次游戏结束。

（六）跳房子

跳房子

跳房子是中国民间传统的游戏之一，趣味性、娱乐性极强，曾深受广大儿童的喜爱。跳房子游戏的成本很低，不需要特殊的游戏材料，是一种比较简单和廉价的游戏。玩的时候，只需要一块相对平整的地面，一个比较硬一点的能在地面上画出痕迹的小瓦片或石块、砖块等。游戏开始前，先在地面上画出大小适中的方格状房子，区分出方格和半圆之间的轮廓，然后便可以一起玩耍了。

（七）跳绳

跳绳是一人或多人在一根环摆的绳中，做出各种跳跃动作的运动游戏。在中国有长远的历史，唐、宋、明、清都有记载。唐朝称跳绳为“透索”，宋朝称“跳索”，明朝称“白索”，清朝称“绳飞”，民国以后才称“跳绳”。

作为一种古老的汉族民俗娱乐活动，自南宋以来，每逢佳节，家家户户都要比赛跳绳。清人潘荣陆《帝京岁时纪胜》记录清代北京元宵节民间娱乐活动时，称跳绳为“跳白索”。另在《松风阁诗抄》中有诗记载：“白光如轮舞索童，一童舞索一童唱，一童跳入光轮中。”这种加伴唱的跳绳游戏，娱乐性很强。跳绳有单脚跳、单脚换跳、双脚并跳、双脚空中前后与左右分跳等多种玩法。跳时，摆绳与跳跃动作要合拍，可一摇一跳，也可一摇两跳乃至一摇三跳。摇绳的方向可前可后。用长绳可两人同时摇动、集体轮流跳或同时跳。跳跃时还可按不同情况编排各种动作花样，也可用节奏与旋律适宜的歌谣伴唱。除花样跳绳外，也可按一定距离，边摇绳边跑向终点，比拼速度。

跳绳

（八）官兵抓贼

“官兵抓贼”至少有四人玩耍。游戏道具是木牌，现场有几人就准备几块木牌，上面分别写“官、兵、抓、贼”。游戏规则有两种：第一种玩法是，一人将木牌撒向空中，每人捡一张，抢到“官”者立即站定，捡到“贼”者立即逃跑藏匿，捡到“兵”和“抓”者，开始抓贼，最先被抓到的“贼”即送至“官”处，最先抓到者为胜；第二种玩法是，每人分别抽取扣在地上的木牌，然后隐藏起来不让别人看到。按照游戏规定，谁拿到什么字的木牌，谁就扮演什么角色。“官”当然是主管一方的大官；“兵”就是小兵，负责执行官的命令；“抓”就是缉拿“贼”的捕快；而“贼”就是偷盗的贼。拿着“抓”字木牌的“捕快”有权力去缉拿“贼”，他可以怀疑任何一个人是“贼”，也可以提审和问讯其中任何一人。但是，另外三个人在接受“捕快”问讯时，都不许透露自己的身份。当然，“贼”这时候就必须刻意伪装自己。这就要求“捕快”认真观察每一个人的面部表情及举动，再通过自己的问讯，做出正确的判断。如果“捕快”捉对了，那么“官”就命令“兵”惩罚“贼”，打他多少下以示惩戒。相反，如果捉错了“贼”，就必须对“捕快”进行严厉的惩罚，“官”就命令“兵”打“捕快”数下。一般情况下，在这个游戏当中挨打最多的是“捕快”，因为“贼”往往能通过伪装使“捕快”看不出来。该游戏一般多为儿童晚间玩耍。

（九）捉迷藏

捉迷藏也叫“藏蒙蒙”，在少年儿童中较流行。主要玩法有三种：一是由一人蒙上眼睛抓其他人，抓住为胜，被抓住的人再蒙上眼睛抓；二是有一半人蒙上眼睛，其余的人在规定的范围内躲藏，蒙眼人捉住谁，谁就与蒙眼人交换，有时不蒙眼人需捆上一条腿跳着躲藏，称之为“瞎子逮拐子”；三是一人蒙上眼睛，其他人藏起来，然后蒙眼人把蒙眼布去掉，去找躲藏的人，找到为胜，然后互相交换身份。

（十）打水漂

人站在水面附近，手持一块小瓦片或者薄石块，两膝微屈，身体重心降低，将瓦片或石块向水面掷去，当其接触水面时，由于惯性和水的浮力，使瓦片或石块连续轻掠水面向前飞漂而去。瓦片、石块接触水面的角度以及前冲力的大小影响飞漂的距离和触水的次数。

（十一）狮舞

狮舞需要雌雄两头“狮子”，每头由两人伴演，前一人为狮头，后一人抓住前面人的腰，为狮腰尾，然后披上用麻或丝做成的狮皮、狮头和狮尾。有一人为武士，手持绣球，随着锣鼓声欢跳入场，将狮子引入场内，武士先进行一番武术表演，然后把绣球一摆一转动，两个狮子摇头摆尾，做各种表演，如大滚、纵跳、跳大桌子等。每到春节定远营就举办狮舞，有时还伴有棍术表演。

（十二）舞龙

定远营每年春节正月十五日有办龙灯会的传统习惯，群众非常喜欢“龙会”，又叫“闹龙灯”或“龙灯展”。用竹子（或其他物）扎成龙头，用各色的布做成龙身，龙身长十三节至十五节，每节将蜡烛两节放在能转动的铁轴上，无论龙身怎样转动，蜡烛一直是垂直的，再制作一个龙尾。舞龙需要5—7人，由于舞龙体力消耗大，分两班人员轮换。把龙支撑起来要配合“龙舞”，还要有一个武士手举一个转动的“宝珠”，引着龙向前，上下翻滚，即“二龙戏珠”，此外还有龙灯、锣鼓。表演十分动人，深受群众欢迎。

（十三）扛架架

扛架架也叫“斗拐”“斗鸡”，是阿拉善青少年中流行的一项活动。它不需要器械和特殊的场地，简便易行，深受欢迎。尤其在冬季，为了御寒，学校中一群群学生课间玩耍较多。扛架架是两人在划定的圆圈内争扛，各将一腿屈膝盘于裆前，一手扳住脚脖，一手扶于大腿，膝峰向前，另一腿直立支撑身体，用单脚蹦跳步法，运载身体和膝峰互相进行攻守，攻则用顶、撞、撅、压、砸、拐等战术，守则用躲闪、借力的战术。两人斗起来形似两鸡斗架，故称“斗鸡”。扛架架以把对方挤出圈外或使对方的盘膝之腿落地为胜利，双方均被挤出圈外，或双方的盘膝之腿同时落地则为平局。可将参加者分为两队，每队各出一人组成一队进行比赛或各出若干人组成若干队同时比赛。以队员获胜多者为胜。

（十四）跳鳖

跳鳖是人从蹲到站立，由低到高做出五种姿势，其他人从此人身上跳过五次，如有一次跳不过此人就要被换为“鳖”，大家再跳，依次循环，人数一般在3人以上，初次开始时要用特有的方法决定“鳖”。

（十五）打瓦

把砖或较方的石块立起来，分别划三道距离砖或石块3米、5米、10米远的线，站在三道线上用自己选定便于投掷的薄石头块击倒立起的砖或石块，先由近到远（3米、5米、10米）正面击之，然后背面击，在三线上用三种姿势先击倒目标者为胜。

第二节　智力游戏

一、蒙古族智力游戏

（一）沙嘎

沙嘎游戏

选自《阿拉善蒙古族民俗风情荟萃》

沙嘎是连接牲畜大腿和小腿的地方，有一块游离的骨头很特殊，汉语称为“踝骨”，俗称“羊拐”。蒙古语称为“沙嘎”（羊踝骨）。这种骨头有宽有窄、有凸有凹、有正有侧，六面六个形状，正如老人们所说：“高高山上绵羊走，深谷岩石山羊过。向阳滩上骏马跑，背风弯里黄牛卧。倒立起来叫骡子，正立站的是骆驼。”牧民很喜欢把羊拐收存起来，孩子长到3—4岁，让其辨认哪面有什么牲畜。孩子再大一点时，便把羊拐染上各种颜色，让孩子玩羊拐游戏。

“沙嘎”的玩法：几个人围成一圈，每人出五或十枚羊拐，互相混合起来，然后将其抓起，抛散而下，看上面出现的形状，在相同者之间用指头划一下，将一枚弹击另一枚，弹中者取其一归己。如弹不准或弹到别的子上，则算失败，须交到下一位手上再抛再弹。只出四枚子，让在座的轮流抛掷。如果四枚落下，出现“四只绵羊”，即“四个一样”，向在座的每人要四枚羊拐。如果四枚落下，出现“两个一样”，则向在座的每人要两枚羊拐……如此这般按规则进行。阿拉善和硕特蒙古不论大人还是小孩都玩羊拐，各地的玩法虽略有差异，但把羊拐当作一种吉祥物件的习俗则是相同的，民间有“拐多之家牛羊多”之说。

“沙嘎赛马”是将沙嘎排成一行，甲乙双方在成行的沙嘎起点各放一个沙嘎，开始比赛。比赛的依据是由四个沙嘎为筛子，轮流撒看，按得分数将放到起点上的沙嘎往前走，谁先到达终点为赢家。

阿拉善阿拉格莫勒海游戏

（二）阿拉格莫勒海

阿拉善和硕特蒙古族玩要“阿拉格莫勒海”的时间主要是腊月二十三开始到正月十五之间。这是为祝福来年风调雨顺，事态平安。“阿拉格莫勒海”总共由108个沙嘎组成，按它的游戏规则，谁先摆出“阿拉格莫勒海”（龟或蛙）的形状，就是赢家。

蒙古象棋

（三）蒙古象棋

蒙古象棋棋盘是由8×8的六十四格组成，不分黑白格，反映了蒙古大草原游牧民族的生活特点。可以说，蒙古象棋是蒙古草原游牧民族特有的一种博弈游戏。蒙古象棋和国际象棋有很多共同之处。蒙古象棋除了第二回合开始兵只能走一格和不能王车移位外，其他相应棋子的走法与国际象棋完全相同。蒙古象棋的开局较漫长并且带有封闭性的特点与国际象棋基本相同，中局、残局也基本上与国际象棋相同。同时，棋子和棋盘具有共用性，虽然棋子的造型和名称不同，但起始的摆法等都相同。所以，可以利用国际象棋的棋子和棋盘玩蒙古象棋，也可以利用蒙古象棋的棋子和棋盘玩国际象棋。蒙古象棋与国际象棋的战术也基本相同。

（四）鹿棋

“鹿棋”（也称“吉日格”）是蒙古族普遍玩耍的一种古老传统游戏。棋子分为鹿和狗（蒙古语称“脑海”“宝格”）两种。棋盘上有山和原（蒙古语称“乌拉”“塔拉”）。棋盘呈方形，纵横线各5条，交叉成25个点。中心纵线的两端各有一座山，一个呈平顶形，一个呈尖顶形，内画十字线，也构成几个交叉点。两人对弈时，一方执2子，为鹿方（先走子）；另一方执24子，为狗方。对战中“鹿跳吃狗，狗围堵鹿”。狗方若能困住鹿方，狗方为胜；若困不住，鹿方为胜。民间也有将此棋艺的“鹿吃狗”称为“狼吃羊”，是传统的启智类游戏。国内外考古研究者们在阿拉善岩画和阴山岩画中均发现鹿棋棋盘图案，在哈剌和林城万安宫遗址也发现了此类棋盘图案。因此，学者们一致认为鹿棋这一竞技游戏至少已有1900多年的历史。

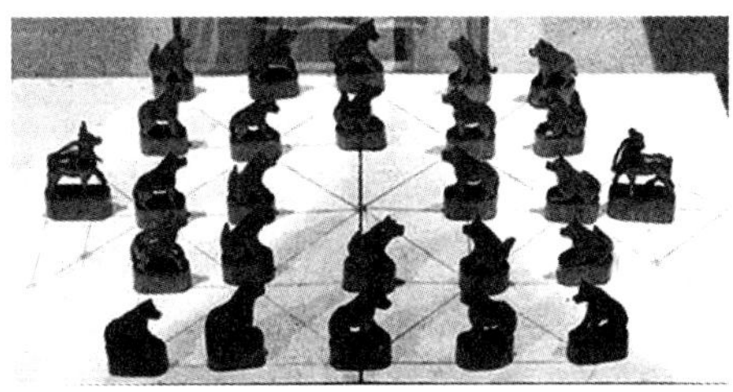
鹿棋

鹿棋游戏的具体规则是：由两个人对弈，一个人执“鹿”，另一个人执“狗”。下棋前先摆棋盘，把2个“鹿”摆在2个“山”口，把8个“狗”摆在棋盘内呈四方的8个点上。“鹿”可以在整个棋盘上走动，而“狗”只能在大正方的区域走动，不能进“山”。“鹿”和“狗”每次只可走一步，可以走直线，也可以走斜线。下棋的时候，执“鹿”的人先走。在同一条路线的3个位置上如果“鹿”从一边的位置跳过“狗”走到另一边的位置，就吃掉了被跳过的“狗”，将其从棋盘上取下来。执“狗”者的目标是把“鹿”圈住，执“鹿”者的目标则是把“狗”全部吃掉，不被“狗”圈住。执“狗”的人先把布棋时没摆在棋盘上的16个“狗”每次一子摆上棋盘，可任选位置。待把“狗”全部摆到棋盘之后，就可以移动棋盘上的“狗”，设法围住“鹿”。在与“鹿”同一条线上两个“狗”挨着排列时，

“鹿”不能吃“狗”，如果“鹿”的周围都形成这样的布局，则“鹿”被圈住，执“鹿”的人就被判定为输棋了；执“狗”者如果被跳吃的多，而无法围住“鹿”时，就为输棋。

（五）诺日布牌

诺日布牌游戏

诺日布牌（又称“十二属相牌”）是蒙古族古老的棋牌游戏的一种，具有其他民族棋类游戏所没有的游戏特征。诺日布牌由汗嘎日迪（凤凰）大力士、大象大力士、狮子大力士和鼠、牛、虎、兔、龙、蛇、马、羊、猴、鸡、狗、猪十二属相牌组成。自从佛教（格鲁派）传入卫拉特蒙古后，由“布尔罕”（佛）、“浩日劳”（法轮）代替了“汗嘎尔迪”和“大象”，“狮子”则改名为藏语中的“僧格”（狮子）。

“布尔罕”“浩日劳”“僧格”等三大力士和十二属相按着各自的形象图刻制在四方木板上，每样四张牌，共60张牌。刻诺日布牌很讲究选木，一般用蒙古高原生长的不易开裂的硬质灌木刻制，诺日布牌既是流传于民间的一种精美的民族手工艺制品，又是极具民族特色的文化遗产之一。诺日布牌雕刻精美，各种动物形象和大力士图案栩栩如生，形象逼真。另外，“诺日布牌”的名称和游戏规则各地方都有所区别，但大体上是一样的。在额济纳旗和蒙古国的部分地区又把“诺日布”叫作“曾大”。

（六）帕尔吉

帕尔吉是蒙古族传统竞技游戏。帕尔吉游戏的器具由棋盘、棋子、帕尔吉、木碗等组成。棋盘的中心是一个正方形，该正方形同其四面的四个长方形共同组成一个大的十字图形。中间的正方形内为空白，而四边延伸的长方形则被划分成若干个小方格。小方格的数量根据游戏种类的不同而有所区别。有的小方格内部还标有表示路程的符号。棋盘通常绘制在正方形白布或白纸上面。玩帕尔吉的人需要每人准备一两块石子或小木块，用以代替棋子。而且，各自选用的棋子要用不同的颜色加以区别。蒙古人称这种棋子为“茂日”，意为“参赛的马匹”，可谓蒙古赛马比赛的一个缩影。

帕尔吉

二、满族民间智力游戏

（一）嘎拉哈

“嘎拉哈”是满语，意即“从猪、羊或獐、狍、鹿等动物足上取出的趾骨”。满族逢年过节都要杀猪宰羊，食肉后取出嘎拉哈，用火烤成黄、酱红颜色或涂上各种颜色。嘎拉哈玩法多种多样，《清文江书》中归为两种玩法：抓背式骨（接马儿）、抛背式骨（打玩马儿）。在室内、室外、地上、炕上都可以玩。女孩子一般在室内玩弹嘎拉哈、拉珍儿、抓对等，男孩子一般在室外玩打嘎拉哈、击嘎拉哈。玩时常常还伴有“布口袋”“钱马子”等辅助玩具。一个嘎拉哈有四个面，各面形状不相同，分别有各自的称呼：棱起的一面叫“珍儿”，与之相对的那面叫“驴儿”，仰面称“背儿”，俯面名“壳儿”。游戏时根据形状排列组合的相同类别计算得分。

比赛方法因地而异，一般是“视其偃仰横侧为胜负。小者以獐，大者以鹿，莹泽如玉。儿童妇女围坐，掷以相乐，以薄圆石击之，则曰帕格”。游戏方法有如下几种：一是“抓子”。几个人围坐在炕上轮流游戏，用双手捧子，数枚星撒在炕上，然后再将小石球或铁球朝上扔起，腾出右手，趁球没有落下来时，迅速抓起炕上的子，然后再将石球接至手中，如此往复，失误为输，轮换给另一个人。在抓子时，既要准确无误地把相同面的子抓起，或成对或三枚、四枚，又不能碰动周围的子，一瞬间连续完成几个动作，真可谓手疾眼快，技术娴熟者可连续百次不落。以赢子多或积数多者为胜。二是“撂四样”。将四枚“嘎拉哈”撒摊炕上，以撒成四样，即珍儿、背儿、壳儿、驴儿各一个为赢，撒成重复面样的为输，即将嘎拉哈让给下一个人照样撒之。如此循环，撒成四样次数多的赢子亦多，即为胜者。三是击嘎拉哈，多由男孩参加。据杨宾《柳边纪略》卷四记载：“童子相戏，多剔獐、麋、狍、鹿前腿前骨，以锡灌其窍，名“噶什哈”，或三或五堆地上击之；中者尽取所堆，不中者与中者一枚。多者千，少者十百，各盛于囊。岁月闲暇，虽壮者亦为之。”四是“撂珍儿”，或叫“抓子儿”，即将数人（多是女童，三五人不等）集合起来的嘎拉哈掷于地上，抛子后先将“珍儿”一次取起，再趁抛子之机将“鬼儿”变为“珍儿”，下次又取起。抛子取“珍儿”时不能碰动其他嘎拉哈，否则为犯规，再轮下一人进行。技巧娴熟者可连续多次而不失败。这样轮番进行，最后以所获嘎拉哈多少决定名次。后来又演变为以抛皮球代替嘎拉哈，利用皮球抛后落地弹起之机取“珍儿”。

（二）满洲棋

满洲棋与汉族的象棋相似，棋盘、棋子相同，但有些棋子功能稍有不同，具有满族独特的特点。

（三）放风筝

放风筝是适应面很广的运动，在满族中属男女老少皆宜的传统游戏项目。这一运动项目既可进行表演，又能举办比赛。风筝比赛时，要分风筝类别和大小规格，以高度和速度计算成绩，也

放风筝

可进行双人和集体比赛。放风筝要有充沛的体力和速度，因此对增进人体内脏器官功能、提高四肢活动能力均有积极作用，可以达到活动筋骨、增强体质的效果。

三、回族民间智力游戏

下方棋

下方棋，回族俗称“下方”。每当劳动休息期间或茶余饭后，人们三三两两蹲在一起下方棋，有时下棋的人多了就摆几摊。方棋是一种增强智力的民族体育娱乐活动，多少年来一直兴盛不衰。方棋方便有趣，没有专门的棋盘和棋子，也不需要裁判，只要找一个平坦干净的地方蹲下，用石子在地面上画上横七竖八的交叉线，便成为可以容纳 42 个方棋、56 个棋眼的棋盘。甲乙两方用不同的棋子，如石头、土块或瓦片、柴棍子等。下棋前一般讲好规则，是否允许悔棋，之后便可正式开始。走棋都是以吃掉对方棋子、堵死对方棋眼为目的。下方棋就像下围棋、象棋一样，有时两人下棋，围观、参谋、助威者不少，大家吵吵嚷嚷，非常热闹。宁夏体委很重视传统文化的发扬光大，经过研究，把方棋列为民族体育比赛项目。

四、汉族民间智力游戏

（一）围棋

围棋是中国传统棋艺之一，距今已有 2500 多年历史，它比象棋还要早。后来传到日本和欧美各国，现已成为国际性棋艺。有关围棋的最早文字记述是 2500 年前《左传》中以“转棋”比喻卫国国政的记载。2400 年前的古书《论语》和 2300 年前古书《孟子》中都提到了围棋，当时叫“弈”。

围棋在中国古代颇为风行，帝王将相、文人学士、僧人淑女都以弈为尚，中国向有“琴棋书画”一说，可见棋为中国传统文化的重要一环。魏晋南北朝时刘宋曾举行过全国性围棋比赛，选拔出278个围棋高手，宋明帝还为棋家设立官署，授以俸禄。最早的围棋著作是从敦煌石窟中发现的北周时期手抄本《棋经》，记载了当时的围棋规则和棋艺。南宋出现了围棋著作《忘忧清乐集》。元代大儒虞集曾评论围棋：“有天地方圆之象，有阴阳动静之理，有星辰分布之序，有风雷变化之机，有春秋生杀之权，有山河表里之势，世道之升降，人事之盛衰，莫不寓是。惟达者能守之以仁，行之以义，施之以礼，明之以智。”清代施定庵著《弈理指归》，钱长泽重编《弈理指归图》，均为研究围棋的专著。阿拉善定远营的围棋估计是由京城下嫁的公主、格格或王爷传入的，在社会上层阶级流行。

（二）象棋

中国象棋是以把对方的将帅捉住为胜，称“将死”，为对弈的棋种。从理论上讲，象棋是在围棋的基础上产生的，最早见于战国《楚辞·招魂》：“菎蔽象棊（棋）。”明人罗欣《物原》说：“周武帝作象棋。”因北周武帝宇文邕对各种棋法做了总结，写成了《象经》。据史料记载，从秦汉至唐代，象棋只有将、车、马、卒四个兵种，唐牛增儒加了“炮”，北宋时加了偏、禅二将，相当于现在的“士”“相”。宋代象棋实物中，一副象棋32枚，双方各16子，棋正面刻楷体汉字，背面刻相应的图案。元代演变为黑卒红兵，明代又分了将、帅，后来又在棋盘打上了“楚河汉界”的烙印，至此，象棋方为今日我们所见到的形制。有文人在棋盘上写下了棋谚警句“河界三分阔，谋略万丈深”“观棋不语真君子，落子无悔大丈夫”。阿拉善定远营的象棋活动要早于围棋，流行范围亦大于围棋，它可动脑益智，士农工商、各族各界中都有爱好者。

（三）麻将

根据《史记》记载，麻将的雏形是“博戏”，最早产生于三四千年前的商代殷纣王时期，唐代中期演变为纸牌“叶子戏”，明代演变成纸牌“马吊”，清代改为骨牌，自此麻将牌正式诞生，当时已广泛流传于市井之中。麻将有“筒”“条”“万”三种花色从一到九各4张，共计108张；有“东”“南”“西”“北”“中”“发”“白板”各4张，共计28张；再加“春”“夏”“秋”“冬”“梅”“兰”“菊”“竹”8张，全套总共144张。玩法简介：四人成局，先洗牌垛牌，每人门前垛相同张数，投骰子选庄家，庄家轮流做，从庄家开始顺时针转，第一步每人拿牌13张，第二步依次再从垛上拿一张，打出认为无用的一张，第三步下家对上家牌可吃可碰，下下家可越过下家碰，吃碰后打出一张，依次类推。和牌为顺3张×2，对3张×2，对2张，总14张。手顺技高者清一色能停九口牌，也有特色和牌如“一条龙”“清一色”“清七对”“十三幺”等。一组麻将组成多样，变化多端，随机应变。牌场上面无父子，是一对三，一家牵制三家，以利自己，有名家曰：好牌手要顺着上家，看住下家，盯住对家，既不能让别人成事，又要自己和牌，流不流局都无所谓。和牌计番法：自摸翻一番，杠上开花翻两番。高手能精确计算出三对手都有什么牌，并建起“铜墙铁壁”，让对手无功而返，自己则乘虚而入。最高境界之选手能正确计算牌理与和种，通过脑力对牌势、牌运进行控制。麻将的规则繁多，据统计共有247种之多，且在不断翻新。麻将的好处：活动肢体，动脑健脑，人际互动，结识朋友。副作用是：为升官发财变相贿赂，刺激神经，毁坏世风。麻将于20世纪20年代传到美国，后麻将风暴席卷全球，外国人认为其具有独特的东方色彩，是中国文化的象征，是中国古老智慧的精华。经济学家和医学家认为，麻将蕴含深厚的哲学思想和科学思维，是益智性最强的游戏，正确玩麻将可锻炼思维能力，有助于提升判断力和记忆力，愉悦心情。阿拉善定远营的麻将主要在王公贵族、王府官员、大富商之间流行。

（四）掀花花

掀花花，也称“砍牛腿”，在定远营流传很广，相传为三国时诸葛亮所创。其纸牌质与扑克牌相似，但尺寸略小，长13.5厘米，宽3.5厘米，牌面中间印水浒人物，牌两头绘制黑红两色椭圆点，类似盲文，这些点的多少代表牌的大小，全副牌共 48 张，称为“页子”，比扑克牌少的是大小王和四，所以用扑克牌除去王和四也可玩掀花花。花花从小到大名称如下：红眼一、黑眼二、斜长三、公母喜喜五、垂六子、幺七子、红八、公母牛九、花十、黑十、虎、天。喜喜和牛九要公母相配或联三四张可与天齐，不配对则只算五、九。四张牌叫“亮子”，加两喜叫“喜保亮”。一二三组成一副叫“鱼子”，红八、黑十、天组成一副叫“摆”，可吃鱼子。其他点的牌都可大吃小。由于花花牌不含数字，不识字的人也能玩，很受老百姓欢迎。具体玩法如下：每局三人玩，按出牌顺序分别叫“头家”“二家”“底家”，逆时针拿牌、出牌，每人 16 张，无底牌。四人玩时，依次有一人为“歇家”，即暂休；五人玩时，有两人为歇家，分别随头家和底家共担风险，二家独当一面，叫“腰杆”。第一步洗牌，叫“乱缠”；第二步抬牌，由非洗家或底家将牌随意倒个顺序；第三步拿牌；第四步出牌。头家要出六张硬牌，即别人吃不了的牌，称“够牌”，如牌不够，则有两个选择：一落五不输双，二扣牌以待时机。头家扣牌，二家或底家都可掀牌，一般是“二家掀，两张端；底家掀，单眼钻”。头家出几张硬牌，下家还可掀后再掀，但掀不成功则要承担双倍责任，如下家不掀，本局结束。头家如不够牌，也可出试探牌，下家不吃则够牌，下家吃则随牌走。一人出牌六张为够，出八张别人都不吃，就有权令其他两家扣牌，即每人都手拿八张牌，出十一张，下家都不吃，即为“刺牌”，一家独胜，两家败退。输赢算法：够牌两分，刺牌四分，有喜喜、牛九各加两分，亮子加两分。掀牌不成功则扣两分，再掀不成功则扣四分。算法很复杂，玩久了就可熟记于心，关键是不能通牌、露牌。

（五）牌九

牌九，阿拉善人称之为“大六”，是一种古老的中国骨牌游戏。起源于宋代。因开牌时给玩家造成很大的心理压力，所以称呼它为“推牌九”。牌九的基本玩法就是以骨牌点数大小分胜负。骨牌牌九又分“大牌九”与“小牌九”。大牌九是每人四张牌，分为大小两组，分别与庄家对牌，全胜全败决胜负，一胜一败为和局；小牌九是每人两张牌，胜负立现，由于干脆利落，小牌九流行较广。在32只牌当中，有11种牌有两只。这种成双的牌称“文牌”或“文子”。玩法主要是与庄家比大小，比较特别的是玩家可坐庄与其他玩家对赌，也可轮流坐庄。人数包括庄家通常是4人或8人。各人下注后，由庄家将所有牌面朝下，开始砌牌，然后以每排4张砌8排的方式排列。在用骰子掷出点数后，按顺序将牌分配到每个参与者手中。

分配牌的方法各赌场有异，以下是一种较为常见分牌顺序。各人先下注，然后由庄家抛骰子。依照骰子的点数，按逆时针方向派牌。玩家会有4只牌，分开两组，每组两张。玩家可自行将牌两两搭配，然后两组牌朝下，小的点数横摆放在前面，大的点数直摆放在后面（这条规则由于过于繁复，较少人用，多不分大小横直放）。然后每人与庄家比牌分胜负，必须前后都大于对方才算赢，前赢后输或前输后赢就是和局，前后都输即输。所以配牌必须讲究策略。牌九另一较灵活的赌法是轮流坐庄，通常是由赌家坐庄开始，然后依逆时针方向轮流坐庄，玩家可以独自坐庄或与赌场合伙坐庄。

牌九（大六牌）

（六）放风筝

风筝又称“放纸鸢”，历史悠久。宋高承《事物纪原》载：“纸鸢俗谓之风筝。”清富察敦崇《燕京岁时记》：“谨按《日下旧通考》，纸鸢古传韩信所作，五代汉季，李业与隐帝为纸鸢子宫门外放之。”五代时，在纸鸢上系竹哨，风入竹哨，声如筝鸣，故称“风筝”。现在有将风筝做成封顶圆形的，在下端扎浸油棉团，点燃后借热气浪将风筝冲入高空，称之“孔明风筝”。风筝以细薄竹片作为骨架扎成，外形有蝴蝶、飞燕、蜈蚣、老鹰等，也有下端吊标语和神话人物画像的。春天阳气上升，风和日丽是放风筝的最佳时期，放时在其上系上长线，利用轻风鼓动，渐渐升入高空，以飞得高、动作灵活、造型优美为佳。

放风筝图

前往参加那达慕会

第十四章　定远营的名胜古迹

定远营的文物古迹包括古遗址、古建筑、古寺庙、古墓葬等，其中部分已损毁，如清代阿拉善王陵、清代祥泰隆商号等。这里的风景名胜独具特色，如贺兰山、营盘山、鹿圈山、贺兰草原、鄂博沟草原、苏木图石窟等。

第一节　著名古迹和传说

一、定远营古城

定远营古城内建筑按时间顺序可分为以下几类：一是建于唐代的汉式佛教寺庙罗汉堂，后各代王爷在其周围建藏式庙宇，形成宏大的延福寺建筑群；二是建于康熙四十二年（1703 年）的阿宝王爷府邸遗址；三是于雍正八年（1730 年）围绕罗汉堂建的定远营城；四是于雍正十年（1732 年）扩建的王府衙门，按郡王规格三路三进青砖大瓦房，规模宏大，庄严肃穆，之后其他王爷在其周围增建、改建，形成了新旧两大套府邸和两个大花园；五是相继在城西由王公贵族、王府官员、格根喇嘛建的北京四合院式府邸，共计 80 多套，形成五横两纵一拐弯街市；六是建庙宇，在城中左面的山坡上建城隍庙，在瓮城里建财神庙，在花园里建小娘娘庙；七是在进城门西侧建的大兵营，为旗“亲兵马队”驻地。

（一）王府衙署区

王府衙署区，也就是“正府”，依中轴线由南至北分为三进院落，从雍正十年（1732 年）到民国二十年（1931 年）一直是阿拉善和硕特旗的旗政管理中枢。

1. 府门：府门三栋一列九间，中间高大突出者为正大门阔三间，两边为

定远营东门及城墙（1923年沃尔逊拍摄）

侧门各三间。正门平常关闭，每年迎请大印、拜接朝廷圣旨、迎送上司官员或有重大典礼时开启。王府官役平日进出王府走东侧门。正府门内两侧存放军旗、兵器等。

2. 前厅院：前厅院由前过厅、东西厢房、东西配房组成。前过厅面阔三间，又称二府门、仪门、迎恩门，为前厅院的主要建筑。平常关闭，每年迎请大印、拜接朝廷圣旨、迎送上司官员或有重大典礼时开启。前厅内陈放清廷所赐和硕亲王仪仗及职衔牌、爵位牌等。前厅院西厢房面阔三间，初为王府属官理事处，乾隆年间王府衙署与寝宫分置后，一直作为梅林办公处。梅林主要承协理台吉及管旗章京之命办理旗内武备、司法等事务。前厅院东厢房面阔三间，初为王府属官理事处，乾隆年间王府衙署与寝宫分置后，一直作为副梅林办公处。副梅林主要承协理台吉及管旗章京之命办理旗内文案、财税等事务。前厅院西配房面阔三间，初为王府属官理事处，乾隆年间王府衙署与寝宫分置后，一直作为章京办公处。章京上承札萨克王爷和协理台吉之命，下令梅林、参领、佐领等办理旗内武备、司法等政务。前厅院东配房面阔三间，初为王府属官理事处，乾隆年间王府衙署与寝宫分置后，一直作为副章京办公处。副章京上承札萨克王爷和协理台吉之命，下令梅林、参领、佐领等办理旗内民事、财税等政务。

3. 正厅院：正厅院由正大堂、东西厢房、东西配房组成。正大堂又称迎恩堂。面阔五间，前置三间抱厦，是阿拉善王府的最主要建筑。初为驻定远营守备府正堂，继为王府正堂，一直沿用至解放，是历代旗札萨克王爷处理重要政务、迎接朝廷大员和举行重大典礼之处。正厅院西厢房面阔三间，初为王府札萨克王爷办公处，第二代札萨克王爷阿宝曾于此办公理事。乾隆年间王府衙署与寝宫分置后，一直作为协理办公处。协理是王府中仅次于札萨克的重要官员，承札萨克之命分掌全旗军政事务。正厅院东厢房面阔三间，初为王府札萨克王爷和福晋寝宫，第二代札萨克王爷阿宝与郡主福晋曾居住于此。乾隆年间王府衙署与寝宫分置后，一直作为副协理办公处。副协理是王府中仅次于札萨克的重要官员，承札萨克之命分掌全旗民政事务。正堂西配房面阔三间，阿拉善旗王府移驻定远营后，成为王府供奉先祖灵位之所，并存历代列祖列宗所遗珍物和朝廷御赐之物。每逢重要节日、祭日，札萨克王爷则率全家长幼及王府重要官员拜祭先祖灵堂，此风俗一直延续至新中国成立前。正堂东配房面阔三间，阿拉善旗王府移驻定远营后，为王府历代札萨克王爷接待上峰官员和重要宾客之所，亦为札萨克王爷进入大堂处理重要政务或主持重大典礼前的休息处。

（二）王府老官邸区

王府老官邸区，即“新东府”，是最早的阿宝王爷和其福晋道格欣公主府邸，乾隆时期为不规则散点式建筑，民国时期改建成从中轴线自南向北的四进院落，自清乾隆年间至民国末年一直是阿拉善王府的寝宫、官邸。

1. 府门：府门系一间垂花门，门内两侧有连廊。垂花门装饰精巧，连廊亦雕梁画壁，此为王族家人及侍从仆人进出东府的大门。

2. 前厅院：前厅院由前过厅、东西厢房组成。新东府前过厅面阔三间，与厅门外排坛达居室和庶务官办公处相间隔，形成了相对封闭的内寝规制。门厅内摆设兵器、棋桌、茶桌等，又是王府家族成员习武论文后的休息之所。前厅院西厢房面阔三间，为新东府前厅门外的排坛达居室。排坛达为王府内务总管，统领庶务官及众仆从管理王府内务和服侍王爷家族。此房在民国时期最后修缮王府时将门前廊柱改建成具有西式风格的装饰柱。前厅院东厢房面阔三间，为新东府前厅门外的庶务官理事处。庶务官管理王府内务，并管理服侍王爷家族的仆役佣人等，是服务王府的侍从机构。此房在民国时期最后修缮王府时亦将门前廊柱改建成具有西式风格的装饰柱。

3. 中厅院：中厅院由中厅、东两厢房组成。中厅面阔五间，原来较小，为第三代札萨克王爷罗卜藏多尔济与和硕公主福晋以及后代王爷福晋的会客和闲娱之所。民国时期（1932年）扩建为西式风格，其居东路之中，承前启后，规模较大，先为第九代第十位札萨克王爷达理札雅寝宫，后为其三弟达密林旺楚克夫妇居室。中厅院两厢房面阔五间，为东府内侍仆从居室，居住服侍王府家族的男女仆从。民国时期改建寝宫时，为曲直中轴线，所以进深极窄。中厅院东厢房面阔五间，为王府家族子女居室，内有木隔断，中间为中厅，两侧分为南北两室，室内设火炕、书桌，分住王府家族男童、女童。

4. 后堂院：后堂院由后堂和东西走廊组成。后堂面阔五间，为东府内最大的寝宫。初为第三代札萨克王爷罗卜藏多尔济及和硕公主福晋寝宫，后一直为历代札萨克家族里年长者寝宫。民国时期（1932年）为第九代第十位札萨克王爷达理札雅之母太福晋姜静德居室。两侧东西走廊彩绘精美，更衬托出后堂的阔大雍容。

（三）王府新官邸区

王府新官邸区，也就是“新府”，建于民国三十四年（1945年），系一处独立的大型房舍，整体平面成凹形，面积337平方米，具有中西合璧式建筑风格。达理札雅结束软禁生涯从兰州返旗后，与福晋金允诚及子女居住于此。新府分正门、东门、西门和北门。正门内有大走廊，直通南北，将新府室内分成东西二区，并在走廊两侧设内门，通连各个房间。出走廊北门可直达后山花园。走廊内悬挂照片、对联等装饰，极具民国时代气息。东区南面房间为书房，房门面对走廊，屋内宽大方整，设书架、办公桌等，为达理札雅和金允诚读书作画之所。东区北部房间面对走廊，室内呈方形，面积稍小，内设木床、梳妆台等。东区最东侧为一狭长房间，系达理札雅与金允诚卧室，前设东门，

达理札雅王爷新府邸

可通室外，内有隔断，接连洗浴间，室内设木制床、桌、茶几等。西区南部房间，门向走廊，室内呈窄长形，面积很小，为达理札雅幼子卧室，内设火炕、桌凳等。西区北部房间，门向走廊，是为餐厅，呈窄长形，面积稍大，内设餐桌、木椅等。餐厅西侧为一较大房间，门连餐厅，继通走廊，呈长方形，面积较大，为达理札雅女儿卧室，内设木床、梳妆台等。西区最西侧系一大型房间，为达理札雅会客室，平面呈方形，前设西门，可通室外，内置木雕高背长椅、木雕高背方椅及木雕几案等，装饰考究，为中西合璧式风格。[1]

二、延福寺庙群

延福寺位于定远营城内，红墙黄瓦的藏式建筑，是阿拉善旗最早的寺院。其寺址原为唐代筑建的罗汉堂，明代重修，清朝雍正十二年（1734 年）开始改建为藏传佛教寺庙并进行扩建，原罗汉堂前加三间后命名为“如来殿”，东西两侧建“藏康”和“贡康”分别供奉白哈五王和吉祥天母，这两庙的旁边分别建“鼓楼”和“钟楼”，南段建“四大天王殿”，这些庙殿建成后命名为

[1] 参见王旺盛：《清代阿拉善定远营》，内蒙古科学技术出版社 2017 年版。

王府旧照

“王府庙”。乾隆十年（1745 年），罗卜藏多尔济王爷为了悼念其父阿宝亡灵，出资 1 万两，修建三层 49 间大雄宝殿一座，同时在定远营各处新建了鲁班庙、娘娘庙、龙王庙、药王庙。还将马王庙扩为三间，扩建了关公庙、财神庙、玉皇庙、小药王庙、凤凰庙、魁星楼、天王庙等。乾隆二十五年（1760 年）乾隆帝赐名“延福寺”，后经历代增建，形成了颇具规模的庙宇建筑群。延福寺占地面积 100 余亩，由大雄宝殿、菩萨殿、药师殿、密宗殿、阿拉善神殿、天王殿、转经楼、钟鼓楼等大小几十座殿堂组成，有房屋 326 间；分设法相僧院、密宗僧院、十轮僧院、医药僧院四大院部；殿内供奉佛祖、明王、菩萨、护法神等雕像，并有大面积宗教壁画装饰，金碧辉煌，令人叹为观止。延福寺转世活佛连传五世，清代晚期最盛时住寺僧徒达 500 余人，民国时期衰落，住寺僧徒降为 260 余人。民国二十三年（1934 年）九世班禅曾于此处驻锡诵经达三月之久，远近各地蒙古族信徒三万余人来此听经朝拜，成为一时盛事。

王府小娘娘庙旧照（图左）

三、定远营民居

清代定远营城内西部，自乾隆年起开始逐渐修筑居民住宅，最初多为王公贵族之家，后又居住商铺店主眷属，商业店铺亦随之临街而起。城区居民住宅格局以街、巷为间隔，即“南北为街，东西为巷”；建筑布局大略相同，皆为四合院形式，即前为门楼、照壁、左右为厢房、正面南向为正房。建筑装饰风格亦相近，唯精致与粗疏稍有区别：多为土坯垒筑，转角包砖，门窗木作图案却各有千秋；室内地面多铺木质地板，采用火炕或地炕取暖；特别是门楼顶部多作马鞍卷棚式，似蕴含马背民族的审美观念。其建筑格局与形式，深受北京四合院、晋陕民居建筑风格影响，又具为适应塞北草原气候地理环境而做的创新改造，因此极宜居住。从道光十一年（1831 年）所绘《定远营全图》上看，城内西部满布住宅，已极具条理和规模，到晚清至民国时期逐年修缮，亦无大的变化。新中国成立后，城市发展扩建，旧房舍大半拆除，如今仅存 40 余处，弥足珍贵，仍可从中想见昔日居民的生活场景。

定远营四合院，后城墙上为关公庙及后山营盘

四、阿拉善王陵

阿拉善王陵位于定远营城东2.5千米，俗称“老陵滩”。始建于乾隆四年（1739年），后经历代扩建，到清代晚期形成庞大的陵园区。由从北向南一字排列的北陵（新陵）、中陵、南陵三陵组成。陵四周筑有围墙，前有大门、牌坊等。中陵陵园东侧建有棱恩殿、配殿、享殿、守陵房、扛木房、仓库等古建筑100余间；陵园西侧分三组筑墓冢10余处，从第二任札萨克多罗郡王阿宝开始，到第九任札萨克和硕亲王塔旺佈里甲拉止，历代王爷福晋多埋葬于此。陵园内植松柏等树木2000余株，宝顶围墙、享殿长亭，掩映古木之中，极显肃穆庄严。从第三任札萨克罗卜藏多尔济修筑祖陵始，历代均专设守陵户看护陵园。旗府亦严格规定，任何人经王陵十里内地界，必须下马步行，以示对先祖的敬重。同治八年（1869年）陕宁回军马化龙部围攻定远营时，将祖陵建筑焚毁，事件平息后祖陵得以重新修复。

阿拉善王陵东门旧照

五、南柯巴拉智言得阿拉善之传说及其灵塔

南柯巴拉（又记“南阔巴拉”），生卒不详，男，蒙古族，据传祖籍是喀尔喀部人，大约生活在1646—1725年之间，又称“南柯巴拉拉布占巴”（拉布占巴为佛学学位）。早年随入和硕特部和罗理帐下，他是巴图尔额尔克济农和罗理随从喇嘛（幕僚及专司供佛喇嘛），于康熙十五年（1676年）跟随和罗理来到阿拉善。他学识渊博、足智多谋、胆大心细、能言善辩，为和罗理王爷争取阿拉善这块

南柯巴拉

土地和建旗，付出了不可磨灭的贡献。

据载，南柯巴拉跟随王爷三次拜见康熙皇帝，第一次是在康熙二十五年（1686 年）末，巴图尔额尔克济农和罗理亲自率领 780 人的使团赴京，他跟随王爷一同前往。康熙二十五年正月二十日乙亥（1686 年 2 月 12 日），和罗理一行抵京。当日辰时，康熙皇帝召见巴图尔额尔克济农和罗理以大台吉规格并赏宴。就在这次宴会上，南柯巴拉为了争取牧地，给王爷出了很多绝妙的点子，使康熙皇帝对和罗理本人和阿拉善地方有了一个感性的认识。在京城，巴图尔额尔克济农和罗理受到康熙皇帝的单独召见，以紫貂披领、御服貂裘赏赐，准其驻牧在阿拉善这个地方。

第二次是康熙三十六年（1697 年），随巴图尔额尔克济农和罗理一同前往鄂尔多斯童素海地方，拜见康熙皇帝。这时清廷将阿拉善地方正式划归和罗理驻牧，授札萨克之印，授予和罗理贝勒爵位，将其部命名为“阿拉善和硕特额鲁特旗”，上不设盟，自为一部，为直属理藩院管辖的特别旗。

南柯巴拉灵塔

第三次是康熙四十二年（1703 年），康熙皇帝驾幸西安，巴图尔额尔克济农和罗理到临潼与会，陪同皇上视察驻防官兵，受到康熙皇帝的优渥赏赐，这南柯巴拉和王爷和罗理第三次，也是最后一次觐见康熙皇帝。

南柯巴拉助和罗理王爷顺利平稳执政，辅佐阿拉善旗两代王爷（和罗理和阿宝）一生。他去世后，阿宝王爷为了纪念他的丰功伟绩，在定远营营盘山东北山麓后，建了一座荼毗塔供奉，后将这个地方称为“苏布尔干高勒”。

六、定远营的传说

（一）卧牛城的传说

相传很早以前，天上的一头神牛偷偷地下凡来到这里，帮助这里的百姓做了很多好事并和这里的百姓一起自由自在地待了很长时间。后来玉皇大帝得知他的神牛在人间，就派人把这头神牛拉走了。此后，人们悲痛欲绝。后来，皇帝在这里建城守边，派了风水先生察看地形，选择建城位置。风水先生来到这里一看，风水相当不错，又听到了当地百姓所说的神牛故事，当即选定在这里建城。建城时就按照神牛故事，把城池建为卧牛形状，城池命名为定远营。定远营城的形状看似一头卧着的牛，因此，民间把定远营称为“卧牛城”。

（二）阿宝梦城的传说

阿拉善旗的王爷阿宝在康熙四十三年（1704 年）娶和硕公主为妻，授和硕额驸。他为朝廷征战多年，战功卓著，于是清廷赏定远营为阿宝王爷的驻居之地。阿宝王爷来到定远营一看，高高的城墙特别雄伟，里面有级别很高的府邸。王爷在城里转悠了好半天，心里很是高兴。此时，王爷说：“现在天色已晚，今天我们不回去了，就住在城内府邸吧。”手下当即回王爷说：“今天王爷就住在蒙古包里吧，待福晋格格一起搬过来时，王爷和福晋共同入住府邸如何？”王爷听了很有道理，便同意了。实际上王爷的手下并不知道驸马王爷是否喜欢这个府邸，因他征战多年住惯了蒙古包，就提早给王爷在城内建起了这顶宽敞的蒙古包。阿宝王爷吃过晚饭，和手下随从说笑了一阵后就安然入睡了。王爷在梦境中，梦见玉皇大帝派多人告知他要如何经营城池。王爷梦醒后，细细琢磨一番，有了一些规划。此后，王爷搬进定远营，安顿妥当后，按照梦中所指，在定远营城里城外建了好多小庙供奉。这就是后来定远营有很多庙宇的原因。

（三）定远营风水传说

传说定远营是“二龙戏珠”。为何这么说呢？原来贺兰山下的两道梁直奔定远营南北，像两条龙一样，定远营恰似一颗明珠闪耀其中，呈现“二龙戏珠”之势。再则，定远营城前三道河，中间竖一道类似“王”字，“王”字上面是定远营，恰似一“点”，成为一个“主”字。这样一来定远营成了阿拉善的“主人”——王爷的吉祥之城。因此，阿宝王爷在城内大兴土木，按照京城格局，建造了很多四合院式院落。久而久之，人们把定远营称为“小北京”。

七、阿旺多尔济及其传说

关于阿旺多尔济，贾拉森教授在《缘起南寺》一书中这样描写：阿旺多尔济，又名阿旺伦珠达尔吉，是创建阿拉善广宗寺（南寺）的一世第斯呼图克图（俗称“喇嘛坦”），也是用藏文写作传记文学作品和佛教经文的第一位阿拉善蒙古族高僧。他出生在贵族家庭，因而有时也称他为托音达尔吉或拉尊班迪达。蒙古语“托音”和藏语“拉尊”含义相当，都是对贵族出身僧侣的称呼。由于他还受到七世达赖喇嘛授予的“阿日鲁克桑额尔德尼诺门罕”（蒙古语，意为“清净宝贝法王”）封号，因此在文献中多称他为“达尔吉诺门罕”。他以自己一生出色的佛教活动和同王爷发生冲突而被关押致死的令人注目的历史事件，在阿拉善佛教历史上占有重要地位。他所撰写的一部《仓央嘉措传》（1757年广宗寺木刻版）作为全面记录六世达赖喇嘛一生经历的唯一文字记载，很早就引起国内外学者的注意。

阿旺多尔济生于今阿拉善旗厢根达来巴格（相当于今苏木）匝布斯尔乌素地方的台吉班子尔加布家中。其祖父是阿拉善旗第一代王爷和罗理的弟弟。两岁时，名为达格布夏仲阿旺曲扎嘉措实为六世达赖喇嘛的罗桑仁钦仓央嘉措来到了他家，听见他啼哭声，便认出是第思·桑结嘉措的声音，确认他是被拉藏汗杀害的第思·桑结嘉措所转生的孩童。等他长大后便收为弟子，为他授戒赐法号，教他学经，又送他去西藏深造。阿旺多尔济从西藏学成回来时，已成了精通藏语文和掌握渊博佛教知识的高僧。阿拉善历史上的第一个转世活佛就这样产生了。阿旺多尔济后来在仓央嘉措生前选定的地方创建了南寺，在那里修建了他的肉身灵塔，开创了南寺的法会习俗和学经制度。

有关他同王爷的矛盾有以下传说：阿拉善当时的旗札萨克王爷罗卜藏多尔济奉旨前去新疆平定叛乱时将自己的生命安全托付给阿旺多尔济。阿旺多尔济给了他写有白伞盖佛母咒语的护身符，并答应为他祷告三宝，保证他平安归来，并向王爷提了一个要求：新疆有一喇嘛寺院参与叛乱，在平叛中肯定会被夷为平地。那个寺院供奉的宗喀巴大师的法衣（袈裟）是很有加持力的稀世珍宝，阿旺多尔济求王爷务必把它带回来给他，王爷满口答应。胜利归来的王爷确实带来了宗喀巴大师的法衣，但他却不念阿旺多尔济替他祷告三宝，保佑其平安的恩德，而把法衣给了离开南寺另建寺院的自己的儿子多卜仓夏仲。对此阿旺多尔济很气愤，散布对王爷不满的言论，他们之间的隔阂就这样产生了。

此后罗卜藏多尔济王爷一直怀疑这个去过几次西藏，出生于自己亲族中，而且在全旗僧俗百姓中声望日益升高的活佛，是不是也想炮制一个政教合一的统治机构来取代自己，便暗中探听阿旺多尔济的活动。后来听说阿旺多尔济在闭关念经，便更加怀疑。此时一名妇人说她看见了阿旺多尔济在王府东侧高处埋下一个东西，王爷料定阿旺多尔济闭关念的是夺取自己政权的咒经。此时又有人火上浇油地说，阿旺多尔济的经万一念成的话如何了得。王爷惶恐不安，匆忙下令把阿旺多尔济抓起来。当时派人去南寺抓阿旺多尔济时，王爷心中好像有所犹豫，嘱咐派去的人，如果寺里的僧人无论大小，只要有一人出来求情，你们就不要抓他们的“喇嘛坦”。但他们去南寺抓人时不见一个僧人出来求情，于是就把阿旺多尔济带回旗衙门里。事实是，当时任南寺僧官（格斯贵）的大巴嘎西夏仲把僧人们都集中到经堂里念经，一个人都不准外出，才没有一个僧人能出去为阿旺多尔济求情。据说当日拉藏汗阴魂附体于僧官身上，报昔日第思与他争斗之仇。大巴嘎西夏仲恢复神志以后，全然不知道当天所发生的事情。等他知道了自己的所为以后悔恨莫及，怪自己修炼浅薄而被阴魂利用，就开始刻苦修持金刚大威德独雄本尊，后来获得了大成就。

阿旺多尔济一开始囚禁在双山子脚下，这里离定远营较近，常有人前去探望和送去食物。因此，又被转到格林布楞滩的一所小房内囚禁。附近有一姓段的蒙古人家，他们经常给阿旺多尔济送去食物，照料其生活，于是阿旺多尔济为段家人做了美好的预言，在那里作了一首叫《轮回》的蒙古语歌，歌词中唱道："六道轮回，犹如风旋。善恶报应，决非变迁。慈悲虔诚，洪福基源。横逆暴虐，罪孽必缠……人身难得，何敢狂欢。生死衰疾，四海无限。祈求保佑，虔心永坚……"他后来就在那里离地面几尺高的地方悬空打坐圆寂了。旗衙门派去探听阿旺多尔济死活的人，见此情景，便一脚踢倒其遗体后骑马赶回衙门报信。走到定远营城门时，马突然受惊，那人摔于马下，头撞在石头上，当即死去，脑浆溅到城门的门洞顶部。一直到新中国成立后拆除那个城门时，尚见其拱形顶部有黑色斑点，传为那人的血迹所留。据传，阿旺多尔济圆寂后，罗卜藏多尔济下令把他的遗体（一说首级）埋于城门之下（直到拆除城门前，僧俗信众进出定远营城门时都靠墙行走，不走中间），还不准寻找其转世灵童。但罗卜藏多尔济不久便死去，在阿旺多尔济的弟子等人的多方力争下，才得到安葬阿旺多尔济的遗体和寻访其转世灵童的准许。

阿旺多尔济纪念灵塔

阿旺多尔济圆寂后不久，六世班禅巴丹益希取道阿拉善赴北京参加乾隆七十寿辰的活动。传说当时请他莅临王府定远营，未被应允。他在应当地人的请求而作的《阿拉善神薰香祭文》中提到佛、菩萨、行空母、本尊、护法而故意漏掉应列在句首的“上师喇嘛”，暗示阿拉善没有了上师，表达了对迫害佛教大德行为的不悦（该经文僧侣们至今念诵着）。

甲申年，在双山子脚下曾囚禁阿旺多尔济的地方立一塔和碑，以示纪念。

第二节　重要事件遗迹

一、营盘山（后营盘）

围绕定远营建有 7 个营盘，用作站岗放哨，保卫王府。最早后营盘（蒙古语称“希林化仁”）是同治年间旗协理阿布尔拉报请王爷修建的，在危机时刻发挥过重要作用，如同治年间动乱、独立队围攻定远营、1938 年马鸿逵攻打定远营等，均发挥了不可估量的防卫作用。

民国六年（1917 年）冬，甘肃静宁县巫医吴生彦带领上万人的“独立队”攻打定远营，杨喇嘛率旗兵几十人守护营盘山营盘，坚守一昼夜，匪徒没能得逞。翌晨宁夏马鸿宾率大军前来支援，独立队伤亡惨重，大部死亡，少数逃跑，部分被抓，骚乱被镇压。虽然定远营街市受到很大破坏，但定远营城和营盘山岿然不动。

同治年间，陕西回民拥戴教主马化龙起义反清，声势浩大，波及西北各地。马化龙率队占据了宁夏城后，派其部下带队七八千人进攻定远营，旗协理阿布尔拉在营盘山及西关馒头山营盘布防。阿拉善旗方面有长龙炮、台枪、九节炮，能远程射击，又居高临下，打退了起义军多次进攻，城防无恙。

1938 年 1 月 25 日，马鸿逵命师长马腾蛟率两个步兵团、一个骑兵营、一个炮兵营围攻定远营，当时定远营有保安总队 300 多兵力，从南北寺调来持枪喇嘛 100 多人，旗府各处室工作人员发枪，都上城墙预备战斗，同时从后山城

定远营后山上的三个营盘

墙用绳子吊下去27名士兵上营盘山守三座营盘。夜间两点，马家军先从东关、西关、洪沟向营盘山发起猛攻，守营盘的27名士兵和北城墙上的守军互相配合，奋力阻击，使马家军腹背受击，连续多次打退马家军强攻，4个小时后天已拂晓，进攻停止，战斗暂停。事后真相大白，马家军都不相信营盘山上只有士兵27名。

二、鹿圈山营盘

鹿圈山营盘（蒙古语称“布古音希林化仁”）主要是用来防控自今银巴路来犯之敌，但外来之敌大多从贺兰山苏峪口、樊家营子就近翻山而至，而鹿圈山和定远营城距离远，所以很少有战事发生，不再详述。

三、定远营知名街巷

城内：理事官庭稽查局、王府衙门、王爷府邸、王府花园、大队部、前街、头道巷、二道巷、三道巷、四道巷、城隍庙巷、后山、后山巷、关公庙戏台。

城外：大树底下、头道桥、二道桥、三道桥、二道桥西戏园、轿车梁、南梁。

城东郊：东关、马营子、营盘山、八卦泉、东大涝坝、洪沟、牛圈涝坝、苇子湖、曹家园子、东关涝坝、张家园子、老陵滩、哈拉坞、头道河沟东街、陈老爷家大院、张家大院、李家大院、东高田、二道河沟东街、西南街、西北街、西高田、三道河沟东街、西街。

城南郊：杠房巷、幸福门、南高田、三道河沟涝坝、南梁涝坝、牛奶场、大红门、照壁、南田、四道桥、赵家车门、布古图、春发号、红石头。

城西郊：西花园、西花园教场、杨家园、桑家园、黄毛园、任大爷园、二号园、前西花园、四合园、后西花园、西大田、西关、干圈子、双山、西大地、马趟子、西沙窝、鹿圈山、砖瓦窑、药王庙戏台、佛教会、西关涝坝、柳树巷、头道巷、二道巷、三道巷、屠宰厂、馒头山、五间房。

城北郊：鬼门关、柳树沟、鹤滩田、扎哈乌苏、沙井子、苏木图等。

苏木图石窟

第十五章　灾异战乱

在定远营历史上，天灾人祸主要有自然灾害、瘟疫、战乱（包括土匪强盗等）、政治事件。在旱灾、风灾、洪灾、虫灾、震灾等自然灾害中主要是在生活上、经济上受到些许损失，饿死、冻死等情况几乎没有。但是在各种疫病流行时，因当时阿拉善的医疗条件极度落后等客观事实导致死亡人数比较多。此外，在各个时期的各种事件中，广大牧民生命财产遭到严重损失。比如同治年间的“马化龙事件”中，全旗生灵惨遭涂炭。就以艾力布盖巴格为例，全巴格近 500 户牧民只剩下 17 户，部分牧户远逃他乡，其余全部被杀，财产全部被抢。

第一节　自然灾害及瘟疫

一、旱灾

嘉庆十四年至嘉庆十六年（1809—1811 年），阿拉善旗发生连续 3 年的旱灾，900 多人遭灾，无法维持生活，清廷发放 2000 袋粮食予以救济。

光绪十七至十九年（1891—1893 年）雪雨俱无，发生连续 3 年的严重旱灾，全旗十分之八九的人、畜、草场遭灾。光绪十九年（1893 年）六月，阿拉善旗札萨克和硕亲王多罗特色楞呈理藩院代奏谓所属牧地荒旱严重，要求给予救济。清廷拨银 3 万两赈济，着户部发给。

民国九年（1920 年），阿拉善旗遭受旱灾，牲畜死亡殆尽。

阿拉善旗气候干燥，降水少，戈壁、沙漠占去多半，干旱是该地区最主要的自然灾害。民国十六年（1927 年）春夏，阿拉善旗雨泽愆期，牧地枯焦，牲畜乏弱，民生已处于非常严重的困境之中。这次旱灾一直持续到民国十八年

（1929年），骆驼、绵羊等牲畜基本没有褪毛，牲畜死亡无数，牧民生活无助，苦不堪言。

民国三十年（1941年），阿拉善旗大旱，赤地千里，颗粒无收，牧区狼患成灾，疫病流行，全旗面临粮食危机。

民国三十五年至三十六年（1946—1947年），全旗连年大旱，普遍成灾，疫病流行。

二、风灾

民国十六年（1927年）春夏，阿拉善旗雨泽愆期，狂风镇日，牧地枯焦，牲畜乏弱、饥饿，加之不断抓驼派差，民众生计困苦，老弱转乎沟壑，壮者散而逃之。镇番（今民勤县）、中卫县难民入旗牧地，任意杀富窃衣，妇孺多在定远营呼号，饿死者日有所闻。蒙荒既重，汉丐甚多，阿拉善旗执政者“从四月起流行插花赈济，每日煮粥用黄米四五石，散钱日需一千五六百串文”。民生困境亟待解决，阿拉善旗执政者只好再向宁夏道尹和宋哲元乞援，请其“俯念蒙地灾民甚广，破格赏准垂济，赐发救济账物”。

三、洪灾

光绪三十年（1904年）七月十五日，黄河水涨，阿拉善旗三盛公教堂遭水灾，1.5万亩农田被淹，陕甘总督拨给救援粮食300袋。定远营粮食短缺，平民恐慌。

四、虫灾

光绪五年（1879年）四月，阿拉善旗遭受蝗灾。

民国三十五年和三十六年（1946年和1947年），全旗普遍干旱成灾、疫病流行。旱灾期间，蚊蝇滋生，万千成群，刺咬牲畜，危害极大。全旗受旱灾及虫灾难民达1万余人。

五、震灾

乾隆四年（1739年），银川—平罗大地震造成5万人丧命。本次大地震波及定远营，使无数民房倒塌，伤亡不少。

民国九年（1920年12月16日），海原8.5级大地震造成23.4万人死亡。本次地震对定远营造成的损失也不小，大量民居遭到破坏，伤亡数十人。

民国十年（1921年）1月7日，阿拉善旗东北（北纬39°，东经106°）发生7级地震。定远营震感明显，城外倒塌部分民居，虽有几人受伤，但无人员死亡。

六、疫灾

清代，包括定远营在内的阿拉善广大地区疫情——白喉、天花、黄疸型病毒性肝炎、布鲁氏菌病、炭疽、梅毒、麻疹、病毒性百日咳、黄疸、哮喘、传染性感冒等蔓延不断，给牧民群众和定远营居民的生命安全带来威胁。

（一）天花

道光二十八年（1848年），阿拉善旗天花流行，喇嘛医生根登秋古木颇里、艾力布盖庙喇嘛医生洛卜藏丹津等不怕传染，勇敢上前医治，病情得到控制。为此，旗王爷专门表彰了在疫情中做出贡献的根登秋古木颇里、洛卜藏丹津等人。

民国三十二年（1943年），阿拉善旗天花流行，阿拉善旗曾组织了一支由蒙医组成的防治天花的卫生小组。

（二）鼠疫

光绪二十年（1894年），鼠疫大流行，阿拉善死亡数十人。

民国十七年（1928年）阿拉善旗鼠疫大流行，在36个巴格均有患者，死亡数十人。据调查，西部地区当年有严重旱灾，牧草枯萎，牲畜大量死亡，遂引起鼠疫流行。

（三）白喉

民国二十五年至二十七年（1936—1938年），阿拉善地区白喉大流行，死亡600余人。国民政府无力阻挡疫情，使之蔓延。阿拉善旗札萨克达理札雅的女儿就在这次瘟疫中被夺去了生命。阿拉善草原唯一的医疗力量——蒙医救活了不少人，如阿拉善旗广宗寺蒙医那木吉拉曼仁巴、达尔克庙蒙医甲木英曼仁巴等为人民防病治病做出了贡献。

（四）伤寒

民国三十六年（1947年），斑疹伤寒流行，阿拉善旗死亡人数超过百人，在防治过程中，广大蒙医起到了一定的作用。

第二节　战乱

定远营城极具神奇的军事防御功能：城北靠深沟陡崖，依据天险，用少量的兵力即可固守；东、南、西三面城墙高大、宽厚、坚固，西墙无门。东城门北侧陡峭，高坡上有弯形伸出去的牛犄角城墙可以从侧后方配合东门守军对攻东门之敌给予有效打击。南城门外有弧形伸出去的瓮城，门朝东开。从东城墙上可以对攻瓮城门之敌给予有效打击。万一入侵者攻破瓮城门进入弧形护城墙内，攻击更高更大更强的主城门，那么入侵者则进入了一个扁形狭小的深井内。防城守军可以从四面城墙上居高临下，落下石头，恰似瓮中捉鳖。城墙隔一段还设有马面，可打击城外死角之地，对保卫全城安全起到了巨大作用。因定远营城易守难攻，阿拉善军民在漫长的岁月中经历了几次大的保卫战争却没有沦陷。

同治五年七月（1866年），陕西回民起义军头目马正和、于彦禄、毕得才率军围攻定远营多日不克，遂心存绝望，绕行出胜金关，返回宁夏境内。同治八年四月（1869年），阿拉善旗协理阿布尔拉率领兵丁，为保卫定远营，抗击陕西回民起义军马化龙、白彦虎、崔三、禹得彦，给以回军极大挫败。1869年6月，抗击了马化龙起义军董志愿率七八千人围攻定远营的战争。当时他们围城多日无法攻克，就挖掘老陵滩的王爷祖坟大肆盗墓，火烧了城外寺院、西花园的王爷别墅和档案资料，之后疯狂在牧区进行抢劫掠夺，见人就杀，见物就抢，见牲畜就赶，使阿拉善旗损失惨重。

1938年，又发生了宁夏军阀马鸿逵阴谋吞并阿拉善旗的战争。

定远营城作为阿拉善和硕特旗的政治、军事、经济、文化、宗教、商贸中心，218 年（1731—1949 年）岿然不动，屹立在祖国西北边疆，发挥了抗敌避险的重大作用。

一、马化龙事件

清朝时期回族政治地位很低，不准参加科举，得不到应有的尊重，深受歧视压迫，因而招致回民的极大不满。到了同治初年，陕西各地回民以教主马化龙为首，起而反对清廷，声势浩大，波及西北各地。回民聚居较多的宁夏同心、金积堡一带，因连年天旱，人民生活极端困苦。对此，清廷不但不给予救济，反而对回民横加压迫，不许住在城里，不许携带武器。因此，激起回民愤怒，聚众暴动。马化龙率队起义后，很快占据了宁夏城、金积堡、同心县一带，并以金积堡为据点，一方面防备清兵的进攻，另一方面准备进攻定远营。

当时阿拉善旗执政的札萨克亲王贡桑珠尔默特因听信了副协理和回民官吏马四的通款纳和主张，仍旧住在西花园如意堂，不加戒备。另一位协理阿布尔拉因贡王不听他提出的调练旗民、准备防守的意见，就到苏木图巴格调集旗兵，加强训练，做抵抗的准备。因马化龙攻打定远营的风声日紧，阿拉善旗官员们甚感恐慌，派人请阿布尔拉率领旗兵，到定远营布置城防。阿布尔拉还亲到西花园如意堂劝说贡王进城，贡王仍执意不肯。阿布尔拉以长辈（贡王叔父）身份严词对贡王说："王爷是你当，又不是我当。你如实在不愿进城防备，甘愿当俘虏，那就把阿拉善旗官印交出，叫你三个儿子跟我一同进城，以便今后继承你的札萨克王位，好凭印信号令旗众防守。"这样贡王才应允进城。贡王乘车奔到城边，白彦虎的先头部队已经到达西花园。白彦虎当时纵火焚烧房屋，贡王遥见火光四起，才深自悔悟。阿布尔拉布置防守，严加戒备，在每个城墙垛口上布置 3 个士兵，轮流防守，备有台枪、长龙炮等武器，交替发射，阻止进攻。后山营盘及西关一带亦派旗兵防守，并将马四处死，以除内奸。这时定远营附近几个巴格的牧民，为躲避战乱，多携带家口，驱赶牛羊，逃至定远营避难。

白彦虎率回兵万余人到达定远营后，指挥其部众准备攻城。阿拉善旗方面由协理阿布尔拉的十弟（人称“十老太爷”）率马陆（回族官吏）前去与回兵讲和，表示愿从牧区征集牛羊供应食用。回兵方面坚持非把城内武器和金银财宝等物全数献出不可。阿拉善旗代表认为条件太苛，要求回城商量，回兵自恃人多势众，认为一攻即下，当即将阿拉善旗代表杀死，强行攻城。回兵人数虽然较多，但使用武器仅是长矛、刀枪，没有攻城利器。阿拉善旗方面虽然兵力较少，但有长龙炮、台枪、九节炮等武器，能作短程射击，倚城布防，居高临下，威力较大，因而打退了回兵多次的进攻。回兵屡次攻城不下，留下一部分兵力围城，分兵四出攻掠。到达南寺时，因该寺已组织喇嘛兵 200 多人，严加防守，未能攻破。北寺则疏于戒备，庙被攻破，活佛逃到贺兰山隐避，寺庙所有财产被劫，殿堂被烧毁。后阿木吉尔嘎拉突围前往救出活佛，将其带到定远营城。阿拉善旗方面虽然以防守为主，但有时也派兵出击。一次派兵 70 人出击，回兵佯作退却，故意抛下白酒两车，旗兵将白酒拉回阵地饮用，结果大醉，均被回兵拿获。蒙回双方，时而进行激战，时而处于相持状态，因而围城之战，持续甚久。

阿拉善旗方面因带队官德勒格尔达赖阵亡，士兵也多有伤亡，深恐长期相持，寡不敌众，乃派人突围前往北京，请求清廷迅速发兵救援。清廷初尚不以为意，嗣后因回兵挖掘公主灵柩，暴尸于外，始引起重视，派遣张曜统兵救援阿拉善旗，回兵向西撤退，定远营之围始解。

马化龙事件所带来的灾难，无法用金钱来衡量，西部牧区各巴格均遭到掠夺性抢劫，人畜损失惨重，阿拉善旗的牧业经济处于崩溃的边缘。

二、戊辰事变[1]

“戊辰事变”，也叫“小三爷事件”。因该事件的主要领导人德钦懿新诺尔布（汉名德毅忱，以下均称之）的父亲嘉拉岑旺吉勒是王爷的三弟，人称

[1] 参见朝格图：《阿拉善往事：阿拉善盟文史资料选辑甲编》（上册），宁夏人民出版社 2007 年版，第 246 页。

“三爷格根”，而德毅忱弟兄三人，老大齐米德爱林岑（乳名任格），人称“任大爷”，老二恩克布音，人称“智二爷”，他是老三，为了和父亲加以区别，人称“小三爷”。这次事变是由国民党宁夏省主席门致中属下赵景文、姚连榜策划，同阿拉善旗德毅忱、田济尔（字协安）、梦雄、罗敖有等联合发动的推翻旧政权的事变。

德钦懿新诺尔布、田济尔、梦雄

民国十六年（1927 年）夏，国民党在定远营成立党部，负责人是宁夏国民军驻旗代表赵景文，他与阿拉善旗辅国公头等台吉、副管旗章京德毅忱秘密计议发动政变夺取阿拉善旗封建王公政权，实行国民革命的新制度。德毅忱在旗内得不到重用，对王爷非常不满，趁此机会，遂“决心进行维新运动，希图改革封建制度，以期适应时代潮流”。赵景文调回宁夏后，由姚连榜接替他的工作。姚连榜对旗内政变之事更为积极，于是年 10 月，在其家中，秘密吸收德毅忱、田济尔、梦雄、胡日茨毕立格、斩三三、于和尚、高宝、张立三、罗敖有、王毅、达西端德布、田台、杨常、田礼五儿、赖狗、杨常妹子、李宝石、密各瓦祺尔等 18 人为国民党党员。

此后，德毅忱、密各瓦祺尔、田济尔、梦雄、罗敖有、舒安等人，积极配合姚连榜进行革命政变准备工作，计划待机起事。民国十六年（1927 年）冬和民国十七年（1928 年）初春，德毅忱等以旗衙门无故没收南公爷（密各瓦祺尔）的煤矿和错判吴光公的外甥死亡案为借口，曾两次拟文，向门致中反映旗内情况，要求彻底解决这些冤案。德毅忱还亲往宁夏与门致中面议，取得了门致中的支持。

民国十七年（1928年）4月中旬（农历闰二月下旬），门致中把德毅忱和姚连榜叫到宁夏，商定了政变的具体计划。4月21日，德毅忱、姚连榜从宁夏带着10名士兵回到定远营，与梦雄、田济尔、罗敖有及甘肃省驻定远营的盐税局局长李培林、百货征收局局长何元庆、禁烟善后局局长郡经文等，密议于次日发动革命政变的具体计划，委任晋北人王仁甫为商团队长，委任罗敖有为旅长，参与政变的有商团、盐务局盐警及少数蒙古兵100余人，罗敖有给参加政变的士兵散发革命肩章。

4月22日中午，德毅忱、姚连榜等与秘密布置的士兵100余名，秘密进入城内，并占领了印房（旗政府）、策林厢（财政处）、枪炮库等单位，夺取了札萨克印，捕押了管旗章京陈莽哈赖和几名主要官员，当日释放了其他官员，只扣押了陈莽哈赖一人，于4月28日将其押到南龙王庙，以“该莽督兵抵抗，激战两小时，是反对革命的祸首”为由枪杀后，装棺埋了。为除后患，德毅忱密派皂迪巴到牧区捕杀陈莽哈赖的两个儿子没有得逞，并查抄没收了他的家产。

事变成功后，成立了“国民革命军第二集团军蒙兵第二路司令部”，德毅忱任司令，姚连榜任监督，下设两个旅，第一旅旅长罗敖有，第二旅旅长敖其尔，并以司令部名义发号施令。他们从王府库中拿出6600元银圆，分给了事变有功人员，德毅忱2000银圆，田济尔1600银圆，梦雄和罗敖有各1000银圆，舒安和宁夏来的田国华各500银圆。送给门致中步枪240支、子弹10万发。还将王府多年积存的珍贵的珠宝玉器、瓷器古董、书画珍品等贵重物品，肆意洗劫。其中一部分上缴宁夏国民军，一部分留作新政权的经费，一部分为个别人中饱私囊。

“国民革命军第二集团军蒙兵第二路司令部”密定，为消除后患，派兵将逃往牧区的梅林章京黄图门吉日格勒（汉名黄康禄）及罗巴音都仁（巴哈乃）抓来关押，准备处死。姚连榜、德毅忱等夺得政权后，遭到了各巴格蒙古兵的极力反抗，为解除武装威胁，便将南寺的活佛喇嘛坦请到城里，想借其威望，号令各巴格蒙古兵缴械投降。5月21日，当牧区大批蒙古兵包围了定远营城时，姚连榜提出要枪杀黄图门吉日格勒和罗巴音都仁，被德毅忱劝止，后将他们放还蒙古军中。6月中旬，罗巴音都仁为感谢姚连榜、德毅忱不杀之恩，送给姚连榜青走马一匹、钟两座，送给德毅忱黄绸子一件、金表链一个。姚连榜将原政务处改为旗务处，委任罗巴音都仁为处长，塔旺策林（八爷）为副处长，镇国公密各瓦祺尔聘为顾问，还将辅国公齐米德爱林岑任为军需处处长。

闻知定远营事变，南部巴格由毛·巴图尔、范布尔格德、杨巴图孟柯组织率领卡兵，占领了通往银川的三关要道，并从南面包围定远营。沿贺兰山的各巴格由杨嘎瓦组织和率领卡兵，以贺兰山为营地，封锁了樊家营子通往宁夏的小路，并逼近定远营。北部巴音乌拉、夏尔布日都（今阿拉善左旗锡林高勒）一带九个巴格由巴图斯迪组织率领卡兵，以夏尔布日都为基地，从北边包围定远营，其他较远的宗别立、科伯尔巴格的队伍，由宁吾、贾米叶等人组织率领。雅布赖、树贵等巴格的队伍纷纷集结在定远营附近，准备攻城。

此时的塔王在北京充任南京国民政府蒙藏委员会委员职，对当时全国形势比较了解，特别是政治斗争中，反对谁、屈从谁，其后果之严重，他也是很清楚的。阿拉善旗在宁夏国民军的支持下发动政变，塔王虽很愤恨，但又不能直接向国民军发泄怨恨。于是，经过一番策划，于1928年6月19日，向阿拉善旗发表传谕布告说："本年旗内发生变乱事件，但国民革命军对本王是好的，第一路军蒋介石、第二路军冯玉祥、第三路军阎锡山等，对本王都赞成，还升任本王为民国的新职务。本旗的旧制度应照旧实行，顶戴照旧有效，头发不要剪。阿拉善旗支援冯军，运送军械，他们不会与本旗捣乱，而是本旗人自己捣乱。今后如革命军有欺侮事等，不能任其行事。对德毅忱、罗敖有、梦雄、田济尔等四人，不论在何处抓到，都就地枪毙。"塔王还决定"任命副梅林章京白和尚为临时管旗代理人，发给临时印章，由白负责总管指挥各军和各官员”，同时“任命梅林章京黄图门吉日格勒、扎兰章京图门巴依尔、台吉达喜策登、台吉巴图孟柯、副参领老曾等，协助领导八个组，在夏尔布日都（今锡林高勤苏木）旧王府集中，准备攻城，抓捕起事人员，恢复旧制度”。在塔王有计划有组织的武装反扑下，立足未稳的新政权摇摇欲坠，形势危急。

1928年7月，塔王从北京传谕，组织了旗临时政府，指派专人负责组织各巴格军事力量攻城。

7月5日，德毅忱将司令职交敖其尔代理，自己与田济尔、梦雄等，携眷寄居宁夏府。7月7日，姚连榜将王府中的贵重财物装了7箱，带至宁夏府，除分送给门致中、邵遇芝、赵景文等人部分外，剩余的大部寄存到景义泰。据罗敖有事后供称，姚连榜不仅私吞阿拉善旗军库地下挖出的银两，而且从衙门和商会中苛索银洋4万多元。德毅忱送给门致中的礼品，除大量枪支弹药外，还有银子1万多两，鸦片3000两。

在塔王的部署下，蒙兵[1]于7月7日攻入定远营城。立足未稳的新政权旗务处宣告失败，札萨克印被王府缴回；新政权的要员任大爷和罗敖有被捕（罗敖有在德毅忱离旗赴宁后，预感大势已去，便投向塔王组织的临时政务处，在夏尔布日都住了一段时间，后又偷返城内），参与事变的盐警和极少数蒙兵被瓦解，“东军”[2]则全部逃散。

新政权被推翻后，王府由谁来掌权，是亟待解决的大事。塔王远在北京，原政务处的主要官员，貌合神离，在事变中各奔前程，已失去了掌权的主动性。因此，定远营商会于7月26日给阿拉善旗前线军官将士（攻城蒙兵）去信，要求恭请南寺喇嘛爷（喇嘛坦）来旗掌权，主持大局。邵遇芝、赵景文等在宁夏积极商拟提出了“和平解决阿拉善旗问题”六条办法，大意是：恢复原政务处，公推喇嘛爷协助塔王护印掌权；惩办祸首，将姚连榜撤职押省讯

[1] 蒙兵：指王爷组织的地方武装。

[2] 东军：指姚连榜带领的国民军。

办，德毅忱等交旗处置；撤销蒙兵第二路司令部，收去关防，遣散军队；宁夏第八师派来支援新政权的军队，撤离旗境；退还已运往宁夏的王府财产；宁夏对阿拉善旗的损失，给予适当抚恤；对为新政权当兵办事的一般人员，概不追究。

塔王在北京得知政权已被夺回，于9月13日传谕：任命罗巴音都仁为协理，尼玛敖子尔为管旗章京，罗道尔吉森格、达喜策登、罗恩克巴图、达喜东德布等管理印房事务；其他各职员原任命暂不变。派罗巴音都仁、罗道尔吉森格、图门达赖等赴宁夏清理财物。姚连榜是叛乱头目，由旗追查处理；德毅忱、梦雄、田济尔等人在逃，继续侦查，如有线索立即逮捕；任大爷的罪比罗敖有轻一半，分别送南、北寺严刑关押待处。

甘肃省派特使于长东来旗，极力设法恢复旧秩序。10月26日，于长东召集阿拉善旗官、民、军、商代表，以投票方式，选举出南寺的迭斯立特呼图格图喇嘛坦桑吉嘉木苏护理札萨克印务，主持全旗一切政权；原政务处亦于是日重新成立。邵遇芝、于长东等操办恢复阿拉善旗旧制的大功已告成，刘郁芬只好顺水推舟，于10月29日以738号函核准将姚连榜押解省讯办。另外，委派于长东为甘肃省驻定远营办事委员。

阿拉善旗政务处恢复后，于11月4日向全旗发布了“戊辰事变”经过及平息情况的布告：“从此和平到底，恢复旧章，起事的姚连榜已解省究办，祸首既惩，冤仇宜解，蒙汉本一家，法律不溯既往，为此，仰旗属军民僧俗及外来商旅，自布告后，前在定被姚连榜被迫当兵办事，与蒙人交锋对垒，具有仇怨者，此后概不追究；而我蒙民仰体上天好生之德，遇事和平宽大，不准记仇挟恨，互相报复前嫌。倘敢不尊，一经查知，或被告发，定按律惩办，决不宽贷。”

安民布告发出后，原章京陈莽哈赖的两个儿子，联名控告“姚连榜擅自枪决善良、欺蔑冯总司令和国民政府如髦毛”的行为，并开列被抢财物清单，要求赔偿。旗政务处积极派人到宁夏查缉德毅忱、梦雄、田济尔等人，还向于长东控告其他参与事变之人的劣迹。于长东于是将王仁甫、侯长检等人关入狱中，数年不释。

戊辰事变后，主要参与者被一一法办。德毅忱被捕后被流放到沙漠后病死，他的长子罗景瑞被枪杀；梦雄逃之夭夭，再无音讯；田济尔逃出后，天涯海角四处流浪，直到新中国成立后才回到定远营；敖其尔被枪毙；罗敖有、塔旺策林、密各瓦祺尔、齐米德爱林岑等四人悔过深刻，从轻发落；其他参与者根据罪行轻重均受到不同程度的处理。

据阿拉善旗控告状中记载："此次事变损失银圆达200万之巨。被抢枪械有三八式步抢400余支，子弹20余万发；杂快枪200余支，子弹10余万发；老来福枪300余支；洋药封筒30余箱；铜帽火1万余筒。王爷私人珍贵物品无法估量。"[1]

三、马仲英之乱

阿拉善旗人所说的回民造反，是指民国十八年（1929年）春，马仲英[2]率部由甘肃到定远营，再横越贺兰山，攻入宁夏城的一段过往。马仲英造反，始于民国十七年（1928年），起兵于今青海省的湟中县，事变发生于甘肃省河州府导河县（今临夏），史称"河湟事变"。

民国十五年（1926年）冯玉祥誓师北伐，兵饷奇缺，急需筹措。冯玉祥派张允荣任甘肃省财政厅长，张允荣急于解决国民军的经费问题，政失常规，例行摊派，毫不还价，使人民群众饱受日逾加重的差徭赋税之苦。河州原是个殷实之地，为了筹集军饷，刘郁芬默认了王祯（原系被国民军驱逐的陇南镇守使孔繁锦的智囊）在河州开矿的建议，挖掘回族军阀窖藏的财宝，招致各军阀的不满。民国十六年（1927年）秋，刘郁芬派赵希聘任河州镇守使，派

[1] 转引自朝格图：《阿拉善往事：阿拉善盟文史资料选辑甲编》（上册），宁夏人民出版社2007年版，第265页。

[2] 马仲英，甘肃省临夏人，马步芳胞弟。十几岁起受青海省军校训练，不久升为营长。因不满地方税收，率部分士兵反出军营，成为土匪。1933年其部被改编为第36师，任师长。

叶超任导河县县长。赵希聘为政粗鲁，从事简单，不尊回俗，一味压制，对回族军阀势力和宗教关系毫无顾忌，还把舞台上扮演的五个大王八，比作西北五马[1]，招致地方实力派的反感。刘郁芬入甘后，扩充军队，新增师旅十多个，军费更紧。叶超在导河县索粮派款，急如水火，民间疾苦，无处申冤，致使原来在赋税分成摊派标准上就有争议的回汉纠纷，更加激化。恰在此时，河州西乡和南乡发生了流血事件，赵希聘受人蛊惑，向刘郁芬请示机宜。刘郁芬于是决定杀人立威，结果逼迫教民联合起来进攻河州。此时，西宁镇守使马麒对河州故乡发生的一切不胜愤慨，在私下说："赵希聘、叶超这样糟蹋人，难道就没有一个有出息的娃子，给他们一点教训吗?"于是，宁海军中17岁的营长马仲英出头倡乱，由湟中县率属经循化，收缴县警武器，扩充了兵马实力后，直奔河州。1928年5月9日，马仲英组织起事教民，进攻河州城。赵希聘向刘郁芬告急。刘郁芬派师长戴靖宇由南乡进攻，派旅长刘兆祥、李松昆由东乡进攻，焚烧唐汪川无辜村民1000余家。

河州第一次被围，刘郁芬采取剿抚兼施政策，一面派重兵于1928年5月23日解了河州之围，一面将赴兰州请愿的乡绅代表之一马宝（马仲英之父）扣为人质，后杀害，致使马仲英不能接受刘郁芬的招抚条件。此时，凉州二十七师的部分官兵哗变投靠马仲英，该师六十九旅旅长马廷贤，气愤赵希聘焚烧他的老家，亦率部与马仲英合伙。在几个阿訇军师的策划下，组成了"黑虎吸冯军"，马仲英任总司令兼第二师师长，马廷贤任军长兼第一师师长。于1928年6月27日晨3时，第二次进攻河州城。刘郁芬任赵希聘为剿匪总司令，率二十五师前去解围。1928年7月15日，马仲英败撤西乡。赵希聘在城上指挥炮击八坊，纵令民团和士兵出城烧杀掳掠3天，致4万人无家可归，加深了回民对国民军的仇恨。

1928年8月2日，马仲英第三次围攻河州城，声势更大。刘郁芬急调驻天

[1] 西北五马，指宁夏镇令使马鸿宾、凉州镇守使马廷勷、甘州镇守使马麟、西宁镇守使马麒、绥远都统马福祥。

水的十一师佟麟阁和驻宁夏的第七军门致中前去解围。1928 年 10 月下旬，冯玉祥派马鸿宾奔走调停。议和未成，冯又派暂编第三师吉鸿昌率师援甘。马仲英虽有七八万之众，终因敌不过重兵围剿，败退临潭、民县一带。

河州解围后，马仲英主张退陇西，进取宁夏；马廷贤主张逃四川，另谋出路，将部众交韩进禄率领随马仲英前进。至天水，两马均受吉鸿昌堵截，西撤经甘南藏族地区，再过青海地区，北上出祁连，奔山丹、永昌。

马仲英起事失败后，东奔西逃，居无定处，遂图谋北上后套寻找立足之地。民国十八年（1929 年）农历正月底，马部辎重先锋到民勤县，遭县警、民团劫杀，马仲英破城后，杀百姓七八百人，县长雷步瀛自杀。因石羊河未结冰，马部无法过河，滞留多日，大肆焚掠戮杀。吉鸿昌部旅长刘兆祥追马仲英，相持 5 日未克。回军处境困难，马廷贤决定赴天津活动；马仲英率部东进，窜入阿拉善旗草地境内。

马仲英骑马照

民国十八年（1929 年）初，马仲英虽有 2 万余部众，但很多是拉家带口的群众，没有多少战斗力，农历二月间，已有数千人由阿拉善旗的南部地区陆续进入宁夏地区。因受宁夏阻击，不能立足。农历二月十七日（3 月 27 日），旗政务处向宁夏省门致中主席报告了情况，并请示对策。

民国十八年农历二月二十九日（1929 年 4 月 3 日），旗政务处接到回军头目马仲英、马谦、马义于农历二月二十四日向阿拉善旗书写的投石问路信函说："蒙古王爷：麾下柳荫日暖，霓帐风清。敝者弟等自导河首义以来，为救汉、满、蒙古、回、藏五族一家之事。刘郁芬到甘，逼迫拨款，百姓有命难逃，刘贼有灭教之意。弟等难以力占，联合盟军，带领导河老幼妇女，东走西望，现在到王爷贵地，弟等投于王爷翅下。若我王某有和平之意，于弟等借宿路经；我王若无有和平者，弟等于我王作一臂之力，所于导河刘郁芬交战年有余，现到今年，灭回教满蒙藏之意，弟等我王自作主张，可也!”阿拉善旗执政者深知这位 17 岁尕司令厉害，他们联合 8 万多回族教民，东战西杀，使冯玉祥国民军后院的战火越烧越烈，不得不调集几个师旅的重兵去围剿。此时，马仲英虽说是只有 2 万之众的败军，但就人数而言，几乎与全阿拉善旗之人口不相上下；就战斗力而言，阿拉善旗更是望尘莫及。甘肃数县发生的惨状是前车之鉴，值得借鉴。甘州卫戍司令任辈建给马仲英和平让路，双方互未相犯，马仲英只在山丹住了 7 个多月，民勤县用 300 多名民团警察力抵，结果惨遭杀戮。鉴于以上教训，阿拉善旗执政者很怕战火弥漫，生灵涂炭，为了能避免回军的烧杀抢掠，使人民群众的生命财产免受损失，不得已而接受马仲英借路的要求；同时他们还很赞成马仲英进军宁夏府，攻打门致中，借以对宁夏策动阿拉善旗“戊辰政变”进行报复。

对策即定后，协理罗巴音都仁和管旗章京尼玛敖子尔二人派蒙兵营长、副骁骑校毛巴特尔等 10 多人，到定远营以西的夏尔布日都迎接马仲英。民国十八年农历三月三十日（1929 年 4 月 9 日），马仲英率 1 万多人马进抵定远营，王府官员热情迎接，将马部官员安置在城内，军队驻扎在老陵滩，并热情款待 3 日。定远营的外籍巨商，在回军来前，有的逃往外地，有的暂避城内，市面闭门歇业，一片冷落景象。回军来后没有公开抢掠，有的还到市面上变卖针线布匹和其他商品，但在郊区也发生过几起流血事件。

马仲英痛恨国民军，阿拉善旗上层人士亦有同感，于是很快就成了患难之友。马仲英在定远营得到阿拉善旗执政者的谅解，并愿支持其攻打宁夏城，以获得长久立足之地的主张，自然异常高兴，便委任阿拉善旗蒙兵营长、副骁骑校毛巴特尔为蒙兵司令，表示蒙回亲善，使阿拉善旗民众避免受战火之苦。

民国十八年农历三月初二（1929 年 4 月 11 日），马仲英以西北边防联盟军总司令名义，率马谦等部众（亦称西军或回军）由定远营经樊家营子，翻越贺兰山，直奔宁夏城。临行前将大量伤病员，留交阿拉善旗照顾，阿拉善旗只得屈从答应。4 月 12 日，马仲英攻入宁朔县城（今银川新城），13 日占领银川城。门致中等出南门逃跑，省府秘书长赵雪田自杀。

4 月 17 日，毛巴特尔接到马仲英派专人送来的银川告捷信函。旗政务处于 4 月 21 日给马仲英复函祝捷说："接华函云，已于初四光复宁夏城，现正安民治事等，逖听之余，不胜欢幸！足征总司令将门华胄，策划警人，钦佩之至！敝旗弹丸沙漠，去岁忽遭姚连榜之乱，杀官劫库，十室九空。今幸总司令仗义兴师，不特救民于水火之中，既敝旗胸头一口恶气，亦藉以消为舒展，何幸如之！兹派蒙员带薄礼四包，恭诣铃辕，面申贺悃，藉志感情，希即哂存。此后尚祈诸凡照荫，以敦邻睦，无任盼祷，敬颂捷祺！"

马仲英攻入宁夏城，拜访了前宁夏满营将军常连。常连告诫马仲英：不要乱杀平民百姓，要和地方人士合作，才有可为。于是，马仲英于农历三月十二日，在省城召开群众大会，宣传他的造反宗旨，社会秩序较为安定。

宁夏大局暂稳，旗政务处于 4 月 23 日向北京塔王禀告了马仲英路过阿拉善旗，攻占宁夏城，门致中逃跑等消息。马仲英想以宁夏为发祥地，除对回军进行整饬外，很想让阿拉善旗壮大蒙古兵，成为他可靠的盟军。三月二十日，马仲英向旗政务处要求，将旗管押的密各瓦祺尔、达西端德布二人从宽释放，交给他委任的阿拉善旗司令毛巴特尔训练，以资效力。

宁夏被回军占领后，门致中向甘肃求援，吉鸿昌率冯安邦、李枪祥等劲旅抵中卫县，与门致中会合。农历三月二十七日吉部攻入宁夏城，马仲英自经魏门（北门）败退北滩，约有 300 多人退入阿拉善旗。此时的马仲英回军伤亡惨重，经长途征战，已疲惫不堪，很多人情愿接受安抚。冯玉祥念马仲英年少有为，欲想造就人才，不忍深加诛究，遂决定宽其既往，收编为一旅。在双方代表来往商谈招抚条件时，门致中于农历四月二日电告阿拉善旗政务处说："马匪到处滋扰，自非设法搜剿，不足以维持治安；如该匪入境，立时卸除武装。”马仲英亦不愿接受吉鸿昌的苛求，在黄渠桥誓师，于 1929 年 5 月 14 日，率部第二次攻打宁夏城，苦战一日，溃不成军，复败北逃。

马仲英战败北逃，主力退到阿拉善旗磴口、沙金套海一带，少量部众驻在定远营，这对阿拉善旗既是个很大的包袱，又是招致宁夏不满的祸根。阿拉善旗最重要的任务是力保王公制度不变。此时谣传国民军要攻打阿拉善旗，给阿拉善旗造成很大恐慌。门致中为了解除阿拉善旗的疑虑，于农历四月中旬，派王庭芝持函到定远营进行解释，并共同筹划抵御马仲英溃军之良策。不料王庭芝到旗后，发现定远营有马仲英的人。为此他未敢露面，复还宁夏，于 1929 年 5 月 25 日向旗喇嘛爷桑吉嘉木苏、陈额尔德尼巴图（陈宝峰）、满吉、宋布尔巴图（宋宗鲁）、罗巴音都仁、黄图门吉日格勒、达喜策登等官员，致函说明情况，并着重解释说：“主席方面与贵旗一向亲善，土匪前虽由贵旗经过，主席亦素知贵旗兵力薄弱，甚加原谅，望万不可多疑。”仅此函释，实难消除疑虑。1929 年 6 月 2 日，旗政务处派王恩溥与马某再赴宁夏，面诉阿拉善旗的困难处境，并致函说：“敝等才本遇愚，时逢匪乱，既虑汲深，更绠短迷雾偾事以贻羞；现匪氛虽蒙击溃，究之蒙地尚属惕惶。祈雨露常垂草野，永赖风云之护。”

宁夏唯恐阿拉善与马仲英结成联盟，屡次表示亲善，借以稳定局势。阿拉善旗执政者，对双方都表亲近，概不薄此厚彼，进退都留有余地。阿拉善旗政界始终与马仲英保持着一定联系。在向宁夏函告匪情时，也向马仲英函告宁夏的情况。

民国十八年（1929 年）的阿拉善旗面临着两大灾难：一是多年不遇的旱灾；二是马仲英回军不断骚扰的人祸。阿拉善旗与回军在桌面上称盟友，实出无奈，在强大的对手面前，只能交其为友，才能不动干戈，有利保存自己的实力。回军自宁夏战败，大部分被收编后，仍有数千人退到阿拉善旗东北后套磴口一带，他们的给养全靠当地百姓，地方之苦，不言皆明。对此人祸，阿拉善旗曾数次函请马仲英饬其部众万勿扰民，马亦答应决不犯民。是年夏，回部亦效国民军，准备向佃民征收烟地税款。对此压力，旗政务处于1929年8月14日，向马仲英发函提出请求说：“华函诵悉，慨许饬令贵部严守纪律，不扰佃民，保护地亩，决不损害等语。读之，足征贵司令将门华胄，出处不同，自古成大事，立大业者，莫不先得民心为宗旨。今贵司令到处安民，秋毫无犯，将来前程万里，当于此处预卜之矣！敝即专函致谢，正盼复音。适接沙金套海探员报称：‘近马总司令部下，携绳丈量烟地，声称亩征大洋12元，佃民及收租蒙员，齐往该部求免无效。如该部真干涉套中烟地，不特政务处行政兵饷将穷，且佃民将流离。’查此地自国民军入甘，差徭络绎，连年荒旱，迭受兵灾，均在司令见闻申。今者佃民生计稍转，而强霸估占蒙边之磴口，勒索烟亩税。时若贵部丈地征款，赤子生计何堪因忆？敝旗去岁遭门致中唆使姚连榜捣乱，全旗府库民财被劫掠，至今政费兵饷，均束手无方，仅靠套内一二巴格租粮及烟捐。贵司令乃祖老提师在日，与先亲王有金兰之谊，今王又与司令有仓促之交，渊源葛垒，定荷关垂！敝旗去岁之祸，与贵司令曾前受之欺，同是一盘痛苦；兔死狐悲，物伤其类，此等关切，谅早当念及，决不至同病相残。况贵司令克宁时，地方何等丰富，乃因怜悯商民百姓，恐遭玉石俱焚之祸，情愿让出城池，一文不取而去，以故地方歌功颂德，至今啧啧不休！恳贵司令念先辈交情，怜敝旗困难，赏准部下勿丈烟地，免收亩捐！”

阿拉善旗执政者向马仲英晓之以理，动之以情的恳求，使马部回军的践民行为有所收敛，但其生存条件就更加困难。于是，马仲英赴山西谋求出路期间，回军的抢劫行为时有发生，大部回军被宁夏收编，小股兵丁经阿拉善旗，有返还原籍者，有留居定远营者。1929年10月14日，阿拉善旗得知马仲英已从山西归来，便派蒙员赴后套欢迎，兼收地租烟捐，并以政务处和练兵处指挥毛巴特尔的名义，向马致函，指出回军近期声名不如以前，佃民每受惊扰，求其重新整顿，以免损失。

1929年11月9日，西北军总部委任马鸿宾为宁夏省代主席。次年元月，冯玉祥正式任马鸿宾为省主席。马鸿宾原为宁夏镇守使，冯玉祥西下时，改任为国民联军第二十二师师长，驻防宁夏。马鸿宾曾多年驻宁，与阿拉善旗睦邻相处，关系较好。马鸿宾就任省主席，希图保境安民，平息动乱，根除匪患。他主张收抚马仲英的残部，尽力取信于已招抚的官兵。但已被收编并升任军长职的韩进禄，仍对马鸿宾不满。民国十八年（1929 年）冬，冯玉祥在五台山建安村接见马仲英的副将马廷贤并委任师长，密令其回宁夏收集旧部。韩进禄即趁此机会率部千余人，脱离马鸿宾，跟随马廷贤，直趋陇南。

此时的马仲英已处于众叛亲离之境，是年他弃部赴北平、南京，谋求出路。蒋介石将马仲英、马仲杰兄弟二人安插在国民党中央军官学校。但马福祥忧虑马仲英一旦得势，死灰复燃，将妨碍他西北回族军事领袖的地位，因而请求蒋介石准许，将马仲英以参议名义，派往驻防山东的马鸿逵部受“教育”。马鸿逵部军官学校教育长兼参谋处长李翰园（原名李林，共产党员，任过黄埔军校教官），与刚从苏联回国的张雅韶、吴应祺，共同介绍马仲英兄弟加入了青年团。马仲英在宁夏失利后，在甘肃还有一定的势力，他不甘心失败，1929 年 9 月，由山东潜回宁夏，图谋重整旗鼓。因马鸿宾挽留，遂任其部教导大队队长，驻中卫县，以作重返故里的先头站。

马仲英出走南京后，其部队被收编，由马谦指挥。并要求在阿拉善旗驻军。旗方考虑到，他的部下纪律松散，抢掠行为时有发生。如 1930 年 3 月 20 日，阿拉善旗扎哈道兰防卡卡长东都尔带领 3 名卡兵，护送阿嘉活佛到平番县（今永登县），折回时至白墩子处，被 60 多个回军围着，抢去枪 4 支、子弹 500 发、银洋 60 元、马 1 匹。阿拉善旗一向不允许邻邦派军队入境。在阿拉善旗的力抵下，马谦未能公开实现驻军阿拉善旗的计划，但在暗中则纵容其部下马团长、马队长等率部数十人，逗留在阿拉善旗北部古尔乃等地抢劫商旅，聚赶驼马 100 余峰，驮运货物 50 多驮。不久又发生巴伦沙尔扎的粮行商人白某及天义成号等 4 家，被回军 40 多人抢劫白银 1000 余两事件。

民国十九年（1930 年）秋，马仲英遗部留居定远营的主要军官有马芳队长，王玉宝营长，马副营长（名不详），还有姓杨和姓马的两个连长等，加上士兵和眷属，约有近百人。他们多数人并无固定职业，少数人经商做生意。马仲英回宁后，收杨自德连长为其继续服务，并负责留居定远营人员的事情。马仲英遗部留居定远营，引起阿拉善旗官府不安，但又无法将他们驱走，只有借助宁夏的威力，才能使其就范。民国十九年（1930 年）秋，马维霖就任宁夏省警察局局长职务后，于 9 月 29 日派队长马成福来旗收抚马仲英残部，并要求阿拉善旗“鼎力维持，多加照拂，事毕后，自将台端之功，呈报主席，以资颂扬”。旗政务处正好利用这一良机，将马芳队长和杨、马连长等 20 余人，逐出阿拉善旗，另谋生路。[1]

四、毛巴特尔事件

毛巴特尔事件始发于 1928 年，结束于 1932 年，历时 5 年，是继“戊辰事件”之后，阿拉善发生的一次重大事件。它不是“戊辰事件”的继续，是阿拉善旗府里政治上层、高级官员的一次矛盾斗争，其影响和涉及范围远至宁夏、甘肃、鄂尔多斯，甚至蒙古国。

毛巴特尔是南寺格根活佛纳旺丹增的堂叔，因纳旺丹增同情毛巴特尔的遭遇才参与其中，因此也称“格根事件”。

1928 年 4 月 22 日，“戊辰事件”发生后，德毅忱新政权发出布告，要收缴全旗范围的枪支，引起毛巴特尔的极大不满。他于 5 月 1 日联合通湖防卡卡长范布尔格德，发动南部几个巴格的牧民组成队伍五营，两人带队直奔定远营，讨伐德毅忱新政权，虽没攻破城，但客观上起了发动其他苏木巴格组织起来讨伐新政权的作用。在随后临时政府有组织地讨伐新政权的战斗中，毛身先士卒，英勇进攻，被称为讨逆英雄。“戊辰事件”平息后，塔王晋升毛巴特尔为副骁骑校兼营长，范布尔格德也升为兵营军官，罗巴音都仁升为协理，委任南寺喇嘛坦活佛桑吉嘉木苏护理札萨克印务，代塔王执旗政。对于塔王的人事安排，毛巴特尔、范布尔格德、旗梅林黄康禄极为不满，毛、范认为，“戊辰

[1] 根据朝格图《阿拉善往事：阿拉善盟文史资料选辑甲编》（上册），宁夏人民出版社 2007 年版，第 409 页。

事变”时，罗先是弃官出逃，后又被德毅忱任命为旗务处长，事变平息后，又被升任协理，其贪赃枉法，陷害忠良。喇嘛坦也是受贿卖法，将反对他们的梅林章京黄康禄革除官职，发配牧区，监视劳动。于是在旗内形成两派，一派以罗巴音都仁、喇嘛坦为首的当权派，一派以毛巴特尔、范布尔格德、黄康禄为首的反对派，两派展开了激烈的斗争。

1929 年 4 月，“河湟事变”失败，回军将领马仲英率 2 万多士兵军属，一路烧杀劫掠，向西北退却，在民勤遭遇阻击后，攻城屠城，杀无辜百姓 800 多人，折东向阿拉善草原而来，先派使者致函阿拉善旗，要借道赴宁，态度强硬，同意则罢，不同意就攻。在这关键时刻，旗府官员大都犹豫不决，毛巴特尔则主张，民勤等地阻挡即遭杀戮，阿拉善不能以卵击石，因此两派都同意欢迎马仲英，路过旗地，攻打宁夏，赶走国民军，以报“戊辰事件”之仇。但谁也不敢出面，又是毛巴特尔领命出面迎接马仲英，办理一切有关事宜，他很慎重地处理了这一突发事件，当了一次识大体、顾大局的英雄。马仲英攻占宁夏银川后，任命毛巴特尔为西路军司令，马仲英失败退出银川后，马谦被宁夏省政府委任为宁夏骑兵一军军长，毛巴特尔又乘机捞了一个骑兵师长，虽然这些职务都是有名无实，但对阿拉善旗执政的罗巴音都仁协理和喇嘛坦来说是一个重大的威胁。

1930 年 9 月，由于两派互相指责，抓辫子、找毛病，罗巴音都仁协理以毛巴特尔私通马仲英，持功骄恣，顶撞协理等罪名，要求喇嘛坦对其予以严惩。因此，喇嘛坦将毛巴特尔逮捕监押。这一粗暴行动引起很多人士的不满，在定远营商会及兵营士兵求情之下，将其释放，这更增强了毛巴特尔要铲除政敌的决心，为防迫害，他常住宁夏避难。

南寺活佛有两个系列，一是喇嘛坦，二是格根，两者互为师徒，格根纳旺丹增是喇嘛坦的徒弟，出身贫民家庭，位虽尊但势弱，如长期让喇嘛坦执旗政，对己更不利，加之同情毛巴特尔的遭遇，就向喇嘛坦摊牌，要求革除罗巴音都仁的协理职务，惩办其罪。而毛、范一派都拥护格根，主张由格根代替喇嘛坦主旗政。毛、范一派最大的缺陷是其主张无法获得远在北京的塔王的支持，而罗巴音都仁协理和喇嘛坦常在函件中向塔王告状，揭露毛、范的罪责，反映格根的问题，于是塔王下令，撤销格根呼图克图封号，收回袈裟。毛巴特尔常住宁夏，又身不由己参与到宁夏复杂的军阀派系斗争中，为别人所用，徒劳无功，反受其累。阿拉善旗执政者常向宁夏、甘肃省府状告毛、范，在两派激战中，宁夏省府数次派各厅厅长，赴定远营调解双方矛盾，也都是无济于事，无功而返。

范布尔格德及其部下照

为了解决旗府执政问题，纳旺丹增、毛巴特尔、范布尔格德数次寻求外援，想推翻现旗政，另组旗行政公署。1930年，纳旺丹增、毛巴特尔给鄂尔多斯乌审旗的内蒙古人民革命党去信联系。1931年1月26日，内蒙古人民革命党（简称“内人党”）代表图门巴依尔、那生敖其尔、布音迭尔格勒（福明泰）来到定远营，与其会晤，互赠礼品，内人党代表介绍了内人党的宗旨与活动内容，详细了解了阿拉善情况，纳旺丹增、毛巴特尔给蒙古人民共和国写信，交图门巴依尔代转，并于 1 月 28 日，秘密护送图门巴依尔赴库伦。1931 年 6 月，塔王在京病逝，其子达理札雅继位。1932 年 1 月 12 日，将黄图门吉日格勒（黄康禄）拉出城东门外枪毙。1932 年 3 月 18 日，毛巴特尔以剿匪为名，向地方索要粮饷遭拒绝。4 月 15 日，毛巴特尔率兵进定远营与范布尔格德等汇合，这对旗衙门形成了极大威胁。喇嘛坦暗调各防卡蒙兵攻打毛巴特尔军，毛巴特尔军溃败，毛巴特尔、范布尔格德相继被捕入狱，毛巴特尔被移交宗别立巴格曹格都仁边官看押。范布尔格德移交北寺看管。纳旺丹增后来也被捕，转交南寺看管。这些事件获得了达理札雅王爷的认可。

1932 年 6 月 12 日，达理札雅王爷与其家眷，扶塔王及其二弟、弟媳灵柩于北京登火车至包头，后由旗府派乌拉运送回旗，丧葬之事完结后，即开始整顿旗政。1932 年 9 月 2 日，旗府派黄楚鲁岱前往宗别立枪毙了毛巴特尔。此时被关押的范布尔格德趁隙逃出监狱，至张掖马仲英处，后又逃至中蒙边界，为人放牧、狩猎为生，旗府再没追究。9 月 3 日，至此长达 5 年的“毛巴特尔事件”画上了句号。

五、南寺活佛纳旺丹增事件

在阿拉善旗近代历史上被封建势力称为“红党分子”的南寺活佛纳旺丹增，以其进步思想和为大众民主而斗争的具体行动，一直拥有较高的评价。纳旺丹增虽身为呼图克图，但在拉萨等地学经深造时，结识了苏联布里亚特、外蒙古等地的革命党人，比较深刻地接受了革命的思想。回到阿拉善之后，同情贫寒牧民，为他们的困苦鸣不平，憎恨旗里王公贵族们的封建统治。同时他又有意接近具有进步思想的人，与他们一同进行反对封建统治的斗争。因此，发生“纳旺丹增事件”也是阿拉善当时历史的必然选择。

南寺格根纳旺丹增呼图克图，于 1902 年 2 月 8 日（辛丑年十二月三十日）出生在阿拉善和硕特旗通湖巴格查拉嘎尔地方。父亲姓蒙古勒默特，名道尔格，三等侍卫。纳旺丹增俗名孟柯，12 岁被认定为阿拉善广宗寺（南寺）第六世达格布呼图克图，法名纳旺丹增田来嘉木苏，简称纳旺丹增。纳旺丹增除了学习藏文，还自学了蒙古文和汉文，三种语言均达到较高的水平。他利用空闲时间经常给小喇嘛们缝补衣裳、洗刷剃头，或教他们学经、学习文化知识。据说，他擅长修理、雕刻等工匠活，对做饭、拾柴等杂活苦活也很熟练，性格温和，不摆活佛架子，因而深得僧俗大众的拥戴。

1927年，经南寺派遣和旗衙门批准，纳旺丹增赴藏，在拉萨高等宗教学府深造。在拉萨学习的三年期间，纳旺丹增认识了在那里就学的苏联布里亚特和蒙古人民共和国喇嘛中间的革命者们，并与之往来，初步接受了革命的影响。也正因为如此，纳旺丹增受到了寺院方面的指责，中断了学业，在苏联和蒙古革命者的支持与帮助下，离开西藏，途经印度、上海，于1930年春来到北京。之后，他身着西装，去北京的阿拉善王府拜见塔旺佈理甲拉王爷。塔旺佈理甲拉见他的身着打扮，心中很是不高兴，但仍然表现出虔诚和尊敬，劝他及早回旗，主持寺务，钻研教规，弘扬佛法。这样，纳旺丹增于同年十月十日离开北京，于十一月下旬回到旗里。到南寺不久，他便开始与自己的叔父毛巴特尔以及黄图门吉日格勒、贡都、布日固德等人亲密往来，经常在一起议论时局，并互相交换意见。

1931年春，旗府梅林章京图门吉日嘎拉失言暴露了黄图门吉日格勒赴京找塔旺佈理甲拉王爷告状和在南寺格根住处秘密聚会等秘密。以罗巴音都仁为首的旗衙门大为惊慌，当即呈文北京，说："黄图门吉日格勒、毛巴特尔、布日固德、纳旺丹增等人密谋造反。"为此，塔旺佈理甲拉王爷于同年五月初十发出了本书前文提到的电谕。

得到王爷的旨意，旗印房于同年六月将南寺格根纳旺丹增送交南寺大吉萨管制并强迫劳动，同时诱捕布日固德，拷问取供，又于同月十三日以印房值班的名义，将贡都招来旗衙门拘捕。毛巴特尔发觉事已泄露，便跑到宁夏，被宁夏省主席马鸿宾保护起来。阿拉善方面多次致信宁夏，要求协助捉拿毛巴特尔，但马鸿宾以不插手阿拉善内务为由，不予理睬。不仅如此，马鸿宾还派人来南寺，将纳旺丹增秘密接到宁夏，共谋如何闯入定远营的具体措施。因而，于同年六月十一日，纳旺丹增带近卫数人返旗，欲要进城，协理台吉罗巴音都仁当即指使辉特氏巴图孟克带领近200名兵士，从城墙顶射击纳旺丹增等人。正在这时候，旗印房官员图门巴依尔等上城阻止，守城士兵方停止了射击，打开城门放纳旺丹增进城。纳旺丹增便带着他的近侍曹勒门、罗卜桑全布勒二人入城，径直走到他在城里的住处。事有凑巧，正当纳旺丹增走进城门之际，辉特氏巴图孟克突然昏倒在地，不省人事。众士兵大惊，认为动枪射击活佛，惹怒了佛爷，吓得大伙儿滚下城墙，向纳旺丹增活佛认罪求宽恕。图门巴依尔等旗府官员及衙门庙（延福寺）甘珠尔活佛等也前来格根的住处，向纳旺丹增叩拜赔不是。趁着这个机会，纳旺丹增要求旗衙门："要把事情刨根究底，斩断一切枝枝杈杈，将斗争进行到底，使人民得到利益。"[1] 翌日晨，南寺60余名喇嘛来到城门下，高呼："还我格根。为什么要向格根动枪动炮？必须使事情水落石出，查明原委，交出祸首！"[2] 旗府官员们担心事态恶化，便命令守门士兵，将喇嘛们放入城内。这样，旗印房与纳旺丹增活佛双方谈判，商定用协商的办法逐步解决业已形成的矛盾冲突。之后，纳旺丹增便带领众喇嘛回南寺而去。那个昏厥倒地、不省人事的辉特氏巴图孟克，再也没有苏醒过来。此事引起不小的震动，因而旗府与纳旺丹增活佛之间的矛盾也就暂时缓和下来。

然而，由于1932年春协理台吉罗巴音都仁等杀害了黄图门吉日格勒，敌对双方之间的矛盾再度激化，形势重现紧张。罗巴音都仁加紧了迫害纳旺丹增的行动步伐。他采用多种狠毒的手段，通过塔旺侑理甲拉王爷，以"红党分子""叛逆分子"等罪名向蒙藏委员会控告纳旺丹增活佛。但是，因为蒙藏委

[1] 图布吉日嘎拉：《关于南寺格根阿旺丹增》，载《阿拉善史料》（蒙文版）第二辑，内部出版，1988年。

[2] 图布吉日嘎拉：《关于南寺格根阿旺丹增》，载《阿拉善史料》（蒙文版）第二辑，内部出版，1988年。

员会不予批复，罗巴音都仁等不敢对纳旺丹增下手，只得等待时机，再作考虑。后又多次催促达理札雅王爷同意处置纳旺丹增，却得到“回旗之后，查清究竟，再作处理”的答复，罗巴音都仁只好作罢。即使这样，罗巴音都仁等人仍旧抱定置纳旺丹增于死地的决心，为达到目的，又以达理札雅王爷之名义，要求旗印房喇嘛坦桑杰嘉木苏等批准处置纳旺丹增，最终还是未能如愿。

1932年6月，刚刚继承王位的达理札雅从北京动身前来阿拉善。旗政府官员、各实权台吉、巴格达、大小各寺庙的格根、喇嘛坦、沙布楞等大小活佛，前去距离衙门城几十公里之外的地方，隆重迎接达理札雅。南寺活佛纳旺丹增也前来参加迎接仪式。但是，因为听信协理台吉的谗言，达理札雅王爷认为重罪之人不能给王爷献哈达，没有接受纳旺丹增所敬献的哈达。紧接着举行迎接宴会，同样不允许纳旺丹增参加，只是安排他在另外一顶帐篷里，与普通小喇嘛们一起吃饭。纳旺丹增格根怒不可遏，狠狠说道：“阿拉善已经不把我当人看了。不过，他们也长不了啊!”[1]

纳旺丹增秘密派人到鄂尔多斯，约定日期，便开始准备出走。鄂尔多斯的扎木央希日布派人前来黄河岸边的敖包图庙接迎纳旺丹增。

据纳旺丹增心腹近侍丹必扎木苏回忆：“格根临走前，让我整理住处的东西。格根拿了短剑一把、镀金小佛像一尊、金刚橛一个装入褡裢内，并说这些都是德都格根（意为“上师”，指六世达赖喇嘛仓央嘉措）从西藏带来的宝物。还拿了俄国造手枪一把，也装进褡裢。”纳旺丹增出走前，与他的相识至交欢颜畅谈，下棋取乐，甚至在自己的住处煮茶备饭一同用膳，态度异常友好。1932年9月3日晚上，还特别邀请亲密挚友、同辈喇嘛等20多人，在自己的住处摆宴款待，并分别赠送了礼物。翌日早起，就带领近侍喇嘛三丕勒、楚立特木藏吾二人，各骑一匹马，上巴彦森布尔山峰，祭祀敖包去了。当时，全南寺却无一人怀疑，他们三人竟是一去不归。

[1] 图布吉日嘎拉：《关于南寺格根阿旺丹增》，载《阿拉善史料》（蒙文版）第二辑，内部资料，1988年。

纳旺丹增走后，迭斯日德呼图克图桑杰嘉木素叫来丹巴喇嘛，并交给他一小布袋熏香，嘱咐道："快去，把这袋熏香交给格根，不可误时。格根现正在森布尔峰顶祭祀敖包呢！"丹巴当即起身，急急忙忙赶到峰顶，格根接过熏香袋，见里边有一封短信，便对丹巴说："好了，谢谢你。你回去吧。"丹巴回来，向喇嘛坦如实禀报，喇嘛坦长叹一声，说道："事已晚矣！"便不再言语。

纳旺丹增上了巴彦森布尔峰，两天不见归来。知事喇嘛们觉得蹊跷，上下打探，也无人知情，便向喇嘛坦报告。喇嘛坦说："派人上峰顶寻看。"于是，第三天由活佛近侍喇嘛却嘉木苏、司库管家罗布桑二人上山查看，只见纳旺丹增等的踪迹顺南坡而下，直奔黄石沟去，知道是奔往宁夏去了。二人回寺，经大伙儿商议，就按喇嘛坦的指示，派人向旗政府禀报。旗政府众官员深感不妙，认为只有派异教徒去追赶，方可捉回，便命令阿迪亚带兵7名，速去"捉拿"。阿迪亚等到了南寺，带人引路，跟着纳旺丹增的马蹄印迹，一路追去，经哈日浩特到敖包图庙。敖包图庙的喇嘛们表现出非常的热情，酒席相待，又摆了整羊吃，吃得阿迪亚等头昏眼花，大醉而卧。第二天，阿迪亚等继续前行，到了黄河边上，渡河船只都由鄂尔多斯人掌舵，这也不行，那也不行，满嘴的借口，就是不让他们上船渡河。阿迪亚等只好等待，又耽搁了两天。渡过了黄河，到了鄂托克旗的阿尔巴斯山。阿迪亚等见山中有很多青羊，便打了几只准备要吃，却碰到鄂尔多斯的阿日拉庙喇嘛嘉木央希日布的队伍。鄂尔多斯兵见阿迪亚等打死好几只青羊，当下就盘问他们是从哪里来的土匪强盗，为何要打死鄂尔多斯地盘上的神羊。阿迪亚等差点儿被缴了枪，认错谢罪，说了许多的好话，方才得以脱身。但是他们无法前进，鄂尔多斯蒙古兵不放他们过去，只得掉头回转了。可这一回去，定被问罪无疑。实话不能实说，于是，大伙儿商量着编了一套谎言，就回到旗里报告说："我等奉旗府之命前去捉拿纳旺丹增，跟踪追至鄂托克的阿尔巴斯山，忽见有三人坐在野地，烧火煮茶，往里仔细一看，好像就是纳旺丹增一伙。我等便开枪射击，只见枪弹落处，烟尘翻滚，顿时狂风大作，暴雨倾盆，东西南北，无法辨认，害得我等晕头转向，四散躲避。待到风过雨住，才把人马聚拢，走到那三人烧火的地方一看，只有火灰和倒在地上的茶叶尚有一丝温气，却不见了人的踪影。我等又继续在那附近的地方寻查了几天，也询问过当地的一些牧户，仍无半点消息。无奈，我等只好空手而归。”旗府众官员听了，都信以为真，认为纳旺丹增虽犯罪在身，可人家原本高尚，照旧是个金身活佛，触怒过甚，恐怕于旗于政都不利，便不再追查。

可是，罗巴音都仁等人还是不甘心，马上又修书一封，送呈宁夏，要求宁夏方面严加查寻，如若发现纳旺丹增，立即拘捕归案。信中说道："据本旗广宗寺格斯贵等人禀报，该寺达格布呼图克图纳旺丹增，于今年八月初三突然潜逃。查其踪影，得知经黄石沟，向宁夏方向而去。经查，该达格布呼图克图纳旺丹增曾与大库伦喀尔喀红党相勾结，滋事谋反，时日已久。本旗于今秋捉得库伦奸细。审讯取供，进一步掌握该达格布呼图克图纳旺丹增之种种反动行径，并曾报知贵省政府。该呼图克图旺丹增本应闭门思过，痛改前非才是。然而，于今春又伙同罪犯巴图尔、布日固德等一起犯上作乱，之后，趁本旗札萨克亲王初来本旗尚未查明原因之际，逃往贵省。若不尽早捉拿，恐与乱党串通，骚扰地方，危害民众，因此而说明缘由，修书呈报，望主席明察并速速通知各处，抓紧捉捕。若该达格布呼图克图纳旺丹增尚在贵省隐栖，万望当即通知本旗，以便本旗派人前去擒获。"

据当初纳旺丹增所经过的伊克昭盟鄂托克旗查干查布其尔庙[1]附近地方居住的老牧人们讲，南寺格根纳旺丹增于1932年秋离开阿拉善，来到该庙附近的巴润呼都格小住数日。当地牧民闻讯，纷纷前来叩拜祈福，后由嘉木央希日布处来人接去。当时，纳旺丹增格根曾对人讲："阿拉善视我为'红党分子'，欲要杀害，我好不容易才逃出魔掌。在不久的将来，就是阿拉善它自己

[1] 查布其尔庙，《阿拉善史料》第二辑误记为查布其亚勒庙。该庙位于今乌海市查干查布其尔地方，鄂托克第八代札萨克贝勒诺颜苏德那木阿拉布吉根登时期，曼巴札仓呼毕勒罕喇嘛贡楚拉布吉于1838年主持修建，藏名格森达尔杰灵庙。

也要赤化的，那时候它会想起我纳旺丹增的。我们阿拉善旗，有那么几个坏台吉恶霸官吏，互相勾结，做尽坏事，杀害好多好人。时候不到啊，日后他们将要受到报应惩罚的。”[1]

原来，敖包图庙的喇嘛们摆宴招待追兵，黄河渡口的船家们拖延阿迪亚等人的过河时间，以及阿尔巴斯山鄂尔多斯蒙古兵借口为难等，都是嘉木央希日布事先安排的缓兵之计，只是阿拉善追兵不知是计，糊里糊涂地上当而已。

1934 年 7 月，阿拉善旗印房获得了纳旺丹增居住在北京的确切消息。于是，印房官员们决定派协理台吉罗巴音都仁、官员段巴图尔等前去北京，邀请纳旺丹增回阿拉善来。这时候，达理札雅王爷也住在北京，也得知纳旺丹增就在北京，便派人四处寻找，将纳旺丹增请到王府，规劝道：“一切都已成为过去，现在，格根您应当回到阿拉善，照旧管理自己的寺庙，弘扬佛法，利益众生。往事归往事，本王不再追究。”纳旺丹增说：“我已决定不再回阿拉善，如果说请我回阿拉善去，那就干脆送到警察署好了！”说罢，径直走出王府。达理札雅王爷又派台吉巴图孟柯（尊称“巴嘎玛尼嘎”）去雍和宫，数次规劝纳旺丹增回旗，却不曾有半点效果。纳旺丹增一直坚持不回阿拉善旗。当时，阿拉善王爷府有一张姓小近侍，为讨好王爷，向王爷进言道：“纳旺丹增乃逆党奸细，还不如及早捉拿关起来。”达理札雅听从近侍谗言，便报告北京警察署，将纳旺丹增格根拘捕关押。不料，此事传到章嘉呼图克图那里。章嘉呼图克图出面，找当时北京警察署官员，准备保释纳旺丹增，正巧，鄂尔多斯伊克昭盟盟长、杭锦旗多罗郡王阿拉坦敖其尔又给达理札雅王爷来信说：“据查，贵旗达格布呼图克图纳旺丹增谓本王下属官员布仁套格特呼说，从今不再滋事，只是赴五台山修行，而不回阿拉善等言语，确系真实。如若贵王爷看在

[1] 图布吉日嘎拉：《关于南寺格根阿旺丹增》，载《阿拉善史料》（蒙文版）第二辑，内部资料，1988 年。

小王的情面上肯与释放，小王愿为担保。”[1] 这样，由章嘉呼图克图具名，纳旺丹增被无罪释放。自此，关于纳旺丹增格根去向何处，无人知晓，也不再有任何相关的消息。[2] 阿拉善和硕特旗“红党分子”纳旺丹增事件宣告结束。

六、马鸿逵攻打定远营事件

民国二十六年（1937 年），新上任的札萨克达理札雅看到阿拉善旗降雨甚多，草场茂盛，牲畜膘肥体壮，是自他袭爵后的好年景，决定举行隆重的庆贺大典，举办“乌热斯”大会，并打算把他的母亲太福晋、他的三弟达穆林旺楚克从北平接来全家团聚，共享幸福，还想把他的老岳父陶贝勒（载涛）也请来参加女儿女婿袭爵庆贺大典，以表敬意。1937 年 6 月底即派王府总管张仁前往北平迎接，只因张仁走到归绥（今呼和浩特市）适逢卢沟桥事变，抗日战争爆发，平绥铁路不通车，只得返回。旗王下令全旗 36 个巴格都来参加，旗王在雅尔庙设起蒙古包多顶，王府全体人等搬去居住半月，尽情游乐。全旗牧民也全家老少驮着帐篷和蒙古包，带上食物、羊只到雅尔庙周围安营扎寨，蒙古包和帐篷连成一片，人山人海，十分壮观。

这次的“乌热斯”大会从 9 月 6 日开幕到 30 日闭幕，历时 20 多天，达理札雅全家都搬去会场居住。因为这次大会是专为庆贺达理札雅袭爵而开，故切都用清王朝的礼仪进行。达理札雅头戴紫宝石顶帽三眼大花翎，身穿蟒袍，绣龙谱褂，项悬朝珠，足蹬朝靴，神采奕奕地接受臣民的顶礼膜拜。此外跟随王爷到会的侍卫人员，除规定穿民国军装的副官人员外，其余也都按清代品级穿着顶戴袍褂行叩拜礼，旗政府亦搬到会场办公，连无线电台也在会场架设向外通讯。

---

[1] 图布吉日嘎拉：《关于南寺格根阿旺丹增》，载《阿拉善史料》（蒙文版）第二辑，内部资料，1988 年。

[2] 据笔者证实，纳旺丹增于 20 世纪 40 年代初流落到五台山，在观音洞里守坐农乃斋修心有 2 年多，之后于 1943 年行至锡林郭勒盟镶黄旗西尼布拉格苏木落脚，直到 1958 年秋圆寂。享年 58 岁。其遗体埋葬于本苏木巴音恩格尔。

在这半月前来参加“乌热斯”大会的人们开怀畅饮，尽情歌唱，并踊跃参加赛马、摔跤、射箭等各项比赛活动，场面空前盛大。

这次大会还邀请了外宾，其中有额济纳旗的代表苏宝峰，蒙藏委员会调查组代表刘伯石，宁夏马鸿逵、马鸿宾也都派代表前来观看。

人们在狂欢幸福之中却没有想到，这次大会为阿拉善旗带来了严重的后患。因当时（1937年）正值“七七事变”后，抗日战争全面爆发，马鸿逵为了打击阿拉善旗，摧残达理札雅，竟向国民党政府进谏谗言说，达理札雅在全民抗战开始之际，不积极支持抗战，而集合全旗蒙古族居民召开“乌热斯”大会，身穿清王朝的顶戴朝服，按照清朝的礼仪接受臣民的叩拜，是在向全旗臣民宣誓决心投靠日本帝国主义，复辟满清皇朝。虽然国民党政府并未立即有所行动，但马鸿逵的谗言必定发挥作用，对后来国民党政府决定使用马鸿逵的军队袭击定远营、俘虏达理札雅，是一个促进的因素。

“七七事变”后，平津沦陷，日寇由平绥线向西进军，可能波及宁夏省和阿拉善旗。1937年9月间蒋介石派参谋总长陈诚来宁夏，一面对马鸿逵安抚，使其坚定抗战立场，避免倒向日本；一面察看阿拉善旗的动向，并拟邀请达理札雅赴南京谒见蒋介石，以便拉住达理札雅，团结抗战。因为达王曾与德王的蒙政会亲善，蒙政会也曾向达王拨发武器、弹药和无线电台。日本特务机关在定远营停留时长近一年，军委会驻阿拉善旗军事专员郑子献被迫离职。此时阿拉善旗的无线电台仍与德王的“蒙古军政府”保持每天通讯。北平虽已沦陷，而住在北平的达穆林旺楚克与日本人有所接触，仍与阿拉善旗每天保持通电，所有的电报密码并不机密，宁夏收抄后大都能够破译，达理札雅与嘉卜寺及北平的来往电报内容均为马鸿逵所知悉，马鸿逵立即据以报告国民党蒋介石，建议由他将达理札雅逮捕扣押，但蒋介石仍持慎重态度，未立即贸然采纳马鸿逵的建议，而特派陈诚前来宁夏察看达理札雅的真正意向。

陈诚抵宁后，即邀请达理札雅去银川会面，达理札雅与旗府协理章京等高级仕官会商是否可以接受陈诚的邀请，结果大家都同意达王前去，特别是副协理罗巴图孟柯力主前去，以便与陈诚一起赴南京晋见蒋介石，当面表明抗日的决心。然而达理札雅胆小怕事，尤其儿女情长，深恐一去不返，妻儿悲苦，特别是绥西后旗的札萨克因抗日不利被捕，这一消息使其更感不安。达王信佛教讲迷信，向南寺活佛问卦，亦云不去宁夏为好。因而不论众人如何相劝，终也下不了决心，最后只好决定改派他的亲信副官张元忻前往宁夏面见马鸿逵，探个究竟再作计议。

张元忻到银川会见了马鸿逵，将达王有所顾虑、不愿来宁夏晤见陈诚的意思向马鸿逵报告，并说："王爷请求大哥在陈总长面前妥为善言解释。"马鸿逵即对张元忻说："你回去告诉达王，现在抗战军兴，阿拉善旗和宁夏都是国防要地，中央特别重视，所以特派陈总长来宁与我和达王见面，都是为了大家团结抗战，别无他意，希望达王免去顾虑，立即来宁共同聆听总长的指示和安排。另外陈总长的意思，如达王愿意可与总长一起赴南京晋见蒋委员长，只要为团结抗战，达王有什么要求，蒋委员长都会答应的。"

张元忻回旗后，将上述情况向达王如实做了汇报。达王听说要他去南京更加害怕，认为到南京定会被扣，甚至在宁夏与陈诚见面即有被扣的危险，遂即回应马鸿逵决定不去宁夏。马鸿逵将达王不愿去宁夏的意思报告陈诚，而陈诚坚持要面见达王才好回南京复命，最后由马鸿逵提议：可以请总长到阿拉善旗境内贺兰山麓的长流水，通知达王前来相见，总长的安全由省方派军队保护。然而这样一来，达理札雅断定要扣他无疑，愈加不敢答应，于是干脆长流水也不去，回绝与陈诚见面。

马鸿逵一见达理札雅坚决拒绝，避不与陈诚见面，贼心大喜，即向陈诚献谗说："达王拒绝与总长会面，表明过去我向中央的屡次报告属实，目前达王仍与德王及北平的三弟密电来往，决心投敌毋庸置疑，请速将达理札雅扣押，迟则有变，变则难收拾，这一任务可交宁夏就近执行。"陈诚回到南京向蒋介石做了汇报，主张马鸿逵的建议应当采纳。蒋介石同意陈诚的主张，于民国二十七年（1938 年）二月间批准下令马鸿逵采取行动。

马鸿逵奉命后，自是喜出望外，多年的愿望一旦实现真有难以形容的滋味，事不宜迟，立刻做出安排：首先进军定远营要有个借口，因为大部队不便秘密行动，如被达王发觉，逃入牧区沙漠地带，就成了狗咬刺猬无处下口，不但向蒋介石难以交代，自己扩充地盘的计划也将落空，所以必须做出缜密计划。目前驻防定远营的部队是马鸿宾的八十一军张海禄团，不如与马鸿宾商议，把蒋介石的真实使命告诉他，对外则伪称奉中央命令张海禄团要调防他地，改由马鸿逵部接防。这样达理札雅就不致怀疑有军事行动，任务可以顺利完成。于是决定 1938 年 2 月 24 日开始行动，事先通知达理札雅：奉中央命令，阿拉善旗驻军换防，定于 2 月 24 日驻防阿拉善旗的马鸿宾军张海禄团另有任务撤回宁夏，由马鸿逵军马宝麟旅何玉魁团同时接防进入定远营。果然阿拉善旗政府接到通知后，并未发觉异样，认为是正常的换防，只是感到马鸿逵的部队换走马鸿宾部队，使马鸿逵的魔爪伸进阿拉善旗，此后会带来更大的麻烦，但碍于中央的命令也无可奈何。遂决定先欢送张海禄团，2 月 24 日派员迎接何玉魁团，然后再举行欢迎。24 日，达理札雅派亲信副官张元忻，会同张海禄团所派袁营长一起前往南梁迎接何玉魁团，但一直走出十里外直至周家田候至傍晚，仍未见何玉魁团的部队到来，两人返回。张元忻为人精细，在与袁营长一路接触中，袁营长的举止言谈极不自然，躲躲闪闪，十分可疑，于是张元忻回家吃过晚饭后即到稽查局（张为局长），派出王韫德、沈应麟等数人，到定远营四周巡逻，察看有何异样动静。他的用意一是唯恐何玉魁团夜间开进，仍须前去迎接，二是怕张海禄团士兵乘换防混乱之际，在定远营偷盗抢掠。王、沈等人在晚 8 时许天色正黑时巡行至东门外营盘山坡下，忽然发现有白桩晃动，不知何物，即向前走去察看是什么东西，孰料白桩见多人走近便拔腿逃跑，原来是穿白皮袄的人在跑，王、沈等人立即追上前去抓住带回稽查局。张元忻一见抓到的是驻军张海禄团的军人，更觉今夜必然有事。遂将情况立即报告达理札雅及旗政府协理等人。日间去南梁直至周家田迎接换防部队未到，袁营长神情有异，晚间后营盘山边又发现张海禄团派人站哨，事属可疑，深恐今夜有事，建议把抓到的士兵带到王府回事处以礼相待，或可吐露一些情况。张元忻的建议得到达理札雅的同意，由副协理罗巴图孟柯亲自打开城门（稽查局在城外大树底下东侧），将抓到的士兵带到城内王府回事处。回事处对面是王府的大厨房，当即命令厨房置备酒肉招待这个士兵，果然这一招起到了效果，该士兵酒肉下肚之后很受感动，主动开口说，你们这样待我，我真没料到，我实话对你们说了吧：我是张团某营某连的连长，今天换防是假，宁夏要调一个旅来包围定远营，抓达王去银川。白天说迎接换防部队都是放烟幕，部队根本不从三关大路来，而是张海禄团傍晚撤到南梁坡，任务是包围定远营的南面，马宝麟旅的两个团夜间由贺兰山苏峪口小路进军定远营攻取后营盘山，包围东、北、西三面，捉拿达理札雅。我的任务是在后营盘山下站哨，迎接马宝麟的部队当向导，指示包围的方向。这一突如其来的惊人消息，使王府上下乱作一团，不知如何应付这一事变。达理札雅在王府内召集了旗政府协理、章京、总管以及随从的亲信副官等开了紧急会议（召集这些人都是张元忻亲自到各家通知的）。副协理罗巴图孟柯，提出了一个勇敢而有作为的建议：根据掌握的情况，张海禄团已经布防南梁一带，而东、北、西三面马宝麟旅尚未到来，尤其西面居民很少，完全空虚，乘此时机，我们以轻骑由西关出走紫泥湖（夏尔布日都，今锡林高勒苏木境内）沙尔扎庙，让马军围城扑空，我们则带上无线电台，在牧区向国民党政府报告马鸿逵派军围攻定远营城，欺压本旗，本王（达理札雅）坚决反对，请中央惩办宁夏马鸿逵，武装阿拉善旗蒙古族民众参加抗日，这样一可表明阿拉善旗并未勾结德王投靠日本，中央纵容马鸿逵陈兵阿拉善旗实属荒谬；二可将马鸿逵置于进退维谷之境，阿拉善旗达王并未向绥远德王处逃跑，而是在牧区向中央联络陈述冤屈要求抗战，且看马鸿逵如何向中央交代，中央又如何处理这次事件。

达理札雅没有采纳罗巴图孟柯的建议，而是采取了一个坐待侥幸的办法，决定坚守后营盘山和定远营城，等候马家军到来看其如何举动，再作计议。决策后由两位协理——罗恩凯巴图和罗巴图孟柯领头进行军事布置，斯时正值正月二十五春节刚过，阿拉善旗兵役制度是轮流换班，每班3个月或半年，春节过后正是换班时节，下班的已去，上班的尚未到齐，因为“太平”已久，制度也不严格，正是兵员缺乏的时候，遇上此种紧急情况，确感左右为难。两位协理一个是保安总队长，一个是副总队长，在总队部召集全体士兵，上班者不足百人，留下守城而后营盘山无人防守，抽人上山则守城人数又过少，不得已的情况下只好把延福寺的喇嘛招来，也只有10余人，再加上军号班10余人，七拼八凑共计27人，派上后营盘山。上山不敢开城门出走，而是由后城墙用绳子把人吊下去，再把枪支、弹药吊下去，爬上山分布在3个营盘里防守。其余不足百人的保安队全部调上城墙戒备迎敌。

原来事变的当夜（24日）一两点钟，马鸿逵的警备第一旅由旅长马宝麟率全旅两个团（何玉魁团和王有禄团），抄捷径小路苏峪口、樊家营子偷偷开进定远营，从老陵滩、柳树沟往西一直到西关把定远营包围了个水泄不通。布置就绪后即开始向营盘山发起进攻，凌晨2时许至拂晓向山上3次猛攻，均被27个喇嘛兵击退。交火后两位协理一个率保安队官兵坚守城的东、南、西三面，一个在北城墙上往后营盘山上运送子弹，指挥坚守营盘山。王府内则有总管张仁、副官张元忻、张倚和府内居住的老戈什哈张根敦及其妻王妈、儿子张宏达，还有张元恒、魏双贵、李福海及其妻小等10多人陪侍达王全家，等待命运的安排。枪声紧急时，唯恐敌人炮轰城内王府，临时又决定让达王全家暂避到李福海家中住宿，以防万一。

另外，24日夜里还有两件事尚需说明。第一，当晚九十点钟时，无线电报务员张元僩收到北平来电，面交达王，达王即将密码本交张翻译，该电系北平达穆林旺楚克发来的，内容是让达王伪称福晋有病，到阿贵庙代母诵经祈祷。何时去，先告北平，我派飞机（日本飞机）去接。张元僩将电报译后呈交达王，达王看后大惊，对张说：“此事非同小可，你可不许对任何人泄漏。”张答：“既然不信任我，以后不再代你译电就是。”达王说：“我是嘱咐你而已，你怎么要起小孩子脾气了。”由此足见当时达王的慌乱情绪，原来达王将

周生祥（1893—1977）

阿拉善旗的形势及他的处境与北平通电互相研究对策，马鸿逵收抄无线电报破译有所发觉。第二，民国二十六年（1937 年）秋有人为达王介绍一位武术艺人，回族，名叫马子良，住在王府内给达王教武术，并兼保镖，达王很高兴，除自己每天锻炼外，命年轻的侍从也每天早起跟马子良学武术。定远营被包围的当天夜间，达王命人去叫马子良来身边保护，而马子良却早已不知去向，这才发现马子良是马鸿逵派来的奸细，知道今夜有行动事先离去。

第二天清晨，马家军在南梁街马金虎的万盛店内向城内发射迫击炮，目标是轰击电台和总管张仁的家。打电台是为切断阿拉善旗与德王及北平的联系，打张仁的家则是由于达王听张仁的话私通北平（日本）。共发射 10 余发炮弹，都落在城内后山坡刘延庆家门口附近。炮轰的另一目的是进行威胁，使达理札雅听从摆布。在马军开炮时，有几位有声望的回族老士绅马金虎、周生祥（人称“周四爷”）等（都和马军的首领是同族又系亲戚）跪在炮前恳请不要打炮，请求派人进城接头和平解决。停止炮击之后，即派定远营商会会长王兴斋（永盛和商号经理），叫开城门到电台告诉台长王枕华，军队让把电台交出，否则即用炮打平。此时王枕华正在收报机上与马鸿宾的电台通报，他见会长进来即将耳机交给报务员张元僴继续收报，自己即与王兴斋接谈。张元僴收抄完毕拿上电报和王枕华一起去王府见达王，到王府时正好达王也接到马鸿宾打来的电话。马鸿宾首先要求达王先让后营盘山的喇嘛兵撤下缴枪，其他一切问题都好解决；其次是交出电台，张元僴刚刚抄收的电报内容也是撤喇嘛兵，交出电台。为什么对二十几个喇嘛兵如此重视？后来据参加打后营盘山的军士们说，他们打营盘山几个小时未能攻克，只见山上全是黄人黄马，非常踊跃，夜间马家军见状未敢轻举冒进，所以第二天头一条就提出撤掉喇嘛兵什么都好办。自此阿拉善旗即有迷信传言，说那夜关公显灵助战，实则乃马家军怕死怯战罢了。

经马鸿宾从中斡旋，达理札雅同意撤掉后营盘山的喇嘛兵，交出无线电台，是日上午即将电台交由军队接收，并派罗巴图孟柯副总队长陪同马家军团长何玉魁、王有禄到后营盘山，将守营的27名喇嘛兵叫出当面缴枪。可是何、王二团长不相信，质问罗副总队长："山上就这几个人吗？你们不要捣鬼，山上一定还有埋伏。"罗副总队长遂带领跟随前来的马鸿逵的一个营长走进3个营盘里查看了一遍，该营长回报二位团长，营盘里确实什么也没有。二位团长当场顿足后悔说："这几个人还用枪打，不放枪也上去了。"这天国民党中央还派一架飞机飞临定远营上空盘旋侦察配合助威。原因是有情报称，定远营周围牧区来的蒙古兵帐篷都下满了。另外马家军还指明，要达王把北平来的电报交出，因为阿拉善旗与德王及北平来往的电报，马家军利用接收军专处的电台都能进行抄收，并研究破译，能够大致获悉电报内容，达王便命张元懈将电报中的阿贵庙改为南寺，派飞机改为坐汽车前往，然后重新抄录，送交马家军。

包围定远营的马家军总指挥是马腾蛟师长，25日在三道桥同心店门前召集老百姓讲话，大意是，马主席和达王之间发生了误会，不日达王就去宁夏见马主席，他们两人一见面就啥事也没有了，希望大家不要惊慌，各安生计，这次事件与你们老百姓无关。

不过虽然阿拉善旗已经撤掉喇嘛兵并交出电台，做出了让步，但马家军仍在围城，问题还没有澄清解决，为防军队炮击城内王府，25日夜达理札雅一家仍寄宿李福海家中。

1938年2月26日，马鸿逵派军袭击定远营的第三日，因阿拉善旗已经撤掉喇嘛兵，交出电台、电报，做出了妥协让步，围城的马家军未再进攻，双方成了相峙状态。马鸿宾与甘肃老太太（马鸿逵的生母马书诚）同时由宁夏分乘数辆汽车前来阿拉善旗，在定远营南梁街万盛店内下榻，以电话通知城内达理札雅，达王即偕同福晋及女儿们出城到万盛店拜见“伯母”（达王与马鸿逵是世交兄弟，故达王对马母称伯母），并与马鸿宾会面。达理札雅见了伯母首先俯首请安，然后倾诉委屈，不免伤心落泪。老伯母见到侄儿、侄媳，也表示非常遗憾，埋怨大侄“不听话”，拒绝到宁夏见陈总长，以致闹到这步田地，伯母这次来是为了侄儿、侄媳的“安全”，跟伯母去宁夏暂住一段时间，她以老命担保侄儿全家的安全，以后慢慢解除误会，否则侄儿安全不得保障，伯母于心有所不忍，希望侄儿仔细考虑，听从伯母的话，做好准备与伯母一起去宁夏。达理札雅回城后召集旗政府各协理、章京、总管以及所有亲信副官商议的结果，认定马鸿逵的目的就是要解除阿拉善旗武装，虏走旗王，现已大军压境兵临城下，不走是万万不行，既然甘肃老太太亲自前来，以世交之情相劝去宁夏也较“体面”，不然就成了敬酒不吃吃罚酒了，反为不美，事已至此只得缴枪投降，然后做好准备去宁夏再作下一步的打算。27 日，甘肃老太太在马鸿宾的陪同下，进城到王府看望达王全家，表示亲切关怀，重申保证大侄全家安全，达王也感谢老伯母的爱护，愿意跟随伯母去宁夏居住，只是需要准备几天。老伯母慈悲慨然允许，只说不要耽误太久就好。同时马鸿宾也与达理札雅商定，保安队的武器留下步枪 20 支，以作站岗守城门之用，其余全部交出，由宁夏军人接收。会谈完毕设宴招待一番，马鸿宾陪老太太回万盛店住宿。

阿拉善旗在民国后一直沿用清朝的制度和习惯，王爷出门须选择黄道吉日，眼下又在危难之际，此去祸福未知，更要慎重从事，什么“七不出八不入、九又不吉利”之类的忌讳很多，抉来选去一直延至 3 月 1 日才算最佳吉日，遂决定是日全家去宁。

达王在准备全家离开王府去宁夏长期做人质时，精神上是极不好受的。从前在王府内是前呼后拥，一呼百诺，现在则要身入虎穴，前途如何很难预料，安排随从人员甚费周折。原因是被包围后居住城外的旗政府职员和王府的戈什哈都被军队关在家里不许外出，与王府隔离，失去联系。在这种情况下，叫谁跟着走，若是用命令指定，恐其借故不从有失王爷的威望；若是征求自愿，又恐无人相随，则更为尴尬。为此达理札雅夫妇多次相对流泪，难以言状。值此旗难家难正在需人之际，副官张元忻首先挺身而出，表示愿意全家跟去，赴汤蹈火在所不辞。此外总管张仁、副协理罗巴图孟柯也都表示愿随王爷前去。在此数人的带头下，决心随去的人数逐渐增多，达王始有挑选安排的余地，最后决定：随从人员有副协理罗巴图孟柯，总管张仁、张元忻，戈什哈有张根敦老夫妇及子张宏达、张元恒及妻、魏双贵、王韫德、罗甲木苏等，女侍有张景霞、王喜喜等。至于旗政则由大协理罗恩凯巴图留旗主持，并与马家军继续协商处理善后事宜。

1938 年 3 月 1 日，达理札雅全家乘坐班禅活佛赠送的福特小汽车，由孙玉科驾驶，随从人员乘拉行装用品的大卡车，由万振标驾驶，出城到万盛店会同甘肃老太太及马鸿宾等一同启程由腰坝、三关前往宁夏，旗府协理罗恩凯巴图、章京陈爱尔德尼巴图（陈宝峰）、梅林章京笋布尔巴图等到城外南梁坡送行，大家心情十分沉重。沿途有马家军的骑兵营、炮兵营严密监护，当日抵达宁夏省银川市，从此达理札雅开始了被软禁的寂寞生涯。

七、德穆楚克栋鲁普策划的“蒙古自治政府”的破产

1949 年，中国人民解放军以摧枯拉朽之势在国民党统治区推进，使国民党在中国大部分地区的统治行将崩溃。中东部地区全部获得解放，绥蒙地区也处在解放的前夜。这一年的下半年，由于绥远和平解放进程的迅速发展，内蒙古人民解放军伊克昭盟支队向国民党统治下的伊盟各旗发动全面进攻，各旗王公札萨克和蒙旗地方武装纷纷接洽和平起义事宜。但是，阿拉善旗仍然处在国民党的统治之下。尚未解放的内蒙古西部盟旗的王公上层，流落各地的蒙古族政界人士和青年知识分子以及在国民党军政各机关任职的蒙古族官员等，都在思考和寻找自己的出路。这时，一直“隐居”在北平的德穆楚克栋鲁普（德王）看到国民党摇摇欲坠的大势，便乘国民党专机飞抵南京，同在南京的一些蒙古族上层人士商谈内蒙古自治问题，企图在内蒙古西部地区阿拉善旗发动“蒙古自治运动”。

北平和平解放前夕，国民党中央曾派专机将德王接至南京。德王乘机晋见了蒋介石、李宗仁以及部分国民党要员，提出“高度自治”的主张，试图在尚未完全解放的内蒙古西部盟旗实行“自治”。但国民党当局正在为日趋颓败的局势所困扰，对其陈述未予明确答复。于是，德王于1月底乘专机从南京经武汉、西安、兰州、银川到达阿拉善旗定远营，策划“蒙古自治”。途中，德王还分别会见白崇禧、胡宗南、张治中、马鸿逵等国民党要员，以求得到支持。为此，德王还拜会了美国驻华大使司徒雷登，请求美国给予支持。4月初，德王偕部分追随者到达阿拉善旗定远营，得到阿拉善旗札萨克达理札雅的支持，并同白海风、何兆麟、巴文峻、林庆僧格等会商，于4月13日举行了所谓的内蒙古各盟旗代表会议，成立“内蒙古自治筹备委员会”。会后，致电国民党政府行政院、蒙藏委员会备案，并请求准许成立“内蒙古自治政府”。

德王来到阿拉善旗搞所谓“蒙古自治”活动后，他的一些旧部属纷纷从南京、广州、台湾等地赶到定远营。此外，还有锡、察、乌等盟的少数封建王公和阿拉善旗的军政官员以及国民政府蒙藏委员会、绥境蒙政会的一些人物，汇集到定远营。这些就是德王发动“蒙古自治”的社会力量。而从哲里木、卓索图、锡林郭勒、察哈尔等盟逃窜到河套、阿拉善旗的李守信、苏和巴特尔、孙明海、宝贵廷等国民党新编第一旅和德王旧部，则是德王搞“蒙古自治”的武装力量。德王等经过拼凑确定了各盟旗的代表，并草拟出《蒙古自治政府组织法》和《代表大会宣言》草案。

但是，随着解放战争的胜利发展，国民党内部已自顾不暇，致使德王的请愿没有结果。于是，德王于5月18日再度到广州向国民党军政要人陈述自治理由，并取得美国特工人员支持。同时，又一次召集李守信等旧部及流落广州的部分蒙古族青年学生于7月10日返回定远营后，再次积蓄力量，召集旧部，于8月5日召开了所谓“蒙古人民代表会议”，通过了《蒙古自治法》和《代表大会宣言》。德王任自治政府主席，达理札雅任副主席，吴鹤龄为蒙古参议会议长，白海风、李守信、林庆僧格等为政务委员。8月10日，德王等宣誓就职，“蒙古自治政府”宣告成立。同时向李宗仁、阎锡山等发出通电，陈述“蒙古自治政府”的成立，表达其“抗共图存，共赴国难”的决心。接着李守信等又勾结宁夏军阀马鸿逵以苏和巴特尔新编第一骑兵旅为基础，成立了“陕甘宁边区骑兵司令部”，李守信任总司令，宝贵廷任参谋长。

“蒙古自治政府”成立不久，中国人民解放军于8月26日解放了兰州。9月初，解放军第十九兵团进军宁夏。这时，内蒙古西部地区及整个大西北的解放战争形势发生了重大变化。西北解放战争势如破竹，节节胜利。8月伊克昭盟全境解放，9月19日绥远和平起义。在全国革命即将胜利，国民党即将垮台前夕，德王在恐慌、紧张、失望、挣扎的气氛中拼凑成立起来的“蒙古自治政府”很快四分五裂，其中一部分人逃往广州、台湾。达理札雅、白海风等人则主张接受和平解放，而德王、李守信及部分死党则于9月20日逃窜到阿拉善旗西北部的拐子湖一带。不久，内部开始分化。这时，中国共产党和人民解放军对德王残部仍在做耐心细致的争取工作，促使大部分人放下武器，归向人民，而极少数与人民为敌者，被人民解放军歼灭。德王、李守信先后逃往蒙古人民共和国，而后被引渡回国，受到法律制裁。至此，这个仅仅维持了两个多月的“蒙古自治政府”彻底破产了。

德王出走后，达理札雅、白海风等立即将“蒙古自治政府”改称为“西蒙自治政府”，同时开始酝酿和平起义的具体步骤，派出代表前往宁夏与解放军接洽。9月23日，中国人民解放军攻克银川，宁夏获得解放。同日，阿拉善旗札萨克达理札雅、罗巴图孟柯等人发出致中国人民解放军第十九兵团司令员杨得志并转毛主席、朱总司令的通电，宣布阿拉善旗起义，接受和平解放。至此，内蒙古全境获得解放。10月1日，中华人民共和国成立。内蒙古各族人民在中国共产党的领导之下，同全国人民一道投入了建设新中国的伟大事业之中。

第三节　匪患

一、哥老会在定远营的活动

清朝宣统三年（1911 年），民间秘密团体哥老会在孙中山领导的民主革命影响下，在各地活跃起来。宁夏哥老会的首领刘华堂、刘复太等也应势而起。宣统三年九月二十九日（1911 年 11 月 19 日）晚，发动会员起义，杀死清朝派在宁夏城的游击贺明堂、守城都司多伦岱、理事同知文升、宁夏县知县陈元骧等人，占领了宁夏省城。

哥老会占领宁夏旧城并组织新政权后，在定远营和贺兰山潜伏的哥老会会员，也随着活动起来，与宁夏哥老会遥相呼应。定远营的哥老会首领坐堂大爷张敬铭，也在大力发展会员，编练包扎黑手巾的黑头军，时常向居民显威。显威的方式是聚众开会，当场表演。在开会之前，发动会员要做英雄好汉，要做敢死队，开会时要大显身手。在开会的那天，凡属哥老会会员，必须结成队伍，排成行列，执掌会旗，入场围站，招来群众聚而围观。这时为首的龙头大爷就出场说道："现在发现违反会规、做了坏事的一个案件，经详细调查得知是我们会中人干的。干了这案件的人，要做英雄好汉，要坐第一把交椅，向大家坦白承认错误，并自己惩罚自己。"这时，预先动员安排好的人，就从人群中挺身而出，坐在早已备好的第一把交椅上，勇敢地承认说："这件案子是我自己做的，好汉做事好汉当，我要自己惩罚自己。三把刀子六个眼，自己挖坑自己埋。"遂即取出三把尖刀刺穿腿部，这边见刀柄，那边见刀尖。而表演的人却坦然自若，毫无疼痛之状，博得围观群众齐声喝彩。定远营的哥老会首领坐堂大爷张敬铭，也曾用聚会方式，在南梁上刀砍过违犯会规的一个会员。哥老会经常用这个方法，显示哥老会的威风，显示会员的勇敢，显示会规的严肃，博取群众的好感，吸收群众入会。因此，入会的人越来越多，声势也越来越大。这给原阿拉善旗统治阶级以莫大的威胁。

这时宁夏哥老会派人给阿拉善旗政府送信，要1万匹马、5万两银子、2万只羊，并要尽量供应武器，如不按期送到，就要进攻定远营。这时，曾策动义和团起义的端王载漪，为避八国联军的追索，正在定远营隐蔽。他也赞同哥老会的行动，暗地与之联络，派他的随从人员苏顺给刘华堂送信，表示愿做内应，献开城门。而苏顺感到阿拉善旗方面相待甚厚，不满端王这个举动，竟将端王之信，送交塔王（塔旺佈里甲拉）。塔王对端王甚为不满，但碍于亲谊关系（端王是塔王的妹婿），没有扣押拘禁，只把端王派人送出阿拉善旗境外了事。

塔王虽解除了端王内应之患，但仍感哥老会人多势众，无法抵抗，并因对方要求条件甚苛，无法应付，准备逃往牧区躲避。朱王献师爷和阿木吉尔嘎拉痛陈利害，力谏塔王不可轻易出走，动摇人心。定远营有城可守，广大牧区也有兵可调，应立即调动旗兵，严加戒备，哥老会不过一时乌合之众，必不能持久，终将溃散。塔王采纳了这个意见，迅即调集旗兵，严加防守。又通过在阿拉善旗政府供职的张凤鸣，劝说其弟张敬铭和刘大顺等，前往宁夏讲和作为缓冲。到11月间，西军分统马麒带兵前来剿抚。官军进抵灵州和宁夏省城后，杀戮甚众，殃及无辜良民甚多。哥老会首领刘华堂、刘照黎等先期率众取道平罗向北路撤退，仅有张少棠一人为马麒搜获杀害。在定远营和贺兰山一带的哥老会徒众，从此也就销声匿迹，不敢公开活动了。

二、独立队攻打定远营

民国四年（1915年），在河套地区一股名叫“独立队”的暴徒聚众横行，给当地的农牧民带来惨重的损失和灾难。随着匪徒力量的壮大，其野心日益膨胀，逐渐把魔爪伸向阿拉善旗定远营。这股匪徒自20世纪初至30年代的几十年内在包括内蒙古西部、宁夏及甘肃省沿黄河两岸地区在内的广大区域大肆抢掠、屠杀平民百姓，激起了民众极大的愤恨。

为了弄清楚“独立队”的形成和发展，在此需要说明其大概发展过程。

流寇张占逵，察哈尔镶黄旗南端丰镇人，以拥护辛亥革命的名义，于

1912 年参加山西省同盟会头目阎锡山的军队。之后，他效忠阎部，因在攻占丰镇的战斗中表现勇敢而被阎锡山看中，提升为营长，并坐镇丰镇城。这时候，他同乡的亲密伙伴卢占魁也来投奔他，参加了他的队伍。然而好景不长，张占逵的队伍在军阀混战中被击溃，卢占魁变成了丧家之犬，后来只得投靠察哈尔右翼镇守使成锡毅，在成部的下属骑兵排排长小四子手下当随从。小四子其人土匪出身，一有机会就拦路抢劫来往行人。有一次因拦截外国传教士的车辆，抢劫其财物，与全排士兵一起被处决。当时卢占魁因给排里买蔬菜外出而幸免一死。听到全排被处决的消息，卢占魁落荒而逃。后加入了流窜于察哈尔一带的土匪蓝眼四子的队伍，逐渐得到他们的信任，成为小头领。后来，卢占魁这股土匪被阎锡山的部队赶出察哈尔，向呼和浩特的土默特和鄂尔多斯方向转移。

1913 年，外蒙古哈丹多尔济亲王受沙俄的唆使，企图恢复大蒙古帝国，却深感力量不足。所以，哈丹多尔济除了拉拢像卢占魁这样的土匪来扩充自己的势力，别无上策。哈丹多尔济打算把卢占魁拉过来，组织一个独立队，利用卢占魁匪部的力量将北洋军阀的势力赶出蒙古地区去，“独立队”这个名称便由此而来。

卢占魁匪部虽然被利用成为哲布尊丹巴呼图克图的“独立队”，积极参加驱逐北洋军阀国民军的行动，却从不放弃他们的土匪本性，一旦遇有机会，便抢掠民众，危及一方。因此被主子厌恶，断绝提供武器弹药和生活物资，成为丧家之犬。随着哲布尊丹巴呼图克图王朝的覆灭，卢占魁的“独立队”更是无人问津，只好流窜到西蒙古各旗县的地方，以掳掠维持生计。到了后来，与陕西省榆林地区哥老会残部首领高士秀会合，“独立”匪徒的势力才又重新壮大起来。

民国六年（1917 年），高士秀、张九才、卢占魁等，推举其部中一个叫大耳六吉[1]的土匪为清裔，奉其为主“皇帝”，吴封卢占魁为兵马大元帅，高

[1] 大耳六吉：正名吴生彦，小名六吉，因耳朵大被人称为“大耳六吉”，甘肃省静宁县人。

士秀为御林将军，于凌云为军师，兵力竟达上万之多。大肆吹捧大耳六吉是很有才学的大学者，并吹嘘其精通阴阳、能预知凶吉等。所到之处蒙骗百姓，在河套地区疯狂进行杀戮和抢掠财物牲畜。

独立队由三边流窜至河套及蒙旗地区，攻击绥军于乌兰脑包，侥幸获胜，得武器甚多，势愈猖獗。蒙旗各王公惧怕他的势力大，不敢违抗，纷纷派人送去珍物、马匹。六吉所到之处，供应招待，无所不至。其后卢占魁在河套经某西洋教士的说项，归附绥远官方。六吉用高士秀西进之策，率所余数千人，经西山嘴渡河西犯，占据阿拉善旗磴口，大肆抢掠。当地人民纷纷逃散，躲避独立队的骚扰。

阿拉善旗的官员阿木吉尔嘎拉（人称“安久大人”），当时他在牧区的家中，为了探明独立队的虚实，好与阿拉善旗政府通风报信，故而没有逃避。独立队到达后，即将阿木吉尔嘎拉拿获。六吉早听过阿木吉尔嘎拉是条汉子，要拉他入伙，作为进攻定远营和宁夏的内线和前驱。阿木吉尔嘎拉诡顺其意，曲意逢迎，六吉甚为欢喜，便将其释放，令其带路进攻定远营。此时，阿木吉尔嘎拉乘机让他三儿子额尼仁贵乘快骑连夜赶到定远营报告独立队的情况。为了争取更多时间，让阿拉善旗方面做充分的准备，他又以小路崎岖不安全为由，建议六吉折回改走大路（这样要多走 200 多公里路程）。独立队不明阿拉善旗地形情况。听信了阿木吉尔嘎拉的建议，改走大路向阿拉善旗定远营进发。阿木吉尔嘎拉趁独立队忙乱之际，隐蔽在沙漠梭梭林中，悄悄地逃走了。

阿拉善旗得报后，积极准备防守。由杨喇嘛亲率旗兵几十人守护营盘山营盘，还派人驰赴宁夏请求马福祥派兵救援。一天傍晚，高士秀率领独立队拥簇着大耳六吉蜂拥而来。屯聚在离定远营不远的庙家梁子一带，致书阿拉善旗政府，要求准许假道赴宁。阿拉善旗予以拒绝。高士秀便兵分三队，一队猛扑后山营盘，一队直扑定远营城，一队扑向市街。守护后山营盘的旗兵开枪猛打，城墙上的旗兵亦配合射击，又加天气奇寒，朔风凛冽，独立队伤亡甚重，气势大挫。

驱逐独立队收复定远营

次日早晨宁夏马鸿宾又率大军前来支援。独立队乘宁夏军尚未合围之际，弃马登山，恃险抗拒。宁夏军和旗兵联合进攻，用炮轰击，独立队死伤和冻僵的士兵很多。高士秀见势不妙，率领数人潜逃，其余多被俘获。六吉和夫人以及兄弟吴玉庆，隐藏在贺兰山稠密松林中，但终被发现拿获，押解宁夏城。宁夏官方对他们给以较好的生活待遇，并用好言劝抚，六吉非常感激，于是把他们起事始末，详尽地做了叙述，长达数万言。军师于凌云、统领苏学奉、卢占魁等 18 人亦被拿获。

民国六年（1917 年）五月，包括六吉在内的 19 人同被处死。经此骚乱，给阿拉善旗农牧民带来深重的灾难，定远营建筑也受到不同程度的破坏。同时，也导致阿拉善旗财政雪上加霜。

三、反动会道门一贯道在定远营的活动

一贯道是中国现代历史上最大的反动会道门组织，始创于清光绪年间的山东济宁，前身为“白莲教”的分支，初创时有“反清复明”的宗旨，后来政治色彩淡化，成为一个封建迷信组织，先是在华北各地区扩散。1936 年被蒋

介石收买，成为一个有反动色彩的反革命组织。1938 年向东北发展，1944 年向华南、四川、西康扩展，道徒有上百万之众。1946 年又扩展到台湾和海外，除西藏、青海，道徒几乎遍布全国。一贯道有极大的欺骗性，又有国民党政权及汪伪政权的支持，很多“达官贵人”“上层人物”都加入一贯道。解放战争时期，一贯道破坏土改、参军、支前，刺探军情，组织武装，配合国民党进攻解放区。解放前后阶段，在国民党特务操纵下，极尽造谣、破坏之能事，甚至阴谋发动反革命暴乱，妄图颠覆新生的人民政权。解放前后经三个阶段历时 4 年的解散、取缔、打击、镇压、管训等活动，随着国民党败退台湾，取缔一贯道斗争取得了决定性的胜利。在其后的全国肃反运动中，对之继续取缔、打击，才销声匿迹。

据查，阿拉善旗共有一贯道道徒 280 人，从外地流入 30 余人，共计 310 余人，其中点传师 22 人、坛主 44 人，其他为一般道徒。1949 年前，定远营及边沿接合部的巴彦温都尔苏木的沙口等地的一贯道活动猖獗。1951 年，旗政府发布《取缔一贯道等反动会道门》的布告，同年成立管训队，先后对 30 多名道首进行管训。后虽然一贯道有所活动，但全国其他地区在解放前后的三次严厉打击下，大多灰飞烟灭，彻底取缔一贯道反动组织是一场长期的、艰苦的斗争，只有时刻警惕、常抓不懈，才能取得最后的胜利。

四、郭栓子土匪围攻定远营

郭栓子滋扰定远营事件虽然发生在 1950 年 7 月 31 日，但是这股土匪是解放前遗留下来的毒瘤。因此，有记录下来的必要。

郭栓子原名郭永胜，男，汉族，光绪三十三年（1907 年）出生，宁夏惠农县米家村人。民国二十年（1931 年），郭栓子在阿拉善旗宗别里与周墩子结拜为把兄弟，开始为匪，在宁夏抢劫 20 余年，马鸿逵曾多次重兵围剿未灭。后经马宝琳说服招抚收编，被委任为贺兰山警备司令，后任平罗、贺兰、惠农三县的保安司令。

1949 年 9 月 27 日，郭栓子带 100 余人在平罗东教场向人民解放军六十四

抓捕郭栓子

军一九〇师五六九团投诚。郭栓子投诚后，仍贼心不死，妄图颠覆新生的人民政权，恢复国民党的反动统治。郭匪暗中与来自兰州的国民党特务联系，被台湾蒋介石政权委任为“西北反苏讨共救国军”，郭栓子自称司令官，张绪绪（平罗长胜村人）为副司令。1950 年 3 月 5 日，郭栓子借生产之名，将其 45 名亲信拉出，与张怀忠、谢占魁等土匪 60 余人纠合在一起，携轻机枪 2 挺、驳壳枪 1 支、步枪 70 余支、子弹 7200 发，以贺兰山大武口北侧山区为据点与人民为敌。郭栓子叛变为匪后，四处网罗国民党特务、地痞流氓，组成“贺兰剿共总部”，自封为司令，下辖 4 个队。一队队长任某，活动在王全口地区；二队队长刘同路，该队是郭栓子的骨干力量，由郭亲自指挥；三队队长谢占魁游击于潮湖堡归德沟一带；四队队长马文贺，活动在平罗南北长渠地区。郭匪开始活动于北岔口、简泉子北山。后在归德沟被人民解放军打击而分散潜伏，寻机作恶。不久与张怀忠、吴国昌、张恒玉等惯匪勾结，到处抢劫烧杀，猖獗一时。

1950 年 3 月 14 日，郭匪伏击人民解放军剿匪部队五八二团两个班。16 日，在王全口伏击中国人民解放军一九四师教导队生产人员 20 余人。同年 4 月 21 日晚，在三区一乡（当时为五香交济）枪杀县政府科员闪文斌；23—24

日，抢劫二区一乡、三乡（当时为头闸东通平、外红岗）的马家、张家、何家等，纵火烧死何家 7 人；25 日晚，用绳子勒死潮湖堡上庄子村村长吴国泰；先后在简直泉山上摔死人民解放军战士 3 人；同时还抢劫了大武口新华瓷厂，并将厂长刘万忠、主任李锁魁、干部陈寿田用绳子勒死投入炭井（陈投下井后缓活）；杀害了下庙小学校校长张棣、农会主任胡凤山、文书李文录 3 人；抢劫山前山后许多村庄和过路行人。郭匪到处抢劫，杀人放火，扰得社会不得安宁，若不迅速剿灭，将会给人民的生活、生产带来更大危害。

曹动之

宁夏军区副司令曹又参、宁夏军区参谋长曹动之于 1950 年 3 月 25 日到定远营。照既往不咎的宽大政策，妥善处理了德王、李守信残部投诚的 940 人的安置工作，使北部牧区基本安定下来。按照《共同纲领》中民族区域自治的规定和中央关于建立统一战线性质政权的指示，充分听取了民族上层人士的意见，3 月 31 日在旗政府干部大会上，曹又参公布曹动之任中共宁夏省阿拉善旗工委书记兼旗保安总队政委。接着曹又参代表宁夏省人民政府正式宣布批准成立阿拉善旗自治区人民政府，任命原旗札萨克达理札雅为旗人民政府主席，原协理罗巴图孟柯为副主席，中共阿拉善旗工委副书记云祥生（蒙古族）兼任第二副主席，原管旗章京陈爱尔德尼巴图为第三副主席。同意成立旗人民政府政务委员会，除主席、副主席 4 人外，另由 13 名委员组成，其中有阿拉善旗中上层人士 8 人，对阿拉善旗和平解放做出贡献的外籍蒙古族上层人士 3 人和一位外籍汉族知识分子，共产党人只有曹动之一人参加。这体现了以蒙古族为主体的、民族区域自治的统一战线性质的人民政权体制，既是对封建王公政权的一次重大改革，也消除了民族上层人士怕接收怕夺权的疑虑，稳定了阿拉善旗的局势。同时，宁夏省委决定成立中国共产党阿拉善旗工作委员会，由曹动之任书记，云祥生任副书记兼宣传部长，郭全德任组织部长，张佶为委员。4月，中共宁夏省委、宁夏军区批准阿拉善旗保安总队编入中国人民解放军序列，称为中国人民解放军阿拉善旗人民保安总队，改编5个中队，任命罗巴图孟柯为总队长，同时在保安总队建立政治工作制度，由中共阿拉善工委书记曹动之兼任政治委员，朱子春任副政治委员。

正当阿拉善旗各项工作展开之际，5月13日发生了阿拉善旗上层内部矛盾引发的“头道湖事件”。就在曹动之和旗工委调停处理“头道湖事件”期间，国民党特务组织和贺兰山郭栓子土匪却在积极策划进攻定远营。

隐藏在定远营的国民党特务组织积极与郭栓子联络，派人上山与郭栓子密谈，出谋划策，任命郭栓子为“西北反苏讨共救国军宁夏军区司令”，张怀忠为副司令，将土匪编为两个旅，由谢占奎和当年在阿拉善旗当过哈拉乌边卡卡长的杨嘎瓦分任旅长，并任命曾在阿拉善旗保安队当过班长的孙祥当了土匪的团长，还策反了保安总队边官、防卡卡长、分队长、原稽查局班长多人叛变，积极策划袭击定远营。

“头道湖事件”发生后，郭栓子即让人用蒙古文给聚众挑事的头头写信，煽动他们起来“灭共”。早在5月、6月间，郭栓子、谢占奎即将土匪骨干闫米仓安插到银川通往定远营便道贺兰山樊家营子防卡一个小店里，以打猎为名隐藏下来，探听消息，勾引策反阿拉善旗保安总队防卡卡长孟巴特尔等人叛乱。郭栓子土匪骨干分子杨金和已潜伏在定远营，被策反的保安总队宣传队长王鸿钧、班长杨志义等在城内做内应，在袭击定远营时打开城门，里应外合，迎接土匪进城，袭击保安总队政治处和旗工委。国民党特务组织头子还亲自策反缴械投诚后被收编为阿拉善旗保安总队新编一、二中队的两个中队长参加特务组织。

7月11日，曹动之同志去银川参加中共宁夏省第一次代表会议。中旬，定远营街上谣言四起，匪特公然扬言要攻打定远营。旗工委在家的同志积极了解动态并向民族上层人士做工作，要他们正确认识形势，坚决与匪特的破坏活动做斗争。7月15日，罗巴图孟柯向朱子春副政委说，郭栓子要乘庙会农历六月三、六、九日（7 月 17 日、20 日、23 日）来攻打定远营，先收拾工委，再收拾盐务局、贸易公司和罗巴图孟柯。又询问了工委枪支情况，提醒大家要提高警惕，并让其转告云祥生书记给盐务局说一下，让他们注意。他还向郭全德同志建议，让驻西花园的盐务局全搬到街上贸易公司。西花园地势不利，力量分散。罗巴图孟柯表示，他的队伍（保安总队）不动，但他的队伍里有四五个人在捣鬼。据说城外新一旅改编一中队的德、李投诚人员中也有人勾结。起义人士阿拉善旗公安局长李树德也向工委郭全德说，近日街上风声不好，郭栓子要来，要收拾工委、盐务局、贸易公司，要扣押罗巴图孟柯副主席。

7 月 16 日，旗工委召开临时紧急会议，分析了定远营的形势，认为达理札雅主席去西安参加会议，罗巴图孟柯和李树德的表态还是真诚的，阿拉善旗上层不会发生大的问题，但是担心匪特挑拨利用上层内部矛盾制造暴乱。会后将郭栓子土匪要袭击定远营的谣传及阿拉善旗内部两派的动态写了报告派刘文章同志骑马从樊家营子小路送到银川。曹动之当即将情况向省有关领导做了汇报，并与有关方面对剿匪问题及阿拉善旗局势进行了分析，交换了意见。在会议尚在召开期间，他即于 7 月 21 日乘一辆私商运货汽车赶回定远营。当时银川到定远营尚无长途班车，路况甚差，汽油缺乏，这辆靠木炭发动的汽车，120 千米的路程走了三天。临到定远营附近的红石头时，车又坏了，曹动之同志步行 10 多千米于 7 月 23 日才赶回定远营。

7 月 24 日，曹动之书记主持召开了旗工委扩大会议。工委委员和保安总队副政委朱子春及宁夏省派驻定远营的贸易公司、盐务局、税务局、银行金库党员负责人，盐务缉私队两个指导员参加了会议，并做了会议记录。会议分析了阿拉善旗形势，研究了防范土匪袭击和做好上层两派稳定的工作。

会后，曹动之同志出面请罗巴图孟柯、陈爱尔德尼巴图副主席及旗政府秘书长巴文峻召开保安总队中队长以上干部和旗政府、公安局科级以上干部会议。讲形势，讲社会治安，谨防特务造谣破坏，明确指出地方治安是政府和保安总队的责任，明确告知他们，旗工委和宁夏派出机构干部的安全要由他们负责。曹动之同志估计到了匪特袭击的危险性，在工委扩大会上特别强调，旗工委、保安总队政治处和宁夏派驻机构的党员、干部要高度警惕，要武装自己，保卫自己，如果土匪来袭击，要坚决抵抗，要从最坏的方面着想。曹动之同志坚定地表示："我们就把命交给这个地方了。"

经过两天紧张的部署后，曹动之书记又于7月26日带了政治处干事杨万山、警卫员张永祥3人骑马到银川参加省委会议。

1950年7月31日傍晚，郭栓子、土匪谢占奎勾结阿拉善旗叛匪孙祥、陶克图巴依尔，带领匪徒60多人，携步枪42支、机枪1挺，分三股袭击定远营。谢占奎亲自带20多人，携机枪1挺，从南梁下去攻打西花园的盐务局，企图夺取盐务局缉私部队的枪支弹药；孙祥、吴国昌带20多人由河沟进入市区，孙祥带一组8人去电信局抢电台、抓台长。吴国昌带一组袭击贸易公司，抢劫钱财物资；陶克图巴依尔带10人占据定远营城北制高点营盘山，牵制城内保安队。

战斗最激烈的是城外盐务局和贸易公司。盐务局驻在城外离城三里处的西花园，地势低洼，东南五六十米处的高坡上还残留着马鸿逵驻定远营兵营修筑的一座碉堡，居高临下，斜对着大门。平时，盐务局只有十几个工作人员和盐务缉私队的两个班近20人。还有，前几天宁夏盐务局从解放军十九兵团野战部队转业分配来缉私队的指导员和五个班长、几个战士，等待分配。另外，吉兰泰盐池缉私队4人准备去银川，当晚也住在盐务局。这样当晚集中在盐务局的缉私队就有30多人。旗工委扩大会议后，李文琦局长、缉私中队长王殿辉和指导员立即开会，进行了周密的部署。由梁尚清指导员带4名战士据守大门外广场的戏楼，抗击东面和南面来敌；夏春朗指导员带几个战士在后院菜园子防守北面来敌；李振杰班长带6个人在西厢房上防守西面来敌。土匪袭击定远营前三天，李文琦局长亲自带领缉私队在外巡逻。贸易公司和银行金库的10个员工，除有4个是解放前参加革命的老同志外，其余都是新参加工作的青年学生，有6支步枪和1支短枪。副经理贺荣兴是1936年参加革命的老干部，经过艰苦战争环境的考验，有坚强的革命意志。公司的房院和南大街上其他店铺相连，从其他店铺房院爬上去可以爬到公司屋顶上面。旗工委扩大会议后，为了防备土匪的袭击，贺荣兴在店铺房顶上修了一个小岗楼，还准备了一箱手榴弹。员工轮流放哨巡逻。30日晚，公安局长李树德侦知土匪要袭击定远营的情报后，派人向贺荣兴进行了通报，并把宁夏派来的税务局彭彦林、郑占科等5个同志叫到公安局，发给了5支步枪，让彭彦林局长跟着自己，以便于保护。贺荣兴立即去盐务局告诉了李文琦局长。鉴于贸易公司防守力量薄弱，工委决定从盐务局缉私队抽一个班支援，盐务局派了唐连明小队长带两名战士支援。当晚就隐蔽在店铺房顶上警戒。

旗工委在定远营城内二道巷原女子学校一处院内，干部和工勤人员只有15人，多数同志都配发了枪支，夜间轮流放哨，史继法和部长们带班，在小院的房顶上也布置了人警戒防守。

罗巴图孟柯副主席得知土匪可能来袭击时，对定远营城内防守也做出周密部署。命令保安总队部队上城防守，为防匪特乘乱破坏，严令部队不准随便开枪，不准开城门。事先他还给旗财政处和延福寺的喇嘛发了一些枪支，武装以待。保安总队政治处朱子春政委，也警觉地严密控制了宣传队少数阴谋叛变分子的行动。

7月31日晚7时开始，定远营枪声大作，全城民众窝在家中，彻底不眠，经一夜激战至8月1日凌晨2时，土匪在城外南大街抢走了电信局的无线电台，抓走了电信局局长周明富。盐务局和贸易公司、银行金库的员工、干警，对匪特的袭击进行了坚决的抗击。盐务局的夏春朗指导员看出土匪的机枪是主要威胁，便集中了三支步枪压制射击，终于把敌人的机枪打哑了。防守广场戏楼的梁尚清等人还打伤了一个偷袭的土匪。贸易公司贺荣兴副经理发现土匪已经爬到房上与防守干警激烈枪战，并严密封锁了房院的通道，机智地带领员工从库房搬棉花包垫在地上，搭梯子从另一处冲上房顶，守护住小土岗楼，打退了土匪。金库主任李克金、盐警小队长唐连明英勇负伤。上午9时，旗工委郭全德、张佶同志带领工委和保安总队政治处八九个人乘旗政府的一辆大卡车出城支援，神枪手张汉卿在三道桥打伤了一个土匪。在城墙上保安总队的守城战士也打死了营盘山的一个土匪。上午9时，土匪一死两伤，经老陵滩、哈拉乌窜回贺兰山。

就在这天，阿拉善旗工委书记曹动之和两名警卫员由银川回定远营，他们在翻过贺兰山樊家营子下山时被郭栓子手下（郭栓子早已收买樊家营防卡卡长孟巴特尔及卡兵）伏击杀害。

定远营城内的“神明电照”牌楼和城隍庙

第十六章　革命历史概述

第一节　早期革命活动

一、内蒙古人民革命党人郭道甫来定远营活动

郭道甫

民国十四年（1925 年）初，郭道甫与白云梯等筹建内蒙古人民革命党。10 月，内蒙古人民革命党第一次代表大会在张家口召开，正式宣告这一组织的成立。大会选举白云梯、郭道甫、福明泰等 21 人为中央执行委员，白云梯任委员长，郭道甫任秘书长。大会通过了由郭道甫等人主持起草的《内蒙古人民革命党大纲》《内蒙古人民革命党第一次大会宣言》等一系列文件。这一年，郭道甫还以冯玉祥秘书和西北督办署咨议的身份活动于内蒙古西部地区，后赴乌兰巴托，并于次年回国。

民国十五年（1926 年）初，根据共产第三国际的指示，郭道甫到伊克昭盟及阿拉善旗一带宣传内蒙古人民革命党的主张。此时，郭道甫、伊德钦、苏联驻冯玉祥司令部顾问乌斯曼诺夫一行到阿拉善旗定远营，按内蒙古人民革命党中央对盟旗王公的工作方法，向阿拉善旗上层官员提出要求：一、保证本旗民众自由集会和本党的工作；二、负担内蒙古人民革命党中央委员会军队的供给，并服从中央委员会；三、阿旗军队长官由本党中央委员会任命，并派全权代表领导革命工作；四、党中央委员会的军队，有责任保护本旗安全等。又将政治活动以契约形式与阿拉善旗签订联盟条约。这个条约实际上欲废除该旗王公们的特权，从而遭到阿拉善旗官方的拒绝并引起他们对内蒙古人民革命党的

反感。

3月1日，郭道甫返回银川，向白云梯建议：内蒙古人民革命党中央及总司令部应立即迁往阿拉善旗，并吸收阿拉善旗代表为中央执行委员会委员。尽快与阿拉善旗执政者签订条约。

3月17日，郭道甫拿着由宁夏国民军北路总司令宋哲元和宁夏道伊邵遇芝写的信，并带着盖有内蒙古人民革命党中央执行委员会、内蒙古国民军总司令部印章的便函，再次来到定远营，与阿拉善旗建立友好关系，接纳阿拉善旗加入内蒙古人民革命党中央执行委员会，该党援助阿拉善旗进行文武教导等。当地王公不让内蒙古人民革命党渗入阿拉善，拒绝了郭道甫的联盟主张。之后，郭道甫秘密与黄图门吉日格勒、贡对、段巴图尔、毛巴图尔等人接头。与黄图门吉日格勒商讨内蒙古人民革命党在阿拉善旗的发展等问题。在黄图门吉日格勒的推荐下，在一些思想激进的人士中开展活动。这是革命者在阿拉善旗的第一次活动。郭道甫成为在阿拉善旗点燃革命火种的第一人。

就在这个时候，由于政治信仰不同，郭道甫与白云梯发生严重分歧，遂去乌兰巴托，向第三国际汇报内蒙古的工作并揭发白云梯的错误。1927年，郭道甫在蒙古被选为全国职工总工会中央委员会秘书长，并代表蒙古出席在莫斯科召开的世界工联会议，当选为工联委员。

民国十六年（1927年）蒋介石发动“四一二”反革命政变后，内蒙古地区的革命形势急剧恶化，内蒙古人民革命党内的斗争亦日趋激烈。有鉴于此，在第三国际的指导下，内蒙古人民革命党于同年8月在乌兰巴托召开特别大会，并以郭道甫在指导阿拉善旗革命运动上的严重错误为由，决定暂停他的中央秘书长、中央执行委员职务。

郭道甫[1]（1894—1938年），本名墨尔森泰，习惯称呼为墨尔色，号浚黄，字道甫。男，达斡尔族。光绪二十年（1894年）出生于内蒙古呼伦贝尔

[1] 根据奥登挂《郭道甫文选》（内蒙古文化出版社2009年版）及笔者所掌握资料进行采写。

索伦左翼镶黄旗（现鄂温克旗巴彦嵯岗苏木莫和尔图嘎查）。郭道甫幼年在家学习满文，稍长入海拉尔满蒙小学堂，拜呼伦直隶厅同知翟文选为师学习汉文。宣统二年（1910 年），考入齐齐哈尔黑龙江省立第一中学，4 年后毕业；民国四年（1915 年），入北京俄文法政专修馆学习俄文。

民国八年（1919 年），与福明泰一起开始筹建莫和尔图女子学校。民国九年（1920 年）春，郭道甫创办的私立学校由呼伦贝尔副都统署改为蒙旗公立学校，郭仍任校长。民国十一年（1922 年）辞去校长职务。次年初，赴北平，经时任蒙藏学校校长金永昌推荐，任学校教员、学监和北京政府中俄交涉公署署长王正廷的秘书、咨议处俄文翻译。是年，参与创办蒙旗合作社。民国十二年（1923 年），在北京蒙藏学校任教员兼学监。后应聘在北京政府外交部中俄交涉公署咨议处任翻译。同年 6 月，王正廷派郭道甫前往乌兰巴托和苏联，考察“外蒙古独立”情况。他还去莫斯科会见苏联共产党负责人，请求他们支持内蒙古的民族解放运动。他的上述活动招致王正廷的不满，未等考察结束，即以“赤化”之名革掉他的职务。郭道甫回到家乡，被黑龙江军务督理朱庆澜任用，旋即因王正廷函告郭是“赤化分子”而再次被解除职务。虽然如此，郭道甫仍在家乡宣传蒙古平民革命，并在呼伦贝尔学生会基础上，于 1924 年初组建“呼伦贝尔青年党”，接受“外蒙平民革命党”的主张。民国十三年（1924 年），中华教育改进社在南京召开年会，郭道甫代表蒙古地区出席会议，并就蒙古教育问题发表演讲。随后，南下广州，会见孙中山先生。同年，郭道甫作《蒙古问题》《蒙古民族自决运动》等文，为内蒙古人民革命党的建立奠定了理论基础；与此同时，由白云梯和福明泰等人筹划组建这一组织的工作。民国十四年（1925 年）十月，内蒙古人民革命党第一次代表大会在张家口召开，大会选举郭道甫为秘书长。这一年，郭道甫还以冯玉祥秘书和西北督办署咨议的身份活动于内蒙古西部地区。民国十五年（1926 年）初夏，根据共产第三国际的指示，郭道甫到伊克昭盟及阿拉善旗一带宣传内蒙古人民革命党的主张。就在这一期间，郭道甫与白云梯发生严重政治分歧，遂去乌兰巴托，向第三国际揭发白的错误。次年，郭道甫在蒙古被选为全国职工总工会中央委员会秘书长，并代表蒙古出席在莫斯科召开的世界工联会议，当选为工联委员。民国十六年（1927 年），在第三国际的指导下，内蒙古人民革命党于同年 8 月在乌兰巴托召开特别大会，大会以郭道甫在不合适的地区、不合适的阿拉善旗指导革命运动的严重错误为由，决定暂停他的中央秘书长、中央执行委员职务。此后，在第三国际的指示下，以留苏、留蒙的内蒙古革命青年为主体，创建新的组织——内蒙古革命青年党，并断绝与白云梯为首的“三民主义派”的一切关系。郭道甫、福明泰加入了这一组织，并成为主要负责人。

民国二十年（1931 年）“九一八”事变发生后，他在给张学良的电报中声明：誓死不做日本人的奴隶，要和日本帝国主义抗战到底。同年 12 月，郭道甫在去苏联驻满洲里领事馆后失踪。此后，在长达半个多世纪的时间里，有关郭道甫的下落一直众说纷纭。1989 年 5 月，由苏联国家安全委员会传来平反昭雪通知：当年郭道甫进入苏联领事馆以后，即被他们有关机关秘密逮捕，以在内蒙古地区煽动民族主义、从事间谍活动、企图挑起武装冲突等罪名被判处死刑，后于 1934 年改判 10 年徒刑，送劳动营改造。同时称，有关档案中没有逮捕和诉讼等文件。而最后的下落，亦无交代。实际上民国二十七年（1938 年），苏联安全人员已经将他枪决。

郭道甫是呼伦贝尔近现代史上产生过重要影响的历史人物。20 世纪 80 年代，由国家民委组织编写的少数民族问题五种丛书之一《达斡尔族简史》中称他是一位杰出的政治活动家和教育家，也是内蒙古早期民族民主革命的先驱者之一。

20 世纪 20 年代初，他在蒙古国时曾把《蒙古秘史》一书用蒙古文还原过。1920 年，发表《为蒙古代祷文》；1924 年，回北京后发表《新蒙古》和《蒙古问题》；1928 年，发表《郭道甫与贵福之谈话》；1929 年，发表《蒙疆国防问题意见书》和《蒙古问题讲演录》；1930 年，发表《东北蒙旗师范学校校刊发刊词》；1931 年，发表《呼伦贝尔问题》等。

二、共产国际（第三国际）地下工作者的活动

（一）奥赤罗夫等人遇难

奥赤罗夫

奥赤罗夫[1]（？—1931），又译奥希洛夫、奥齐尔、阿其尔等，男，苏联布里亚特加盟共和国布里亚特蒙古族。苏联共产党党员。早年在莫斯科东方大学学习，毕业后受共产国际指派，在蒙古人民共和国从事革命工作。还曾受第三国际指派，到中国从事革命工作，任秘密报告员。大革命时期，他以共产国际驻内蒙古代表的身份，不远千里，来到内蒙古草原，指导内蒙古的革命运动，为内蒙古革命运动的发展做出了一定的贡献。

民国十四年（1925年），曾帮助中共北方区委筹建以中共党员为骨干的内蒙古国民革命党（内蒙古人民革命党）。民国十四年（1925年），奥赤罗夫以共产国际驻内蒙古代表的身份，参加同年10月12日在张家口召开的内蒙古人民革命党第一次代表大会。会议期间，他积极参与大会所通过的《内蒙古革命大会议案大纲》《内蒙古人民革命党大纲》《内蒙古人民革命党第一次代表大会宣言》《纲领》等的拟定工作，为内蒙古人民革命党的建立做了大量的工作。会后，奥赤罗夫随内蒙古人民革命党活动，主要从事指导、协助内蒙古人民革命党的军队建设工作和各旗社会、政治、经济等方面的调查工作。在他的指导和协助下，热河省北部的经棚、开鲁、林西各县组织起蒙旗民军，察哈尔、绥远设立蒙旗民军训练处，两处共组织训练民军500多名，军队工作出现了从未有过的新局面。正值军事训练工作顺利开展之时，民国十五年（1926年）十一月，冯玉祥部在南口战败撤退到京包线地区，内蒙古人民革命党的活动也从张家口转移到包头，奥赤罗夫同志也随内蒙古人

[1] 参见朝格图：《历史名人与阿拉善》，内蒙古大学出版社2018年版。

民革命党党中央来到包头。此后内蒙古人民革命党党中央又从包头撤到宁夏，党的工作重点转移到伊克昭盟、乌兰察布盟各旗及阿拉善旗。1926年11月20日至23日，内蒙古人民革命党在包头召开了乌兰察布盟、伊克昭盟党部联席会议，会议上做出了改革党内组织，扩充军官学校，整编内蒙古人民革命军队的决定。当时，奥赤罗夫主要从事乌兰察布盟、伊克昭盟各旗社会调查工作，编写了很多有关各旗社会、政治、经济方面的调查报告。报告有《关于联合冯玉祥国民军及供给蒙古骑兵队的经过》《关于内蒙古各旗之形势及内蒙古人民革命党中央委员会之各旗军事、政治、经济、计划报告书》等。他在《关于内蒙古各旗之形势及内蒙古人民革命党中央委员会之各旗军事、政治、经济、计划报告书》中，涉及鄂尔多斯的政治状况，内蒙古人民革命党中央委员会在鄂尔多斯的活动和蒙古族民众与党的关系，党在鄂尔多斯的组织工作，乌兰察布盟的政治状况，乌兰察布盟和伊克昭盟的事件及党的军事工作，内蒙古人民革命党和国民军的关系，党的政策及其口号，党的内部状况，关于内蒙古人民革命党最近的工作计划的情况与问题。他的这些报告为共产国际具体领导内蒙古革命运动、及时指导革命运动中出现的各类问题，提供了可靠的第一手材料。民国十五年（1926年）初夏，奥赤罗夫随同内蒙古人民革命党的郭道甫、伊德钦、苏联驻冯玉祥司令部顾问乌斯曼诺夫一行到阿拉善旗定远营，宣传革命活动遭到当时旗府官员的拒绝。随后调回共产国际工作。在莫斯科期间，奥赤罗夫经常到莫斯科东方大学为在校学习的内蒙古青年讲解内蒙古革命形势，颇受内蒙古青年的欢迎。

1931年8月，奥赤罗夫从莫斯科来到共产国际驻乌兰巴托代表处接受新的战斗任务，第二次来到灾难深重的中国。当时，中国国内笼罩在国民党制造的反共白色恐怖之下，共产党从中央到地方遭受严重破坏，特别是西北地区党的组织被破坏得十分严重。在这种形势下，共产国际在乌兰巴托成立中共西北特别委员会（下称“特委”），确定由王若飞任书记（王若飞在苏联曾用聂莫采夫、黄敬斋化名），由潘恩溥、奥赤罗夫（当时的化名叫阿其尔）任委员，特委设在宁夏，深入陕西、甘肃、宁夏、绥远、山西五省，以搞农民运动和民族工作为主，以秘密工作的形式恢复和开展党的工作。共产国际驻乌兰巴托代表切尔诺莫契克在西北特委离开共产国际时强调指出："我们对西北的工作不够及时，你们回去一定要尽快地把工作开展起来赶上去。"奥赤罗夫接受了西北特委的新任务之后，在乌兰巴托做了必要的准备工作。随后，根据西北特委的决定，分两路从乌兰巴托出发。西路是奥赤罗夫、潘恩溥，由巴达玛任交通，先从乌兰巴托出发，经蒙古人民共和国边城科不多和阿拉善旗定远营到宁夏；东路是王若飞和吉合，由朱实夫任交通，经乌得、归绥、包头、五原、临河最后到宁夏汇合。奥赤罗夫接受了新的战斗任务，踏上了新的程途。

奥赤罗夫、潘恩溥是1931年10月分别从乌兰巴托出发的。潘恩溥等四人（其中布音迭力格尔[1]、道尔吉[2]、那顺敖其尔）打扮成旅蒙商，经蒙古人民共和国古拉本赛汗率先进入中国境内。到阿拉善旗乌兰套力盖时，被负责北部夏日扎一带防共总管巴图瓦其尔以共产党嫌疑逮捕。经搜查和审讯，在乌审旗二人骆驼鞍屉下搜出有关蒙古人民革命党宣传书刊。巴图瓦其尔在押送潘恩溥等四人回旗衙门的同时，向北部边境发出通令，要求加强警戒，严加防范。当时这一事件惊动了阿拉善旗整个北部边境。当时，阿拉善旗边境地区有一部分潜逃在阿拉善旗境内的蒙古人民共和国的流亡人员。这批流亡人员大都是蒙古人民共和国的敌对人员，由于对蒙古人民共和国革命成功和国家制度的不满，潜逃在阿拉善旗境内，经常纠合在一起，拦路抢劫，惹是生非，四处活动。这对当时阿拉善旗的反动势力来说，是一支难得的防共反共的可靠力量；而这批蒙古人民共和国的流亡人员也非常需要当地官吏对他们的信任器重。他们相互勾结、相互利用，在边境形成了一支防共反共的反动力量。奥赤罗夫在1931年10月带领三名同志驮着八峰骆驼的武器、弹药、药品等到阿拉善旗何白土鲁嘎宿营时，被一牧羊小孩发现并告诉了沙海旦增（系蒙古逃亡人员）。

[1] 布音迭力格尔，真实姓名叫福明泰。

[2] 道尔吉，真实姓名叫图门巴依尔，汉名齐文魁，曾任巴彦淖尔盟政协副主席。

沙海旦增闻讯后，连夜串通附近几名蒙古人民共和国的逃亡人员，说："有四个人拉着八峰骆驼在何白土鲁嘎住下来了，看样子肯定是外蒙古过来的特务，我们要想办法抓住他们。"遂连夜纠集了十多个人，带着武器，次日晨从沙海旦增家出动到何白土鲁嘎追捕奥赤罗夫四人。这伙人到达何白土鲁嘎时被奥赤罗夫等发现，双方遂开枪射击，经过一个多小时的枪战后，沙海旦增一伙中有四人受伤，他们便狼狈逃跑了，奥赤罗夫一行脱险后，立即启程赶路。他们经过图克木巴格，越过红古尔玉林巴格东北边的呼和德尔苏，到巴音吉兰太巴格西部的乌库特勒处午休时，又被图克木巴格查汗扎德盖边卡总管策仁嘎卡组织的一伙流亡人员发现。原来沙海旦增一伙被奥赤罗夫等打得狼狈逃窜之后，他们不甘心自己的失败，且恼羞成怒，便和当时的图克木巴格查汗扎德边卡总管策仁嘎卡勾结，组织了以呼肯扣为首的十几个人，密谋继续追捕奥赤罗夫等。当他们在奥赤罗夫一行脱险的次日黎明时辰，找到了他们的行踪后，便不分昼夜一直追到巴音吉兰太西部乌库特勒北面的小山坡上，发现奥赤罗夫等同志已经搭起了帐篷，正在熬茶做饭。这时奥赤罗夫也发现了呼肯扣一伙。呼肯扣对同伙说："我一个人去，和他们接个头。"呼肯扣走到距对方有 100 米远的地方时大声说："你们不要怕，我们是到衙门（指定远营）送新兵的。"奥赤罗夫等听到后信以为真，便把他们领进帐篷，以客相待，按蒙古族的风俗习惯，逐个斟茶递烟攀谈起来。呼肯扣问："你们上哪里去？"奥赤罗夫回答说："我们到银川去，我们一起赶路吧！"奥赤罗夫以为他们真是送新兵到衙门去的。为表示款待，馈赠他们每人 5 块洋元。呼肯扣一伙觉察到奥赤罗夫对他们已放松警惕，无所戒备。这时呼肯扣首先起身，一边喊"抓住他们"，一边将身旁的一个人按倒，同伙的其他人一起扑上来也将其他三个人抓住捆起来。呼肯扣一伙将奥赤罗夫等四人捆起来以后，搜出四支手枪、四支步枪以及子弹、药品，还有阿拉善旗南寺活佛和毛巴特尔的信件。这时有的暴徒说："要把他们带到衙门去。"而呼肯扣却杀气腾腾地说："那不行，要杀掉他们。"他首先动手把奥赤罗夫四人相继枪杀在阿拉善巴音吉兰太巴格的乌库特勒。斗转星移，

80 多年过去了，奥赤罗夫等同志为开展党在中国西北地区的工作不幸遭敌杀害，血洒阿拉善草原，为中国各民族人民的解放事业而献身的光辉业绩将永垂不朽，中国人民将永远怀念这位伟大的国际共产主义战士。

（二）福明泰等人被捕

1931 年 1 月 26 日，那生敖其尔与福明泰（化名布音迭力格尔）同到阿拉善旗调查情况，拜见过南寺活佛纳旺丹增，和骁骑校毛巴特尔进行了详谈，了解阿拉善旗当时形势。之后，他们前往蒙古人民共和国乌兰巴托。这是内蒙古人民革命党在阿拉善旗的第二次活动。

福明泰

福明泰（1896—1938 年），敖拉哈拉氏，蒙古族名布音达赉，化名博彦格日勒、布音迭力格尔，达斡尔族，呼伦贝尔索伦左翼正白旗莫和尔图屯人。中共党员。1925 年 10 月被选为内蒙古国民革命党中央常务委员。同年 10 月，冯玉祥联合内蒙古国民革命党，在呼伦贝尔组建东蒙古国民军，成立蒙古骑兵，向奉军进攻。11 月 12 日，福明泰为内蒙古国民革命党赴蒙古库伦接运苏援武器的代表。12 月，任呼伦贝尔地方全权代表。西北军失败向西撤退时，随军撤往宁夏。

1926 年 11 月，内蒙古国民革命党撤入宁夏时，福明泰与六七名中共党员赴乌兰巴托。1927 年春，与共产党员白海风、朱实夫等，在乌兰巴托组建内蒙古青年革命党，任委员职。同年 8 月，在乌兰巴托特别会上再次当选为中央常委。

1928 年 7 月，福明泰支持郭道甫打出“内外蒙古打成一片，建设大蒙古共和国”的旗帜，率蒙军进攻海拉尔。“满蒙革命暴动”失败，青年党向张学良妥协后，其头目被安插在副都统衙门参议厅任职。1929 年 9 月，受派到乌审旗部署坚持革命斗争问题。

1930年3月17日，福明泰与内蒙古人民革命党中央派来的三人在乌审旗召开特别会议，研究确定了察、伊二盟和阿拉善旗等地区党的领导机构，并于1930年冬，那生敖其尔与福明泰（化名布音迭力格尔）同到阿拉善旗调查情况。之后，前往乌兰巴托，并将对宁夏、甘肃及阿拉善旗的政治、经济等情况，向第三国际写了书面报告。

第三国际决定派几批人到内蒙古开展工作。1931年，福明泰在乌兰巴托与回国的图门巴依尔等同志接头。按照第三国际的指示，对图门巴依尔说："第三国际决定派你回国，到老家去开展革命工作，你有什么意见?"图门巴依尔回答："进行革命工作是好事，我乐意回国，没有意见。"几天后，共产国际代表（苏联人，姓名不清）对福明泰和图门巴依尔交代了回国的任务等具体事情，并说乌审旗的群众基础好，革命形势正在高涨，组织决定让你们到乌审旗开展工作。又过了几天，他在共产国际乌兰巴托办事处，与共产国际驻内蒙古代表奥赤罗夫相见，奥赤罗夫向他们介绍了回国的具体安排。他说："你们回国途中的工作由那生敖其尔负责。同行的有福明泰、山西人赵壁成（真名潘恩溥）和图门巴依尔。"临行时，他们带着第三国际写给乌审旗巴得拉呼的介绍信，从乌兰巴托出发回国。他们一行四人于1931年10月31日进入阿拉善旗境内时，被阿拉善旗北部乌兰套尔盖防卡、沙尔次区域防共总管巴图瓦其尔逮捕，送旗政务处刑讯后，于1932年初分别作了处置。经过严刑拷问，潘恩普因政治身份未暴露，被山西孝义县的同籍商人取保释放。福明泰解交伊克昭副盟长审处。道尔吉（真名齐图门巴依尔、汉名齐文魁）经多次严加审讯，拒不承认自己是共产党，说自己是察哈尔人。之后，道尔吉也由察哈尔籍喇嘛加拉曾尼玛出面保释放出。那生敖其尔只承认自己是个拉骆驼的，什么也不知晓，最后就把他放了。[1]

此次脱险后，福明泰返回库伦，向共产国际详细汇报了失败原因等详情。

---

[1] 参见杨永忠：《阿拉善旗风云实录——〈阿拉善盟文史〉第八辑》，内部资料，1991年。

之后，于 1932 年到莫斯科东方大学任教。1937 年 10 月 25 日，被苏联克格勃逮捕，严刑逼供。1938 年 3 月 10 日，被苏联最高法院军事法庭，以“日本特务罪”判处死刑。1990 年 3 月 29 日，苏联最高法院全体会议决议撤销原判，予以彻底平反，恢复名誉。

第二节　抗战时期的重要事件

“九一八”事变后，日本侵略者在内蒙古东部地区设置了隶属于伪满洲国的兴安四省，进而向内蒙古西部侵犯，并扶植起一个蒙古军政府，派遣大批特务，组建特务机关，向西北各省渗透。

日本觊觎中国的东北和西北地区由来已久。早在日本明治末期，一批浪人出于扩张野心，已着眼于研究中国的伊斯兰教问题。1914 年，日本浪人涛秀雄化名马成龙来到中国，专赴西北及东北各省，从事所谓的“回教之独立运动”，先在辽宁组织“黑龙会”，冀图鼓励组织“大回回国”，虽因阴谋破产而回国，但其得到日本朝野极端势力的支持。不久，由“黑龙会”派出的川村狂堂（又名川村乙麻）以假入教为名，由大连来华，历经东北三省，旅至北平，复由察绥转入内蒙古腹地，进入河套。再沿河西走廊前往新疆，遍游塔里木河流域，后折回循祁连山南麓入青海，在素有“中国小麦加”之称的甘肃河州逗留 3 个月之久。川村狂堂前后在中国逗留达 30 年，“专门调查中国回教之种种问题”。

“七七事变”前，内蒙古地区在日本侵略者征服“满蒙”的政策影响下，于 1933 年 7 月，由德穆楚克栋鲁普（德王）带领一些蒙旗的王公贵族在百灵庙提出“蒙古高度自治”和成立“内蒙古自治政府”的要求，日本帝国主义趁机渗入内蒙古西部，再渐次渗透到甘、宁、青一带。百灵庙距宁夏银川 900 余千米。阿拉善旗王府所在地叫定远营，距宁夏省会银川 120 千米（樊家营子捷径 65 千米、绕三关 120 千米），旗王爷叫达理札雅。这个偏僻的沙漠边缘的蒙古族聚居地却引起了日本人的“兴趣”。

1936年4月3日，日本关东军派出的特务山本光次（班长）、仓永保、乃日布（翻译）一行三人，持有张家口领事馆桥本所发执照，以皮毛商身份骑骆驼由草地秘密潜来阿拉善旗定远营，这是阿拉善旗历史上第一次以公开身份出现的日本特务活动。

4月28日，日本特务井原半三、山本保、山岸伍郎，满洲航空的友田信、佐藤秀雄（报务员）等五人，从包头出发，来到定远营。井原半三等人来定远营，事先由德王用无线电台与阿拉善官方取得联系并得到同意。当时阿拉善旗执政局在政治上还是“墙头草，两面倒”的态度，没有一个独立自主的立场。因为百灵庙方面的德王距离阿拉善旗太远，中间有绥远省和河套地区相隔，如果明目张胆地和百灵庙合作，恐惹恼国民党政府遭到镇压，而且宁夏省与阿拉善旗毗邻，被马鸿逵发觉也属不便。而拒绝日本人前来，又恐德王有日本为后盾，将来统一了蒙古更难对付。此外，达理札雅三弟达穆林旺楚克在北平和日本人也有所接触，北平与阿拉善旗之间每天都有电讯联系。王枕华台长系德王派来的联络人员，他的主张自然也是倾向百灵庙的。达理札雅在上述各种因素的影响下，只得同意日本人前来阿拉善旗。井原半三等人到阿拉善旗之后，首先与达理札雅会面，达理札雅一面将井原半三等人安置在定远营祥泰隆商号内居住，一面立即向国民党中央政府电报请示如何处理，然而当时的国民党政府对于日本人在中国到处横行，却“无权”过问（当时居住中国的日本侨民及在日本统治下的朝鲜侨民都不接受中国政府的管理，也不接受中国法律的约束），对于达理札雅的电报并无具体指示，复电模棱两可，命达理札雅自行“相机应付”，这就给了日本人可乘之机，也使达理札雅的两面做法得以顺利施行。

井原半三等人用骆驼运送的物资，经过45天长途跋涉，于5月5日运抵阿拉善旗定远营。

5月初，横田碌郎（特务机关长）、田中久信、井原半三等人乘坐飞机来

1936年，横田碌郎等飞抵定远营

到定远营。与达理札雅会见后，将田中久信、井原半三留在定远营。田中久信立足之后，即由王枕华的电台（报务员叫徐厚田）和百灵庙取得联系，每天都有电报往来。不几天即有一架日本飞机由嘉卜寺机场起飞降落在定远营城东老陵滩，机上载来日本人、汉奸等约30多人，在祥泰隆商号内正式成立了日本特务机关，特务机关长横田碌郎。此后每天有一架飞机上午飞来，下午飞去。特务机关内设有无线电台，定远营那时没有发电厂，电台所用蓄电池以汽油发电机充电，院内还架设了很高的天线，附近居民及来往行人都能清楚地看见。发电机的隆隆声响人们也能听得到。日本特务机关自备电台以后即不再由王枕华的电台发报。不久日本人看准定远营西郊双山子下面的一块平地，要修筑正式飞机场，后经旗政府同意并代招雇民工机场迅速建成。从此每天来机即由此新机场降落。飞机除载人外，还运汽油及汽车部件轮胎等，准备在阿拉善旗装配汽车。定远营机场场长是横山信治。

日本在阿拉善旗成立特务机关后，8月24日，关东军参谋长板垣征四郎（中将）、第二情报课长武藤（章）大佐、主任参谋田中隆吉（机关长）、横田（机关长）、横山（队长）等飞抵定远营，以友好亲善的伪装会见达理札雅王爷。此次来的主要目的：一是侦察欧亚直通航线中转站的选定和前期准备；二是视察特务机关的工作。他们此次来定远营，事先与马鸿逵和达理札雅有过联系，并说一同会谈。板垣征四郎是上午 10 时飞抵定远营，当时达理札雅故意未派汽车，只派亲信副官张元忻前往机场迎接，用走马将板垣征四郎接到王府前上屋与达理札雅会谈。当时马鸿逵未来，只派宁夏省党部书记周百隍和蒙藏委员会驻宁调解组组长刘伯石参加会谈。周百隍、刘柏石与达理札雅共同会见板垣征四郎，企图以“亲善”的姿态与板垣征四郎妥协敷衍了事。会谈的内容主要是日本特务机关要在定远营长期驻留，逐渐扩大，并要求达理札雅参加到“大东亚共荣圈”内，与德王合作，亲善日本，接受日本的“保护”。当时达理札雅没有直接答应，而婉言地说：“得到中央指示后给以回复。”板垣征四郎在会谈中鉴于达理札雅对问题不作肯定具体答复，模棱两可的态度，十分不满，大发脾气，并施展野蛮手段对达理札雅进行威胁，特别对周百隍和刘柏石态度更是蛮横之极，结果会见不欢而散。对此，刘柏石说：“1936 年 2 月，我与周百隍奉命前往阿拉善，见过日本关东军参谋长板垣征四郎，那次相见，说白了，我们就是代表马少云（马鸿逵）的宁夏部队给日本人下战书的。”

达理札雅的考虑是阿拉善旗的地理位置处在国民党统治区内，直接受到宁夏省的控制，与日本势力控制的白灵庙相距遥远，同时全国民众反日情绪高涨，不敢立即答应板垣征四郎的要求，公然投靠日本，而是先将板垣征四郎来阿拉善旗一事通知国民党南京政府和宁夏省的马鸿逵请示对策，而国民党政府对日本帝国主义的侵略行径仍然采取放任主义。

刘柏石

板垣征四郎遂去祥泰隆商号内日本特务机关会见他的部属，指示以后如何开展工作，对达理札雅如何进行控制。一切工作完毕后，板垣征四郎乘飞机离开定远营。

日本特务龟野到银川与马鸿逵见面，是搭乘宁夏省汽车前往银川的。第二日宁夏省方将龟野送回定远营。可是随后不久即闻司机被马鸿逵下令枪毙，罪名是私自将日本人载来宁夏，这位司机真乃冤也，日本人龟野搭乘汽车是经乘坐该车的省方官员许可的。很明显，马鸿逵冤杀司机的目的是给国民党蒋介石看的，表明日本人在阿拉善旗设立特务机关，那是达理札雅的事情，与我马鸿逵无关，我的司机把日本人拉来银川，我把日本人送走，把司机枪毙，我马鸿逵是坚决抗日的。

1936 年冬，傅作义在绥远奋起抗日。11 月中旬一举击溃进犯绥东红格尔图之敌，接着对敌人在绥远的战略要点百灵庙发起进攻，300 里雪夜长途奇袭，于 1936 年 11 月 24 日全歼守敌，收复了百灵庙。此时全国上下抗日情绪高涨，万众一心同仇敌忾，蒋介石慑于广大群众的威力，于 11 月下旬下令调遣嫡系部队陆军第二十五师师长关麟征、副师长杜聿明率部前来阿拉善旗驱逐日本特务机关。二十五师到达定远营后，与阿拉善旗札萨克达理札雅、章京吉日台、副协理兼保安队副队长罗巴图孟轲、稽查局长杨达布华藏吾等人紧密合作，即行修筑军事工事，对飞机场采取了包围形势，限期迫令日本人全部撤出阿拉善旗。当时驻在阿拉善旗的日本人鉴于日本军队在百灵庙受挫，二十五师来势不善，甚为恐慌，尤其与日本人一起前来阿拉善旗的汉奸、蒙奸，深恐遭到军队惩办（当时抗日战争尚未爆发，中国政府对日本人还未进行扣捕，但对汉奸、蒙奸则可公开捕拿惩办），于是二十五师到定远营后，这些汉奸、蒙奸全部乘飞机先行狼狈逃走。日本飞机每天来一架载运特务机关的人员和物资，有时还来两架飞机转运，二十五师给出的期限是 12 月上旬撤完，约在 12 月 8 日人员已经撤清，剩下少量汽车轮胎、部件及汽油，因限期已到未能运走，交由达理札雅接收。

蒋介石其精锐的嫡系部队二十五师前来阿拉善旗驱逐日本特务机关，准备长期驻防阿拉善旗，用意是：第一，防止阿拉善旗与德王勾结，引日本势力深入西北边疆；第二，借机对宁夏的马鸿逵起到牵制的作用。蒋介石一方面防备马鸿逵与日本勾结，与国民党政府离心；另一方面则恐马鸿逵并吞了阿拉善旗，势力膨胀更难控制。所以“中央军”进驻阿拉善旗，马鸿逵忧心忡忡，不但吞并阿拉善旗的美梦破灭，而且在他的腹背多了一个钉子。而中央军是前来驱逐日本特务机关，切断达理札雅与德王的联系，防止阿拉善旗投敌，名正言顺，马鸿逵虽不称心，但也无可奈何。达理札雅对中央军的到来则是诚意欢迎。原因其一，不致得罪日本人和德王，赶走特务机关是中央军，不是阿拉善旗；其二，中央军驻防不需地方负担，军纪严明，不骚扰百姓。

据刘柏石文：“九一八”事变后，日本帝国主义的魔爪，逐步伸向西北。民国二十五年（1936 年），一个日本特务机关突然来到定远营。当时在国民党的不抵抗主义和所谓“睦邻政策”下，阿拉善旗政府曾屡次向国民党中央请示处理办法，均无明确答复。达理札雅只好为日本特务机关指定“祥泰隆”商号为其住所。在日本特务机关的威逼下，又给他们修了一个简易飞机场。于是日本特务人员在定远营就随意活动起来，直到 1936 年底才撤走。由于上述事件，马鸿逵认为有了对达理札雅下手的充足理由。他认为达理札雅和蒙疆政府的头子德王（德穆楚克栋鲁普），都是所谓“蒙古王爷”，达理札雅的妻子又是伪满洲国皇帝溥仪的堂妹，日本特务机关又在定远营驻了一年多，便密向国民党中央建议：达理札雅是西北的一个隐患，若不及早看管起来，将来一定要给日本当“傀儡”，坏国家大事。在马鸿逵想来，—旦中央把达理札雅弄走，阿拉善旗就可以毫不费力地纳入宁夏范围，是一举两得的好事。当国民党中央接受了他的建议后，马鸿逵就采取“先礼后兵”的办法，首先派遣马腾蛟、刘柏石、叶森等，劝达理札雅到宁夏住些日子。但达理札雅料到他们不怀好意，抱定了“虎不离山”的主意，不管这些人怎样劝说，就是坚决不走。民国二十七年（1938 年）二月，马鸿逵最后施出武力威胁的手段，决定硬把达理札雅劫持来宁。[1]

[1] 朝格图：《阿拉善往事：阿拉善盟文史资料选辑甲编》（上册），宁夏人民出版社 2007 年版，第 90—91 页。

达理札雅与国民党第二十五师师长关麟征、副师长杜聿明等合影

第三节　解放战争时期的地下工作者

一、苏殿魁

苏殿魁，真名李九如，化名苏华廷、李景杰，山西省汾阳县三泉村人，自幼在蒙古人民共和国经商，抗战初加入中国共产党。[1] 因其走路有点瘸，人称“苏拐子”。民国二十九年（1940 年），苏殿魁受派由蒙古人民共和国的首都库伦（今乌兰巴托）来到阿拉善旗衙门驻地定远营，以做皮毛生意为掩护，秘密从事革命工作。[2]

苏殿魁富有活动能力，善于结交四方人士。在商界，他与杜书田以同乡表兄相称，与小摊贩侯宝勋、皮匠史森有以青帮“同字班”挚友相处；在政界，他与王府的总管、医官、秘书以及督查局长、军事专员、宁夏办事处主任等交为“朋友”。他利用这些不同的社会关系，暗中开展革命工作。1941 年春，宁

[1] 根据宋荫富回忆稿整理。

[2] 根据宋荫富回忆稿整理。

夏驻定远营办事处出于反共需要，发生捕人事件，使该处下级人员纷纷逃离岗位。苏殿魁利用这一良机，与宁夏新派来掌管办事处实权的副主任邢焕章拉上关系，将杜书田的外甥（兴泰隆商号学徒）宋荫富和候宝勋推荐安插在办事处当办事员和保卫干事。[1] 由此掌握了办事处发放居民证、身份证、通行证之权，极大地方便了由外地来旗进行秘密工作的人员，同时也为老百姓的正常活动开了绿灯。

民国三十年（1941 年），抗日战争处于高潮，民族矛盾重于一切，动员全国人民一致抗日，粉碎日本帝国主义的侵略战争，是中国共产党的政策。苏殿魁利用宁夏驻定远营办事处的合法地位，发动宋荫富等人，编写唤起民众抗日救国的短文《有钱出钱，有力出力》《抗战不分东西南北》《救国不分男女老少》《打倒日寇，打倒侵略者》等，刊登在壁报上，很受各方人士的欢迎。[2]

苏殿魁在定远营与其伙计助手吴耀章，积极进行地下工作，频繁地与外蒙古派来的祁跃亭、李先相以及刘益三、范登丰、武富文等人接触。[3] 商界纷纷议论他们不是商人，而是做秘密工作的。国民党的特务机关发现他们的行动可疑，抓紧对其进行跟踪侦察。

民国三十一年（1942 年）春，国民党在定远营的反共政治空气日益骤增，苏殿魁预感到政治形势紧张，如果再住下去，有可能会给革命工作造成严重损失。于是，他决定秘密撤到阿拉善旗磴口地区（今磴口县境内，当时为县、旗共治地区），同时转告宋荫富，让其趁办事处主任邢焕章调任磴口县长之机，要求随其前往。一切部署就绪后，苏殿魁与吴耀章秘密离开定远营。事后，有人传说，苏殿魁因在西花园杨老爷家赌博，输钱太多，还不起赌注逃跑了。实际上他是因工作需要而转移到另外的地方去了。

苏殿魁、吴耀章离开定远营不久，特务们前去捕人，扑了个空，很是扫

[1] 根据采访程子璋笔录整理。

[2] 根据宋荫富回忆稿整理。

[3] 刘万山供词，存磴口法院案卷。

兴，于是，他们加倍进行反共活动。1942 年 4 月 18 日，国民党军事委员会驻定远营军事专员办事处（军事专员办事处实际上是军统特务的掩护机关，其内部所设的不同机构，又是不同系统的特务们的掩护机构），将商人武富文、梁泰成、于焕章、张辅臣等，以“资敌物资”罪，逮捕审讯后，寄押在阿拉善旗理事官厅监狱中。1942 年 5 月 8 日，又将马振海、杨文元、李四等人，以政治嫌疑罪逮捕，寄押在旗监狱中，并不准任何人接近探视。[1] 被捕者虽与地下工作者有过往来，特务们并未抓到他们进行政治活动的证据。但这些无辜者，除武富文于 5 月 23 日被永茂公商号保释养病外，其他人在狱中长时间地受尽了各种酷刑折磨。所谓资敌物资，是指他们收购的一些绒毛，当其运出定远营几十里路时即被抓回，谓之“人赃俱获”。

苏殿魁在定远营工作时，曾为南济良到沙金套海巴格境内的四坝地区驮运粮食，在那里与孙银华交为朋友。当定远营白色恐怖来临时，苏殿魁退到沙金套海巴格的四坝，住在孙银华那里，继续秘密开展革命工作。

那时的磴口地区是标准的一地两治地区，它既有宁夏省管辖的磴口县治，又有阿拉善旗管辖的四个巴格和两个总管公署（相当于区），即磴口总管公署辖磴口巴格和道劳苏亥巴格。沙金套海总管公署辖巴音套海巴格和沙金套海巴格。该地区自 1926 年 11 月，冯玉祥决定设县后，围绕体制问题之争，一直到解放前未得到彻底解决。1935 年 2 月 20 日，宁夏省政府致电南京政府，要求从阿拉善旗王府和外国教堂手中收回磴口县的土地权。1936 年 4 月，南京政府蒙藏委员会派唐柯三赴宁调处，议定磴口地区的土地权仍属阿拉善旗，行政权归宁夏省负责。[2] 此后，磴口地区便成了合法的旗县共管区。

1943 年后，齐文魁（图门巴依尔）任沙金套海总管公署的总管。他原是共产国际派来内蒙古西部开展革命工作的，在阿拉善旗被捕释放后，才充任旗政府官员。齐文魁对蒙古人民共和国来往人员不予查问，这对苏殿魁等人在磴

[1] 阿拉善左旗公安局存民国档案。

[2] 吴忠礼：《宁夏近代历史纪年》，宁夏人民出版社 1987 版。

口地区开展工作是一个极好的良机。再加上宋荫富也由定远营转到磴口县民政科当办事员，继续掌管发放居留证、身份证、通行证大权，这为他们开展工作创造了很多有利条件。

由蒙古人民共和国来定远营的地下工作者祁耀亭，常住在范登丰家里。范登丰是三边派驻定远营情报组负责人刘益三所办的鸿记商号的伙计，河北保定人，也是蒙古人民共和国派来的。1942 年夏，刘益三被捕后，祁耀亭与范登丰到河套六官府城（位于磴口、杭锦后旗、阿拉善旗三个地方的交界处）与苏殿魁取得联系，继续从事秘密工作。武富文被保释后，亦去四坝投奔苏殿魁。1944 年，孙银华被苏殿魁吸收为秘密工作人员。孙银华是民国十五年（1926 年）由冯玉祥部队退伍留居四坝的河北人，由于他的见识广，苏殿魁给他的任务是秘密宣传抗日主张，如果日本人入侵河套，即刻组织游击队抗击日军，武器由苏联供给。[1]

民国三十三年（1944 年），沙金套海地区的四坝、公地、冬青梁、六官府城等地，已成为开展秘密工作的根据地，苏殿魁领导的地下工作人员已达 10 多名。原在六官府城进行秘密工作的刘万山，通过祁耀亭介绍，也与苏殿魁有了密切联系。刘万山是河北饶阳人，民国六年（1917 年）到外蒙古做生意，民国十八年（1929 年）到蒙古人民共和国政府办的合作社工作期间，为蒙古人民共和国内务部在库伦（乌兰巴托）做情报工作，专门侦察汉奸及日本特务在库伦的活动情况。民国二十五年（1936 年）受派回国，到北平、张家口、包头、内蒙古一带，侦察日本侵略军的军事、政治、经济情报和了解国民党统治的各种情报，向中蒙边境的蒙古驻军进行传递。民国三十一年（1942 年）回库伦汇报工作，次年带领蒙古人民共和国内政部股长米掌柜到沙金套海、六官府城，察看设置电台的合适位置后，米掌柜来到定远营，将苏殿魁留放的 3 峰骆驼变卖 200 大洋，与祁耀亭一齐返回库伦，此后刘万山与蒙古人民共和国

[1] 孙银华供词，存磴口法院案卷。

失去了组织联系，便与徐增瑞（河北献县人）一起做生意。

民国三十三年（1944 年），由蒙古人民共和国回国的郭彦明、李青山化装成做买卖的掌柜去延安。苏殿魁派孙银华护送，李富春和吴铁真在延安北关杨家岭接待了郭、李两人，并请他们 3 个人吃了饭。[1]

民国三十四年（1945 年），孙银华由延安回到四坝后，常与刘万山、范登丰接触，此时的刘、范两人，已对革命工作产生了敌对情绪，范登丰说："种不上地是共产党造成的，使得大家都不得安宁。"[2] 刘万山说："外蒙古与共产党互相勾结，扰乱中国。"[3] 他们的思想叛变革命后，行动上也积极破坏地下革命组织，挑拨工作人员的关系。刘万山对苏殿魁说："孙银华的嘴不牢。"刘万山对孙银华说："你不要接近苏殿魁，有啥重要事情也不要给他讲，不然要遗臭万年。"由于刘万山的挑拨，孙、苏关系紧张，革命工作面临被破坏的危险境地。

民国三十五年（1946 年），刘万山因领身份证，与苏殿魁发生争执，用刀子捅伤苏殿魁。此后，刘万山私吞蒙古人民共和国给的活动经费包括黄金、银圆、大烟、羚羊角、骆驼等，伙同孙银华跑到陕坝，投靠了国民党。[4] 在刘万山的策动下，国民党中统局陕坝调统室传讯孙银华，向他追问了延安的情况，并吸收其为陕坝调统室的特务，派往蒙古人民共和国搜集蒙古人民共和国和中国共产党的情报。[5]

由于刘万山、孙银华、范登丰、刘隆等的叛变告密，1946 年 4 月（一说是 7 月），陕坝调统室派侦缉队（宪兵）到冬青梁，将苏殿魁、武耀章逮捕，送绥远省监狱审讯。苏、武两人在严刑逼供下，坚贞不屈，不吐真情，始终以商人为掩护，未暴露政治身份，特务们既得不到真实口供，又拿不出治罪的证

[1] 孙银华供词，存磴口法院案卷。
[2] 刘万山供词，存磴口法院案卷。
[3] 孙银华供词，存磴口法院案卷。
[4] 磴口县公安局调查材料。
[5] 刘万山供词，存磴口法院案卷。孙银华供词，存磴口法院案卷。

据，只有进行惨无人道的酷刑逼供，苏殿魁终因年老体弱，经不起长久折磨而惨死在狱中，武耀章于民国三十七年（1948 年）被保出狱。[1]

1951 年 4 月，武富文揭发了刘万山、刘隆两人叛变革命的事实，磴口县审讯了二刘和孙银华。1952 年 3 月 7 日，磴口县人民法院根据惩治反革命条例，以叛变革命、破坏革命地下组织之罪，叛处刘万山有期徒刑 5 年。[2] 范登丰畏罪潜逃。

二、刘益三、李子源等被捕

国民党为了巩固其统治地位，实行反共反人民政策，民国二十六年（1937 年），军统局派特务郑尔康潜入宁夏，建立秘密情报组，隶属军统局兰州站，宁夏情报组在磴口等地派有情报员。民国二十八年（1939 年），军统局派特务史引潜入宁夏，将军统局宁夏组扩建为宁夏站，史任站长，又在阿拉善旗设立军统局定远营情报组。[3] 该组以国民党政府财政部的缉私机关“蒙疆查缉总署驻定远营查缉所”为掩护，秘密进行特务活动，专门搜集蒙古人民共和国和中国共产党的情报。

1939 年 6 月，国民党政府将中统局特务室更名为调查统计室，任吴宝芬为宁夏省政府调查统计室主任。同年，国民党中央执行委员会在阿拉善旗定远营秘密安插中统情报员，起初以宁夏盐务局督察身份做掩护；抗战胜利后，于 1946 年 12 月 24 日改为“国民党中央执行委员会驻阿拉善旗办事处”，公开进行特务活动。[4]

1939 年 1 月，国民党开始发动三次反共高潮。国民党中央和西北行辕及宁夏省都层层在阿拉善旗设立各种特务机构，其目的就是实施上述反共方针，给阿拉善旗人民制造白色恐怖。1940 年，宁夏军警联合督查处，在阿拉善旗

---

[1] 根据宋荫富回忆稿整理。

[2] 磴口县人民法院判决书。

[3] 吴忠礼：《宁夏近代历史纪年》，宁夏人民出版社 1987 年版。

[4] 根据阿拉善左旗档案馆资料整理。

设立定远营督查所，名为缉私、挡粮、查店，实为马鸿逵监视阿拉善旗的耳目，也是宁夏特务来阿拉善旗进行活动的掩护单位。此外，阿拉善旗政府也设有一个稽查局。

1942 年 7 月，国民党军统情报组特务，会同阿拉善旗稽查局，秘密逮捕了共产党组织主要成员刘益三、杨益民、徐思成、李子源等 4 人，分别用镣铐羁押在阿拉善旗理事官厅监狱。这次逮捕是秘密进行的，特务们事先做了周密计划，执行人身穿长袍，脸上抹黑，事先布防在被捕人出没的必经之地，在夜深人静之时实行密捕。例如，李子源当时住在王府外院，被捕前曾躲在阿拉善旗小学的课桌库房里活动，夜间回家睡觉，他是旗保安队的教官，又是王爷的亲戚，平时警惕性较高，但在夜间穿着裤衩上厕所时，被特务密捕。次日，其亲属满城寻找半夜失踪的李子源时，得知是夜失踪者并非三五人，忠厚老实的人民群众用迷信观念解释这件事，有政治经验的人已发现是特务们在抓共产党，于是自感不安的人都纷纷逃离定远营，致使特务们原计划密捕 20 多人，只抓到 8 个人。

这次密捕共产党地下组织成员的罪恶行动，主要是以国民党财政部驻定远营查缉所为掩护的军统情报组长王耀先一手策划的。他使用了惨无人道的特务手段，将被捕者五花大绑后，蒙上眼睛，堵着嘴，悄悄关在单人囚笼里，使人直不起腰，睡不成觉。他们提审被捕者，都是在夜深人静时，先将皮洪筒套在被审人的头上、身上，使你看不见、听不见、乱动不得，然后牵出牢房拉到院外兜圈子，使你判断不出管押和受审的确切地方。审讯庭内灯光暗淡，人影模糊，各种刑具摆在显处，确实阴气逼人。[1]

在审讯刘益三等人时，特务们使用了夹板、竹签、火烙、皮鞭、压杠子、灌辣椒水等酷刑。他们用尽各种逼供、诱供手段，终于取得了他们满意的口供。

[1] 根据宋荫富回忆稿整理。

刘益三供认自己是河北冀州人，在定远营开鸿记号杂货店，1939 年 8 月，在安边参加共产党，由陈国宾介绍负责定远营情报工作，任通讯小组长，任务是吸收蒙古族进步青年，在定远营建立根据地，打通蒙古人民共和国与陕北共产党联络的路线。所指挥的通讯员有徐思成、杨益民、李子源、吴常胜、张二苟、李四娃、关福林等。[1] 在定远营和徐思成、吴常胜、张二苟、张三儿等人，负责调查情报兼编写之责，专门负责情报的交通传递的人为山西历石人李乔，他每月由安边来定远营取一次信，来时带款，去时带信。他带来的信是药水写的，交刘益三用冷水一浸即显出字迹。[2]

徐思成供认自己是陕北榆林人，化名老董，本年（1942 年）6 月 24 日在定远营参加秘密活动，介绍人是杨益民，联络人是刘益三，任务是编写和传递情报。在定远营各机关的共产党有专员办事处的王副官、卫兵李占奎、宁夏驻定远营办事处的陈子英、蒙古卫队的马占海、宁夏驻定远营稽查所的王稽查和孟稽查，这些人都是 4 月 7 日由我介绍加入共产党的，月津贴 50 元。[3]

杨益民供认自己是山西人，1940 年 3 月 15 日，在安边由四师二团团长高焜山[4]介绍加入共产党。1945 年 10 月 25 日，与牛化东等策动国民党第十一旅起义成功后，任该部副团长。1947 年春，在抗击马鸿逵部进犯三边时被俘。解放前夕，被国民党活埋于兰州市郊的沙沟。[5]

李子源供认自己是山西河清县人，本年（1942 年）5 月 27 日在定远营参加的秘密活动，由杨益民介绍。负责在机关中进行活动，调查各机关的组织情形，5 月 27 日，由刘益三给其代领过 100 元津贴。[6]

特务们根据以上 4 人在严刑拷逼下招认的供词，于 7 月 22 日密捕了商人

[1] 阿拉善左旗公安局存民国档案。

[2] 阿拉善左旗公安局存民国档案。

[3] 阿拉善左旗公安局存民国档案。

[4] 高焜山，米脂县人，1927 年加入中国共产党。1929 年跟随谢子长赴宁夏马鸿宾军中开展兵运工作，并任炮兵连长。

[5] 《高昆山烈士小传》，载《定边县革命回忆录丛刊》第四十一期。

[6] 阿拉善左旗公安局存民国档案。

关福林、专员办事处的副官王临如和卫兵李占奎。其余列捕对象闻讯后，早已离开。王耀先急于向军统局献功请赏，密报了审讯情况，求其上司指示处置办法。

1942年秋，蒋介石处在两次反共高潮被打退和日军大举进攻的政治、军事困境中，为摆脱困境，于1942年10月，国共两党开始谈判，表面上两党关系暂趋缓和，实际上，国民党一刻也未放松反共活动。在两党开始谈判前，蒋介石于9月初率陈布雷、陈诚、朱绍良、傅作义和宋美龄等视察宁夏并在宁夏召开第八战区高级军事会议，名为布置抗日，实为策划反共。在此形势下，军统局对阿拉善旗特务破获的共产党案，毫不犹豫地电令“就地处决”。[1]

那时，阿拉善旗的亲王札萨克达理札雅被国民党软禁在兰州，旗内政务由正副协理主持。副协理罗巴图孟柯接到军统情报组长王耀先转达“就地处决”共产党人的密电后，感到事态严重，责任重大，不敢擅作主张，草率执行。于是，便与国民党军委驻定远营军事专员公署（专员办事处）专员崔冀商议，两人认为：“案关重要，当慎究办，且案牵多名，除关福林、王副官、李占奎已秘捕押，正侦审中，其余人均未捕到，尚待侦缉，如将主犯先处决，诚恐将来无从根究，此案最好解交第八战区办理。”双方意见一致后，崔冀分别向国民党军事委员会和第八战区司令长官朱绍良报请指示。罗巴图孟柯将案情向达理札雅做了书面汇报，建议将案件交第八战区办理，要求达王向朱绍良面商电示。

朱绍良接收了达理札雅和崔冀的请求，电令旗政府派保安队，将刘益三等4人连卷宗证明密解第八战区司令长官部讯办。

1942年11月21日，罗巴图孟柯派范乌土那笋、马哈达等10人，携带长、短枪10支，骆驼16峰，将刘益三、杨益民、徐思成、李子源等4人囚入木箱，解送兰州。1942年12月7日，八战区长官司令部将其送到广武路11号军

[1] 阿拉善左旗公安局存民国档案。

统秘密监狱（新关二号）镣押。[1] 军统局兰州情报站站长任冠军奉令审讯，使用各种酷刑逼供5个月，始终拿不到他们满意的供词。徐思成、刘益三不仅坚决不承认自己有“奸伪情事”，而且供称关福林、王临如、李占奎等并未参加共产党。[2]

特务们在无计可施的困境中，由第八战区司令部将审讯情况，以遵红字67号密令告知阿拉善旗政府，让其责令原主办人再行复查，补报佐证。阿拉善旗稽查局拿不出什么佐证，只好重抄一份本人口供和刘益三的笔供，由旗政府于1943年5月23日复报第八战区司令部核办。[3]

刘益三等在兰州新关136号秘密监狱受审时，推翻了在阿拉善旗的供词，特务加重刑讯，亦无收效。蒋介石的反共政策是“宁可错杀一千，不可漏网一个”。只要被特务们指控为共产党嫌疑犯的人，能够活着走出监狱的为数极少。在酷刑逼供和饥饿、病魔折磨下，刘益三于民国三十三年（1944年）死于兰州狱中。

特务将李子源打得遍体鳞伤，仍然得不到满意的口供。只好向他乞怜说：“你总得承认一点才好，不然我们抓一个不是共产党，再抓一个又不是共产党，叫我们怎样交代呢？前些时候，有很多共产党向我自首，我曾经派了他们相当的工作，你不要怕，我绝对负责，哪怕你承认一点，也算帮了我很大的忙。”于是，李子源承认在10年前看过社会科学书籍的事，特务立即眉飞色舞地说：“你早讲了，不就完了吗？好，你的事，我替你办。”[4] 此后，特务虽不再审问他了，但他仍旧被关在狱中，苦度渺茫无期的煎熬。

1942年7月22日，被军统定远营情报组和阿拉善旗稽查局以“共产党嫌疑分子”逮捕的王临如、关福林、李占奎等，以及在此以前被捕的国立定远

[1]《甘肃省公安厅组织案卷》1号卷。

[2] 阿拉善左旗公安局存民国档案。

[3] 阿拉善左旗公安局存民国档案。

[4] 李志贤：《兰州新关186号秘密监狱》，载《上饶集中营》，人民出版社1959年版。

营实验小学校长薛恭伍，均被钉上镣铐，关押在阿拉善旗理事官厅监狱里，每人一个木笼，站不能直腰，卧不能伸腿，睡则脖颈被锁在夹棍里（用长木料劈成两半，中间凿有五六个圆孔，夜间将数名犯人的脖子锁入夹木中）。在初审时，特务们指控他们是共产党派来的密探，并点出一些人名，说他们都是共产党，然后诱逼其交代"搞了哪些不规活动"，继而使用各种酷刑逼供。被捕者虽受尽了掌嘴、挟手、压杠子、跪火炭等刑具的折磨，但没有一个承认自己是共产党，他们坚贞不屈，咬紧牙关，用顽强的毅力与特务们进行了长期艰苦的斗争。

薛恭伍是宁夏省政府参议，在定远营任职，思想稍有激进，与旗政府官员不和，时有冲突。被指控为共产党嫌疑犯后，终因没有实据，而被保释。关福林是银川商人关景玉之子，在定远营经商，交际较广，生活放荡。被捕后，虽也苦受刑讯折磨，但在狱中只待了5个多月，关景玉搬动宁夏省警察局长马如龙营救其子。1942年11月，刘益三等4人被解送兰州后，关福林的处境危险，马如龙致函旗府，"如无通共证据，应予释放"，但无结果。1942年12月，马如龙改变营救办法，致函旗政府说："关福林属新兵应征之例，请释放，饬其返省应征。"俟后，由宁夏驻定远营办事处主任王孝坤和宁夏军警联合稽查处定远营稽查所主任宋清珍于1943年1月9日，将关福林具保暂释。[1] 但关福林的共产党嫌疑案，已报第八战区长官司令部待定，一时尚无法了结。于是，关景玉再向八战区司令朱绍良诉冤求释。1943年9月21日，朱绍良训令旗政府"关福林案速予讯结报查"。[2]

1944年3月，兰州特务仍未取得刘益三等人的满意口供，阿拉善旗特务也未能使王临如等屈认"奸伪活动罪"。于是，旗政府和军事专员办事处再向第八战区司令长官部复电报呈："刘益三等一案，前已供称参加共产党不讳，不能听其狡辩，请核判；在押关福林等3人，无奸伪事证，应交保释放，勒令

[1] 阿拉善左旗公安局存民国档案。

[2] 阿拉善左旗公安局存民国档案。

出境。”是年9月27日，第八战区司令长官朱绍良以调清仁字412号指令通知阿拉善旗政府，准予交保开释关福林、王临如、李占奎3人；刘益三已病故押所不论；杨益民、徐思成、李子源等，解送西安劳动营受训。[1] 王临如被驱逐出境后，沦为乞丐，他来自大同，经两年多的酷刑折磨，已无力回家，只好到磴口，投奔苏殿魁，后经宋荫富向国民党磴口县长邢焕章推荐，充任该县第一乡公所保干事。[2]

西安劳动营，即国民党军事委员会西北青年劳动营，是国民党军统特务专设的为对付共产党、破坏国共合作、瓦解抗日力量、镇压进步人士、培训叛徒特务、管训有重大政治嫌疑的人的综合性集中营，表面上像一个“学堂”，实际上是法西斯式的监狱，是残害爱国青年的屠杀场。[3]

杨益民、徐思成、李子源在西安劳动营监押期间，继续被“考核”监视。每天承受十几小时搬砖劳动的“疲劳战术”管教，迫听劳动营特聘教官的强迫、诱惑、利用、拉拢的“政治感化训教”。徐思成被视为“没有利用条件”的人，长期监押不释，让其在狱中做炊事员之活。至西安解放后，才得出狱，重回阿拉善旗。杨益民被送押西安劳动营后，杳无音信，下落不明。李子源是有较高文化的人，他在被捕前，利用职务（教员和教官）之便，向学校师生和保安队士兵，宣传抗日救国思想，颇受欢迎。他与张老三私人戏班内的杨益民、徐思成等，自编抗日话剧，宣传抗日。被特务们看成“能为我所用”的人才，迫使他在狱中用壁报向难友进行反共宣传和奴化教育。抗战胜利后，蒋介石发动国内反革命战争，在西安劳动营中，特务们将一些视为接受了“政治感化”的“学员”释放出狱，派到国民党军队中，为蒋介石效力卖命。李子源亦为其中之一。1948年，李子源被中国人民解放军生俘。他没有忘记国民党对他施行数年酷刑残害的罪孽，在中共党组织的教育下，他很快转变政治

[1] 阿拉善左旗公安局存民国档案。

[2] 根据宋荫富回忆稿整理。

[3] 曲云章：《国民党军委会西北青年劳动营的真象》，载《文史资料选辑》第三十六辑。

立场，毅然回到人民的怀抱，被分配到中国人民解放军华北军区解放军官教导团研究室工作。为了配合人民解放军解放大西北，解放阿拉善旗，他曾编写了《阿拉善旗见闻纪要》，用翔实的资料详细介绍了阿拉善旗的政治、军事、经济、文化、社会习俗、党派、警特等情况，为争取和平解放阿拉善旗提供了第一手参考资料。在李子源的一份见闻纪要中最后记录了这样两条：

“……由于阿旗广大人民之急需解放，及其在将来全国经济上建设上之重要性，故扶助阿旗人民争取自由解放及开发阿旗经济建设，为当前急需之事。如何求取此两大工作之实施，仅贡献一毛之见，供从事少数民族工作的同志参考。”

（一）关于阿旗解放工作

阿旗虽各民族杂居程度不一，然因受多年愚昧政策影响，加之地处边陲，交通阻塞，文化落后，民性迟钝愚蠢。因而虽受极残酷之压迫，而多不自觉。故欲求广大人民之觉悟，必须先从宣传教育上入手，因其社会阶级不同，必须划清敌友，才能事半功倍。兹分述如下：

1. 宣传教育：以揭发统治阶级之专横残酷，社会上之黑暗不平，而提高其政治觉悟为内容。宣传对象主要为劳苦大众，但统治阶级中积极分子，尤应注意。此种工作之推行，最好假游商之手。因商人与阿旗人民交易往还，人情熟悉、语言通畅，且接触面广泛而深入。如为能对商人晓以保护工商业政策之要旨，而切实加以保护，则商人亦必乐为用之，伊等为极自然之宣传员。教育上则应由学校教育及社会教育入手。对象以贫苦人民子弟及年轻喇嘛为主，必须注意各民族宗教应暂为保留。

2. 政治工作：应针对居民间之矛盾，加以揭发与运用。在居民中可分为消灭、争取与团结三部分。A. 应消灭者：王公贵族之少数统治阶级……B. 应争取者：蒙人中之积极分子，大多数劳苦贫穷者、喇嘛与痛苦很深的二混子……C. 应团结者：满人中之贫苦者、王族家之积极分子……有才之能干分子……蒙回民，亦为不得意而有富裕生产力者。

（二）关于经济建设工作

1. 普设流动医药诊疗队，以救济居民及牲畜之疾病。兽医尤为切要，由实际救济与医疗中，争取蒙民之信仰及削减其迷信落后思想观念。

2. 研究改良牲畜品种，以发展畜牧业……

3. 开垦贺兰山一带之荒僻矿山盐湖。

4. 发展交通：驼运、车运业。

5. 发展阿旗经济建设工作中必须注意者，乃蒙人多系愚昧无知，自动性很差，保守性很强，觉悟亦低，然皆朴实忠诚，在工作开始时，必须待之以诚，取得其信仰，然后有组织地发动生产，方能顺利以赴事功，而收事半功倍之效也。”[1]

三、蒙古人民共和国情报员被捕

民国二十九年（1940年）初，日本帝国主义的侵略行径更加疯狂，苏联和蒙古人民共和国亦有被入侵的危险，日特经常化装后进入中蒙边境活动。

此时，蒋介石利用宁夏二马，配合胡宗南、邓宝珊各部，调迁40万人马，发动第二次反共高潮，对陕甘宁边区实行严密封锁。国民党以“防止外蒙入侵”的名义，在阿拉善旗北部图克木巴格的叠尔图、宗沙尔扎巴格的班丁套拉艾、巴伦沙尔扎巴格的闹安敖拉布、宗乃巴格的雅干、拐子巴格的可克套尔盖等地，设立5个防卡，配备43名官兵守护，任命阿哈甲、皂迪巴为防卡正副总管。这些防卡实际上是专门对付共产党和爱国进步人士的关卡，是为卡断革命圣地延安通向共产国际的红色通道，国民党特务利用这些防卡，以和外蒙古边卡联合防御日伪间谍潜入的名义，秘密刺探外蒙古和中国共产党的情报。特务们为了邀功，经常把一些捕风捉影的事情当成情报，直报军统局，闹出不少笑话。例如，民国三十一年（1942年），军事专员办事处副专员路邦道接到阿拉善旗政府的情报说：“民勤人可可娃子，自有骆驼20余峰，常以找驼之名

[1] 李子源：《阿拉善旗见闻纪要》稿。

出入外蒙古，显为蒙谍无疑”。[1] 路即令军统特务电台主任王德瑞查报，王德瑞找不到蒙谍证据，只好作罢。

民国三十一年（1942 年），蒙古人民共和国厢根达来边防总卡锁拉戈齐及苏联指导员，发现日伪特务鄂肯台吉和哈尼漠哈拉喇嘛由东达公旗进入阿拉善旗国境线活动。蒙古人民共和国派罗布森尼玛、土布登尾随来阿拉善旗进行侦探，不料在宗沙尔扎（今银根苏木）被阿拉善旗防卡逮捕，送交定远营军事专员办事处审讯。副专员路邦道亲自对其进行审讯，对方只承认对日特进行侦探，并非刺探阿拉善旗情况，要求释放送回蒙古人民共和国。旗政府和专员办事处找不到给罗布森尼玛等治罪的证据，只好请求国民党第八战区司令部长官朱绍良批准将其送回蒙古人民共和国。

民国三十一年（1942 年），蒙古人民共和国西部巴拉登札萨克旗籍喇嘛其米德道尔吉与同乡牧民道尔吉策林，由旅居游牧地中公旗（今巴彦淖尔市乌拉特中旗）前往阿拉（善）衙门庙拜佛时，在途中被两名蒙古人民共和国人带到蒙古人民共和国厢根达来总卡，吸收二人为秘密工作者，任务是搜集阿拉善旗的军事、政治情报及了解中国共产党对蒙旗的民族政策等，规定每年去一两次国境线预约的地方，以鼻烟口袋为信证，向蒙方接头人汇报情报。[2]

其米德道尔吉接受任务后，于民国三十一年（1942 年）春，与蒙古人民共和国南戈壁省的嘎拉曾（据说是省长）来定远营刺探情报，住在魁盛元商号。国民党特务对其怀疑，路邦道专员和阿拉善旗协理，派笔帖式图布吉尔格勒将其叫到政府询问。其只回答是来阿拉善旗购买生烟、茶叶的，别无他干。路专员找不出政治疑点，只好放其回蒙古人民共和国。

民国三十七年（1948 年）秋，阿拉善旗红古尔玉林巴格达木尔（边官）孟柯，发现其米德道尔吉和道尔吉策仁形迹可疑，将其逮捕，送旗查讯。特务

[1] 阿拉善左旗公安局存民国档案。

[2] 阿拉善左旗公安局存民国档案。

们得此情况，立即向国防部二厅去电汇报。10 月 20 日，国防部电令驻旗军事专员办事处，详报捕护经过及侦讯情况。军事专员办事处再令阿拉善旗区防司令部具报详情。同年 11 月 1 日，达理札雅令部下邀请国民党政府蒙藏委员会驻阿拉善旗协赞专员戚涛会同复审，其米德道尔吉和道尔吉策仁二人供认了充当蒙古人民共和国秘密工作者的详情及赴边境汇报过十三四次情报的情况。是年，专员办事处根据特务提供的情报，在阿拉善旗北部到处抓蒙谍，搞得人心惶惶。例如，家住巴伦沙尔扎巴格，专司看管边界的旗府扎哈钦（官名）土布顿甲木素，被特务们怀疑为蒙谍，军专处便令旗政府审查。在此白色恐怖下，旅居阿拉善旗北部的蒙古人民共和国籍牧民，大部分悄悄离境回国。

其米德道尔吉等二人被捕后，蒙古人民共和国派 6 个人到图克木巴格经保尔敖包、嘎熊一带，寻找执行逮捕的孟柯时，被图克木边官丹达尔发现，向旗做了汇报。旗政府便以此为借口，于 1948 年 12 月 19 日向南京蒙藏委员会委员长许世英和西北长官公署张治中汇报案情，并趁机提出充实阿拉善旗保安队装备和按编制核发枪支的要求。

张治中不愿卷入擅处异国间谍案中去，将案情报国防部核示，于 1949 年 1 月 20 日，电告阿拉善旗区防司令达理札雅待令候处，并称边官孟柯服务努力，另案颁奖。

在解放前夕，达理札雅将其释放，交由阿由喜带到银根定居。

第四节　阿拉善旗和平解放

1949 年 6 月，中国人民解放军进军大西北的消息传到阿拉善旗定远营。在严峻形势的逼迫下，达理札雅、罗巴图孟柯权衡利弊，立即派区防司令部办公室主任朱门前往兰州与中国人民解放军第一野战军联系。朱门到兰州后通过白海风与范明取得了联系。通过范明找到彭德怀司令员，向彭司令员表达了达理札雅欢迎中国共产党和中国人民解放军。彭司令员听完朱门的汇报后，要求旗方："要安定人心，照常生产，尽力协助中国人民解放军，收容散兵游勇和收缴他们的枪支弹药。"

1949 年 8 月 26 日，兰州解放。阿拉善旗驻兰州办事处主任张德熙和朱门随同十九兵团一同来到宁夏中卫后，转回阿拉善旗向达理札雅传达了彭司令员的问候和指示。在 1949 年 9 月 23 日，达理札雅公开发表了阿拉善旗和平起义声明，并派骑兵保安总队副总队长罗瑞光等三人，代表阿拉善旗前往宁夏仁存渡口欢迎中国人民解放军十九兵团。罗瑞光等三人当即受到十九兵团联络处长甄华的引荐和接待，并由兵团司令部政治部主任李志民带他们会见杨得志司令员，受到杨司令员的赞扬。

以下附阿拉善左旗档案馆所藏四件电文稿原件内容。

9 月 23 日起义电文：

阿拉善和硕特旗政府代电（善秘字第 120 号）

为派代表罗曹格图盖立勒等前往宁夏欢迎解放军由。

西北区人民解放军代表先生勋鉴并转呈彭司令员毛主席钧鉴：

蒙旗荒漠地方瘠苦，并以年来灾祲迭见，人民生活愈益艰困，渴望解放已久。今幸我人民解放军神武鹰扬、所向无敌，西北万众欢腾而本旗亦同沾雨露，无任忭慰。特电致敬并申贺忱兹谨派罗曹格图盖立勒、张光耀、司乌图那笋等三人代表本旗政府及全旗人民前来，谨致敬意并面陈一切敬请惠予延接指导为祷。

阿拉善特别旗旗政府札萨克达理札雅协理罗巴图孟柯暨全旗仕官率全旗人民叩申（九月）漾（二十三日）

杨得志的回电电文：

阿拉善和硕特旗政府札萨克达理札雅来电敬悉。对阿拉善旗脱离广州国民党反动政府，拥护中华人民共和国政府甚表欣愉。望努力维持阿拉善秩序，共同建立国内各民族一律平等的新中国新宁夏。

杨得志

罗瑞光等在受到十九兵团杨得志司令员接待后，立即回电：

杨司令员对阿拉善旗的起义行动甚为满意，并重申不进军阿拉善旗的决定。要求蒙旗地方部队当前在确保地方治安和保卫人民生命财产方面要起到积极作用。最后杨司令员希望在适当的时候邀请达理札雅先生来银川会面，以便晤谈。

当中国人民政治协商会议第一次会议开幕之际，达理札雅于9月23日以阿拉善旗札萨克的名义向毛主席发去了致敬电。

电文：

我谨代表阿拉善旗各族人民向您致敬，并热忱拥护中国人民政治协商会议通过的共同纲领。现在，我郑重宣布：我旗各族人民从此脱离广州国民党反动政府，接受中国共产党的领导。

达理札雅

全国政协在接到电文后，当即回电，邀请达理札雅去北京参加会议。当时阿拉善旗邮电局局长尤剑秋（国民党特务）企图破坏起义，故意扣压回电，使达理札雅未能前去参加全国政协会议。

1949年9月23日，阿拉善旗公开宣布和平起义。24日，解放军十九兵团六十三军一八八师五六四团团长徐成功奉命率部追击国民党散兵收缴武器，进入阿拉善旗到巴润别立巴格时由罗步云代表阿拉善旗政府和札萨克达理札雅向解放军和徐团长表示欢迎。杨乌力根达来代表巴润别立巴格政府向解放军献了锦旗后，罗步云前往定远营向达理札雅汇报了情况。阿拉善旗政府派梅林章京胡艾力在巴依尔、戚涛、何兆麟、李文钦、李树德前往巴润别立巴格夏尔库德（腰坝）欢迎解放军。

但是，阿拉善旗的和平起义，不是一帆风顺的。当时在定远营驻有马鸿逵的一个工兵营，国民党中央派驻定远营的各类特务机关，还有德穆楚克栋鲁普操控起来的所谓“蒙古自治政府”人员等。因此，当时定远营可谓危机四伏，情况错综复杂，有各种阻力。在这种情况下，达理札雅、罗巴图孟柯等人都想

阿拉善旗和平谈判代表与杨得志等同志合影

和中国共产党、人民解放军取得联系，但一时也找不到联系渠道。为此，达理札雅召集亲信要员先后开过两次绝密会议。另外，为了迎接解放军，也做了一系列的部署。如派朱门前往兰州与人民解放军接洽，东部有第一中队负责接洽。还派陈那笋巴图、段塔拉腾岱二人前往蒙古人民共和国，通过蒙方向中国共产党说明事由，达到接洽目的。派贺希格太前往民勤了解情况。之后，又派佐领苏德那木旺希格、陶图布吉尔嘎勒二人负责在西北部夏尔布日都、巴音乌拉、库科布尔都、巴音布尔都、查汉淖尔五巴嘎的哈希雅图、库科布尔都、库科宝力格、祖尔冈阿拉得、科图等处设立欢迎解放军接待站。这几个站直到 1949 年 9 月 27 日贺希格太从民勤回来汇报人民解放军不来阿拉善旗的可靠消息才撤回。

第十七章　历史人物与定远营

一、阿拉善历代王爷

（一）阿拉善旗的开拓者多罗贝勒和罗理

和罗理画像

和罗理是顾实汗三子巴延阿布该阿玉什第四子，号巴图尔额尔克济农。康熙十六年（1677年），和罗理率领部众7000余帐万余人东迁归附清廷。康熙二十五年（1686年），康熙帝赐阿拉善之地为其牧地，先驻扎在巴音乌拉之泽勒毛道，后移至夏尔布日都（紫泥湖）地区。康熙三十六年（1697年），清廷将和罗理部众按照内蒙古四十九旗之例编制为旗，名“阿拉善和硕特旗”，该旗不设盟，直属清廷理藩院，封和罗理为札萨克多罗贝勒，并授其札萨克印，和罗理为阿拉善旗第一代王。自元初哈布图哈萨尔起至和罗理，世系二十一世。康熙四十六年（1707年）和罗理病故，在位10年。和罗理一生有三大功劳：一、率部东迁，避免了噶尔丹的侵袭迫害，减少了卫拉特各部争夺牧场的矛盾；二、向外扩张和硕特部的势力，占据了阿拉善的优良牧场，有了安身立命之地，创立了西套卫拉特蒙古，和东部鄂尔多斯蒙古加强了联系，促进了多地区的发展；三、争取了清政府的支持和保护，加强了阿拉善地区和清政府的政治联系，积极参加了平定噶尔丹的斗争，维护了国家的统一。

（二）定远营的第一位主人阿宝郡王

阿宝是和罗理的第三子，康熙四十一年（1702年）被康熙帝选为和硕额驸，命御前行走，将其侄女庄亲王博果铎的三女儿（俗称“道克欣公主”）

指嫁于他。康熙四十二年（1703年）六月成婚，康熙帝特于京城赐其府邸。康熙四十三年（1704年），朝廷拨银5000两，在阿拉善兀尔哲依图木伦修建府邸（俗称“东府”）。康熙四十六年六月己亥年（1707年7月17日），和罗理卒。康熙四十八年二月十一日（1709年3月21日）阿宝袭阿拉善旗札萨克多罗贝勒。1712年、1713年、1714年阿宝连年入朝，康熙五十三年十二月丁酉（1714年1月3日），康熙皇帝在保和殿，以岁暮宴朝正外藩蒙古诸王，阿宝受赐列席。康熙五十五年正月二十日（1716年2月12日），康熙皇帝在畅春园内九经三事以上元节赐朝正外藩蒙古诸王，阿宝仍受赐列席。六月戊寅，阿宝夫人郡主和硕格格至行宫请安。康熙五十四年四月（1715年5月），准噶尔部策妄阿喇布坦以2000兵掠哈密，阿宝奉诏率兵500名，归右卫将军费扬古统领，赴喀尔喀之推河。六月（7月）准噶尔部又袭哈密，阿宝奉旨率部前往哈密驻扎。8月至10月，阿宝转归西安将军西柱军伍，驻防于巴里坤，袭击准噶尔军，于伊勒布尔和硕、阿克塔斯、乌鲁木齐等地，皆均克捷。康熙五十七年（1718年），赴青海，参赞延信军，败策凌敦多布于卜克河、齐诺郭勒、绰玛喇等地。旋受命统兵500名驻藏，参赞策旺诺尔布军务。康熙五十九年正月（1720年2月），阿宝自巴里坤至青海，与公爷策旺诺尔布等同参赞平逆将军军务。二月，又授护军都领噶尔弼为定西将军，率北路军进藏。九月，在延信的领导下，阿宝及青海王公一同护送13岁的七世达赖喇嘛格桑嘉措，从达木起程前往西藏，是年九月十五日（10月16日）在布达拉宫举行坐床典礼。康熙六十年（1721年），定西将军噶尔弼因病不能率兵前进，其将军印由公爷策旺诺尔布署理，阿宝奉旨统兵驻藏，参赞公爷策旺诺尔布军务。同年冬，阿宝上书，请求惩处肆行劫掠行人、盗窃军用马匹的青海郭罗克部落唐古特等，康熙皇帝命四川提督岳钟琪剿抚平定。雍正元年三月（1723年4月），击败准噶尔大策凌敦多布，西藏军务结束，阿宝奉旨由西藏返回青海。时之，罗卜藏丹津领导反清起义，受命听抚远大将军年羹尧调遣。因遭年羹尧妒忌，被遣归牧。雍正元年（1723年），阿宝被封为多罗郡王。雍正元年十二月

(1724 年 1 月)，阿宝因军前效力及护送达赖喇嘛入藏等功，受封多罗郡王，赐银万两。罗卜藏丹津逃准噶尔后，受命归牧阿拉善山（贺兰山）西驻牧。雍正二年五月（1724 年 6 月)，抚远大将军年羹尧上奏青海善后事宜，指出宁夏贺兰山地势险要，阿宝向来在山后居住游牧，今竟移至山前，请皇上下令阿宝严饬所属，仍照前在贺兰山后居住游牧，应如所请。这是年大将军平叛以后的善后措施，阿宝只得依从。十月，阿宝上奏谢恩，并乞赐青海旷地游牧，管理青海人等，不致复萌乱心。雍正皇帝下诏，以贝子丹忠所遗之博罗充克克牧地，赐阿宝驻牧，并辖青海族属。雍正三年十一月（1725 年 12 月)，额驸多罗郡王阿宝及郡主进京请安。雍正四年（1726 年）春，皇帝下诏赐札萨克印，阿宝为阿拉善旗札萨克。雍正七年四月（1729 年 5 月)，阿宝以博罗充克克面积狭小为由，擅自迁往乌兰穆伦及额济纳河等地，因越界游牧被削爵，仍归阿拉善游牧。雍正八年（1730 年)，皇帝计划征讨早在雍正元年三月（1723 年 4 月）兵败后逃匿准噶尔的罗卜藏丹津。北路靖边大将军博尔丹屯科布多前往准噶尔缉拿。诏阿宝率所部，会西路宁远大将军岳钟琪军于巴里坤。雍正八年十二月（1731 年 1 月)，又诏以内札萨克赴调噶斯兵 1000 名，听阿宝调遣。阿宝之子二等台吉滚布率所部兵 500 名赴巴里坤，以防准噶尔。正值噶尔丹策凌令其宰桑祃木特至科舍图讯，谋掠驼马，总兵樊廷等以兵 2000 备战七昼夜。滚布偕鄂尔多斯台吉定咱喇什往援，祃木特败归。阿宝乃自军所归阿拉善牧地。同年，赐已筑成的定远营。

阿宝画像

雍正八年（1730 年）清廷在贺兰山以西的蒲草沟边建定远营城，作为军事镇守之地。雍正九年（1731 年)，将定远营赏给多罗郡王阿宝。

乾隆四年（1739 年）十月，阿拉善郡王阿宝病故，在位 30 年，谥号“孟根阿宝”。

康熙皇帝册封道格欣公主的圣旨

（三）定远营的第二位主人罗卜藏多尔济亲王

罗卜藏多尔济是阿宝次子，出生于雍正十二年（1734 年），乾隆三年（1738 年），乾隆皇帝将庄亲王允禄第八女，即其堂妹，指聘于罗卜藏多尔济。据《玉牒》载，庄亲王的这位格格生于雍正十一年五月（1733 年 6 月），订婚时年 6 岁。因格格是近支宗室之女，按当时规定，近支宗室之女必须由皇帝指配，因而这桩娃娃亲是由乾隆帝亲自指定的。罗卜藏多尔济幼年丧父，乾隆帝念其幼孤，特命其母子在京城居住，并令罗卜藏多尔济于内廷教养，与乾隆的皇子们在皇宫中的上书房读书。乾隆十五年十一月（1750 年 12 月），庄王府格格奉旨被封为县主，与罗卜藏多尔济完婚，相应封罗卜藏多尔济为县主额驸，即多罗额驸。格格是庄亲王允禄侧福晋王氏所生，按照康熙四十五年以后的规定，亲王侧福晋所生女应封郡君，而这位格格封为县主，是提高一级，额驸也因此身份提高，这也是清皇家联姻蒙古时，对其中的重点对象所施行的一种笼络措施。婚后次年，即乾隆十六年（1751 年），罗卜藏多尔济与县主格格回旗居住。

罗卜藏多尔济画像

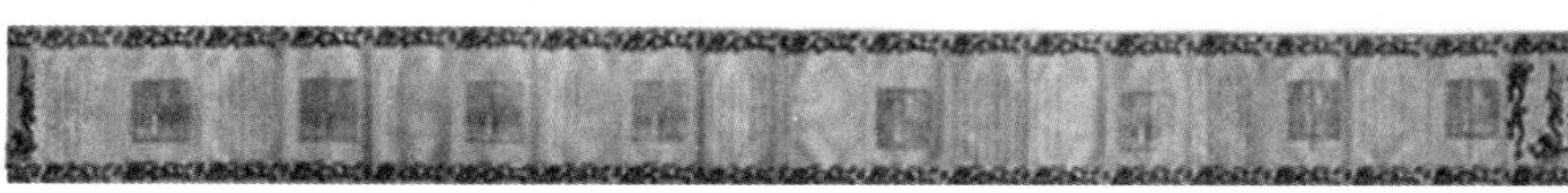

乾隆皇帝封罗卜藏多尔济的圣旨

乾隆二十年（1755年）春，罗卜藏多尔济奉命擒拿达瓦齐和辉特部巴雅尔，继而在新疆大地上，转战南北，以少胜多，降服哈萨克、柯尔克孜诸部，追击阿睦尔撒纳，屡立战功。为此，乾隆二十二年七月十六日（1757年8月30日），清廷正式晋封罗卜藏多尔济为郡王，成为阿拉善旗第三代王爷，不久又封多罗郡王，并授参赞大臣。乾隆二十三年（1758年），因战功被赏三眼花翎。乾隆三十年五月己亥日（1765年6月18日），乾隆皇帝下诏，因罗卜藏多尔济平息准噶尔有功，晋封额驸罗卜藏多尔济为和硕亲王，赏元狐裘及黄辔。乾隆四十六年（1781年），罗卜藏多尔济奉诏督兵500名前往兰州，与清朝大军一起镇压青海循化撒拉族苏四十三领导的反对地方官府的起义，起义军大败于华林寺。对此，乾隆四十七年（1782年），乾隆皇帝下诏将罗卜藏多尔济亲王爵位定为世袭罔替。罗卜藏多尔济在执政期间，重新核准划定全旗区划界线，在大力发展畜牧业的同时，合理开发金银矿藏，全面开采吉兰泰盐湖，并首创磴口渡口，将吉兰泰等地出产的食用盐水路运至包头、绥远以及太原、河南等40余州县，扩大了对外联系，对发展阿拉善旗经济，活跃定远营市场繁荣起到了重要作用。

乾隆四十八年七月二十一日（1783年8月18日），罗卜藏多尔济病故，享年49岁，在位44年，谥号“博克达诺彦”。

（四）定远营的第三位主人旺沁班巴尔亲王

旺沁班巴尔画像

罗卜藏多尔济长子，于乾隆十八年（1753年）在阿拉善旗定远营王府出生。乾隆四十六年（1781年）随父出征青海循化，平定苏四十三领导的起义，将苏四十三的起义军打败于华林寺，平定了青海动乱局面。因此功，晋爵头等台吉。乾隆四十八年（1783年）十一月承袭父职。因中年丧偶，先后两次受赏皇族格格为妻，被诏封为多罗额驸。乾隆四十九年七月（1784年8月），任他为宁夏副都统。乾隆五十二年十二月十一日（1788 年 1 月 18 日），宁夏将军积福年老衰迈，阿拉善亲王晋升为宁夏将军，并监管额济纳旗务，成为阿拉善历代札萨克中军职最高的王爷。旺沁班巴尔在位期间，完善兵丁服役制度，将全旗八个苏木（佐），按诺彦和哈屯分为东西两翼，分设参领管理，每佐兵丁 150 名，每 50 人轮流服现役。他整顿军事组织，组建了“阿拉善亲王兵马队”，维护边疆安全和地方稳定。他还将阿拉善湖盐的运销实行引商专卖制度，提高财政收入。旺沁班巴尔于嘉庆九年（1804 年）病故，享年 51 岁，在位 21 年，谥号“布尔罕诺颜”。

（五）定远营的第四位主人玛哈巴拉亲王

玛哈巴拉画像

他是阿拉善旗第四代旗王旺沁班巴尔的亲弟弟，出生于乾隆二十五年（1760 年）。他有志向，好读书，且颇有文采，虽然性格温柔和顺，却绵中有刚，城府很深。玛哈巴拉早年跟随其父效力军前，20 多岁立有战功，被清廷先后赐封一等台吉，命御前行走，赏双眼孔雀翎和黄马褂，受到乾隆皇帝的赏识和信赖。嘉庆九年（1804 年），承袭阿拉善旗和硕亲王，执掌旗政。阿拉善旗建旗以来一直实行军政一体的管理制度。乾隆三十七年（1772 年），第三任旗王罗卜藏多尔济将全旗分为六大区域，由参领、佐领代管行政事务。嘉庆二十年（1815 年），玛哈巴拉将原六大区域改为八大区域。第一次在全旗设立 34 个巴格（基层行政组织）分别管理。道光元年（1821 年），又增设了 2 个巴格，进一步加强了 36 个巴格的行政管理格局。定远营城为旗王府及其行政机构驻地，由札萨克王府直接管理。道光十二年（1832 年），玛哈巴拉王爷去世，享年 72 岁，在位 28 年，谥号“阿其图诺颜”。

（六）定远营的第五位主人囊都布苏隆亲王

囊都布苏隆画像

玛哈巴拉的长子，生于1780年。因父王年迈，他从1820年开始参与旗政，晋升贝子衔一等台吉。道光十二年十一月二十九日（1832年12月26日），承袭阿拉善旗札萨克和硕亲王[1]，时年已经50余岁。道光十三年十一月二十一日（1833年1月11日），被赏三眼花翎。[2] 1833年1月28日在北京神武门外，瞻觐道光皇帝。[3] 1835年任乾清门行走，为朝廷效力。1836年2月9日，任御前行走职务。1838年1月18日，道光皇帝赏囊亲王黄缰。[4] 囊都布苏隆于1844年1月病故，享年64岁，谥号“葛根诺颜”。

（七）定远营的第六位主人贡桑珠尔默特亲王

贡桑珠尔默特画像

道光二十四年三月二十九日（1844年5月16日），阿拉善亲王囊都布苏隆长子贡桑珠尔默特奉旨袭亲王爵。道光帝命其御前行走，赐酒成礼，赏三眼花翎。道光二十八年（1848年），贡亲王下令，全旗8个苏木、36个巴格、各寺庙严禁吸食鸦片。同治二年（1863年），为了保卫阿拉善旗王府，旗协理阿布尔勒围绕定远营建了七座营盘：后营盘山两座，后又增一座；察库尔陶勒盖一座；鹿圈山一座；南梁两座。同治三年（1864年），为了反击回军骚扰，清廷命贡亲王亲自统带蒙古兵丁数千，在磴口列

[1] 《清宣宗实录》卷二二五，第6页。
[2] 《清宣宗实录》卷二二六，第10页。
[3] 《清宣宗实录》卷二二七，第16页。
[4] 《清宣宗实录》卷三〇四，第33页。

阵，严防窜越，以剿为防。同治八年（1869 年），陕西回军马化龙部下董志原率兵七八千，兵分三路直扑定远营。阿拉善旗亲王兵马队迎战，伤亡惨重。这场战役由于贡桑珠尔默特轻敌，使城外寺庙、房屋、西花园府邸、先祖陵园均被焚毁，街市遭抢掠，损失巨大。光绪二年（1876 年），阿拉善亲王贡桑珠尔默特病故，在位 32 年，谥号“呼毕勒罕诺彦”。

（八）定远营的第七位主人多罗特色楞亲王

多罗特色楞画像

光绪二年（1876 年），阿拉善亲王贡桑珠尔默特次子多罗特色楞奉旨袭爵。光绪四年（1878 年），清廷命阿拉善札萨克和硕亲王多罗特色楞御前行走，光绪六年（1880 年）于养心殿瞻觐，并赐给紫缰。光绪十五年（1889 年），清廷赏阿拉善札萨克和硕亲王多罗特色楞加二级，慈禧太后赏黄马褂。光绪十九年（1893 年），多罗特色楞亲王呈理藩院代奏，所属游牧地方连年荒旱甚重，要求给予救济，清廷赏银三万两赈济，由户部给发。宣统元年（1909 年），多罗特色楞再次请理藩院代奏，要求筹办垦务、矿务和盐务，以防洋人乘机侵夺。宣统二年（1910 年），阿拉善札萨克和硕亲王多罗特色楞病故，在位 34 年，谥号“呼图克图诺彦”。清廷赏治丧费白银 500 两。

（九）定远营的第八位主人塔旺佈里甲拉亲王

塔旺佈里甲拉画像

塔旺佈里甲拉出生于同治十年七月初四（1871 年 8 月 19 日），是多罗特色楞长子。其父去世后，塔旺佈里甲拉于宣统二年（1910 年）承袭阿拉善和硕亲王爵位。民国三年（1914 年），北京政府袁世凯为了羁縻蒙古，安慰边民，任塔旺佈里甲拉为西蒙宣抚使，代表大总统慰问蒙旗民众。民国四年（1915 年），任大总统都翎卫使之职，为总统咨询关于蒙旗事项。民国五年至民国十年（1916—1921年），塔旺佈里甲拉任国会议员。民国十三年（1924年），北洋政府任命塔旺佈里甲拉为蒙藏院总裁。

1931年7月22日，阿拉善亲王塔旺佈里甲拉病故，在位21年，谥号“乌尔希叶勒图诺彦”。

（十）定远营的第九位主人达理札雅

达理札雅像

光绪二十九年腊月十二日（1905年1月6日），达理札雅出生于阿拉善旗定远营。民国十四年（1925年），20岁的达理札雅与溥仪的堂妹、载涛贝勒之女金允诚女士结婚，先后生六女一子。民国二十年（1931年）底，南京国民政府正式命达理札雅继承父职，为阿拉善和硕特旗札萨克。民国二十一年（1932年），达理札雅回旗执政，采取一系列革新措施：一、成立新的旗政府，选拔了有一定工作能力和文化知识的中青年人士任职，废除旧的陈规陋习，缩减王府开支，减轻财政负担，严打犯罪盗匪，严禁不法行为，使全旗人民安居乐业；二、建立8个保安大队，改良武器装备，增强部队战斗力；三、对教堂进行清理，收回全部土地，令其向旗府交纳租粮，充实府库，由西北盐务局开采四大盐湖，按年向旗府交税，在集镇设立税务股，专司收税，使旗府财政收入大增；四、兴办教育事业，开办学校，培养有用人才。民国二十六年（1937年），抗日战争爆发后，阿拉善和硕特旗定远营发生了以下大事：一是国民党加紧了对这块边疆要地的控制，派驻了各种特务组织在定远营进行活动；二是宁夏军阀马鸿逵从政治、经济、军事各个方面控制阿拉善旗，达王采取的抗拒措施触怒了马鸿逵，马鸿逵和蒋介石密谋，将达理札雅全家解往银川，后转往兰州软禁达7年之久。达王费尽周折，向国民党当局申辩，揭露马鸿逵的野心阴谋和诬陷，旗府上层也多方活动，达王于民国三十三年（1944 年）回旗。1949 年 1—9 月，阿拉善旗经历了德穆楚克栋鲁普和国民党新编骑兵一旅李守信部在定远营发动的“西蒙自治”运动的骚乱。达王迫于形势，虚以应付。1949 年 9 月 23 日，阿拉善旗第九代第十任王爷达理札雅率部起义，投向中国共产党，分别向西北野战军彭德怀总司令和十九兵团杨得志司令员发出电报，脱离国民党，拥护中国共产党领导，欢迎中国人民解放军进驻阿拉善旗。同时向中国人民政治协商会议主席发出致敬电，为阿拉善旗和平解放做出了杰出贡献。

在“文化大革命”中，达理札雅遭受到迫害，于 1968 年 11 月 18 日去世，终年 64 岁。

二、仓央嘉措在阿拉善的三十年

仓央嘉措[1]（1683—1746 年），男，门巴族，是宗教领袖、著名诗人。康熙二十二年（1683 年）藏历水猪年三月一日，出生在西藏山南门隅宇松纳拉山下达旺附近的白卡尔宫，出生不久来到邬金林（1962 年中印边境自卫反击战后，成为印度控制区）。五世达赖喇嘛曾对藏王（藏王是他的弟子）安顿说：若他圆寂时布达拉宫还未修缮完毕，则秘不发丧，直至布达拉宫修成。果然，仓央嘉措出生的头一年，宫殿还未修好，五世达赖喇嘛罗桑嘉措就圆寂了。不

仓央嘉措

［1］ 参见瀚海杨：《六世达赖喇嘛与广宗寺》；G·朝格图、魏然：《仓央嘉措的选择——阿拉善》，内蒙古文化出版社 2018 年版。

发丧虽然可以，但五世达赖喇嘛的转世灵童却必须寻访确认。当时，西藏地方的执政长官藏王第巴·桑结嘉措，鉴于门隅地区易受外来势力的入侵，不好控制，为了加强对门隅地区的实际管理，便决定安排达赖六世在门隅中转世。于是，便秘密寻访选中仓央嘉措为五世达赖喇嘛的转世灵童。所以当仓央嘉措稍大以后，桑结嘉措便派了六名知识高深的喇嘛做他的经师，在措那宗棒山口的巴桑寺学经达 6 年。继而，搬到措那宗的贡巴则寺学经。

五世达赖喇嘛圆寂 14 年后，布达拉宫修建工程告竣。此时，仓央嘉措也已长到 13 岁，桑结嘉措按照五世达赖的遗愿，才将五世达赖已圆寂，六世达赖已寻访选定的事公布于众。康熙三十六年（1697 年）九月将达赖转世灵童从藏南迎往拉萨，途经南噶则宗[1]时，与五世班禅罗桑益喜会晤，九月十七日十五时三分拜班禅为他的经师和规范师，并让班禅为他剃发授戒（沙弥戒），并取法号：罗桑仁钦仓央嘉措。同年十月二十五日五时三十分，在布达拉宫的司西平措殿举行坐床典礼，成为名义上的宗教领袖。但是，这时第巴·桑结嘉措仍然独揽西藏宗教大权。

当六世达赖坐床之时，也是西藏政治动荡之时。康熙四十年（1701 年），固始汗之重孙拉藏汗成为和硕特部首领，继续统治西藏。第巴·桑结嘉措想要回西藏的统治权，被拉藏汗察觉。拉藏汗为了除掉第巴·桑结嘉措，便在五世达赖转世灵童上做文章。拉藏汗向康熙皇帝上奏密本，指责仓央嘉措行为不端，是个假达赖喇嘛，并在社会上散布第巴·桑结嘉措选定的五世达赖转世灵童仓央嘉措是假的谣言。康熙四十四年（1705 年），藏王第巴·桑结嘉措与拉藏汗之间的长期矛盾更加尖锐。第巴·桑结嘉措两次企图在拉藏汗的饮食中投毒谋杀未遂，反而拉藏汗率兵将第巴·桑结嘉措捕杀。同时，召集各大寺院活佛对仓央嘉措进行宗教审判，说他违反教规，不是真达赖喇嘛，必须废黜。但会上意见不一致，多数人说他“行为不检”是“迷失菩提”之故，甚至有人

[1] 南噶则宗，今为浪卡子县。

为他辩护，说他“游戏三昧，为破戒体”，而无人敢断言他是假达赖喇嘛，废黜之议遂缓。但拉藏汗仍坚持废黜仓央嘉措，康熙四十六年（1707 年），拉藏汗将仓央嘉措押送北京。六世达赖喇嘛仓央嘉措在押送途中从青海贡嘎诺尔[1]逃脱。此后，仓央嘉措周游各地。

康熙五十五年（1716 年），仓央嘉措来到阿拉善旗厢根达来巴格的匝布苏尔乌素地方居住的班子尔札布台吉家，收其子为徒，起法号：阿旺伦珠达吉。随后，结识阿拉善旗王爷阿宝，与其结成施主关系。仓央嘉措定居阿拉善以后，弘扬佛法，为阿拉善佛教文化的奠定起到了积极的作用。期间，来往于安多地区，应邀前往鄂尔多斯、喀尔喀等地弘法。乾隆十一年（1746 年），六世达赖喇嘛仓央嘉措 64 岁（虚岁）时，在阿拉善腾格里沙漠里现在的承庆寺（当地人称门吉林）附近圆寂。十年后，于乾隆二十一年（1756 年）阿旺伦珠达吉按照师父遗愿，在贺兰山西麓修建广宗寺，将仓央嘉措的肉身安放在寺中的镀金塔内供奉，尊为广宗寺的第一代格根（达格布呼图克图，史料记“达宝、大宝”），俗称“德顶格根”（“上世活佛”之意）。

其主要作品有：《仓央嘉措诗歌》，又以《仓央嘉措情歌》《情诗》《道歌》等书名，先后出版过很多版本；1727 年撰著《白莲妙树寺志》，此志于 1988 年在甘肃民族出版社以《妙因寺志》书名出版；《马头金刚赞》《无生撷利法》《祈祷猛威怙主》《答南方人问马头观音法》《阿拉善神祭供》及石门寺、阿什召等各寺庙寺规多篇。

三、九世班禅在定远营成立西陲宣化使公署

曲吉尼玛[2]（1883—1937 年），藏传佛教格鲁派（黄教）第九世班禅额尔德尼，本名仓珠嘉措，法名全称罗桑图丹曲吉尼玛格勒南结贝桑布，前藏达布地方噶夏村人。八世班禅丹白旺修去世以后，扎什伦布寺派出代表多人，寻找转世灵童，结果在西藏地方找到了三个“灵童”。遵照清朝政府批准择定光

[1] 贡嘎诺尔，今青海省海南州共和县以东的塘格木镇附近的更嘎海。

[2] 参见 G・朝格图：《历史名人与阿拉善》，内蒙古大学出版社 2018 年版。

绪十四年正月十五日（1888 年 2 月 26 日），在布达拉宫皇帝牌位前面，举行金瓶掣签仪式，从金瓶中用象牙筷子抽出后，是达布地区的伦珠嘉措的名字，于是就认定其为第九世班禅额尔德尼。当天在布达拉宫的日光殿上，九世班禅拜十三世达赖土登嘉措为师，剃发取法名为吉尊罗桑曲吉尼玛格勒南结贝桑布（简称“曲吉尼玛”），迎入大昭寺坐床。光绪十八年（1892 年）坐床并受沙弥戒。光绪二十八年（1902 年）到拉萨大昭寺受比丘戒。当时，为了祝贺九世班禅坐床，清朝政府特赐白银一万两，由四川总督刘秉璋从“司库提领”，“派员迅速解往”。九世班禅坐床以后，特派堪布罗布藏荣垫前往北京，向慈禧太后和清德宗“谢恩”。光绪二十八年五月初十（1902 年 6 月 15 日），九世班禅由拉萨返回扎什伦布寺。

光绪三十年（1904 年）英军侵藏，班禅与十三世达赖土登嘉措一致对外，率领西藏僧俗民众进行第二次抗英斗争。光绪三十年十二月（1905 年 1 月），英军先后攻占春丕和帕里。4 月 11 日，英军进抵江孜，在此双方又发生激烈的战斗，江孜堡垒被毁，藏军损失很大，英军也死伤不少。这就是西藏历史上著名的江孜保卫战。8 月初，英军攻占拉萨。十三世达赖在英军抵拉萨的前夕，为了避免被英军俘获，被迫出走，经过青海，到了外蒙古。对此，驻藏大臣向清朝政府递呈的奏折中“弹劾”十三世达赖“平日跋扈妄为，临事潜逃无踪，请褫革达赖喇嘛的名号”。清朝政府回电：“著即将达赖喇嘛名号暂行革去，并着班禅额尔德尼暂摄”。然而，九世班禅是有政治远见、顾全大局的。他考虑到十三世达赖离藏期间，由他代理达赖的职权，只会增加他们之间的隔阂，对西藏内部的团结是很不利的。因此，九世班禅接到驻藏大臣的通知后，以“后藏为紧急之区，地方公事须人料理”为由没有接受要他前去代理达赖职务的要求。

曲吉尼玛

宣统元年闰二月二十五日（1909 年 4 月 15 日），十三世达赖又自塔尔寺启程，9 月 21 日（八月初八）到达西藏北方的重镇那曲（黑河）。九世班禅从扎什伦布寺远道前来那曲，欢迎达赖回藏。与此同时，川军入藏，对此达赖不满，遂与驻藏大臣发生尖锐矛盾。宣统二年（1910 年），川军卫队开枪击毙巡警一名，大昭寺济仲大喇嘛在琉璃桥畔中弹而亡，卫队又向布达拉宫开枪乱击，僧众亦有带伤者，一时全城震动，人心不安，达赖逃往印度。因十三世达赖出逃印度，驻藏大臣联豫紧追不舍，于是达赖由亚东逃到了印度大吉岭，受到英国官员的“热诚接待”。对此清朝政府又根据驻藏大臣的建议，宣布“革除”达赖名号，并要另找灵童代替，引起很大震动。但清政府不愿收回成命，只令驻藏大臣联豫派人前去印度，设法劝说十三世达赖回来。直到民国元年（1912 年）袁世凯发表恢复十三世达赖名号的命令。同时，也加封了九世班禅。

民国元年（1912 年），十三世达赖从大吉岭回藏以后，达赖与班禅之间的关系逐渐恶化。其原因是：民国四年（1915 年），达赖在日喀则设立了基宗（相当于内地的行政专员公署），任命僧官罗桑敦主、俗官木霞二人为基宗（后藏总官）。民国五年（1916 年），班禅写信给达赖，指出基宗干涉寺政不当，并要求会晤，解决问题，达赖复信拒绝。这样，一直到了民国十二年（1923 年），达赖命令扎什伦布寺的几个负责官员前往拉萨，这几个官员到拉萨后，未经审问，即被投入监狱。当班禅得知这一消息后，感到是大祸临头的先兆，如不逃走，势将危及自己的生命安全。于是立即决定，向内地出走。但他怕日喀则基宗发觉，遂做了必要安排。1923 年 11 月 15 日夜，九世班禅领侍从 15 人向北出走，无人知晓。三日之后，即 11 月 18 日晚，九世班禅的苏本堪布罗桑坚赞等 100 余人乘月色逃出，追赶班禅，疾行五日夜，才会合一起，直向藏北羌塘前进。由那里越唐古拉山脉，即入青海境内。民国十三年五月初四（1924 年 6 月 5 日），到达兰州，甘肃督军陆洪涛率领官员、军队数千人在兰州郊外迎接。班禅经过的街道皆用黄布铺路，扎了彩色牌坊，“备极庄严”。

北洋政府大总统曹锟特派李乃芬为“迎护专员”，率卫队百人由北京前来兰州欢迎。

九世班禅于民国十二年（1923年）被迫出走内地。从此，在国内各地流浪了整整14年之久。随后十三世达赖即派古觉大堪布罗桑丹增为扎什伦布寺札萨喇嘛，代理班禅的职务，管理该寺政教事务，班禅辖区完全由噶厦直接统治。班禅一行从兰州到达西安，在这里向全国发表了呼吁停止内战、团结救国的通电。民国十四年（1925年）抵达北京，住中南海的瀛台行辕。2月出席善后会议。4月南下，经南京、上海到杭州朝佛，返京后仍住瀛台。段祺瑞临时政府颁给其“宣诚济世”封号。同时，临时政府批准班禅在京设立办事处，以福佑寺为住址。

民国十五年（1926年），班禅驻青海、四川及印度3个办事处相继建立。是年，他移住沈阳，以沈阳黄寺为行辕。民国十六年（1927年）前往蒙古地区。民国十八年（1929年），国民政府成立后，即派代表与之建立联系，国民政府批准班禅在南京设立办事处，并设立驻奉天办事处。是年10月，任青海省政府委员、故宫博物院理事。民国十八年（1929年），任蒙藏委员会委员。民国二十年（1931年），到南京参加国民会议，会后在南京新亚细亚学会第二次会员大会上发表了题为《西藏是中国的领土》的讲演。同年7月，国民政府册封其为“护国宣化广慧大师”，后返东北，驻于海拉尔都统衙门，讲经传法。民国二十一年（1932年），设立班禅驻绥远办事处。是年12月到达南京，被国民政府任命为“西陲宣化使”。民国二十二年（1933年），十三世达赖圆寂，班禅于民国二十三年（1934年）初到南京参加悼念活动。后被选为国民政府委员。

1935年1月25日，九世班禅额尔德尼曲吉尼玛莅临定远营，来时乘大小车近30辆，堪布喇嘛20余人，军乐队数十人，全副武装藏兵和司号兵侍卫队一个营，以及无线电台等，气势雄壮，浩浩荡荡。为了迎接班禅活佛，旗府动员全体民众，洒扫街道，黄沙铺地，干干净净迎活佛。活佛不能从城门进城，是因城墙上常有人来人往，不干净，政府准备动员商会集中全旗所有商家的砖茶，从城外搭起一座登上城墙的登城梯台，但该计划因砖茶不够而放弃，最后用一顶八抬大轿，黄缎遮顶，红毯铺地，抬进王府王爷佛堂居住。全旗36个巴格的大部分蒙古族居民，不分男女老幼，在数月内来到定远营，向班禅叩头礼拜，敬献哈达、元宝、银圆、牲畜，以求佛爷摸顶赐福。2月8日，在定远营成立了“西陲宣化使公署”，开展宣教工作和诵经活动，于4月14日离开，走时送给达理札雅王爷“福特”小轿车一辆，这是阿拉善有小轿车的开端。

1935年9月，国民政府决定任命蒙藏委员会委员诚允为护送专使，护送其回藏，后改由赵宝钰继任。1936年，班禅到达拉卜楞寺，是年8月离开拉卜楞寺，于12月到达玉树，将行辕设于玉树寺甲拉颇章宫，并准备从这里启程返藏。1937年8月离开玉树寺，前往青、藏交界的拉休寺。由于西藏地方政府受英国人唆使，阻其入藏。于是，同年10月离开拉休寺，重返玉树，仍将行辕设于甲拉颇章宫。当时抗战形势日趋严重，班禅即从玉树捐献三万元，购公债二万元，并动员行辕全体同仁踊跃捐款，汇集前方，慰劳抗战将士及救济伤兵与难民。班禅还在玉树寺诵经祈祷抗战早日胜利。

同年11月4日，九世班禅饮食难进，每食即吐，不能安卧，而且日趋严重。12月1日圆寂。12月23日，国民政府追封其为“护国宣化广慧圆觉大师”，并派考试院院长戴传贤为致祭专使前往致祭。1941年2月4日，九世班禅灵柩运到后藏，在扎什伦布寺建宝塔供养。

四、普尔热瓦尔斯基在阿拉善发现了新物种

普尔热瓦尔斯基[1]（1839—1888），男，出生于1839年4月12日。身为俄国职业军人的他，从1870—1885年间，先后4次到中国的内蒙古、新疆、西藏等地探险考察。在他考察的过程中，将所有“发现”的山川河流，都按自己的意愿用俄文重新命名。他通过4次考察，采集了15000个植物标本和许

[1] 参见杜根成、丘陵：《普尔热瓦尔斯基》，中国民族摄影艺术出版社2002年版。

多动物标本，其中哺乳类702种、鸟类5010种、爬虫类1200种、鱼类643种。他在阿拉善的贺兰山采集动植物标本上百种，其中有灌木青兰、阿拉善苜蓿、阿拉善沉香等10余种特有物种，实属第一次向世界介绍阿拉善特有物种的外国人。他还是第一个捕获活野马的人，而且是第一个获得完好野骆驼标本的人。仅凭这两点，就使他名扬天下。

普尔热瓦尔斯基

五、崔比科夫向西方介绍哲学家阿旺丹德尔

崔比科夫

崔比科夫，全名贡博扎布·采别科维奇·崔比科夫[1]（1873—1930），是俄国了解西藏最深的一位学者，也是东方学家、地理学家和探险家。1899年11月25日，崔比科夫受俄国地理学会的派遣入藏。他从库伦启程，途经喀尔喀土谢图汗部前往乌拉特部，从乌拉特部到阿拉善旗，从此前往西宁、塔尔寺、柴达木等地，又过昆仑山口、唐古拉山口到了藏北，从藏北直至西藏拉萨。当时西藏地方政府不许外国学者在西藏从事考察，所以他装扮成一名到西藏朝圣的布里雅特香客，经过蒙古来到阿拉善旗，在这里停留半个月进行考察，于光绪二十六年（1900年）到达拉萨。在其后的一年多时间里，崔比科夫的足迹遍布西藏和青海的许多地方，光绪二十八年（1902年）结束此次探险考察回国。

宣统二年（1910年），第一位向西方人介绍阿拉善拉然巴阿旺丹德尔及其著作的人就是崔比科夫。他赞誉说："阿旺丹德尔是真正的哲学家。"他的成

[1] 参见崔比科夫：《佛教香客在圣地西藏》，王献军译，西藏人民出版社1993年版。

名之作是《佛教香客在圣地西藏》（圣彼得堡，1919 年版，国内王献军汉译本于 1993 年 3 月由西藏人民出版社出版），该书第一次以生动的笔触，围绕西藏的宗教制度，记述了西藏整个文化区的风土人情、寺院建制、僧侣生活、教派分支，特别是从社会经济学的角度分析了当时西藏的农奴制度。在国际上风行一时，并被译成英文。他从西藏携归的藏文要籍约 300 卷，不仅使其得以日后从容著述，同时也给当时的俄国藏学界提供了宝贵的图书资料。

崔比科夫于 1930 年 9 月 20 日去世，享年 57 岁。

六、沃尔辛在贺兰山采集到 67 种植物标本

沃尔辛

沃尔辛（1891—1961），英文名 Frederick R. Wulsin，1891 年 7 月 8 日出生在美国俄亥俄州辛辛那提市。1913 年，他在哈佛大学获得了本科学位。他最初接受培训，成为一位工程师，获得了土木工程硕士学位，但毕业后决定去旅行。

他曾担任各种职务，参加了 20 世纪 20 年代到中国、蒙古和西藏各地的几次探险活动，包括 1923 年国家地理学会中央远征队，1923 年的“中国甘蒙科学考察团”。1923 年 5 月 10—16 日，在贺兰山西坡采集了 67 种植物标本和部分动物标本。当时跟随沃尔辛的中方人士中有刚刚从南京金陵大学林业系毕业的秦仁昌，他后来成为我国著名的植物专家。

沃尔辛回到美国后，在哈佛大学读博士课程，他于 1929 年获得哈佛大学的人类学博士学位。从此，对教学有了极大的兴趣，通过塔夫斯大学校长 Leonard Carmichael，沃尔辛接受了该大学的一个职位。他成为社会学和人类学的讲师，最终成为一名教授，直到 1957 年退休。他于 1961 年 2 月 26 日去世。

七、邓小平路经定远营，38 年后他说：“一座了不起的小城！”

邓小平（1904—1997 年），1904 年 8 月 22 日生于四川省广安县。原名邓先圣，学名邓希贤。伟大的马克思主义者，无产阶级革命家、政治家、军事家、外交家，中国共产党、中国人民解放军、中华人民共和国的主要领导人之一，中国社会主义改革开放和现代化建设的总设计师。1926 年初，邓小平（多佐洛夫[1]）到苏联莫斯科中山大学学习。1927 年 1 月 12 日，邓小平一行 20 余人离开莫斯科中山大学回国。他们先乘火车到上乌金斯克后换乘汽车到达库伦。从库伦回国的路线问题上首选了经过阿拉善的路线。因为，阿拉善旗是苏联援助北伐战争的红色运输通道，大量的军用物资及共产党员都是经过阿拉善茫茫瀚海转往前线的。1927 年 1 月中下旬，邓小平（邓希贤）、王涤亚（王崇云或王成荣）、朱逸尘（朱世衡或朱士恒）三人最先从库伦（今乌兰巴托）搭乘苏联给冯玉祥部队运送武器弹药的 3 辆装甲汽车回国，车子走了一段路，进入沙漠地带，全部陷入沙漠里无法前行。因此，改乘骆驼。1927 年 1 月 26 日，到达阿拉善旗边境，从乌嘎拉扎查干陶勒盖[2]、班定陶勒盖（驿站）、哈布特盖敖包、乌兰岗嘎、苏宏图、温都尔毛道、夏尔扎庙、扎干胡都格、阿曼乌苏、巴尔扎嘎尔、夏尔布日都、都日勒吉、纳林苏海图（驿站）、乌兰胡都格、查干布鲁格、当铺高勒（驿站）、哈尔尼宋（驿站）、库列图胡都格（驿站），于 1927 年 2 月 2 日来到了定远营，住进了祥泰隆商号。他们稍事休整两日后，前往宁夏银川，住进了鼓楼南街的西北军后方留守处。1927 年 2 月下旬，与《中山日报》记者、编辑刘贯一，因病留在银川的西北军政干部学校的彭桂林、孔广耀一起从银川骑马出发，路过灵武、吴忠、同心、固原、平凉、礼泉、咸阳，于 3 月底抵达西安，邓小平到冯玉祥国民军总政治部

---

[1] 邓小平在苏联学习期间，为了保密使用的化名为“多佐洛夫”。

[2] 乌嘎拉扎查干陶勒盖，当时是归阿拉善旗的地盘，1961—1963 年中蒙划界时按照周恩来总理的指示划入今蒙古国。

报到后，被派到中山军事学院任政治部主任。[1]

1964年4月，邓小平、彭真等中央领导来视察巴彦淖尔盟黄河枢纽工程，在视察期间，邓小平同志向时任巴盟盟委书记的巴图巴根问道：“有个叫定远营的地方，现在叫什么？”巴图巴根回答：“现在改叫巴彦浩特。”邓小平同志接着赞叹道：“二十年代，我从苏联回国，经蒙古国，路上骑着骆驼，穿越戈壁，真是困难。到了定远营，我们在那里住了两天，还在那里洗了个澡呢。感觉中到了一个好地方，一座了不起的小城！”[2]

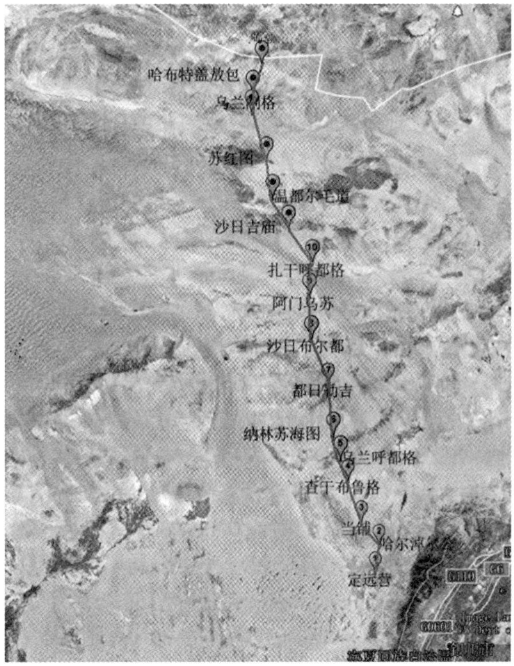

邓小平经过阿拉善旗路线图　那顺绘制

八、定远营蒙医蒙药界代表性人物

堆钦嘉木苏[3]，生卒不详，他出生于阿拉善旗北部一个蒙古族牧民家，大约生活在嘉庆末年至光绪初年。他是阿拉善旗福因寺（今阿拉善左旗福因寺，俗称“北寺”）第二世卫宗夏仲。曾主持北寺寺午的大喇嘛职位。精通

[1] 根据刘贯一《首都革命和五原誓师》（《内蒙古文史资料》第24辑，1986年版）、毛毛《我的父亲邓小平》（中央文献出版社1993年版）、《宁夏漫记——档案里的故事》上册（重庆出版社2016年版）和笔者多年亲自采访的记录进行整理。

[2] 参见中央文献研究室：《邓小平、彭真视察内蒙古纪要》，1964年4月；贾树峰：《难忘的岁月——巴图巴根在阿拉善和巴彦淖尔盟》，内蒙古人民出版社2002年版；《难忘的岁月——乔桂章回忆录》，远方出版社2006年版。

[3] 参见《阿拉善盟蒙医药三百年史记》（蒙古文），内蒙古人民出版2007年版，第304—305页。

堆钦嘉木苏

蒙古、藏、汉文，对医药和易经等也很精通。他先后在拉萨、塔尔寺等地深造佛学理论、历术及各方学科，成为福因寺知名的高僧大德之一。因此，人们称呼他为“摩尔根卫藏喇嘛”（意为“聪慧卫藏喇嘛”）。他将张天师的《玉匣记》、高世格梅林编著的《普济杂方》翻译为藏文，一直流传到今日。他还与高世格梅林合作将《玉匣记》翻译为蒙古文，于1839年在北京木刻出版。

高世格[1]（1804—1876年），蒙古族，生于阿拉善旗雅布赖巴格一富裕牧民家。少年时进入阿拉善王府当了练习生，开始读书习文。由于他勤奋好学，掌握了蒙古、汉、满、藏四种文字，成为清代著名蒙医学家、翻译家。

高世格

道光十六年（1836年），被提升为旗政府笔帖式职务，道光十九年（1839年）升为昆都·包什嘎。咸丰元年（1851年），升副参领，是年秋又升参领职务。高世格因精通蒙古、满、汉、藏四种语言文字，经常被派遣至京城，办理有关事务，或派往邻近旗县处理解决边境纠纷等公务。在旗政府常翻译办理朝廷及各部衙门的各种公文和草拟旗政府各种公文等。为此，王爷非常赞誉。同治元年（1862年），高世格提升为副梅林。同治五年（1866年），高世格升为梅林章京，随亲王到北京，在北京王府听差。高世格一生经历清朝嘉庆到光绪五个皇帝执政期，为亲王囊都布苏隆、贡桑珠尔默特、多罗特色楞三代王爷

[1] 参见朝格图：《历史名人与阿拉善》，内蒙古大学出版社2018年版。

效劳至他去世。亲王多罗特色楞为纪念自己的先生，光绪二年立记功册，还给高世格之孙策仁道尔格赏顶，封“乌尤图·莫日根·宰桑”之号，并下文在本旗境内免缴其一切苛税的特权。高世格梅林的家庭非常富裕。同治九年（1870 年）为平回军之乱，解救人民之苦，高世格从自己家业中一次捐骆驼 90 峰。从高世格家庭出身和官衔看，他属于封建上层地位，但是他具有守卫家乡不受战争践踏、土匪抢掠和为人民减轻疾病灾难、和平从牧的愿望。所以，他一方面深入学习文化知识，当好差、做好官；另一方面习医学药，不断地搜集民间单方、验方，切脉行医，积累了丰富的临床经验。如他在治癣方中这样记载：“此乃保治新旧各种疥癣之方，本人多年亲自经验也。”又如他在胃病方中记载：“胎发置瓦片用文火焙后研细粉，酒服则愈，本人多次亲自用而知其效也。”在他的手稿中这样写道：“听说从前有个娃娃脚被蛇咬伤，取麝香麦粒火小咽下，立即止痛消肿。”后来他把这些验方整理出版时将这段话中的“听说”二字改为“亲自治愈”字样，可见他是在临床实践中不断地丰富自己的经验。高世格梅林对蒙古药材非常有研究。他为方便广大蒙医识别真假药材，正确使用蒙药，编写了一本蒙古、汉、藏合璧的蒙古药材表，附在他的《普济杂方》一书后面。他还开过药铺，经营药材。在他的手稿中这样清楚地记载：“我所开设的药铺就在京城东四牌楼北七条胡同对面。”据阿拉善盟蒙古医药研究所名医段·关布扎布、乌苏日乐特二位于 1991 年在实地考察证实，现北京市东四街七条胡同对面果然有过叫“天沛堂”的药铺，至 1954 年扩建街道时才被拆除。这里卖的叫“光明子金膏”的眼药的确出过名。他当官又当医生的目的，就像他所说的那样，经营一些“在我们蒙古地方容易购到的”“疗效快的”药物来治病，“为众人带来小小的益处”。高世格梅林当时成为本地区德才兼备的蒙古族知识分子，他为振兴本民族的文化，为家乡人民的幸福生活做出过积极贡献。高世格梅林于光绪二年（1876 年）去世，享年 72 岁。

他的著作有：《普济杂方》上下册，同治十一年（1872 年）木刻出版；《钦定万年历择吉金鉴》（蒙译），同治十二年（1873 年）木刻出版；《新译玉匣记》，同治十一年（1872年）木刻出版；《观音菩萨五枚金钱课》（蒙译），同治十三年（1874年）木刻出版；《圣谕广训》（蒙译），同治十三年（1874年）木刻出版。

那木吉拉

那木吉拉[1]（1902—1985年），男，蒙古族，是阿拉善旗科伯那木嘎巴嘎牧民茨敏岱第二子。他从小拜广宗寺陶尤特和罗迪（兄弟俩）两位满然巴为师傅，学习蒙医和藏文。民国八年（1919年）后，到青海塔尔寺学习佛教经文及因明学。之后到广惠寺学习医学理论。从此，积累了非常丰富的医疗知识。回旗后，开始从医。民国二十八年（1939年），获得满然巴学位，旗政府任命他为朝尔吉职务，从此，人民称他为“朝尔吉满然巴”。他虽然身为喇嘛，但是基本不在寺院诵经念佛，为进行蒙医蒙药研究，根据药材生长的特性，不同季节常到贺兰山、甘肃祁连山、青海等草药资源丰富的地区考察和采集。通过这样的一系列考察，提高草药辨别能力和掌握药物资源的分布情况，在蒙药的炮制、配制、配方以及治病等方面积累了非常丰富的经验。新中国成立后，他在阿拉善旗科伯那木嘎卫生院工作。他的主要翻译作品有：《蒙医秘诀》《金钥匙》《蓝塔布》等。

列格登藏吾[2]（1923—1989年），男，蒙古族，是原阿拉善旗厢根达来巴格家住上海之地的牧民额尔登布音三子。他7岁拜师于定远营延福寺著名蒙医丹巴苏纳木满然巴（任旗政府医生）和军医旦增二人，开始学习藏文，主攻蒙医蒙药知识和翻译学。在他17岁时，两位师傅考虑到他更加需要巩固医学知识，便把他介绍到著名名医赵特巴门下，在学习《四部医典》整整一年

[1] 参见朝格图：《历史名人与阿拉善》，内蒙古大学出版社2018年版。

[2] 参见朝格图：《历史名人与阿拉善》，内蒙古大学出版社2018年版。

后，和他师父赵特巴一起到青海塔尔寺，在本寺满巴大仓系统学医三年。从此，他全面掌握医学理论和动植物、矿物金属等药物的辨认方法，成为一名合格的医生。

民国三十二年（1943 年），和他的师傅一起从塔尔寺回到阿拉善，开始走上了从医之路。1946 年，他从军到旗骑兵保安总队任上尉军医。1949 年 9 月 23 日，阿拉善旗和平解放后，他任中国人民解放军阿拉善旗保安队卫生院院长。

他把一生的医学临床经验进行整理，出版了《行医经验及普济验方集》；先后翻译整理校勘的医学名著有《阿如拉鬘》《蓝塔布》《诃黎勒晶珠解疑难经》等；另外还发表了《简论热寒相克病》等 10 多篇论文。

列格登藏吾

塔旺佈里甲拉所藏的古书手抄本

九、文人墨客

定远营位于贺兰山西麓，贺兰山乃阿拉善的圣山。“保护贺兰山，造福阿拉善”是全旗官民的共识。贺兰山由于其地理位置特殊，自古以来就是兵家必争之地，其巍峨险峻，深受历代边塞文人青睐，作多首诗词赞之。

清雍正年间，定远营城赏给阿宝王爷后，阿宝和其福晋道格欣公主夫妇偕同兵部侍郎通智等一起登定远营城楼观望美景，通智随行文人诗兴来潮，作诗《赞定远营楼赋》：“塞上黄鹤楼，寰下南天门，天高地运升，地阔天福临；登高眺西域，翘首望瀚海，千里定远营，万方安邦城。”1937 年 8 月，阿拉善和硕特旗札萨克达理札雅，在定远营东大草滩举办盛大的乌热斯奈尔（那达慕大会），赴会的国民政府蒙藏委员会官员应达王之邀，登定远营城，即兴吟诗一首：“京师西行探瀚海，贺兰山北访古城，达王一邀登定楼，惊叹大漠逢明珠。”

王维（701—761 年），字摩诘，盛唐著名诗人。唐开元九年（721 年）进士官至尚书右丞，世称王右丞。原籍祁（今山西祁县），迁至蒲州（今山西永济）。晚年崇信佛教，居于蓝田辋川别墅。王维能诗能画，又懂音乐。所作诗歌具有诗情画意，其五言律诗、绝句成就最高。著有《王右丞集》。

老将行（节选）

少年十五二十时，步行夺得胡马骑。

射杀山中白额虎，肯数邺下黄须儿！

一身转战三千里，一剑曾当百万师。

贺兰山下阵如云，羽檄交驰日夕闻。

节使三河募年少，诏书五道出将军。

试拂铁衣如雪色，聊持宝剑动星文。

愿得燕弓射大将，耻令越甲鸣吾君。

莫嫌旧日云中守，犹堪一战取功勋。

贾岛（779—843 年），字阆仙，人称“诗奴”，与孟郊共称“郊寒岛瘦”，唐代诗人。汉族，唐朝河北道幽州范阳县（今河北省涿州）人。自号“碣石山人”。据说在长安（今陕西西安）的时候因当时有命令禁止和尚午后外出，贾岛作诗发牢骚，被韩愈发现才华，并称为“苦吟诗人”。后来受教于韩愈，并还俗参加科举，但累举不中第。唐文宗的时候被排挤，贬做长江（今四川大英县）主簿。唐武宗会昌年初由普州司仓参军改任司户，未任病逝。

送李骑曹（一作胄）

归骑双旌远，欢生此别中。
萧关分碛路，嘶马背寒鸿。
朔色晴天北，河源落日东。
贺兰山顶草，时动卷帆风。

谭用之，生卒年不详，善为诗而官不达。

塞　上

秋风汉北雁飞天，单骑那堪绕贺兰。
碛暗更无岩树影，地平时有野烧瘢。
貂披寒色和衣冷，剑佩胡霜隔匣寒。
早晚横戈似飞尉，拥旄深入异田单。
钵略城边日欲西，游人却忆旧山归。
牛羊集水烟黏步，雕鹗盘空雪满围。
猎骑静逢边气薄，戍楼寒对暮烟微。
横行总是男儿事，早晚重来似汉飞。

顾非熊（836年前后在世），姑苏人。少俊悟，一览成诵。性滑稽，好凌轹，困举场三十年。武宗久闻其诗名，唐会昌五年（845年）放榜，仍无其名，怪之，乃敕有司进所试文章，追榜放令及第。唐大中年间，为盱眙尉，不乐奉迎，更厌鞭挞，乃弃官隐茅山，后不知所终。著有诗集一卷。

出塞即事二首

［其一］
塞山行尽到乌延，万顷沙堆见极边。
河上月沉鸿雁起，碛中风度犬羊膻。
席箕草断城池外，护柳花开帐幕前。
此处游人堪下泪，更闻终日望狼烟。

［其二］

贺兰山便是戎疆，此去萧关路几荒。

无限城池非汉界，几多人物在胡乡。

诸侯持节望吾土，男子生身负我唐。

回望风光成异域，谁能献计复河湟。

刘沧（867年前后在世），汉族，字蕴灵，汶阳（今山东宁阳）人。体貌魁梧，尚气节，善饮酒，好谈古今，令人终日倾听不倦。唐大中八年（854年）与李频同榜登进士第，调业原尉，迁龙门令。著有诗集一卷。

边　思

汉将边方背辘轳，受降城北是单于。

黄河晚冻雪风急，野火远烧山木枯。

偷号甲兵冲塞色，衔枚战马踏寒芜。

蛾眉一没空留怨，青冢月明啼夜乌。

卢汝弼，生卒年不详，字子谐，范阳人（今河北涿州市），唐代著名诗人。景福进士，随昭宗迁洛后依李克用为副使。唐庄宗同光元年（923年），官至祠部郎中，知制诰，他的佳作今存只有《[illegible]》《秋夕寓居精舍书事》《薄命妾》《和李秀才边庭四时怨》《和李秀才边庭四时怨》《鸳鸯》《闻雁》《贺兰大雪》八首。

和李秀才边庭四时怨·其四

朔风吹雪透刀瘢，饮马长城窟更寒。

半夜火来知有敌，一时齐保贺兰山。

王安石（1021—1086年），字介甫，号半山，谥文，封荆国公，世人又称王荆公。北宋抚州临川（今江西东乡县上池村）人，中国历史上杰出的政治家、思想家、文学家、改革家，“唐宋八大家”之一。北宋丞相、新党领袖。欧阳修称赞王安石：“翰林风月三千首，吏部文章二百年。老去自怜心尚在，后来谁与子争先。”有《王临川集》《临川集拾遗》等存世。

勘会贺兰溪主

贺兰溪上几株松，南北东西有几峰。

买得住来今几日，寻常谁与坐从容。

折元礼（？—1221 年），汉族，字安上。父折定远，侨居忻州（今山西忻州），遂为忻州人。金明昌五年（1194 年）两科擢第，官至延安治中。金兴定五年（1221 年），蒙古军陷葭州（今陕西佳县），死于难。

望海潮·从军舟中作

西风晓人貂裘。恨儒冠误我，却羡兜鍪。六郡少年，三明老将，贺兰烽火新收。天外岳莲楼。想断云横晓，谁识归舟？剩着黄金换酒，羯鼓醉凉州。

马祖常（1279—1338 年），字伯庸，元朝著名的文学家，出生于光州（今河南省潢川县）。世为雍古部（蒙古汪古部，今内蒙古乌兰察布市集宁区）人。高祖锡里吉思是金代凤翔兵马判官，死后赠封恒州刺史，子孙按照以官为氏的惯例改姓马。曾祖月合乃随从元世祖忽必烈攻宋，留居开封，累官礼部尚书。马祖常广游今甘肃、宁夏、内蒙古、河北、河南、湖北、安徽、江苏、浙江、福建等地区，一生写了大量的散文和诗，作品数量是元代新疆少数民族文人中最多的。他的散文文采富丽而言之有物，构思奇巧而不见雕琢，受到世人的高度评价。元朝名士许有壬这样说过：“他的文章无论是长篇大论，还是短篇小记，没有不可以流传于后世的。”

河西歌效长吉体

贺兰山下河西地，女郎十八梳高髻。

茜根染衣光如霞，却召瞿昙作夫婿。

紫驼载酒凉州西，换得黄金铁马蹄。

沙羊冰脂蜜脾白，筒中饮酒场澌澌。

朱栴（1378—1438 年），汉族，安徽凤阳人。明太祖朱元璋的第十六子，号凝真、凝真子。明洪武戊午即洪武十一年正月壬午初九（1378 年 2 月 6

日），出生于明朝最初的都城应天府（金陵，今江苏南京市）。朱栴是庆王府第一代庆王，好学，有文。洪武二十四年（1391 年）封庆王，洪武二十六年（1393 年）就藩宁夏。历经洪武、建文、永乐、洪熙、宣德、正统六朝，在宁夏生活 45 个春秋。期间，写了许多宁夏风景诗词。诗以七律见长，往往用白描手法刻画景物，抒写情怀，语言朴素畅达，意境开阔，具有一定的地方色彩。正统三年八月乙卯初三（1438 年 8 月 23 日）病逝，享年 61 岁。逝世后，埋葬在今宁夏同心县韦州明王陵。朱栴死后，被明英宗谥曰“靖”，史称“庆靖王”“大明庆靖王朱栴”。著有《春云怨·与吴谦》《菩萨蛮·归思》等诗。

贺兰晴雪

嵯峨高耸镇西陲，势压群山培塿随。

积雪日烘岩冗莹，晓云晴驻岫峰奇。

乔松风偃蟠龙曲，怪石冰消卧虎危。

屹若金城天设险，雄藩万载壮邦畿。

念奴娇·雪霁夜月中登楼望贺兰山作

登楼眺远，见贺兰，万仞雪峰如画。瀑布风前千尺影，疑泻银河一派。独倚危栏，神游无际，天地犹梯隙。广白玉宇，此真风月仙界。

我醉宿酒初醒，景融诗兴，笔扫千军快。下视红尘人海混，脱履不能长喟。对月清光，饮馀沆瀣，气逼人清煞。玉笙吹彻，此时情意谁解？

朱逢吉，生卒年不详，汉族，字以贞，号懒樵，崇德（今属桐乡市）人。明洪武初年应诏为中书省掾吏，授宁津知县。升湖广佥事、陕西佥事，右副都御史，后召为大理寺丞。著有《牧民心鉴》等。

寄王忍辱

长葛初除又贺兰，从容藩国入仙班。

官清客况真如水，头白君恩重若山。

符宝进封天上立，斋宫陪讲日西还。

别来望断江云暮，写附诗简驿树间。

陈德武，生卒年不详，汉族，三山（今江苏镇江市）人。明初流寓宁夏。

贺兰晴雪

六花飞罢净尘寰，贵富家翁做意悭。
满眼但知银世界，举头都是玉江山。
严凝藉雪风威里，眩曜争光日色间。
独有诗人怜短景，贺兰容易又青还。

菩萨蛮·归思

凉风淅淅凉云湿，羁怀何事归思急？秋气人单衣，偏增久客悲。

贺兰三百里，只隔黄河水。何日是归程？中秋正月明。

徐健，明代建安（今福建省建瓯市）人。官至户部尚书，生卒年及生平事迹不详。

望贺兰山

华夷天限有斯峰，万仞巍巍障碧空。
芳草绿杨新塞堡，野花黄蝶旧离宫。
裔裾地古千年镇，唐汉渠分一水通。
几度政余闲眺处，翠屏高照夕阳红。

金幼孜（1368—1432 年），汉族，名善，以字行，新淦（今江西省新干县）人。明建文二年（1400 年）进士，授户科给事中。洪熙初官至礼部尚书兼武英殿大学士。明宣德三年（1428 年），奉命持节赴宁夏册封庆王府郡王妃，遍历幽胜，多所题咏。著有《北征录》《金文靖集》。

将至宁夏望见贺兰山

匹马何时出帝关，今晨初见贺兰山。
风沙近塞居人少，斥堠连云逻卒闲。
白海堆盐封碛外，黄河引水注田间。
边城按堵全无警，圣德于今遍百蛮。

出郊观猎至贺兰山

贺兰之山五百里，极目长空高插天。
断峰迤逦烟云阔，古塞微茫紫翠连。
野旷旌旗明晓日，风高鹰隼下长川。
昔年僭伪俱尘土，犹有荒阡在目前。

边定，生卒年不详，汉族，字文静，陈留人，为杭州府属典史，洪武初谪戍宁夏。长于吟咏。

喜见贺兰山

贺兰河外起峥嵘，一见令人自有情。
昔出边城曾与别，今归谪戍若相迎。
白云万丈长飞练，碧树千行密拥旌。
惭愧山灵多古意，老来岩户足偷生。

王逊，字谦伯，明昆山（今江苏省昆山市）人。永乐进士，起自御史，性刚直，后遭贬，为庆王府纪善。

贺兰晴雪

雪和贺兰山，寒于雷昂严。
三冬争皎皎，六月息炎炎。
天不空桑异，人如地首瞻。
可堪头白者，留滞怅穷檐。

贺兰晴雪

贺兰西望矗长空，天界华夷势更雄。
岩际云开青益显，峰头寒重白难融。
清光绚玉冲虚白，秀色拖岚映夕红。
胜概朔方真第一，徘徊把酒兴无穷。

王越（1423—1498 年），汉族，字世昌，浚县（今河南浚县）人。明景泰二年（1451 年）进士，授御史，后官至兵部尚书。因三次出塞抗击鞑靼，收复河套地有功，封威宁伯。

贺兰山后大捷

兵事驱人老未闲，衔枚夜度几重关。

地空虎穴藏勍掠，天运神机破大奸。

杀气平吞湖海水，威名高压贺兰山。

凯歌齐唱红旗舞，报道元戎得胜还。

王琼（1459—1532 年），汉族，山西太原人，字德华，号晋溪。成化二十年（1484 年）进士，授工部主事，进郎中，出治漕河。后累官布政使、户部侍郎、吏部尚书。嘉靖八年（1529 年）以兵部尚书总制军务至宁夏。著有《晋溪奏议》《漕河图志》等。

边　城

漠漠穷边路，迢迢一骑尘。

四时常见雪，五月未知春。

宵旰求贤意，驰驱报主身。

逢时今老大，羞作素餐人。

王崇文（1468—1520 年），字叔武，号兼山，汉族，山东曹县人。明弘治年间宁夏巡抚王珣之子，弘治六年（1493 年）进士，选庶吉士，任户部主事，升员外郎、郎中，后历官大同知府、江西按察司副使、四川副使、山西参政等。

贺兰山

山名旧熟史编中，胜览分明五岳同。

遥岭蜿蜒通紫塞，秀峰斗绝倚苍穹。

地宜耕牧神明卫，渠阻羌戎道路穷。

半醉偶然成独笑，太平无用勒奇功。

李梦阳（1472—1530 年），明代中期文学家，复古派前七子的领袖人物。字献吉，号空同，汉族，庆阳府安化县（今甘肃省庆城县）人，后迁居开封。

工书法，得颜真卿笔法，精于古文词。提倡“文必秦汉，诗必盛唐”，强调复古，《自书诗》师法颜真卿，结体方整严谨，不拘泥规矩法度。

夏城漫兴

行尽沙陲又见河，贺兰西望碧嵯峨。
名存异代唐渠古，云锁空山夏寺多。
万里君恩劳馈饷，三边封事重干戈。
朔方今难汾阳老，谁向军门奏凯歌。

王道增（1577—1659年），字仰池，汉族，云南大理府云南县（今祥云县）人，四川布政使，礼部儒官。

尹彦宪吴恭伯登贺兰余以役不获从赋此以志神游

峭壁插空翠欲流，贺兰名胜跨神州。
招寻羡尔饶佳句，牢落怜予阻壮游。
万叠芙蓉足底现，八千世界望中收。
平生爇有吞胡志，愿与勒铭最上头。

朱秩炅（？—1473年），号樗斋，汉族。性通敏，善古文，遇缙绅学士，质难辨惑，移日不倦。明正统九年（1444年）封安塞王。著有《樗斋随笔录》二十卷。

兰山怀古

风前临眺豁吟眸，万马腾骧势转悠。
戈甲气销山色在，绮罗人去辇痕留。
文殊有殿存遗址，拜寺无僧话旧游。
紫塞正怜同罨画，可堪回首暮云稠。

王珣，生卒年不详，汉族，山东曹县（今山东曹县）人，字德润。明成化五年（1469年）进士，授太康知县，擢御史，巡按苏州、松江。明弘治十一年（1498年）以副都御史巡抚宁夏。著有《南轩诗稿》。

行台视事

皇皇宠命重安边，宪节春风路五千。

灵武山河多险隘，贺兰云石共钩连。

渠分汉唐江南景，地镇华夷塞北天。

韩范功名青史在，肯将实学付徒然。

高岱（1507—?），明朝史学家。字伯宗，号鹿坡居士，京山（今湖北省京山）人。正德二年（1507 年）出生。嘉靖二十九年（1550 年）中进士。累官刑部郎中。时董传策、张翀、吴时来等疏劾权臣严嵩，嵩欲致之死。他力言于尚书郑晓，传策等得以遣归，他为之治行装，送之出郊。嵩大怒，出为景王长史。善属文，搜集洪武至嘉靖史事，嘉靖三十六年（1557 年）著成《鸿猷录》十六卷。又有《樵论》《楚汉余谈》《西曹集》《居郧稿》等。

凉州曲

贺兰烽火接居延，白草黄云北到天。

一片城头青海月，十年沙迹伴人眠。

杨守礼（？—1555 年），字秉节，汉族，山西蒲州（今山西永济县蒲州镇）人。明正德六年（1511 年）进士，历任湖广佥事、徐州通判、河南参政等职。明嘉靖十八年（1539 年）以右副都御史任宁夏巡抚，后因防御鞑靼侵扰有功，升为右都御史，总督陕西三边军务。

登贺兰山修赤木口

晓登赤木口，万壑怒生风。

良马犹惊险，衰身欲堕空。

筹边不计苦，净虏岂言功。

沙里三杯酒，出山见月东。

傅钟，生卒年不详，汉族，延绥人，都指挥前副总兵傅钊之弟。明嘉靖十八年（1539 年）充游击将军。沉毅有略，词翰兼善。

奉和赤木口

贺兰要地谁曾到？今筑重城喜共来。

谷鸟岭猿时眷恋，林霞萝月欲徘徊。

威如霆电惊山岳，德共阳春及草莱。

此日关域边围固，明良相际属高才。

冯清，生卒年不详，汉族，顺天府籍，浙江余姚县人。明正德七年（1512年），以右佥都御史任宁夏巡抚。

贺兰山

险设名山志贺兰，华夷界限势巑岏。

千寻西北屏帏转，万代东南衽席安。

眩目晴光天染碧，人帘清气坐生寒。

乾坤有意开图画，一度乘闲一笑看。

方字韵

贺兰山险镇乾方，带远黄河万里长。

时若雨阳民事足，富强应喜慰吾皇。

张九思，生卒年不详，汉族，明嘉靖十六年（1537年）举人。

奉和赤木口

兰山旧是胡儿穴，赤峡登临岂易来。

野鸟依人如眷恋，群峰迎马欲徘徊。

风尘幸见清边塞，大豕何从踏草莱。

莫谓书生不语武，古来经略属雄才。

朱邃烘，生卒年不详，汉族，字嘉斋，时为弘农王。

贺兰晴雪

贺兰西望矗长空，天界华夷势更雄。

岩际云开青益显，峰头寒重雪难融。

清光绚玉冲虚白，秀色拖岚映夕红。

胜概朔方真第一，徘徊把酒兴无穷。

陶希皋，生卒年不详，汉族，平凉卫（今甘肃省平凉市崆峒区）人。宁夏镇都指挥，嘉靖十六年（1537 年）任协守副总兵。

奉和途中口占

中丞仗钺行边日，十月驱兵度贺兰。

猿鸟喜迎霜节驻，山灵应作故人看。

高城击坼千岩应，绝徼观风四境安。

战士感恩如挟纩，朝来那复觉祁寒。

奉和赤木口

贺兰山下防胡路，再见中丞拥节来。

翠壁丹岩聊怅望，青樽白日共徘徊。

威名今已知戎虏，德政还应被草莱。

部曲自惭非卫霍，令公原是济川才。

张居正（1525—1582 年），汉族，字叔大，号太岳，湖广江陵（今属湖北荆州）人。明嘉靖进士，隆庆元年（1567 年）入阁，万历元年（1573 年）出任首辅（宰相）。著有《张文忠公全集》。

塞下曲

九月西风塞草残，胡沙黯黯点征鞍。

一声羌笛吹关柳，万卒雕戈拥贺兰。

都护长缨勤庙略，单于远道伏长安。

漠南坐觉烽烟靖，天汉嫖姚可易看。

孟霦，生卒年不详，汉族，泽州（今山西晋城市）人。赐进士出身，奉政大夫。官至陕西按察司佥事，曾任宁夏河东道。明敏廉介，有不吐刚茹柔之风。督储多方，师行有赖，宪台清肃，边人帖然。诗得上乘法。

犒军入口

出塞横霜戟，驱兵仗虎臣。

兰山含积雪，五月未知春。

铁马冲风疾，云旗耀日新。

登高眺朔漠，万里绝胡尘。

赤木口劳军赠傅游戎

携醪寻上将，驻马对群峰。

虎帐依沙碛，龙泉挂古松。

独营关塞险，应息戍楼烽。

励尔平胡志，终期定远封。

尹应元，生卒年不详，汉族，湖广汉川人，字乾泰。万历二年（1574年）进士，万历二十四年（1596年）任宁夏河东道，万历二十五年（1597年）以右佥都御史任山东巡抚。后被太监陈增陷害，忤旨，夺俸，被削籍。

巡行登贺兰山

何缘携手贺兰巅，一望华夷在眼前。

万木常笼青嶂日，孤嶒倒映白云天。

胡人湩酪山中献，汉使声名城外传。

笑指穹庐休遁避，壮心直欲扫祁连。

周弘禴，生卒年不详，汉族，字符孚，麻城（今湖北省麻城市）人，万历二年（1574年）进士，授户部主事，迁南京兵部主事，曾以监察御史阅视宁夏边务，赠太仆少卿。

贺兰山歌

幅员率土，惟王之疆。天子命我，阅彼朔方。朔方正漠漠，河水偏汤汤。猕猴愁绝峤，特地陵穹苍。西望川底，东望咸阳。北指黄甫，南眺甘凉。原隰目寥廓，霸气常昂藏。炎汉开基入图版，偏遣官田置恒产。七桥九坝稻花肥，浮白沉糟照青眼。渡江失却麒麟符，伊洛割裂争五胡。铁弗小儿恣骄虐，负嵎窃据傍雄图。蒸土筑墙锥不入，统万城边白骨枯。白骨枯，勃勃死，赫连亡，拓跋起。没羽射鹤竟何如，卜骨烧羊总徒耳。吴张号川真幺魔，韩范经略看敝屣。怖鸽冲飞飞上天，组练仆姑哀好水。堂堂四叶朝诸侯，忍向降夷称父子。从此名山接大荒，李家渠畔露瀼瀼。岂无城社同羌僰，从有衣冠似夜郎。六百年来一翻掌，八千里外通朝享。熊罴列队共扬旌，犬羊编户齐稽颡。瑞崖佩珰登仙坛，琼枝鹦鹉巢青鸾。赤木崔嵬长瑶草，莎罗汗漫浮紫澜。积雪冷冷见堆土，乔松谡谡鸣层峦。遥想匡庐、蛾眉、太室九峰，形胜相上下。

嘻嘻！贺兰山兮，非复昔日之贺兰。

萧如薰（？—1628年），汉族，字季馨，延安卫（今陕西延安）人。曾任宁夏参将、总兵。后又任过固原（今宁夏固原）、保赶（今河北保定）等镇总兵。

秋　征

新秋呈霁色，塞草正在茸。

杞树珊瑚果，兰山翡翠峰。

山郊分虎旅，乘障息狼峰。

坐乏纾筹策，天威下九重。

吴鸿功，生卒年不详，汉族，字文勋，号风岐，莱芜（今山东省莱芜市钢城区）人，万历十七年（1589年）进士，授翰林院庶吉士，累迁山西提学道、陕西参政、宁夏固原兵备道，诰封中宪大夫。

巡行登贺兰山

潦倒浮生莫问年，相看意气贺兰边。

深林隐映豺狼舞，峭壁嶙峋云日悬。

九点神州落杖底，一声长叹震胡天。

飘然我欲遗身世，萝月松风乞大还。

顾光旭，字华阳，号晴沙，无锡人。乾隆壬申进士，由户部主事历官甘肃甘凉道，署四川按察司使。著有《响泉集》《梁溪诗钞》。

送伍尉

边城二月河冰开，千里万里春风来。

春风吹面雪如掌，忽闻冻雨洒窗响。

念君当上古轮台，令我临风发遐想。

昔人征战今人耕，剑河饮马雪海行。

轮台城头汉月白，走马川边一川石。

石应烂尽月常明，来照霜前夜行客。

贺兰山树青未青，送行多向十里亭。

男儿投笔封万户，莫言此去常辛苦。

美人帐下昼弹筝，大将营中夜挝鼓。

只道儒冠能误人，却将毛颖自随身。

呼儿牵过大宛马，骑出阳关不见尘。

郎廷槐，生卒年不详，汉族，清代辽阳人，别号梅溪，曾任桓台（应为“新城”）知县、江南总督、宁夏监牧同知。学诗于新城王士祯，著《师友诗传录》，述其师说，以成其书。

山出云

云出贺兰岫，日光漏其窦。

对我衰书生，作盖不顶覆。

瞻仰势奇绝，俨若虎龙斗。

天矫龙飞腾，潜伏虎缩右。

无风来惊掀，倏忽外蛇瘦。

变幻须臾间，视久眼昏瞀。

写入消闲诗，人疑语荒谬。

歌之秋月夜，以为杯酒侑。

岳咨，生卒年不详，汉族，宁夏（今银川）人，少时喜爱读书，博闻强识，有“神童”之誉。后弃文就武，康熙三十五年（1696年）中武解元，官至梧州（今广西壮族自治区梧州市）都司。著有《袜线诗稿》。

贺兰秋兴

木落天空爽气浮，萧条景物贺兰秋。
云连远塞迷荒径，日暮边城暗戍楼。
红叶不知邀客醉，黄花唯解伴人愁。
阴符误我头颅白，潦倒风尘促未休。

娄价，清代人。生平事迹不详。

舟行望贺兰山

乘舟从北发，迢递见层峦。
四月临边基，春风剑贺兰。
芙蓉青滴滴，榆柳荫团团。
一望苍烟阔，笳声起暮寒。

张灿，生卒年不详，汉族，宁夏人，康熙四十四年（1705 年）中武举人。聪敏好学，工诗善射，有韬略。曾任宁夏府千总、守备、保荐特授侍卫、勇健营游击等职。

贺兰僧舍

禅房幽隐万山中，满地松花曲径通。
斗室升沉千方月，竹窗吐纳四时风。
浮云乍卷回峰碧，宿雨初收返照红。
半点尘埃飞不到，鸟啼花落总归空。

义金，生平不详，僧人。

长至日雪霁

雪晴冬至日朝阳，大地山河焕景光。
王府永尊三教典，法轮常转一炉香。
浮图梵刹增洪福，道篆仙宫辅善祥。
白发衲僧无以祝，贺兰山与寿同长。

王家瑞，生卒年不详，汉族，字吉人，宁夏（今银川）人。乾隆戊寅（1758年）贡生。

偕同人乘雪游贺兰山

客心殊旷绝，山色冷相看。

积素千峰回，凝花四壁寒。

松青加老瘦，泉净益波澜。

白雪欣同调，阳春满贺兰。

王永祐，宁夏人，乾隆三十七年（1772年）宁朔县廪生（科举制度生员名目之一）。曾参加《宁夏府志》的编修工作。

山屏晚翠

万里风烟落照长，贺兰西峙色苍苍。

天从紫塞飞霞气，人在高楼望夕阳。

远树连村迷晚翠，片云孤鸟荡山光。

于喁樵唱归沙径，柏叶松花一市香。

王绥，字履斋，灵州（今宁夏灵武市）人。乾隆五十五年（1790年）武进士，历任江南督标中军副将，南赣寿春镇总兵，官至江南提督，好读书，爱诗文。

废垒寒烟

荒墩颓剥石苔斑，故垒凄凉落照间。

已报秋成沙漠地，何须夜保贺兰山。

寒烟古碛明驼卧，野草西风战马闲。

短笛一声归牧竖，太平景象在边关。

润光，又称润光老人，俗姓陈，生卒年不详，汉族，宁夏（今银川）人。幼时曾入太平寺，后还俗。49岁时，妻亡子夭，再次出家。著有《澡雪集》。

游贺兰山

一路草香都是药，千林老树尽生苔。

浮云似水流将去，怪石如人立起来。

胡秉正，字建中，生卒年不详，汉族，清代宁夏（今银川）人，贡生，曾任庆阳府环县训导。少颖异，有才藻，工诗文，在环县训导任上，成绩卓著，深得民心。

咏贺兰山

西北天谁补？此山作柱擎。

蟠根横远塞，设险压长城。

俯瞰黄河小，高悬白雪清。

曾从绝顶望，浩气接蓬瀛。

杨芳灿（1753—1815年），字才叔，号蓉裳，常州江苏金匮人，清文学家。工诗文，少即华赡，学使彭元瑞大异之。由拔贡应廷试，得补甘肃伏羌县知县。以功擢知灵州。会仲弟揆授甘肃布政使，例回避，顾不乐外吏，入赀为户部员外郎，与修会典。公余拥书纵读，益务记览。旋丁母忧，贫甚，鬻书以归。尝主讲衢杭、关中、锦江三书院，又入蜀修《四川通志》。芳灿好为诗，取法于工部、玉溪，填词亦兼有梦窗、竹山之妙，尤工骈体。著有《翼率斋稿》十二卷、《芙蓉山馆诗词稿》十四卷、骈体文八卷。

贺兰山积雪歌

君不见贺兰山色青嵯峨，倚天叠幛开烟螺，长风荡云生翠波。

照眼光寒忽相逼，千峰一白排空山，飙车夜碾阴崖裂。

阴崖太古雪未销，新雪又复埋岩腰，茫茫瀚海堆银涛。

银涛百丈拔地起，玉龙蜿蜒露脊尾，喷雾拏云状谲诡。

夕阳倒影琼瑶台，凭虚仿佛群仙来，素鸾白凤纷毵毵。

决眦狂呼讶奇绝，肝胆槎枒冷如铁，不识人间有炎热。

受降城畔寒沙平，回乐峰头孤月明，高低激射摇光晶。

安得手携九节杖，直上层巅披鹤氅，一曲高歌众山响。

田霈，生卒不详，宁夏人。乾隆五十七年（1792年）宁朔县举人。曾参加《宁夏府志》的编修工作。

山屏晚翠

贺兰草树色苍驳，落落长天展翠屏。

河外残阳收不尽，半规斜日万峰青。

喻文鏊（1808年前后在世），清代诗人。字冶存，湖北黄梅人。少时喜爱诗文，潜心揣摩诗学。任竹溪县（今属湖北省）教谕，以教导有方知名。湖广总督聘他为幕僚，他力辞不受。好游，足迹遍及江、淮、齐、鲁。善诗，意境纵横驰骋。亦工古文，颇受韩愈文风熏陶，行文洒脱自如。

套 甲

贺兰山下挽雕弧，千里沙场战骨枯。

岂识羁縻归典属，更从征调乞分符。

黄河三面孤城闭，秋草平原万马趋。

此地由来皆郡县，北门锁钥重边隅。

谢威风（1817—1899年），字葆灵，别号沩山，湖南宁乡人。光绪十八年（1892年）、十九年（1893年）任宁夏知府。善书法诗文。

登贺兰山二首

下车览风土，先上贺兰山。

碧嶂开千里，黄河抱一湾。

赫连城渺渺，元昊地闲闲。

吊古寻遗迹，蒿莱夕照殷。

西夏言民利，渠流冠古今。

汉唐垂法久，清惠比功深。

买犊钦贤哲，烹鲜有澍霖。

我来惭作郡，事事费沉吟。

王以晋，生卒年不详，汉族，陕西咸宁（今陕西西安）人，道光十一年

（1831 年）任平罗县儒学训导。

贺兰夏雪

白帝威生万壑间，炎天不改暮冬颜。

翻疑五月江城笛，吹散梅花落满山。

郭鸿熙，安徽全椒县人。道光二十四年（1844 年）任宁夏平罗县知县。

贺兰夏雪

去年走马雪山边，片片琼瑶照眼鲜。

今日贺兰寻古迹，雪泥爪印亦前缘。

张梯，生卒年不详，汉族，字倾园，河南鹿邑县（今河南鹿邑）人，清道光二十一年至二十四年（1841—1844 年）任平罗县知县。在位期间曾捐资修建或扩建书院、养济院（收留老弱孤贫的地方）、义学堂、神庙等，并主持和编辑了《续增平罗记略》的工作。

贺兰夏雪

玉龙终岁卧云端，冬日山光夏日看。

白帝西方原作主，令严六月也生寒。

一唱西山白雪歌，年年九夏暮寒多。

我今欲仿梁元赋，到此须将冻笔呵。

张曜，生卒年不详，汉族，字亮臣，号朗斋，河北大兴人，一生大部分时间在军旅中度过。据《清史稿》记载，张曜起初在河南固始办团练起家，他智退捻军有功，深得钦差大臣僧格林沁的赏识，被招入清军，后当上了固始知县。在知县任上，他又因抵御李秀成围城立功，在咸丰十年（1860 年）擢升为知府，第二年又擢升为河南布政使，率军在汝宁大败陈大喜、张凤林所部捻军。此后他长期率军转战于河南、河北、山东，屡屡大败捻军。同治八年（1869 年），他又跟随左宗棠转战于西北战场，镇压当地少数民族起义。光绪十七年（1891 年）七月，张曜正在山东黄河上监工，忽然“疽发于背”，等被人护送回济南时病情已经十分严重，不久便不治身亡。张曜在山东巡抚任上还带头植树造林，在黄河大坝以及从洛口到市中心的路旁遍植柳树，形成了一道柳树风景带，有人称这些柳树为“张公柳”。

西征留别

贺兰驻节岁频更，又奉丹书促远征。

方愧安怀无善策，那堪士庶颂长城。

河声山色增离感，白叟黄童见至情。

满目疮痍犹未复，不才何事益苍生。

俞明震（1860—1918 年），字恪士，号觚庵，祖籍浙江绍兴，咸丰十年（1860 年）生于湖南，其父名曰俞文葆。俞明震少年能诗。光绪十六年（1890 年）考中庚寅恩科三甲进士，同年五月，改翰林院庶吉士。光绪十八年（1892 年）五月，散馆，著以部属用，授刑部主事。光绪二十年（1894 年）任台湾厘捐总局局长，光绪二十一年（1895 年）升任台湾布政使。俞明震积极支持康有为、梁启超倡导的变法，并参与湖南巡抚陈宝箴在当地推行的新政。戊戌变法失败后，任南京江南水师学堂兼矿务铁路学堂总办（校长）。期间，俞明震培养出很多有成就者，如国学大师王伯沆、作家鲁迅等。光绪三十三年（1907 年），任江西赣宁道。宣统二年（1910 年），任甘肃提学使。宣统三年（1911 年），代理布政使。民国初年，任平政院肃政使。期间，俞明震从兰州去包头的途中，在银川稍事歇息时前来定远营考察，并作诗两首。不久，辞官回归故乡。晚年寓居上海、杭州等地，1918 年 12 月 24 日卒于杭州俞庄。

著有《觚庵集》、《觚庵诗存》（四卷）、《觚庵漫笔》和《台湾八日记》等。此外还编有《俞氏藏书楼目录》和《收藏纪事册》。

泛黄河自宁夏达包头镇舟行杂咏（节选）

日落长城窟，悲风起贺兰。草肥知马健，地僻引渠宽。

石色天西尽，人心乱后看。无为怨回纥，生事日千端。

古塞名王府，森森万木青。地形连朔漠，国论弛藩屏。

世绝天亲贱，兵荒互市停。凄凉逐客令，十口已伶仃。

赵尚仁（1872—1900 年），号寿山，宁夏灵武人，光绪甲午（1894 年）举人。曾被当时任甘肃提督的同乡灵岗戈人张俊聘为家庭教师，授课之余，喜欢吟诗作文，书斋名“半部帮论语斋”。与当时甘肃和宁夏的两位名儒慕寿祺、吴复安交往甚密，互有赠诗。

贺兰山怀古（节选）

形如驳马贺兰名，两翼高舒控帝京。
岩岫插天云出没，闾阎扑地雨阴晴。
边声久道黄龙戍，胜迹犹谈白豹城。
独惜关山千里月，年年空照汉家营。

景琪，生卒年不详，曾任宁夏驻防协领。

过三关

因地以设险，此区名三关。
霸图元昊去，终古贺兰山。

吴复安（1872—1920 年），字心斋，号静安，宁朔县（今青铜峡市）大坝乡人。光绪十九年（1893 年）乡试中举。历任宁夏中学、师范各校的监督。长于诗文。民国二年（1913 年）被选为宁朔县议会议长，民国七年（1918 年）修《朔方道志》，民国九年（1920 年）事功未尽，赍志以殁。

著有《贺兰怀古》《九日游贺兰山》等诗。

贺兰怀古

贺兰山色望玲珑，虎踞龙盘气象雄。
笔架高撑银汉表，金波遥映戍楼中。
关名赤木层峦险，河出青铜万弧通。
峰堠一千三百所，筹边策略记韩公。
贺兰山势抑何道，险扼三边据上游。
白雪浮巅云外认，黄河环带望中收。
赫连古垒蓬蒿乱，元昊遗宫鹿豕游。

割据雄图今已矣，苍烟漠漠锁荒丘。

九日游贺兰山

贺兰山势望峥嵘，笔架三峰似削成。

石登迂回通鸟道，松风淅沥杂泉声。

受降城外寒云黯，避暑宫前塞草寒。

乘兴登高遥望处，山河环抱壮边城。

朝霞与骆群

结语　中华人民共和国成立后定远营（巴彦浩特镇）各项事业的繁荣发展

1949年9月23日，阿拉善旗札萨克区防司令部司令达理札雅及协理罗巴图孟柯率全旗官兵举旗起义，从而使阿拉善旗和平解放。定远营（今巴彦浩特镇）为阿拉善和硕特旗人民政府驻地，被誉为“塞外小北京”。随着新中国成立，在中国共产党的坚强领导下，巴彦浩特各族人民奋发有为，积极进取，在全面建设社会主义的进程中，取得了巨大的成就，初步奠定了现代化建设的物质文化基础。特别是改革开放40年以来，在农牧业、生态环境治理、工业、科技、教育、卫生、文化以及基础设施建设等各个方面突飞猛进，取得了令人瞩目的成就。

巴彦浩特镇区城市规划区总面积42平方千米，水、电、路、讯等公共服务功能较为齐全，交通便利，与银川、乌海等地毗邻，是阿拉善盟“南连北开”的交通枢纽城镇。

巴彦浩特镇的城区基础设施建设步伐加快，镇区面貌日新月异。王府街、南大街、西花园街、额鲁特路、土尔扈特路、腾飞路等57条主干街道宽敞平坦，纵横交错；马路两旁高楼林立，绿树成荫，商贾云集；新世纪广场、巴彦浩特体育场、王陵公园、营盘山生态公园、沙生植物园、贺兰草原鸟语花香，秀丽多姿，游人如织。巴彦浩特城区内田野芬芳、湖泊荡漾、林带密布，具有田园城市之绿野风韵，景色宜人。

该地区城市规模、城市功能在不断提升，以水、电、路、讯为主要元素的基础设施日趋完善。自来水普及率已达98.7%，日供水能力2.5万立方米，日排污能力1.5万立方米。城市公共绿地率为20%，人均10.5平方米。拥有220千伏安和110千伏安输变电线路两条，变电站两座，可满足城市生产生活的能源供给。交通方便，道路四通八达，银巴线（银川—巴彦浩特）、乌巴线（乌达—巴彦浩特），阿拉善左旗机场（巴彦浩特—呼和浩特—二连—天津、巴彦浩特—阿拉善右旗—额济纳旗、巴彦浩特—银川—西安、巴彦浩特—兰州）构成纵贯南北和连接东西的两条出境大通道，以巴彦浩特为中心的公路交通网辐射全盟，连接区内外。巴彦浩特长途汽车站已开通运营线路35条，日发车量80台次，日运送旅客达2000余人次。城区开通公交线路5条，出租车1200余辆。邮政、通讯便捷，网通、移动、联通、电信等运营商开办固定、移动电话等信息通讯业务。2005年，固定电话和移动电话10万部，每百户拥有电话176部。2018年，移动电话达13万部。

随着公共服务功能的不断提高，科技、教育、文化、广播、电视、医疗卫生事业也在不断发展。镇区内有大专院校2所、高级中学3所、普通中学4所、小学11所、公办幼儿园5所。有科技馆、文化馆、图书馆、博物馆、群艺馆、新华书店、体育场、广场、广播电台、电视台、乌兰牧骑、歌舞团、老年活动中心、赛驼场等文化单位和娱乐场所；建有阿拉善中心医院、盟蒙医院、盟蒙医研究所、旗中医院、旗蒙医院、旗妇幼保健院等卫生医疗机构。

鸟瞰今日王府全景

改革开放40年来，巴彦浩特经济迅猛发展，其特点为：

一是立足产业结构调整和促进农牧民增收，依托巴彦浩特气候宜人，光照强烈，能见度好，太阳能资源丰富等优势，以温棚种植、舍饲养殖、制种产业、沙产业、农畜产品加工为优势主导产业，大力发展设施、高效、节水农业，现有温棚852座，舍饲养殖牲畜4万余头（只），农牧业产业化进程加快，农牧民增产增收成效显著，农牧民人均纯收入达到12068元。

二是立足调整经济结构、转变发展方式确定环保型产业定位，积极落实各项招商引资优惠政策，大力发展装备制造业、高技术产业、新能源和服务业，热电联产、光伏发电、蒙绒羊绒培育与加工、年产3亿片的万铭锁阳保健食品等产业链，科技含量高、工业污染少的知识密集型项目“落地开花”，强力推进节能减排，带动了低碳经济的发展和全镇经济社会水平的提高。

三是立足深厚的文化底蕴和丰富的自然资源，着力打造腾格里沙漠旅游产业园区，先后举办“越野e族”“阿拉善英雄会”“亚洲沙漠探险”，积极开发沙漠探险自驾游、摄影美术采风游、生态观光体验、沙漠拓展训练游、蒙元民俗文化体验游和宗教朝觐游等精品旅游线路，旅游产业蓬勃发展，同时带动了相关服务业得到了长足发展。

四是立足培育生态资源、保护生态环境、发展生态产业，把建设生态文明作为实现人与自然和谐相处、镇域经济社会可持续发展的前提和基础条件。特别是2003年起，巴彦浩特镇汇集多方力量，先后引进深圳证券交易所、中国绿亿网、阿拉善宏魁苁蓉集团等生态建设单位，建设12万亩的腾格里沙漠生态综合治理及沙产业发展项目区，将建成集生态建设、沙产业和沙漠农业发展的示范区目标又向前推进了一步。

五是发展沙产业取得新突破。积极推进苁蓉、锁阳林沙产业基地建设，接种肉苁蓉29.7万亩、锁阳14.4万亩。沙产业健康科技创业一园建设扎实推进，创业二园规划编制完成，沙产业综合科研中心投入使用。组建了沙生植物资源院士专家工作站，科研机构和企业科技研发中心达到16家。产学研合作水平不断提高，研发产品57款，取得专利28项。积极配合旗政府工作，设立沙产业服务中心，随着旗里出台《沙产业投资发展优惠政策》，成功举办“2017首届全国沙产业创新创业大赛”，签署合作协议15项，促进沙产业向高端化、规模化发展。

六是大力推进美丽乡村建设。按照自治区盟旗决策部署，全镇农牧民告别危旧土房，所有农牧民实现安全饮水，实施街巷道硬化、实现了道路和电力村村通，所有嘎查有了卫生室、文化活动室、便民连锁超市，广播电视实现户户通，社会保障应保尽保。农牧民生活质量显著提高，嘎查村的村容村貌焕然一新，乡风文明程度大幅提升。全镇干部职工以高度的政治觉悟和对农牧民群众的深厚感情，积极参与到这一惠民工程中，锻炼了干部队伍，密切了干群关系。

巴彦浩特镇继续走着改革开放的路子，克服种种经济压力，砥砺同心、攻坚克难，保持经济平稳较快发展，社会各项事业取得全面进步，全镇上下团结一心，更好地谱写“建设亮丽内蒙古，共圆伟大中国梦”的绚丽篇章。

今日巴彦浩特夜景（定远营）

参考书目

［1］阿拉善盟政协文史资料委员会．阿拉善往事［M］．银川：宁夏人民出版社，2007．

［2］阿拉善左旗统计局，计划局．阿拉善左旗经济·地理［M］．1983．

［3］阿拉善左旗统计局历年统计数据（资料库数据）．

［4］阿拉善盟统计局．阿拉善统计年鉴（内部版）［M］．2015．

［5］阿拉善盟地名委员会．阿拉善盟地名志（内部版）［M］．1991．

［6］李发杰．阿拉善左旗地名志［M］．呼和浩特：内蒙古人民出版社，2006．

［7］中国第一历史档案馆．康熙朝满文朱批奏折全译［M］．北京：中国社会科学出版社，1996．

［8］中国第一历史档案馆．雍正朝满文朱批奏折全译：上、下［M］．合肥：黄山书社，1998．

［9］G·朝格图．阿拉善蒙古族传统饮食辑要（蒙古文）［M］．呼和浩特：内蒙古人民出版社，2007．

［10］G·朝格图．阿拉善部分神山圣水与蒙古族传统生态保护意识（蒙古文）［M］．呼和浩特：内蒙古人民出版社，2007．

［11］阿拉善盟蒙医研究所．阿拉善盟蒙医药三百年史记（蒙古文）［M］．呼和浩特：内蒙古人民出版社，2007．

［12］孛儿只济特·道尔格．阿拉善和硕特蒙古部［M］．海拉尔：内蒙古文化出版社，2010．

［13］朝格图．阿拉善延福寺简史（蒙古文）［M］．呼和浩特：内蒙古人民出版社，2011．

[14] 阿拉善盟政协教卫文体人口发展计划生育委员会，阿拉善盟教育体育局．阿拉善教育百年记忆［M］．银川：宁夏人民出版社，2012．

[15] G·朝格图，魏然．仓央嘉措的选择——阿拉善［M］．海拉尔：内蒙古文化出版社，2018．

[16] G·朝格图．历史名人与阿拉善［M］．呼和浩特：内蒙古大学出版社，2018．

[17] 孛儿只济特·道尔格．阿拉善和硕特蒙古史略［M］．呼和浩特：内蒙古大学出版社，2016．

后 记

经过多方的共同努力，《内蒙古记忆丛书·名镇》和广大读者见面了。

本丛书的编写具有很大的挑战性。我们设定这个选题的初衷，是希望通过对特定时间、特定城镇的综合研究，整体再现内蒙古地区20世纪前半叶的社会发展状况。从严格意义上来讲，丛书的体例既非传统的历史、志书类著述，也不是人们所熟悉的“旗（县）情”类书籍，而是历史学与社会学理论方法相结合的学术成果。对于每个编写组成员而言，首先面临的问题是资料的缺乏。从已出版的图书中转录、摘抄资料无法满足本丛书编写的要求，需要从文献中查找第一手资料，还需要访问亲历、亲闻和亲见者，以补充文字资料的不足；其次，是研究方法的调整。丛书要求对各个“名镇”的情况做出全面介绍，既要客观、系统，突出时代特征和地域特征，同时又要“述论结合”，要分析各种社会现象生成、衰落和消亡的成因及其规律。为了实现丛书的总要求，大部分课题组付出了艰苦的努力，每一部著作最少做过三次修改，个别课题组甚至五易其稿。在此，对课题组成员严谨的科学态度、高度的责任感致以敬意。

在丛书编写和修改过程中，内蒙古文史研究馆文史研究组织处的周绍慧、高家镏、李春环负责书稿的审读工作，她们反复阅读来稿，提出修改意见，通过电话、微信与作者交流沟通，并到作者所在盟市召开座谈会。徐敬东设计了丛书的封面和版式，并负责与出版社业务联系。他们为丛书的完成付出了智慧和心血。

在丛书出版之际，我们还要感谢很多领导和学界专家。内蒙古政协原副主席伏来旺、内蒙古政协文史委员会原主任刘建禄分别对《萨拉齐》《托克托》两部著作的编写、修改做了指导。内蒙古大学呼日勒沙教授、周太平教授、牛敬忠教授和内蒙古社会科学院刘蒙林研究员审读了书稿，他们从专家的高度对书稿中存在的不同问题提出了专业化的修改、完善意见，为丛书整体水平的提高做出了重要贡献。内蒙古人民出版社的领导和责任编辑大力支持丛书出版工作，吉日木图社长、武连生总编辑亲自关心此项工作，各分册编辑同志以高度的责任感和精湛的业务水平，为丛书的出版投入了大量的精力。在此，我们一并表示诚挚的谢意！

值得说明的是，本册书的一半资料来源来自档案史料和口述史，另一半是本册书作者所进行的田野调查成果。起初，作者搜集整理的目的，只是为学习和留着史料研究之用，后来赶上"内蒙古记忆"项目课题，于是将这些宝贵的史料奉献出来。本册书编写用时2年。本册书第一章至第五章、第九章至第十一章由聂义声与G·朝格图协作完成；绪论、第六章至第八章、第十二章至第十六章和结语由G·朝格图主笔；阿茹娜完成第六章至八章、第十二章至十三章的翻译和校对等工作；回族民俗部分有盟伊斯兰教协会原秘书长王廷永先生审定；所有图片均由G·朝格图搜集。虽然本册书作者倾注了大量的心血和劳动，但是因条件所限，民国时期的一些调查报告未能全部看到，只参阅了19份调查报告。这些调查报告的部分内容可信度不强，大部分数据水分大，无法利用。因此，本册书所利用的数据均来自阿拉善左旗统计部门资料库中的历年统计数据。

《内蒙古记忆丛书·名镇》的编写出版，在一定意义上是我馆履行"存史资政"宗旨的一项探索，由于组织能力和编写组水平所限，一定存在诸多不足，请广大读者提出宝贵意见。

内蒙古文史研究馆

2019年10月